AF178640

Franz Dobler

The Beast In me

Johnny Cash

... und die seltsame und
schöne Welt der Countrymusik

Überarbeitete und aktualisierte Ausgabe

WILHELM HEYNE VERLAG
MÜNCHEN

Die Originalausgabe erschien 2002 im Kunstmann Verlag.
2004 im Heyne Verlag die aktualisierte und
erweiterte Taschenbuchausgabe, die jetzt vom Autor
noch einmal überarbeitet und aktualisiert wurde.

Unter www.heyne-hardcore.de finden Sie das komplette
Hardcore-Programm, den monatlichen Newsletter
sowie alles rund um das Hardcore-Universum.

@heyne.hardcore

Penguin Random House Verlagsgruppe FSC® N001967

6. Auflage
Taschenbuchausgabe 10/2021
Copyright © 2021 by Franz Dobler
Copyright © dieser Ausgabe 2021 by
Wilhelm Heyne Verlag, München,
in der Penguin Random House Verlagsgruppe GmbH
Neumarkter Straße 28, 81673 München
Umschlagillustration: Alamy/A. F. Archive und
envato elements/RetroBox
Umschlaggestaltung: Nele Schütz Design, Memmingen
Satz: GGP Media GmbH, Pößneck
Druck und Bindung: CPI books GmbH, Leck
ISBN 978-3-453-67743-2

Beware of the lies and false prophecies.
We are many with eyes but don't all really see.
You must be merciful, my friend, to obtain the same.
So if you break the chain don't pass the blame.
We should say unto all and I'll say it again:
it's not just to win, shake a hand, make a friend.
We who are pure at heart somehow might see
there's still light in the world, come rejoice with me.
It's a new day.

Curtis Mayfield

Inhalt

Dieses Buch ist denen gewidmet, die es lesen müssen.

Vorwort des Autors zur Neuausgabe

Die letzte aktualisierte Version dieses Buchs ist vor siebzehn Jahren erschienen, ein Jahr nach dem Tod von Johnny Cash, nachdem die Originalausgabe zu seinem 70. Geburtstag 2002 veröffentlicht wurde. Das sind schon einige Jahre, und deshalb wird man ja wohl noch fragen dürfen, was inzwischen alles geschehen ist.

Ist die Bedeutung von Johnny Cash kleiner geworden? Wurde Countrymusik von HipHop zu Boden geworfen und bekommt keine Luft mehr? Ist Cash ein wenig in Vergessenheit geraten? Wurde ein Skandal aufgedeckt, der seinen guten Ruf beschädigt hat?

Keine Spur.

Im Gegenteil. Das Cash-Business läuft seit seinem Tod auf vollen Touren. Die Fans, die schon früher den Eindruck hatten, der Man In Black könne vielleicht sogar übers Wasser gehen, mussten ihre Meinung nicht ändern. Soweit ich weiß.

Allerdings wurde nach seinem Tod auch nichts veröffentlicht, was eine grundlegende Überarbeitung dieses Buchs oder ein neues Kapitel anlässlich dieser Neuausgabe gefordert hätte. Ist meine Meinung. Für diese 6. Auflage schreibe ich trotzdem ein neues Vorwort und habe Diskografie und Chronik aktualisiert.

Die Masse an neuem oder »neuem« Cash-Material ist groß, aber nicht ausreichend für einen Neubau dieses Buchs – alles, was nachgeschoben, ausgegraben, neu kommentiert, neu einsortiert, remixed oder auf T-Shirts gedruckt wurde, würde ich als Fußnoten bezeichnen, die dem zu Lebzeiten veröffentlichten Werk nichts Wesentliches hinzufügten. Selbst wenn einige dieser Fußnoten große Wirkung erzielten oder wirklich beachtlich sind. Auch in Bezug auf die Frage, ob Country inzwischen zwar nicht schöner, aber noch seltsamer geworden ist.

Beispiele für dies und das und auch den Raum, in dem sich diese Biografie bewegt: »Missing ol' Johnny Cash« sangen 2015 seine alten Freunde Willie Nelson und Merle Haggard auf ihrem wunderbaren gemeinsamen Album *Django and Jimmie* noch bei guter Laune, bald darauf starb Haggard an seinem 79. Geburtstag, und musste nicht mehr erleben, dass seine Ablehnung des Präsidentschaftskandidaten Trump keine Wirkung hatte. Der unverwüstliche Willie Nelson hatte schon 2008 einen Salut an Cash abgeschickt, als er im Video »My Medicine« des ebenfalls Marihuana verehrenden Rap-Superstars Snoop Dogg gastierte, der sich damit tief vor dem »real American gangsta« Cash verbeugte; seine Drohung an das berühmteste Symbol und Konzerthaus der Countrymusik, »Grand Ol' Opry, here we come!«, konnte er jedoch leider nicht wahr machen. Vielleicht kannte Haiyti den Song von Snoop, als sie einen ebenfalls charmanten Track aufnahm, der unser Thema berührt: »Fahre sonntags durch mein Barrio, Johnny, Johnny Cash im Radio, Ferrari, rotes Cabrio«, singt die junge Deutschrapperin in »Barrio«. Während US-Punkveteran Jello Biafra, sowohl Country-Hasser wie Country-Kenner, ebenfalls 2020 seinen Dead-Kennedys-Klassiker »Nazi Punks Fuck Off« als »Nazi Trumps Fuck Off« neu interpretierte, ehe die Trump-Nazis mit dem Sturm auf das Kapitol den Abgang des Präsidenten verhindern wollten.

11

Was hätte Johnny Cash wohl über Trump gesagt? Woher soll ich das wissen. Aber ich halte es für so gut wie ausgeschlossen, dass Cash diesem Präsidenten und seinem Berg von Lügen, hasserfülten Reden, Verachtung von Minderheiten, rassistischen Äußerungen, Ignoranz gegenüber Klima- oder Covid-19-Pandemie-Problemen auch nur irgendwie wohlwollend begegnet wäre. Eine interessante Frage ist auch, ob Trump versucht hätte, den alten Cash sozusagen in den Arm zu nehmen. Schließlich gibt es ein paar patriotische Songs von ihm, die von den falschen Leuten gerne mal benutzt werden, um zu glauben oder zu behaupten, die Countrylegende wäre einer von ihnen. Auch um diese und jene Haltung geht es in dieser Biografie.

Country war und ist der stärkste Soundtrack des konservativen weißen Amerika, und in alle harten Konflikte der letzten Jahre, siehe »Black Lives Matter« und andere, die immer auch mit Trump verknüpft waren, wurde auch diese Musik mit einbezogen und ins Gebet genommen (das heißt scharf kritisiert oder angegriffen). Die meisten Countrykünstler*innen positionierten sich mit dem beliebten Statement: Besser nichts dazu sagen.

Johnny Cash dagegen hat sich in ähnlichen Situationen oft eingemischt, meist mit klaren Worten. Sein *Bitter Tears*-Album war nicht nur ein vehementer Einsatz für US-Indianer, sondern 1964 fast schon eine Art Anschlag auf das weiße Amerika und obendrein eine Aktion ohne Rückendeckung, was der Künstler heftig zu spüren bekam, bis hin zu Drohungen vom Ku-Klux-Klan, vor dem Cash nicht kuschte, sondern sich bewaffnete.

Für den Regisseur James Mangold war das offensichtlich jedoch nicht weiter der Rede wert, denn in seinem biografischen Spielfilm *Walk The Line* sieht man nichts davon. Und das ist nicht der einzige Grund für meine Behauptung, das äußerst erfolgreiche Biopic von 2005 tauge nicht viel: Blanker Unsinn ist schon allein die Idee, man könne eine Filmbiografie über Johnny Cash 1968 enden lassen und seine Liebesgeschichte mit June Carter in den Mittelpunkt der Handlung stellen. Alles, was einem Mainstream-Publikum Probleme bereiten könnte, wurde ausgelassen oder bis zur Farblosigkeit reingewaschen. Cashs Drogenabhängigkeit wird nur als mahnendes Beispiel vorgeführt, aber es wird nicht mal angedeutet, dass die Drogen viele Jahre ein wesentlicher Antrieb für seine außergewöhnliche Kreativität waren, für deren Vielseitigkeit sich der Regisseur ebenso wenig interessierte wie für sein politisches Engagement oder die immer wieder auftauchenden Kämpfe innerhalb der (Country-)Musikindustrie, die schließlich in Cashs »Fuck You«-Finger kulminierten … Großer Gott, Mangold, möchte man sagen, all das links liegen zu lassen! Von einer Hollywood-Romanze weggespült, deren Ergebnis, wie schon Mark E. Smith, der mit seiner Band The Fall mehrmals seine Country-Seite vorführte, gesagt hat, »Walk the fucking Line« lautet.

Würde ich mich jetzt auf der Linie des Films bewegen, würde ich das stärkste Verteidigungsargument, das James Mangold auf dem Konto hat, nicht erwähnen: Johnny Cash und June Carter waren in die Vorbereitungen eingebunden und mit Drehbuch und Wahl der Hauptakteure glücklich. Und das, obwohl Cash (nun gut, zwanzig Jahre zuvor) ein Gedicht mit dem Titel »Don't Make a Movie About Me« geschrieben hatte, das so anfängt: »If anybody made a movie out of my life / I wouldn't like it, but I'd watch it twice …« Abgedruckt ist es in dem sehr schönen und interessanten Biografie-Bildband *Mein Vater Johnny Cash* mit unveröffentlichten Fotos und handschriftlichen Dokumenten, den John Carter Cash 2011 veröffentlichte (ehe er sich an ein Kochbuch mit den Lieblingsgerichten der Eltern machte).

Der Berliner Comiczeichner Reinhard Kleist arbeitete zur gleichen Zeit wie James Mangold an einer Biografie und befürchtete, der Film würde seine im Jahr darauf veröffentlichte Graphic Novel überflüssig erscheinen lassen. Es kam anders. In meinem Vorwort zu *Johnny Cash – I See a Darkness* stellte ich die beiden Werke nebeneinander: »Je länger ich mir den Comic ansah, desto deutlicher wurden die Mängel des Films«, schrieb ich. Weil der Zeichner einen viel besseren Dreh gefunden hatte: Der alte Cash, schon bereit für Dr. Death, blickt auf sein Leben zurück. Und da sind sie nun: die Episoden mit »The Ballad of Ira Hayes«, die das rassistische Desaster in Amerika aufzeigen; mit Glen Sherley als zweitem Erzähler, dem Sträfling, dessen Song »Greystone Chapel« Cash beim Konzert im Folsom-Gefängnis spielte, den er nach seiner Entlassung unterstützte und seinen Weg ins Unglück dann doch nicht verhindern konnte; das von HipHop-Produzent Rick Rubin betreute spektakuläre Comeback. An meinem Fazit »Mangold hätte besser diesen Comic verfilmt« hat sich nichts geändert.

In jenem Sommer 2006 beschuldigte ich den Film, eine neue Viruskrankheit mit dem Namen Cashmania ausgelöst zu haben – eine Ironie, die ich heute wohl nicht riskieren würde. Für die *Frankfurter Rundschau* habe ich »die aktuelle Medikamentenliste für alle Infizierten aufgelistet: Ausgrabungen, Wiederveröffentlichungen, neue Tribute-Alben, Bücher und Best-of-Compilations, DVDs, Klingeltöne und, sagt mein erfahrener kleiner Finger, Raubpressungen. In der Zeitung eine Meldung, dass der Virus auch schwer aufs Gehirn schlagen kann: Barry Gibb von den Bee Gees kaufte das Cash-Haus in Hendersonville ›because of the musical inspiration‹. Ob er mit der *Johnny Cash Prepaid MasterCard* bezahlte, ist nicht bekannt. Andere spielten noch besser mit Worten: Der Werbespot für eine Hämorrhoiden-Salbe war mit ›Ring Of Fire‹ unterlegt (und wurde leider schnell von einem Gericht gestoppt).«

Anlass für meine medizinische Forschung war das Album *American V: A Hundred Highways*. Produziert, inszeniert, ausgewählt von Rick Rubin, aufgenommen in den letzten vier Monaten vor dem Tod des Sängers. »Da war Cash schon fast blind, saß im Rollstuhl, litt unter verschiedenen Krankheiten, konnte nicht mehr Gitarre spielen, und war nach dem Tod seiner Frau June Carter im Mai auch seelisch schwerstens angeschlagen (was seinen großartigen Galgenhumor in den letzten Interviews jedoch nicht verhinderte).« Zu dieser Zeit ging es weniger darum, noch ein neues Album zu verkaufen, erzählte Rick Rubin damals dem *Independent*, sondern um den »therapeutischen Wert von Musik«; ein Gitarrist, um dem Sänger Halt zu geben, und ein Toningenieur waren immer auf Abruf bereit, und er, Rubin, habe gewusst, »we need to keep this process going because this is what's keeping him alive«.

In »Like The 309«, dem letzten Song, den er jemals schrieb, machte sich Cash ein Bild vom Tod. Es ist nicht der Sensenmann, auch keine verdammt gut gebaute »Lady Death«, wie sie von Charles Bukowski in seinem letzten Roman erträumt wurde, sondern ein präzises Symbol für die Realität. Er wartet auf »Dr. Death«. Bis zu dessen Ankunft wird er sich »fine« fühlen, dann möge man ihm den letzten Wunsch erfüllen: »Load my box on the 309« singt er mit schon vom Tod gezeichneter Stimme, doch von schlechter Laune keine Spur. Der Christ – der immer betonte, kein »christian artist« zu sein – erlaubte sich kein Hadern mit Gott. Mit dem Zug 309 und mit Hank Williams' Beerdigungs-Ballade »On The Evening Train« war ein Kreis geschlossen: Auf seiner ersten Single 1955 sang der Ex-G.I. in »Hey Porter« von der Freude, endlich mit dem Zug nach Hause zu kommen. Alle Teile der *American Recordings*-Serie sind stark von Songs über Sterben und Tod geprägt, aber diese Nummer V ist das Todesalbum schlechthin.

Ich stellte in meinem Artikel einige Fragen. Dass Cash mit seiner Stimme nicht mehr das alte Format erreichen konnte, sagte Rick Rubin damals, habe ihm schwer zu schaffen gemacht. »Durfte man Cash in diesem Zustand noch aufnehmen? Man durfte. Nichts ist hier peinlich, nichts falsch. Großes Dokument, anrührend. Nein, Cash den Peinlichen findet man auf einigen alten Platten, die entstanden, als Rick Rubin noch im Sandkasten oder mit den Beastie Boys spielte.« Und die Frage, »ob es sich hier um pure Geldmacherei bei Cashmania-Opfern handelt? ›We need to capitalize from the movie‹, hätten die Leute von der Plattenfirma ständig zu ihm gesagt, berichtet Rubin, während er sich gesagt habe: ›No, we really need to distance ourselves from the movie.‹ Auch der Zusatz, dass Rubin allein in den letzten Monaten zwei seiner Produktionen auf Platz 1 der amerikanischen Album-Charts und sonst wo hatte (Red Hot Chilli Peppers, Dixie Chicks) und die Liste seiner Jobangebote wahrscheinlich von hier bis Graceland reiche, beantwortet die Frage nicht wirklich.« Jedenfalls hat Rubin nicht im Archiv gegraben, *American V* war schon geplant und in Arbeit, vollenden musste er das Album jedoch ohne Cash. »Woraus sich die Frage ergibt, ob er das durfte, die Musik unter die Gesänge dessen inszenieren, der sich nicht mehr dazu äußern konnte? Ja, er durfte es. Nicht der co-produzierende Sohn, die singende Tochter, die alten Freunde Willie Nelson und

Kris Kristofferson, die Ex-Schwiegersöhne Nick Lowe und Rodney Crowell, die Fans Sheryl Crow, Kid Rock, Bono oder LL Cool J hätten es gedurft. Rick Rubin schon.« Denn Cash äußerte sich über den viel jüngeren Produzenten und Manager seines Comebacks immer auf eine Art, gegen die die Lobpreisungen von Papst-Anhängern sehr müde klingen. Rubin engagierte die Musiker, die mit Cash durch die *American*-Serie gegangen waren, »und sie spiegeln die Würde dieser letzten Gesänge in jedem Takt. Die Musik ist von reiner Schönheit, dezent, feierlich. Sie überrascht nicht, riskiert nichts, wozu auch.«

American V: A Hundred Highways profitierte zwangsläufig vom Cashmania-Effekt des Films, und der Effekt war nicht schlecht: Das Album schoss bei Erscheinen sofort auf Platz 1 der amerikanischen Billboard-Top-200-Album-Charts und auf Platz 1 der Country-Album-Charts. Es war nach *Live At San Quentin* 1969 erst das zweite Cash-Album, das die Top 200 anführte, und etwa ebenso lang lag sein letztes Nummer-1-Country-Album zurück. Charts-Position 7 in Deutschland war ähnlich bizarr, wie ein unerwartetes Monster aus dem Sumpf, und, so schrieb ich damals, »vielleicht steht der große Freund Israels sogar in den Hamas-Charts weit oben, ich schätze auf Nr. 666«.

Zu diesem Zeitpunkt war die Folge *American VI* bereits angekündigt, und als *Ain't No Grave* schließlich 2010 erschien, eingespielt von fast der gleichen Mannschaft und im gleichen Style wie das Vorgängeralbum, hatte ich es schon vergessen. Zum Thema Cash hatte ich alles gesagt und schrieb nichts mehr darüber. Edo Reents beschrieb das Album in der *Frankfurter Allgemeinen Zeitung* so, wie es sich auch für mich anfühlte: Er sei »der Kunst zugetan, aber irgendwie auch überdrüssig, vor allem dieser ewigen

Resteverwertung, die ›das neue Album‹ von Johnny Cash oder, demnächst, Jimi Hendrix zur blankesten Selbstverständlichkeit macht, als gäb's keinen Gevatter Tod. Wie viele American Recordings von Johnny Cash sollen eigentlich noch kommen, nachdem es doch schon beim letzten, fünften Teil (…) geheißen und sogar dick auf dem Cover draufgestanden hatte: ›The Final Recordings‹?«

Die Fans aber sahen das anders, und dieses (anscheinend tatsächlich letzte) Album war in Deutschland mit Platz 3 das – zumindest, was die Charts angeht – erfolgreichste der gesamten American-Serie. Fast schon *deep down underground* war dagegen 2019 eine tatsächlich bedeutende Veröffentlichung, auf die nicht mehr viele gewartet haben dürften, weil die Aufnahmen schon seit Jahren illegal um die Welt gingen. Eingepackt in die 3-CD/LP-Box *The Bob Dylan Bootleg Series Vol. 15: Travelin' Thru 1967–1969 featuring Johnny Cash*, steckten hier hauptsächlich die legendären Nashville-Sessions, bei denen die beiden 1969 im Columbia Studio A achtzehn mehr oder weniger fertige Songs eher lustvoll als planvoll in wenigen Stunden eingespielt hatten. Offiziell war davon nur »Girl from the North Country« auf Dylans Album *Nashville Skyline* erschienen. Es war Bear-Family-Records-Gründer Richard Weize, der mir und dem Musiker Nils Koppruch eines nachts an der Hotelbar erzählte, dass Dylan die Aufnahmen für nicht gut genug hielt, um sie zu veröffentlichen. Das Gerücht, dass Dylan nur mit dem Nobelpreis für Literatur weichgekocht wurde, um endlich diese Sessions freizugeben, wage ich nicht zu beurteilen.

Die beinharten Cash-Fans können sich seit dem Tod der Countryikone auf jeden Fall über mangelnden weiteren Stoff nicht beschweren. Seit der letzten Aktualisierung dieser Biografie sind mindestens dreizehn neue Alben bzw.

Produktionen erschienen, hauptsächlich Ausgrabungen wie ein Konzert von 1968 »at the Carousel Ballroom«. Ein Remix-Produkt wie *Johnny Cash and The Royal Philharmonic Orchestra* wurde nicht in die aktualisierte Diskografie aufgenommen, was nichts damit zu tun hat, dass ich sie für einen schlechten Witz halte (um es sanftmütig auszudrücken). Auch Produkte wie die Box *The Complete Mercury Years* oder neue Best-of-Compilations zähle ich hier nicht mit. Es gab außerdem Cover-Tribute-Alben wie *A Girl Named Johnny Cash and other Tribute Songs* oder die Punkrock-Versammlung *Paid In Black Vol. 2* sowie *Bitter Tears Revisited* mit großen Namen wie Emmylou Harris und Steve Earle. Dazu unter der Regie von Sohn John Carter Cash das Großprojekt *Forever Words*, unveröffentlichte Songtexte und Gedichte, zunächst als Buch und dann auch vertont mit populären Sänger*innen wie Alison Krauss, Elvis Costello oder T-Bone Burnett (es gab sogar noch eine nachgeschobene Deluxe-Edition mit 18 weiteren Versionen). Auch ein Film dazu ist in Arbeit – nein, Entschuldigung, das habe ich jetzt verwechselt, und hätte dabei fast das *Yoga Tribute to Johnny Cash* vergessen, das nur bei Bestellung auf CD-R gebrannt wird, oder den Hinweis, dass es mehrere Sammlungen mit Schlafliedern für Kleinkinder gibt, Cash-Hits in Instrumental-Versionen, was sicher besser ist als den Kleinen Texte wie »(Ghost) Riders in the Sky« ins Gehirn zu jagen.

Auch was neue Bücher betrifft, muss ich gestehen, dass meine Liste garantiert nicht vollständig ist: Allein 38 Titel, die nach Cashs Ableben erschienen, stehen auf der offiziellen Homepage johnnycash.com, und es würde mich glücklich machen, wenn ich Ihnen versichern könnte, dass ich jedes sorgfältig gelesen habe, um hier den einen oder anderen gehobenen Daumen abgeben zu können. Dort nicht zu finden sind nicht-englischsprachige oder ange-kündigte Werke wie *Walk the Line: Dyess Colony - Die Heimat von Johnny Cash* oder *Citizen Cash: The Political Life and Times of Johnny Cash* oder *Ein Tribut an Johnny Cash: Eine Biografie in Bildern.*

Ganz schön was los also auf dem Buchmarkt. Aber das ist nichts im Vergleich zu YouTube. Die unüberschaubare Masse wird täglich größer, nicht nur Live-Aufnahmen, of-fizielle Videos, tolle historische Schnipsel, sondern auch Coverversionen, Gitarrenanleitungen, eine Flut von Re-action- und First-Time-Hearing-Videos (die beweisen, dass Influencer dort die Macht übernommen haben, wo die Truppen des Islamischen Staats noch schwach sind) und immer wieder Dokumentationen wie *The tragic real life story of June Carter Cash – Johnny Cash's Wife*, dreizehn Minuten Megaquatsch mit viel Werbungssoße ohne jede Tragik, was erwähnenswert ist, weil dieses neue Dings-bums schon am zweiten Tag 16 000 Clicks eingefahren hat.

Dagegen waren es bloß 10 400 Clicks in fünf Monaten für den Song »Goodnight America« vom neuen Album *Our Country* von Miko Marks & The Resurrectors. Das ist erwähnenswert, weil Marks eine der wenigen halbwegs be-kannteren afroamerikanischen Countrysängerinnen ist – genauer gesagt, am Anfang ihrer Karriere 2005 viele Inde-pendent- und Newcomer-Preise bekam, ehe sie frustriert aus der Countrymetropole Nashville verschwand, weil de-ren Musikindustrie ihr keine Türen öffnete, um erst jetzt wieder ein neues großartiges Album mit Blues- und Soul-getränkten Countrysongs zu präsentieren.

Marks ist kein Einzelfall (und ich bin versucht zu sagen: *natürlich* kein Einzelfall). Künstler*innen müssen sich gar nicht weit von den durchschnittlichen Countrytexten über Bier und gebrochene oder heile Herzen absetzen und die

Realität in die Songs reinballern wie Miko Marks, die »goodnight America, your dream is dead« singt, um sich ins kommerzielle Abseits zu befördern; siehe die vielsagenden YouTube-Clicks, an denen sich klar erkennen lässt, was in oder out ist.

Die Gesetze der amerikanischen Country-Industrie sind starr und mächtig und selten durchlässig – das zeigt auch die Geschichte von Johnny Cash –, und sie sind so alt wie die Beiträge von schwarzen Countrysänger*innen, die damals wie heute nicht die angemessene Beachtung finden. Und falls es in den letzten Jahrzehnten besser geworden war, so war Trump die passende Leitfigur, um die Sache wieder in die alte Ordnung zu bringen; der reaktionäre Rückschlag nach Barack Obama war im Country-Mainstream deutlich zu spüren. Musikjournalist Fabian Wolff hat es im März 2021 für den *Tagesspiegel* so auf den Punkt gebracht: »Nicht nur Covid-19 entzweite das ohnehin zutiefst gespaltene Country-Genre in den vergangenen Monaten noch weiter. Rassismus, Südstaatenerbe, Sexismus, Ästhetik und Moral: All diese Themen fahren in riesigen Trucks gegeneinander Rennen, während die Industrie sich die Ohren zuhält und den Lärm mit netten Worten über den blauen weiten Himmel, unter dem wir alle leben, übertönen will.« Mit einem Seitenhieb auf Cash übrigens, der beachtlich ist, weil diese Art Cash-Kritik selten ist: »Der Südstaatenmythos gehört zum Genre, selbst der oft als progressiver Rebell missverstandene Johnny Cash hat noch in den Achtzigern einen Tribut-Song an den Konföderiertengeneral Robert E. Lee aufgenommen. Dessen Statuen wurden zusammen mit denen anderer Sezessionisten und Kriegsverbrecher bei den Black-Lives-Matter-Protesten im vergangenen Sommer gestürzt.« Anlass für diesen Artikel über Geschichte und Gegenwart von Black Country war Mickey Guyton, die als erste Schwarze für einen Country-Grammy nominiert wurde, in der Kategorie Best Country Solo Performance für ihren Song »Black Like Me«. Nominiert. Neben vier anderen Performances – von denen eine den Grammy bekam. Tja … keine Ahnung, ob sich aus dieser Nominierung eine Trendwende ablesen oder erhoffen lässt.

Im Gegensatz zu aktuellen Countrystars wie Morgan Wallen, den viele garantiert für mehr als eine lächerlich klischeebeladene Kindergartenausgabe von Waylon Jennings halten, machen Outsider wie Marks und Guyton jedenfalls das Maul auf und kuschen weder musikalisch noch mit Worten vor den Countrybossen und ihren altbackenen Vorlieben. Johnny Cash hätten sie, da bin ich mir sicher, auf ihrer Seite. In den Trump-Jahren, das habe ich mir jetzt genauer angesehen, gab es zwar erstaunlich wenige Country-Artisten, die explizit für diesen Präsidenten getrommelt haben, aber die meisten hielten eben einfach die Klappe … bloß keinen Fehler machen! Superstar Garth Brooks wurde fälschlicherweise als Unterstützer bezichtigt, nur weil er für ein Unterstützer-Konzert *angefragt* worden war. Die Überreichung der »National Medal of Arts« durch den Präsidenten war drei Jahre ausgesetzt, weil man keine Ablehnungen riskieren wollte, ehe 2020 die Countrygrößen Toby Keith, der explizite Trump-Fan Ricky Skaggs und Alternative-Country-Darling Alison Krauss bereit waren, die Auszeichnung anzunehmen und Trump die Hand zu schütteln. Aber wer bin ich, dass ich mich nicht fragen würde, wie ich mich bei so einer Super-Auszeichnung verhalten würde? Mein Argument wäre: Die Präsidenten kommen und gehen, und Johnny Cash hat diese Auszeichnung auch angenommen.

Ich weiß, dass ich aufmerksame Leser*innen habe, und ich bin stolz darauf. Sie haben sicher schon bemerkt, dass ich hier rauszukommen versuche, und auch, dass ich angedeutet habe, dass ich seit meiner Zeit als Cashmania-Opfer nicht mehr der größte Countryfan unter der Sonne bin. Nicht mehr ständig verfolge, was da geht. Weil zu wenig geht. Weil die Musikwelt so viel mehr zu bieten hat. Weil ich zu selten im Countryschrott … ich möchte damit niemandem zu nahe treten, naja, ich gestehe, es ist mir egal … Perlen wie Miko Marks oder ein neues Album von Dale Watson oder die Black & White-Band Gangstagrass finde, die HipHop mit Bluegrass verbindet, durch den Titeltrack zur Fernsehserie *Justified* bekannt wurde und mit dem neuen Album explizit alle anspricht, nämlich alle Hautfarben und »Muslim, Christian or Hebrew«.

Die Arbeit an diesem Buch ist für mich gleichbleibend wichtig, ich habe sehr viel dabei gelernt, und hey, ich habe wahrscheinlich mehr Johnny-Cash-Songs im Kopf als die Vorsitzenden der Fanclubs.

Und das Buch bleibt für mich für immer verbunden mit meinen verstorbenen Freunden Wiglaf Droste, der mir das Buch eingebrockt hat, und dem Singer-Songwriter Nils Koppruch, mit dem ich damit auf Tournee war.

Wenn Sie bis hier gelesen haben, wünsche ich alles Gute und Glück und Gesundheit. Am 20. August 2021. Und vergessen Sie nicht: *Don't Take Your Guns to Town*. Ausnahmen sind extrem selten.

Vorwort des Autors
zur Taschenbuchausgabe

Die Originalausgabe dieses Buchs erschien zu Johnny Cashs 70. Geburtstag am 26. Februar 2002. Nach seinem Tod am 12. September 2003 war es für die Taschenbuchausgabe erforderlich, ein neues Kapitel zu schreiben: Das letzte Kapitel.

Es behandelt das letzte offizielle Album (*The Man Comes Around*), das letzte Video (*Hurt*), das letzte Konzert (in Hiltons, Virginia). Es erzählt auch vom letzten Album und vom Tod seiner Frau June Carter, vom letzten Krieg mit amerikanischer Beteiligung zu seinen Lebzeiten und ein paar Sachen mehr. Ich hatte mir vorgenommen, dieses Kapitel kurz zu halten, aber nun ist es das längste des Buchs geworden. Es fiel mir schwerer, mich von diesem Buch endlich zu verabschieden, als ich dachte.

Es wurden die Fehler korrigiert, die mir bei der Erstausgabe unterlaufen waren. Ein paar Leser haben mir Hinweise gegeben, ich danke ihnen. Ein paar schwache Stellen habe ich zu stärken versucht.

Der sachliche Teil der Originalausgabe endete mit Kapitel VII. Ich habe daran nichts geändert, die letzten Abschnitte lesen sich immer noch wie das Ende; ich wollte nicht, dass die Erstfassung nun verschwindet, und deshalb haben wir auch die Einleitung nicht gestrichen. Das neue Kapitel ist die Nr. VIII. Die Kurzgeschichte ›Rhythm And Cocaine Blues‹, in der Johnny Cash eine Nebenrolle spielt, bildet weiterhin den literarischen Abschluss eines Sachbuchs. Einige kritisierten, dass diese Geschichte in einem Sachbuch nichts verloren habe. Ich kann dazu nur dies sagen: Ich war hier der Textchef, und der Textchef dachte, die Geschichte wäre doch eine schöne Ergänzung, natürlich auch, weil dem Textchef dieser Text gefiel. Leider ist es so wie im Leben dort draußen, auch der Textchef macht Fehler, aber wenn jemand zu ihm sagt, dass er einen Fehler gemacht hat, dann sagt er, nein, ist kein Fehler. Der Autor kann allerdings bestätigen, dass der Textchef schon Fehler gemacht hat. Jedoch nicht in diesem Fall.

Als Johnny Cash starb, hatte ich einen Auftrag im Schweizer Städtchen St. Gallen zu erledigen. Für seinen Todesfall hatte ich schon lange mit der *Süddeutschen Zeitung* einen Nachruf vereinbart, den ich jedoch erst im Ernstfall schreiben würde. Als der Fall eintrat, war ich froh, dass ich den Nachruf nicht schreiben konnte. Und ich merkte, dass ich ihn auch dann nicht hätte schreiben können, wenn ich die Zeit gehabt hätte. So konnte ich diesen Tag mit ein paar Freunden angemessen würdevoll begehen, und auch den langen und schönen Abend werde ich in meinem Leben nicht vergessen. Das letzte Kapitel für dieses Taschenbuch ist mein Nachruf.

Nach dem Tod von Johnny Cash sagte sein Freund und Produzent Rick Rubin etwas, dem ich mich, was dieses Buch betrifft, anschließen möchte. Die Arbeit mit ihm sei so großartig und erfüllend gewesen, sagte er, dass er jetzt immer noch Songs auswähle, um sie Cash für das nächste Album vorzuschlagen. Die Arbeit an den beiden Fassungen dieses Buchs hat mir mehr abverlangt, als ich befürchtet hatte, und ich habe dabei mehr gelernt, als ich erhofft hatte. Ich habe keinen Zweifel daran, dass es zu den wichtigsten Arbeiten in meinem Leben gehört haben wird.

Ich weiß nicht, wie man sich bei einem Toten bedanken kann. Ich weiß nicht, wo sie sind und was sie sind, wenn sie tot sind. Aber jetzt für diese eine Sekunde am 18. März 2004 um 18:00:12 glaube ich, dass die Toten unsere Gedanken hören können.

Einleitung

Der Stoff sucht sich seinen Autor aus, heißt es, und nicht der Autor seinen Stoff. Das klingt so gut, als wäre es von irgendeinem Stoff erfunden worden.

Bei diesem Buch war es so: Ich hatte in den letzten Jahren immer wieder Artikel über Countrymusik geschrieben, als ich Anfang 2001 einen sehr langen Beitrag über Johnny Cash im Internetmagazin *Telepolis* veröffentlichte, wo Country sonst kein Thema ist. Sein letztes Album *American III: Solitary Man* wurde überall gefeiert, und der Artikel wurde dann von der Berliner Tageszeitung *junge Welt* in vier Folgen nachgedruckt. Mein Freund und Kollege Wiglaf Droste hatte die Idee, eine Johnny Cash-Nacht in Berlin zu veranstalten. Wir ließen die Musik laufen, und während die Songs liefen, entschlossen wir uns, anders als geplant, keine Texte zu lesen. Wir hatten keine Lust, die Musik zu unterbrechen, und den Eindruck, dass das Publikum das verstehen könnte.

»Ich habe mit meiner Verlegerin gesprochen«, erzählte mir Droste ein paar Tage später am Telefon, »sie fand die Idee auch gut.« Ich fragte, welche Idee sie gut fanden. »Ich würde gern ein Buch von dir über Johnny Cash lesen, nächstes Jahr zu seinem 70. Geburtstag.« Ich sagte, ich würde darüber nachdenken. Ein paar Tage später rief mich Verlegerin Antje Kunstmann an. Der Anruf ließ mich nicht kalt, und ich sagte, ich würde darüber nachdenken. Dann trafen wir uns zur ersten Besprechung, waren uns in allem einig, und ich versprach, darüber nachzudenken.

Dieses Buch machte mir etwas Angst, noch bevor ich mich entschlossen hatte, es zu schreiben. Ich sah mich in einem Berg von Arbeit versinken, die nicht so mein Gebiet ist. Der Stoff war riesig, eine der größten Karrieren der populären Musik des 20. Jahrhunderts. Ich würde monatelang nur noch Cash und nahe liegende Countrymusik hören, und das würde meiner Art, Musik zu hören, vollkommen widersprechen. Und ich würde den Mann danach nicht mehr hören können! Ich sagte zu.

Eine Menge Musikbücher langweilen mich, weil sie vor allem die Besessenheit des schreibenden Fans zeigen, seinen Eifer zum Datenwissen, seine Sammlerwut, seine Verehrung. Am Ende meiner Arbeit hatte ich die Johnny Cash-Chronik *I've Been Everywhere* auf dem Tisch. Das war spannend, denn ich hatte keine Ahnung gehabt, dass er am 5. 12. '71 in Roanoake, Virginia, mit seiner Show gastiert hatte, und sogar die Konzerte, die angekündigt, dann aber abgesagt worden waren, hatte der Autor aufgelistet. Zum Dank für derartige Bemühungen wird man dann eines Tages nach dem Konzert backstage mit seinem Gott fotografiert. Ich selbst aber muss jede Leserin enttäuschen, die so was von diesem Buch erwartet. Es ist keine jedes Detail abhakende Biografie, und ich habe einige der etwa 75 Alben und wichtige Songs und große Hits nicht mal erwähnt.

Jetzt, am Ende der Arbeit, scheint es mir, als hätte ich seine vielen religiösen Platten mehr beachten sollen und weniger seine Drogenjahre. Aber ich habe die Drogenjahre nicht so ausführlich beschrieben, um das Buch spannender zu machen, sondern weil hier die Kluft zwischen Image und Realität der Countrymusik so deutlich ist, und, um keine Missverständnisse aufkommen zu lassen, es ist *diese* Art Line Dance, die mich interessiert. Ich wollte eine Balance schaffen, zwischen den Geschichten, die in diesem Leben wichtig sind, und denen, die mir wichtig scheinen, auch für ein größeres Bild von dieser Musik.

Wer schon einiges über Cash gelesen hat, wird hier bestenfalls ein paar neue Zusammenhänge oder Interpretationen finden können, aber keine neuen Fakten entdecken, auch kein Interview, das ich allein mit ihm geführt hätte – die häufigen Meldungen, dass er sich nach fast 50 Jahren Interviews nicht mehr für jedes begeistern könne, haben mir zu denken gegeben. Die Krankheitsmeldungen im Jahr 2001 waren so häufig wie in den Jahren zuvor. Er sagte, er wolle nichts anderes mehr tun, außer weiter Songs zu schreiben und aufzunehmen. Da wäre mir das Gebagger nach einem Interview lächerlich vorgekommen.

Viele haben mich bei diesem Buch mit Informationen und Material unterstützt, ihre Namen stehen im Anhang. Ich weiß nicht, wer ein Buch über Cash und Countrymusik schreiben könnte, ohne die vielen Arbeiten von Bear Family Records zu benutzen – ich nicht. Mein wichtigstes Nachschlagewerk zur Countrymusik allgemein war die *Virgin Encyclopedia Of Country Music*. Um sich vor Dieben zu schützen beziehungsweise sie überführen zu können, heißt es dort, habe man einige Fehler eingebaut. Diese Methode überzeugt mich, und ich habe sie auch für dieses Buch benutzt.

Am Ende schreibe ich die Einleitung und versuche verkrampft eine Frische zu zeigen, die ich nicht mehr habe. Es ist nicht immer ein Vergnügen, sich so lange im Schatten eines derart großen Künstlers aufzuhalten. Am Ende habe ich viel gelernt und sogar eine Ahnung davon bekommen, was mit dem Ende von ›The Beast In Me‹ gemeint sein könnte: »They've seen him out dressed in my clothes, patiently unclear if it's New York or New Year.«

Was mich glücklich macht, ist, dass ich die Songs von Johnny Cash immer noch so gut hören kann wie zuvor. Den Mann und seine Songs satt und über zu haben, das wäre das Buch nicht wert gewesen.

Augsburg/München, 13. Mai 2001 bis 1. Januar 2002

I

Biester, Killer und Geschäfte

Keine Chance

Einmal hat diese Musik verhindert, eine Frau kennen zu lernen, die ich sehr gern näher kennen gelernt hätte. So lernte ich sie an einem der Orte, die genau dafür erfunden wurden, nur sehr flüchtig kennen, nicht näher, als es in etwa zehn Minuten möglich ist. Wir hatten unseren Spaß in dieser kurzen Zeit, auch wenn wir uns nur über Banales unterhielten – wer woher, wer welche Bücher, welche Filme und solche Sachen, die gut sind, um sich schnell ein Bild von jemandem zu machen. Dann stellte sie eine neue Frage, und dummerweise musste ich diese Antwort geben:

»Ziemlich viel Countrymusik.«

Das vernichtete ihren bis dahin guten Eindruck von mir, und ich hatte nicht mal Zeit, ein einziges Wort hinzuzufügen. Sie sagte, »Ach Gottchen«, und ging weiter mit ihrem Glas, um bei anderen Leuten hängen zu bleiben. Ich hatte mich zum Glück nicht unsterblich verliebt in diesen zehn Minuten. Von Leuten, die nie was genauer wissen wollen, soll man die Finger lassen. Wäre sie nicht weggegangen, hätte ich sofort und ohne Übersetzung hinterhergeschickt:

»I love songs about horses, railroads, land, judgement day, family, hard times, whiskey, courtship, marriage, adultery, separation, murder, war, prison, rambling, damnation, home, salvation, death, pride, humor, piety, rebellion, patriotism, larceny, determination, tragedy, rowdiness, heartbreak and love. And mother. And God.«

Dann hätte ich vermutlich gesagt, dass diese schöne Aufzählung von Johnny Cash stammt, dass larceny Diebstahl heißt und dass ich selbst kein Bedürfnis nach Songs über Mutter, Gott und Patriotismus habe, dass es aber einige gibt, die einem helfen zu verstehen, warum so viele Leute ein Bedürfnis nach Songs über Mutter, Gott und Patriotismus haben.

Vielleicht hätte ich sogar zugegeben, dass mir manche Lieder was geben, nur weil sie mich an meine Mutter erinnern, das sehr alte ›Will There Be Any Yodelers In Heaven?‹ zum Beispiel. Das wüsste ich gern, ob's einen Himmel gibt, in dem Jodler erklingen, weil ich dann sicher wäre, dass sie manchmal etwas Spaß hat.

Dann hätte ich wahrscheinlich gesagt, dass Johnny Cashs Patriotismus nicht mit dem zu vergleichen ist, der uns seit Jahren wieder stärker in die Fresse schlägt. Weil's in den Vereinigten Staaten von Amerika Leute gibt, die mit Patriotismus etwas meinen, was die Leute bei uns niemals damit meinen. »Auch wenn die Realität in den USA anders ist: Das Projekt USA steht für Demokratie, während das Projekt Deutschland nicht für ›alle Menschen sollen gleich sein‹, sondern ›alle Deutschen sollen gleich sein‹ steht«, hat es der deutsche Autor Maxim Biller kürzlich formuliert.

Jedenfalls kann man mit dieser Aufzählung oft einen Punkt machen bei Leuten, die sich für diese Musik nicht oder kaum interessieren. Man kann auch schnell weiterkommen, wenn man erwähnt, dass Johnny Cashs letzte vier Alben von Rick Rubin produziert wurden, der ja, »aber wem sag ich das«, damals Run DMC oder die Beastie Boys produziert hat. Oft kommen dann viele Rückfragen geflogen. Man kann sich na-

türlich auch schweigend die Kante geben – in der Hoffnung, dass es schon in einem Strip-Poker enden wird, und der Verlierer ist dann der Erste beim russischen Roulette.

Ich ging also bald nach Hause und hörte ›Country My Ass‹. Ein seltsamer Song.

Ein Countrysong, der wie nur irgendwas nach echtem Country klingt, aber der Sänger erzählt von einer Countrymusik, die ihm am Arsch vorbeigeht. Ist es also nicht klar, was jemand meint, wenn er Country sagt? Nein. Wie wir eben auch nicht viel wissen, wenn jemand Pop sagt. Das jener Frau zu erklären, hätte viel länger gedauert. Dazu hätten wir wirklich zu mir nach Hause gehen müssen. Da hätte ich dann fast ein ganzes Buch erzählen können. Falls uns nicht was dazwischengekommen wäre.

Der bekannteste Countrysänger der Welt

Er ist das seit Ende der 60er Jahre. Aber ohne sein unerwartetes, gigantisches, unvergleichliches Comeback in den 90er Jahren wäre er bestimmt nur in den interessierten Kreisen ein großer Name (und ich hätte dieses Buch nicht geschrieben). Der Mann, der als Jüngster in die Country Hall Of Fame gewählt wurde, 1980 mit 48 Jahren. Oder der Mann, der in der Show von Elvis auftrat, kurz bevor Elvis zu Elvis wurde. Es gibt nicht mehr viele, die erzählen können, was ihnen der junge Elvis nach der Show hinter der Bühne erzählt hat. Zu seiner späteren Frau June Carter sagte Elvis hinter der Bühne, dieser Cash sei der beste Songschreiber von allen. Er hatte die tiefste Stimme von allen, und sie konnte sehr böse klingen.

Als 1994 sein Album *American Recordings* herauskam, hatten ihn die großen Firmen, die aus Countrysongs Gold machen können, schon abgeschoben. Im selben Jahr wurde er populärer als jemals zuvor. Zu seinem alten Publikum bekam er ein neues, junges hinzu, das keine Ahnung hatte, wer Hank Williams gewesen war, aber nach dem Selbstmord von Kurt Cobain nachdenklich zum Sternenhimmel aufsah und sich fragte, ob's dahinter überhaupt noch ein Nirvana geben mochte.

Die Platte kam nicht annähernd an frühere Verkaufszahlen heran, brachte ihn aber auf die Titelseiten der großen Magazine. Es wurde berichtet, der 62-Jährige habe in seiner 40-jährigen Musikkarriere über 50 Millionen Platten verkauft und könne jetzt auch noch ein Video mit dem Supermodel Kate Moss vorweisen. Sie spielte die Delia aus dem Song ›Delia's Gone‹. Johnny Cash spielte den todtraurigen, üblen alten Typen, der sie erschießt, weil sie sich herum- und ihn zur Verzweiflung treibt. Erst mit dem zweiten Schuss erwischt er sie richtig. Dann wirft er sie ins Grab und greift zur Schaufel.

Cash war der Einzige von den alten Countrystars, der nochmal solch einen Erfolg genießen konnte. George Jones und die etwas jüngeren Willie Nelson, Waylon Jennings und Merle Haggard – die immer nur in Amerika echt große Stars gewesen waren – hatten ebenfalls das Problem, keine netten Gesichter mehr zu haben, und keiner schien gewillt oder in der Lage, mit den lächerlichen Gymnastikposen eines Mick Jagger die ganze Bühnenbreite zu nutzen. Sie wurden bei den amerikanischen Countrysendern nicht mehr gespielt, die mit etwas zugemüllt waren, was sich dem Popmainstream angebiedert hatte, damit diejenigen, die aus Countrysongs Gold machen mussten, es Country nennen und zugleich den Popmarkt anzapfen konnten. Die Zuhörer hatten keine Probleme, es als Rettung vor dem bösen, das Land und seine Werte vernichtenden Hiphop zu empfinden. Wie in schlechten Kriminalromanen plötzlich irgendwo ein Hund bellt, so hörte man hier mal eine Geige, dann eine Steel-Guitar. Die Musik dieser alten Typen dagegen wirkte so, als würden sie in den Appalachen-Bergen in Höhlen leben und ein Reh mit den Händen töten. Und den alten, berühmten Sängerinnen wie Rose Maddox oder Loretta Lynn, erging's denen besser? Sogar die jüngere Emmylou Harris hatte zu dieser Zeit das Problem der Showbiz-

Abschiebung, weil sie nicht willens war, die Soundgesetze einzuhalten und in Videos ihren Bauchnabel zu zeigen. Aber es sollten noch einige schöne Überraschungen blühen. Seit Ende der 90er Jahre wird die Macht des Country-Establishments wieder durchlöchert. Der unerwartete Erfolg des Soundtracks zum Film *O Brother Where Art Thou* war das deutlichste Signal für etwas bessere Zeiten.

Cash hatte schon mehrere ungute Phasen durchgemacht und war am Ende immer für eine Überraschung gut gewesen, ohne dass ihm Courage, Intelligenz, frecher Witz, das Unabhängigbleiben und die Bereitschaft, etwas Neues zu versuchen, verloren gegangen wären. *American Recordings* bekam den Grammy für die beste Folkplatte des Jahres. Eingespielt von einem alten Sänger, allein mit Gitarre, die er so wenig sensationell bearbeitete wie damals zu Elvis' Zeiten. Aber niemand hätte es eindrucksvoller machen können, und Johnny Cash hatte den Beat. Der Song ›Tennessee Stud‹ war dann in Quentin Tarantinos Film *Jackie Brown* zu hören, er kam aus dem Autoradio, das war jetzt cool. Am Ende der 90er Jahre war aus *American Recordings* eine Trilogie geworden, die Cashs Ruhm noch vergrößert hatte, und ohne dass er jeweils die Vorgängerplatte imitiert hätte. Es war, als wollten er und Rick Rubin den einen eine Lektion erteilen und den anderen eine anbieten. Das 96er Album *Unchained* wurde mit Tom Pettys Band eingespielt und war ein musikalischer Hieb gegen den auch nach Popmaßstäben belanglosen Countrypop. Das Album war vielmehr von Punk-Rock inspiriert, antreibend und krachend, verschonte aber auch keinen mit traurigen Songs, die vom Sterben erzählten. Es wurde Countryalbum des Jahres der Country Music Association, und das nächste bescherte dem Sänger wieder einen Grammy und war noch erfolgreicher. Bei *American III: Solitary Man* wurde das Schlagzeug wieder weggelassen, eine Country-Folk-Platte, die Songschätze aus dem gesamten 20. Jahrhundert präsentiert, darunter Coverversionen von Nick Cave und Will ›Bonnie Prince Billy‹ Oldham. In der Zeit davor hatte es mehrmals so ausgesehen – und nicht nur aus dem Blickwinkel der Boulevardpresse –, als wären Cashs Tage gezählt. Die Platte erschien im Oktober 2000, kam in den US-Country-Charts auf Platz 11 (und wurde in Deutschland von so gegensätzlichen Magazinen wie *Spex* und *Musik Express* in den Mitarbeiterlisten zur Platte des Jahres ganz oben notiert – wen schert's, zur Hölle, ob das Country sein soll? Im Juli 2001 ist *Solitary Man* immer noch Nr. 2 der Lesercharts des deutschen *Rolling Stone*, davor nur die neue von Cash-Fan Nick Cave). Johnny Cashs letztes Album wurde im November 2002 veröffentlicht. *American IV: The Man Comes Around* wurde zum erfolgreichsten Teil der Serie, speziell durch das Video zum Song ›Hurt‹, der ihn zum ersten Mal seit 1990 in die Country-Single-Charts bringt; in den Album-Charts ist die Spitze bei No. 4 erreicht. Rubins vierte Produktion erhält abermals einen Grammy und wird im Mai 2003 mit 500 000 verkauften Stück in den USA zur Goldenen Schallplatte.

Zumindest die ersten drei American-Teile waren also weit entfernt von seinen größten Erfolgen – aber der gigantische Ruf dieses Comebacks war am Ende des Jahrtausends bei jenen angekommen, mit denen Cash nichts mehr zu tun haben wollte. Bei Columbia/CBS Records, inzwischen gekauft vom Sony-Konzern, die ihn 1986 nach drei Jahrzehnten gefeuert hatten, hatte er wieder einen Marktwert, und es erschienen die erfolgreichen Gefängnis-Live-Alben, die ihn Ende der 60er zum Weltstar gemacht hatten, erstmals in voller Länge, und außerdem die 3-CD-Compilation *Love God Murder*, deren Zusammenstellung er sogar selbst bestimmen konnte, nicht zu vergessen ein unüberschaubarer Stapel sonstiger Best-Ofs, Early-Hits und Neuauflagen vergriffener Alben.

Regierung Nashville

Seit den 50er Jahren ist Nashville, Tennessee, die Hauptstadt der Countrymusik. Es heißt, dass heute dort mehr Songwriter, Musikgeschäft-Angestellte und Studioarbeiter leben als in irgendeiner anderen Stadt auf diesem Planeten. Die absoluten Zahlen von heute mögen rücklaufig sein – sind sie das eigentlich nicht immer und bei allen? –, aber Country ist im US-Musikgeschäft die Geldmaschine Nr. 1, auch wenn es vorkommen kann, dass die Hiphop-Industrie zeitweise bessere Zahlen schreibt. Country Capital Of The World – das bedeutet ein Netzwerk aus Labels, Radiostationen, Konzert- und Promotionagenturen und Ladenketten, aus dem die fast absolute Herrschaft der Top-40-Radios entstanden ist. Auf diesem Countrysektor will man nicht hören, wenn Merle Haggard von der Gier singt, die ihn beim Anblick von alten Freunden befällt, wenn sie sich ein paar Linien Kokain genehmigen. Dass Mitte der 90er Jahre der Versuch fehlgeschlagen ist, mit diesem Country-Pop-Mainstream den deutschen Markt zu erobern, interessiert dort einen Dreck. Nur wenn man's geschafft hätte, dass jede neue Platte der Dixie Chicks die auch nicht sexyere Gerri Halliwell oder Rammstein schlägt, wäre es interessant gewesen. So aber misst man diesem Markt etwa so viel Wert bei wie den Waffen afghanischer Rebellen, und man überlässt ihn, was ich dann verstehen kann, kampflos den stärksten Symbolen der deutschen Countrymusik, Truckstop mit Gelegenheitsfrontmann Stefan Raab. Nicht satisfaktionsfähig.

Deutschland ist nach den englischsprachigen Ländern der weltweit größte Musikmarkt, aber das bedeutet kaum mehr als die Aussage, dass Albert Ayler auf der Venus so gern gehört wird wie in Rostock. In den 80ern bereitete Pop dem US-Countrymarkt schwerste Probleme. Als man sich auf den

riesigen Erfolg des John Travolta-Films *Urban Cowboy* und seinen Disney-Countrypop einließ, konnten sie schnell behoben werden. Kein Zufall, dass Cash in dieser Zeit von CBS gefeuert wurde, und am Ende des Jahrzehnts kam das Siegessymbol eingeritten, Garth Brooks. Ein Beispiel für die Größenordnung: sein 95er Album *Fresh Horses* wurde mit 4,5 Millionen Dollar von Capitol Records beworben. Damals wie heute hat Brooks mehr Tonträger verkauft als jemals ein anderer Künstler, mehr als Elvis, als Michael Jackson, als Herbert Grönemeyer. Nur eine Band hat er noch nicht übertrumpft, The Beatles. Vielleicht nicht gehässigere, auf jeden Fall aber informiertere Stimmen als ich glauben, das sei das Einzige, was ihn davon abhält, sich mit 42 Jahren in den Vorruhestand zu verabschieden.

Will man nicht allzu viel Zeit verstreichen lassen bei einer Darstellung der aktuellen Countryszene, dann bedient man sich, ohne verzerrende Wirkung, am besten zweier Namen: Johnny Cash und Garth Brooks. Der Unterschied ist viel größer als nur 30 Jahre Leben, 35 Jahre Karriere, etwa 70 produzierte und etwa 40 Millionen verkaufte Platten.

Cash stand selten und schon lange nicht mehr mit Cowboyhut und kariertem Hemd auf der Bühne, und Brooks ist nicht in einem Haushalt ohne fließend Wasser und Strom aufgewachsen und hat in seiner Kindheit auch nicht Baumwolle gepflückt. Damit soll nicht angedeutet sein, Brooks hätte kein Recht, diese Musik zu machen. Auch Julia Roberts' Exehemann, der teure Anzüge, aber keinen Hut tragende Countrysänger Lyle Lovett, hat Cashs Erfahrungen nicht gemacht – wer hat das schon aus dieser Generation? Doch Brooks' riesige Erfolge haben stark mit Symbolen zu tun, die eine bestimmte Tradition zu bewahren schienen. Musikalisch hat er nur einen Touch traditioneller Countrymusik eingebaut, in den Texten aber spricht er vage eine gute alte Zeit an – nicht indem er etwa von Kurbeltelefon oder Pferdegespann erzählen würde, sondern von Romantik, von ewiger Liebe, von der Familie als heiligem, geschütztem Ort. Mit perfekten Marketingfeldzügen wird dann eine weiße Schicht bedient, die eine unbestimmte Angst vor der modernen Welt hat. Die Logik von Sendern und Plattenfirmen ist nicht so unklar: Würde das Publikum kommerziell bedeutende Radiosender akzeptieren, die gleich verteilt Garth Brooks und die neuen Songs von unmodernen Typen wie Johnny Cash und Willie Nelson und Loretta Lynn sowie Klassiker spielen, dann würde es den Eindruck gewinnen, nicht mehr up to date zu sein. Garth Brooks aber vermittelt ihnen, dass sie zum gegenwärtigen Amerika gehören und keine Spur rückständiger sind als die permanent dreckige Wörter ausspuckenden Rapper aus L. A. oder New York. Natürlich gehören sie sowieso zu den USA von heute. Brooks hat bis 2001 100 Millionen verkaufte Tonträger vorzuweisen. Um die Millionen Menschen, die fehlen, weil sie das Kumpel-Kirche-Bier-Pick-up-Baseball-Image von Brooks und vielen seiner männlichen Kollegen nicht anspricht, kümmern sich inzwischen viele junge, gut aussehende Sängerinnen. Die Dixie Chicks, Shania Twain oder Jamie O'Neal setzen ihr Körperkapital ebenso bewusst ein wie eine Lil' Kim oder Destiny's Child. Dass sie dabei etwas weniger zeigen als ihre afroamerikanischen Schwestern, liegt daran, dass der Begriff Country samt Image nicht einfach weggeworfen werden kann. Und warum wird das Ding nicht einfach Pop genannt? Weil sie sich dann aus dem riesigen Countrymarkt verabschiedet hätten.

Keine andere populäre Musik hat derart viel mit Tradition zu tun bzw. mit ihrer Vortäuschung. Deshalb verschwindet die Auseinandersetzung um wahren oder falschen Country nie. Es gibt immer Verräter, und jede Erneuerung spaltet die Anhängerschaft in feindliche Lager. In den 50er Jahren konnte man Country vor Rock'n'Roll beschützen, in den 60ern vor Pop, in den 70ern vor Rock. Alle drei Einflüsse waren musikalisch und kommerziell stark genug, um Country auf den Kopf zu stellen. Gegen Rock'n'Roll und Rock mussten sich diejenigen, die Country und sein Image gepachtet zu haben glaubten, geschlagen geben. Die Musikindustrie unterstützte diesen Einfluss erst dann, als sich der Erfolg deutlich abzeichnete. Rock'n'Roll war eine Publikumswelle, die alles überrollte, und Country-Rock oder Outlaw-Country wurde buchstäblich von Musikern erkämpft. Der Country-Pop seit den 90er Jahren aber geht vor allem auf das Konto der Plattenindustrie. Und ist die beste Geldmaschine aller Zeiten. Und wie im Mainstream-Pop habe ich auch hier bei vielen Künstlern den Eindruck, sie seien nichts anderes als eine Erfindung von Marketingspezialisten (was Garth Brooks und Shania Twain jedoch nicht sind). Für mich gehört das zu den übelsten Erscheinungen in der Musikgeschichte (gegen die in den letzten Jahren jedoch Widerstand gewachsen ist). Über all diese jungen Stars hat der 1962 geborene, stark tätowierte Dale Watson einen Song gemacht. Er heißt ...

Country My Ass

... und gießt einen Kübel Hohn über die Yuppie-Country-Invasion: Der Junge, der für uns von seinen harten Lebens-erfahrungen singt, aber die einzigen, die er hat, kreisen um fünf Nächte in Hotels mit weiteren fünf Tourtagen vor Augen, und die Satellitenschüssel ist kaputt! Diese Leute haben den Soul aus meiner Musik vertrieben, singt Dale, einer der besten jüngeren Off-Nashville-Musiker, keines-wegs nur ein Undergroundstar und angemessen mit Cou-rage und Kampfgeist ausgestattet. Als ihm nach vier Alben ein Deal mit einer großen Firma gelang, ließ er ihn platzen, weil sie meinte, sein Anti-Radio-Song ›The Legend‹ könnte auf keinen Fall veröffentlicht werden. Sein Live-Album *Preachin' To The Choir* wurde 2001 mit dem Satz beworben: »Don't Buy This Record! (If You Don't Like *Real* Country Music).«

Vor diesem Hintergrund ist Johnny Cashs Comeback mit *American Recordings* 1994 noch überraschender. Er kam nicht zurück als eine Art männliche Tina Turner, als sensatio-nell gut erhaltener Opa, sondern als der »Bad Lieutenant der Countrymusik«.[1] Eine düstere, spartanische Platte mit gele-gentlich sarkastischem Humor. Der Sänger als unheimliche, biblische Gestalt mit einer Mir-ist-alles-egal-Haltung – ich sage, was ich zu sagen habe, ob ihr mir zuhört, ist eure Sache, und ich spiele, wie ich spielen will, wenn ihr zuhören wollt, dann tut es. Gesänge zu Gott, Mörderballaden, scheinbar Lus-

Dale Watson

Garth Brooks

Merle Haggard

tiges über einen notorischen Pechvogel, ein Verliebter resümiert sein bisheriges Liebesleben und sagt »every day is better than before, I'm like a soldier getting over the war«, und auch ›The Beast In Me‹ ist von bedrohlicher Melancholie durchzogen. Kein Soundtrack für wirtschaftliche Aufschwünge, schon eher die Erinnerung daran, dass der Amerikanische Traum nicht nur Nashville oder der Wall Street gehört.

Die Nashville-Popper kämpften darum, im aktuellen Soundspektrum anerkannt zu sein, Cash brauchte das nicht tun. Er hatte den damals 30-jährigen Rick Rubin, der mit seinem Label Def Jam ganz nach oben gekommen war. Die Namen, mit denen er in Verbindung gebracht wurde, lauteten: Beastie Boys, Run DMC, LL Cool J, Slayer, Red Hot Chilli Peppers. Jetzt war er Chefproduzent seines neuen Labels American Recordings. Er sah nicht nur aus »wie die Heavy-Metal-Version von Räuber Hotzenplotz«, sondern übte sich auch »täglich in transzendentaler Meditation, Tai-Chi und Yoga«. Mit Country war er bisher nicht in Verbindung gebracht worden, und es kostete ihn einige Mühe, Cash zur Zusammenarbeit zu überreden. Der war 1993 ohne Plattenvertrag und hatte keine Lust mehr auf Leute, die ihn für die Trends der 90er kompatibel aufbereiten wollten. Viele hatten mehr als nur elf Nr.-1-Hits gehabt. Wenige hatten so viele Platten verkauft. Kein lebendes Gesicht war so sehr zum Symbol für Country geworden. Die Musikwelt besteht aber nicht nur aus Tonträgern: Cash konnte Konzerte geben, so lang er eben konnte. Er war nicht abhängig von einem Plattenvertrag.

Das hatte er bisher gemacht: Rockabilly, Country, religiöse und Kinderplatten, Soundtracks für Filme, Konzeptalben und solche, auf denen er zwischen den Songs Stories erzählte, eine reine Sprechplatte mit der Rede eines Indianerhäuptlings, Fernsehshows und -filme, Hauptrollen in Fernseh- und Kinofilmen, eine Autobiografie und einen Roman über das Leben des Apostel Paulus.

Als Rick Rubin ihn endlich von seinem seriösen Interesse überzeugt hatte, fragte Cash ihn, was für eine Platte er denn mit ihm machen würde, und Rubin sagte, er würde nichts anderes tun, als ihn allein mit seiner Gitarre aufzunehmen. Sonst nichts. Das war die Platte, die Cash seit 30 Jahren machen wollte, aber alle anderen hatten abgelehnt: *American Recordings*.

Rubin brauchte keine Marketingarmee, um zu wissen, dass Cash weder einen Cowboyhut noch riesige Turnschuhe tragen musste, um akzeptiert und respektiert zu werden. Cash war überzeugend, und er gab nicht den netten Opa von nebenan. Er wirkte wie der Großvater, der gekommen war, um für seine verstorbenen Enkel Sid Vicious und Kurt Cobain Rache zu üben. Eine dunkle Gestalt, ein Pate. Er war 62, er war schon out gewesen, und jetzt war er wieder da, und er war übermütig. Zwei Songs wurden vor Publikum in einem der angesagtesten Lokale Amerikas aufgenommen, in Johnny Depps *The Viper Room*, Hollywood – nicht in Nashville. Das war die Handschrift von diesem Rubin.

Trotzdem, das Country-Establishment musste sich wegen *American Recordings* keine Sorgen machen. Die CD lag nicht in jedem Supermarkt herum. Im Radio wurde sie auch nicht gespielt – na gut, vielleicht in den Collegeradios und drüben in Europa, nachts, wenn die Intellektuellen und Selbstmordgefährdeten und Einsamen zuhörten, und die Freaks, die immer noch Vinyl kauften, und die Frauen, die sich fragten, ob es noch andere Möglichkeiten als Madonna gab, und die Girls, die Beck mochten, »I'm a looser, baby, so why don't you kill me« –, und natürlich alle, die sich fragten, warum der Millionär und stolze junge Vater Kurt Cobain Selbstmord begangen hatte. Was soll's, grinste da jemand in Nashville, diese Hühner bringen nicht die Kohle, die wir haben wollen, und wir haben nichts, was wir ihnen andrehen könnten – und trotzdem, da nervte irgendwas den großen Countryboss, dieses Supergirl, diese Kate war im Video, es wurde gespielt, Kate kaum als Kate Moss erkennbar, welche Arroganz, und sie wurde ermordet, und dieser alte Mörder: kein Fingerzeig auf das Böse, welche Frechheit! Falls in Nashville jemand sagte »Cash my ass« oder »Rubin my ass«, hatte er schon was verstanden. Die beiden hatten auf eine subtile Art nichts anderes gesagt, country-business my ass. Wer das nicht kapierte, sollte es bald unmissverständlich erklärt bekommen.

Die Anzeige

Johnny Cashs 96er Album *Unchained* bekam den Award für das beste Countryalbum des Jahres. Nach der Verleihung kauften sich Label und Künstler für 20 000 Dollar eine ganzseitige Anzeige[2] im großformatigen Branchenblatt *Billboard Magazine*. Sie nahmen ein Cash-Foto, das der berühmte Rock-Fotograf Jim Marshall 1969 beim Konzert im Gefängnis San Quentin geschossen hatte: über der Gitarre Cashs wutverzerrtes Gesicht und, dem Betrachter entgegengestreckt, aus der rechten Faust heraus ragend, sein ausgestreckter Mittelfinger. Links oben stand folgender Text: »American Recordings and Johnny Cash would like to acknowledge the Nashville music establishment and country radio for your support.« Rechts unten klein gedruckt: »Thanks to those who made a difference. You know who you are.«

Der strenggläubige, damals 65-jährige Baptist hatte damit eine Geste gemacht, die nicht nur für ihn selbst sprach, sondern auch für seine Altersgenossen, die pauschal vom dominierenden Charts-Only-Radio ignoriert wurden, obwohl sie der Inbegriff des Country waren.

Willie Nelson (64) kommentierte die Anzeige mit dem Satz »John spricht für uns alle« und ergänzte, er hätte sie sofort in seinem Tourbus aufgehängt. George Jones (66) sagte, die Anzeige hätte ihn laut auflachen lassen. Bald darauf wurde für seine neue Single ›Wild Irish Rose‹ in *Billboard* mit einem Foto geworben, auf dem verschiedene Arten von Bällen zu sehen waren, Footballs, Basketballs, Baseballs. Dazu folgender Text: »If radio had any, they'd play this record.« Balls: die Eier des Mannes. Also Courage haben. Nelson und Jones zählen zu den größten Namen, die Country zu bieten hat, und niemand konnte behaupten, dass sie nichts mehr zu bieten hatten.

American Recordings and Johnny Cash would like to acknowledge the Nashville music establishment and country radio for your support.

Johnny Cash "Unchained"
WINNER ☆ BEST COUNTRY ALBUM
Thanks to those who made a difference / you know who you are.

Was diese Alten umtrieb, waren nicht nur Verkaufsprobleme, sondern auch mindestens Probleme mit ihren Plattenfirmen beziehungsweise bei der Suche nach einer neuen. Für diejenigen von ihnen, die nicht zu den ganz großen alten Namen gehörten, war damit das Problem verbunden, nicht mehr genug ausreichend bezahlte Konzerte zu bekommen, um das auffangen zu können – professionelle Countrymusiker sind nicht billig, und sie waren weder in der Altersklasse noch in der Szene, in der sich Bands durchschlugen, die für ein Konzert gegen Freigetränke bereit sind, durch die Hölle zu gehen. Und was war mit denen, die es sowieso nicht mehr schafften, genug Konzerte zu geben? Tantiemen für alte Hits – nur wenn sie neu eingespielt wurden. Wahrscheinlich hörten sie zu Hause diesen längst verbannten alten Hank Williams-Hit: ›I'll Never Get Out Of This World Alive‹.

Auch anderen Gruppen außerhalb des Country-Pop-Mainstream dürfte die Attacke des Nr.-1-Countrystars aus der Seele gesprochen haben: allen, die als viel zu *real country* angesehen wurden, womit gemeint war, dass ihnen der Pop-Appeal fehlte (wie Emmylou Harris). Und allen 80 Mitgliedern der 1997 gegründeten Black Country Music Association (BCMA).

Die Chance der afroamerikanischen Countrymusiker, passable Arbeits- und Vermarktungsbedingungen zu bekommen, ist nur knapp über null – obwohl etwa 25% der erwachsenen Afroamerikaner auch Country hören –, egal ob sie angepasst spielten wie The Wheels oder, damit mehrfach disqualifiziert, so rau wie Clarence Gatemouth Brown. Der kann zwar seine Swing-Blues-Alben in den USA herausbringen, aber nicht die Countryalben. Und eher werden wir auf dem Mars Square Dance tanzen, als dass der Traum von Andre »I'm The Bad Motherfucker« Williams, der Country liebende Schweinepriester des dreckigen Rhythm'n'Blues, in Erfüllung gehen wird: einmal in der Grand Ole Opry spielen. Wo man das Wort Pussy nicht so gern hört …[3]

Johnny Cashs Fuck You wurde von der in den 90ern entstandenen Szene, die sich mit Begriffen wie alt.country, Insurgent Country oder Roots-Music skizzieren lässt, besonders gut verstanden, denn viele von ihnen kamen aus dem Punkrock. Keiner von ihnen interessierte sich für den Nashville-Country-Pop, aber alle verehrten die alten Helden wie Jimmie Rodgers, Bob Wills, Hank Williams oder George Jones – und natürlich Johnny Cash. Denn ihre Musik taugt immer noch als Vorlage und Inspirationsquelle. Ihre Geschichten von den üblen und den schönen Seiten des Lebens haben nichts an Gültigkeit verloren – was natürlich nicht heißt, dass Rodgers' Hobo-Songs heute etwas anderes als eine Geschichtslektion wären.

Cashs Comeback hat einem jungen Publikum, das auf Country ablehnend reagierte, einen Zugang gegeben. Sogar in Deutschland hat sich in den letzten fünf Jahren eine neue Countryszene gebildet, die mit dem, was deutscher Country von Truckstop bis Tom Astor bisher war, nichts zu tun hat. Nur wenige spielen *real country*, aber im Unterschied zur alten Szene ist dieses Nachgespiele, dieses So-tun-als-ob verschwunden, dieses Cowboy-und-Indianer-Freizeitpark-Getue, Karneval-Country. Was jedoch nicht heißt, dass der harte, fußstampfende, zur großen Sause aufrufende Honky-Tonk vergessen wäre, im Gegenteil: deshalb sind so viele Ex-Punkrocker dabei und Rockabillys, die etwas Soundveränderung brauchen. Und die Love-Parade hat sich in Technokarneval verwandelt – warum sich nicht in anderen, weniger überlaufenen Gegenden umsehen?

Country ist nicht das, was uns das Fernsehen erzählt hat: Johnny Cash war jetzt eine Möglichkeit, das zu entdecken. Und ich habe bisher niemanden getroffen, der mir begeistert von Garth Brooks oder LeAnn Rimes erzählt hätte. Tatsächlich ist es ein Trend, wenn auch kein allzu großer, kein Vivatauglicher, was wiederum den Reiz enthält, sich als Außenseiter fühlen zu dürfen, und das war schon immer ein nicht unwichtiger Musikfaktor. Weil diese Musik nun mal konservativ ist und nur in Details Platz für Innovation bietet (sonst macht man eben Pop/Elektronik), wird das oft als konservativer Flashback interpretiert. Ich glaube eher, dass es mit einem wieder stärkeren Interesse an Songs zu tun hat – und Country hat die besten Songs, alle Inhalte, die wir uns wünschen, alle Gegensätze, mit denen uns das Leben plagt, die Liebe, das Sterben, das Verlieren, das Glück, die Gedanken vor dem Sprung aus dem achten Stock und die Erkenntnis, dass du das besser tust, bevor du auch nur einem einzigen Politiker dein Vertrauen schenkst. Das alles kann man hier, wenn auch nicht immer schnell, entdecken – und auch viel reaktionären Scheiß, wie im richtigen Leben.

Wenn man sich in Country und in Cashs Werk besser auskennt, wird man erkennen, dass er wie nur wenige über Witz und Selbstironie verfügt, einer der wenigen Stars, der sein Startum reflektiert (und sich nicht auf die Klage beschränkt, von Fans umzingelt zu sein). Dennoch, sein Comeback war auch ein Einbruch von Ernsthaftigkeit: Unter all den Pop- und Mainstream-Gestalten, von denen zu viele den Eindruck machten, nur das Produkt von Promotionstrategen zu sein, stand plötzlich jemand da, der gegen alle Spielregeln dorthin gekommen war, und das, was er zu sagen hatte, war nicht lustig. Auch sein Auftreten hatte durchaus Strategie, aber es war nur die alte: »Ich tanze nicht auf der Bühne herum, ich erzähl keine Witze, aber ich kenne tausend Songs.« Selbst in Interviews erzählte er nichts Neues: Er habe nicht den Eindruck, dass die Jugendlichen heute schlechter wären als irgendwelche anderen Jugendlichen zu anderen Zeiten. Ist das Countrymusik? Welche der großen Stars in seinem Alter sagen so was?

Das Biest

Auf den letzten drei Platten hat Cash einige fremde Songs wie seine eigenen behandelt, obwohl ihre Urheber nicht unter Country gelistet werden: Beck, Leonard Cohen, Glenn Danzig, Tom Waits, Will Oldham und Nick Cave. ›The Beast In Me‹ hat Cash für sein Comebackalbum 1994 gesungen. Es ist ein Song von seinem ehemaligen Schwiegersohn Nick Lowe.

In seiner Autobiografie *Cash* erzählt er, dass er mit seiner Frau 1996 in New York an einer Feier teilnahm, bei der auch die damalige Präsidentengattin »Hillary Clinton eingeladen war. Es war ein kleiner Kreis von Leuten, und ich wurde gebeten, ein paar Songs zu spielen. Ich tat ihnen den Gefallen und sang ›Tennessee Stud‹, dann ein paar lustige Nummern, ein paar Spirituals, und ich erzählte Geschichten aus Arkansas. Es machte Spaß, aber ich glaube, als ich ›The Beast In Me‹ sang, Nick Lowes dunkles Bekenntnis darüber, wie weit Leute wie er und ich gehen können, war Hillary doch ein wenig beunruhigt.« Ansonsten sei es ein netter Abend gewesen, der ihn daran erinnert habe, dass er Hillary »eigentlich schon immer gemocht hatte. Es ist mir egal, was sie in Arkansas getan hat.«

Um an dieser Stelle etwas Erica Jong zu zitieren: »Wer einmal gesehen hat, wie Frauen sich förmlich die Augen auskratzen, um mit einem übergewichtigen Geldmagnaten mittleren Alters auszugehen, kann keinen Zweifel mehr an der Attraktivität des Präsidentenpenis hegen.«

Das Biest in diesen Frauen spricht das Biest des Präsidenten an. Das Biest in Johnny Cash ist das Biest der Countrymusik, und das erinnert mich daran, gelesen zu haben, dass im Hebräischen das Wort Satan nichts anderes als ›Abgesandter Gottes‹ bedeutet. Also ist auch Satan ein Engel. Was wäre Countrymusik ohne diesen ramponierten Engel, der trinkt und heult und hurt und das Glück, das er heute hat, schon morgen verspielt? Nicht viel, nicht mehr als nur die Hälfte.

Das Biest ist eingesperrt zwischen leicht zerbrechlichen Stäben, am Tag ist es ruhelos, und nachts wütet und tobt es gegen die Sterne, singt er, Gott, hilf dem Biest in mir. Meins versucht mir manchmal vorzumachen, es sei nur ein Teddybär, und es könnte sich sogar in Luft auflösen. Dann muss ich besonders gut auf das Biest in mir aufpassen. Man hat es schon in der Öffentlichkeit gesehen, gekleidet in meine Kleidung, und es hatte offensichtlich keine Ahnung, »if it's New York oder New Year«.

Gott, hilf dem Biest in mir.

ANMERKUNGEN

[1] Karl Bruckmaier in *Soundcheck*, sciner Sammlung über die »101 wichtigsten Platten der Popgeschichte«. Der Titel von Abel Ferraras Film *Bad Lieutenant* deutet schon an, dass Harvey Keitel nicht den guten Cop spielt.

[2] Erschienen am 14.3.1998 (Nelson/Jones-Zitate: Karen Thomas in *USA Today*).

[3] Vgl. J. Fischer in ›Black Country And The Nashville Blues‹.

II

Warten auf Wunder

Auf der Suche nach der besseren Zeit

Seine Vorfahren lebten in Schottland, ihr Name wurde Caesche geschrieben. Auf ihrem Wappen stand *Better Times Will Come*. Der erste Caesche, der sich auf dem Kontinent, den Kolumbus entdeckt zu haben glaubte, niederließ in der Hoffnung auf bessere Zeiten, hatte als Kapitän mit seinem Schiff »Good Intent« Pilger über den Atlantik gesegelt. 1667 blieb er in Massachusetts. Seine Nachfahren wanderten immer weiter nach Süden. Cashs Urgroßvater kämpfte im Bürgerkrieg von 1861 bis 1865 für die Konföderierten. Als er und seine Familie nach Kriegsende nur noch ihre nackten Leben hatten, zogen sie westwärts und ließen sich in Arkansas am Mississippi nieder.

Dort wurde John R. Cash am 26. Februar 1932 in Kingsland geboren. Das R. stand für keinen Namen. Er hatte drei ältere und bekam noch drei jüngere Geschwister. Sein ältester Bruder Roy brachte ihn 1954 in Memphis mit den Musikern zusammen, mit denen er berühmt werden sollte, und auch sein jüngster Bruder Tommy machte später Karriere als Countrysänger.

Der Vater seines Vaters war Farmer und »ein reisender Prediger, der vier weit auseinander liegende Gemeinden betreute. Er ritt auf einem Pferd und trug eine Waffe, und er nahm nie auch nur einen Cent für seine Predigten an.« Aber er bekam Vieh geschenkt, und seine zwölf Kinder litten keine Not, erzählt Cash in seiner neuen Autobiografie die Erinnerungen seines Vaters weiter. 1912 starb er an der Parkinson'schen Krankheit, die am Ende des Jahrhunderts auch bei seinem Enkel festgestellt wurde – eine Fehldiagnose, die ihn in eine Folge von schweren Krankheiten stürzte.

Sein Vater Ray kämpfte 1916 unter General Pershing in New Mexico gegen Pancho Villa. 1920 heiratete er Carrie Rivers. Sie konnte singen und Gitarre spielen, denn ihr Vater war nicht nur Farmer, sondern auch Gesangslehrer und Vorsänger in der Kirche. Die Cashs bewohnten ein armseliges *shotgun house*, drei hintereinander liegende Zimmer, und sie lebten vom Baumwollanbau. Aber als ihr viertes Kind, John R., 1932 geboren wurde, konnten sie ihr Auskommen davon nicht mehr bestreiten. Die Weltwirtschaftskrise, in den Staaten *The Great Depression* genannt, gab den Leuten der Unterschicht den Rest. Johnny Cashs Geburtsjahr markierte die schlimmste Phase der Krise: Jeder vierte Erwachsene war arbeitslos.

Oft fand Ray Cash, der wie sein Vater Prediger war, überhaupt keinen Job mehr und brachte »seine Tage damit zu, mit seinem .22-Gewehr Eichhörnchen, Hasen, Opossums« und andere Kleintiere zu jagen. Angeblich »ging kein Schuss daneben. Er konnte es sich nicht leisten …« Nur ein gutes Jahrzehnt später schoss ein Kind namens Elvis Aaron Presley, wenn es zu Hause nichts zu essen gab, ebenfalls auf Eichhörnchen.

Eine Zeit lang war Vater Ray wie zwei Millionen anderer Männer und Frauen als Hobo unterwegs, in der Hoffnung auf Arbeit. Vielleicht erinnerte er sich manchmal, dass auf dem Wappen seiner Vorfahren etwas von besseren Zeiten gestanden hatte. Eine von Cashs »frühesten Erinnerungen ist die, wie er aus einem fahrenden Güterwagen springt und in den Graben rollt, direkt vor unsere Haustür. Das haben damals viele Leute gemacht. Die Züge fuhren in der Nähe unseres Hauses schon etwas langsamer, und deshalb war es eine beliebte Stelle«, um der gnadenlosen Bahnpolizei zu entgehen.

Gangster sind nie arbeitslos

Allein 1933 gingen 5000 Banken bankrott. Die Helden der Leute, die wie üblich bei solchen Prozessen die Rechnungen der Bankiers zu bezahlen hatten, waren jedoch diejenigen, die sich das Geld bei den verbliebenen Banken holten.

John Dillinger vollbrachte Mitte 1933 seinen ersten Banküberfall. Am 22. Juli '34 wurde der Most Wanted Man nach einer so spektakulären wie lange erfolglosen Jagd von FBI-Agenten vor einem Kino erschossen. Man hatte einen weiblichen Lockvogel angeheuert (nach offiziellen Angaben für 70 000 Dollar).

George ›Machine Gun‹ Kelly hatte sein Arbeitsgebiet schon länger auf Entführungen ausgedehnt. Er wurde im September '33 verhaftet, bekam lebenslänglich, lernte auf der Gefängnisinsel Alcatraz Al Capone kennen und starb im Juli '54, wenige Tage nachdem eine Radiostation in Memphis angefangen hatte, Elvis' Debüt ›That's All Right‹ rauf und runter zu spielen.

Pretty Boy Floyd wuchs auf einer kleinen Farm in ärmlichen Verhältnissen auf und fand einfach keine ehrbare Arbeit, weshalb er dann in zwölf Jahren 30 Banken ausraubte und dabei zehn Menschen tötete. Nach der Erledigung Dillingers wurde er Public Enemy Nr. 1, konnte diesen Ruhm aber nur kurz genießen und wurde im Oktober '34 erschossen. Im Song ›Pretty Boy Floyd‹ von Woody Guthrie heißt es: »Yes, there's many a starving farmer, the same story told how the outlaw paid their mortgage and saved their little home. Others tell about a stranger who came to beg a meal, and underneath the napkin left a thousand dollar bill ... Well, as through the world I've rambled, I've seen lots of funny men. Some rob you with a six-gun, some with a fountain pen. As through this world you ramble, as through this world you

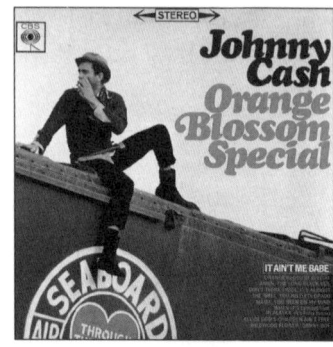

roam, you'll never see an outlaw drive a family from it's home.«

Die Auswirkungen der Wirtschaftskrise waren so katastrophal, dass unter Präsident Roosevelt das bislang größte Hilfsprogramm in der Geschichte der Vereinigten Staaten gestartet wurde, *The New Deal*. Dazu gehörte, dass die Regierung Land kaufte, es zu je 80 Hektar parzellierte, identische Häuser und Scheunen darauf bauen ließ und es 600 der ruinierten Farmer zur Verfügung stellte. Außerdem bekam jede auserwählte Familie ein Maultier, eine Kuh und Lebensmittel für ein Jahr. Die Konditionen waren günstig: Man bekam den Kredit ohne Anzahlung und brauchte erst nach der Ernte zurückzuzahlen. Diese so genannten Colonies waren genossenschaftlich organisiert, alle Mitglieder hatten einen Anteil am Lebensmittelladen, die Baumwolle wurde gemeinschaftlich verkauft, was höheren Gewinn einbrachte. »Ich wuchs also in einer Art Sozialismus auf. Vielleicht wäre ›Kommunalismus‹ ein besseres Wort.«

Die Cash-Familie gehörte zu den Auserwählten des Jahres 1935, die in einer dieser neuen Siedlungen, »die wie die Speichen eines Wagenrads« angelegt waren, einen Platz bekamen. Sie gehörten zu einem Tropfen auf dem heißen Stein. Die Glücklosen aber, darunter alle, denen der liebe Gott keine helle Haut verpasst hatte, konnten sich betrinken über der verzweifelten Frage, ob sie jemals den Mumm aufbringen würden, es wie Bonnie & Clyde zu machen. Einige von ihnen hatten 20 Jahre zuvor den Vortragsreisenden Cole Younger erlebt, der ihnen erklärt hatte, warum sich Verbrechen nicht auszahlt. Als Younger noch der zweite Mann in der Band von Jesse James gewesen war, hatte er allerdings mit besonderer Hartnäckigkeit eine andere Meinung vertreten. Doch 28 Schussverletzungen und 25 Jahre Gefängnis hatten dann einen Sinneswandel zur Folge. Bonnie Parker und Clyde Barrow aber wurden genau zwei Monate vor John Dillinger im Mai '34 erschossen. Sie hatten in knapp zwei Jahren bei der Arbeit zwölf Menschen getötet.

Baumwolle und andere Katastrophen

Die Regierung stellte den Lastwagen, der die Cashs die 400 Kilometer von Kingsland in die Dyess Colony brachte. Die Reise dauerte zwei Tage, und die Kinder »hörten Mama zu, wie sie weinte und sang« beziehungsweise »manchmal war es schwer zu sagen, was es nun gerade war«. Doch dann wurde ihnen allen schnell bewusst, welchen gesellschaftlichen Aufstieg sie getan hatten. Das Haus der Großeltern, in dem Johnny Cash geboren wurde, hatte noch nicht einmal Fensterscheiben gehabt, und jetzt bezogen sie eines, das obendrein zwei große Schlafzimmer aufwies. Von solchen Wunderdingen wie fließendem Wasser und Strom hätten sie aber nicht zu träumen gewagt. Das dazugehörige Stück Land war ein »richtiger Dschungel« und »verdammt schwer zu roden«, aber Pa sagte schon am ersten Tag: »Wir haben gutes Land bekommen.«

In seiner 1997er Autobiografie ist ihm bewusst, wie lange das her war: »Musiker aus dem Süden, die meiner Generation angehören, schwarze und weiße Bluesmusiker, Hillbilly- und Rockabillysänger, hört man oft davon erzählen, wie sie damals Baumwolle pflückten (und alles dafür taten, aus den Baumwollfeldern herauszukommen), aber ich habe mich schon oft gefragt, ob die Leute, die uns zuhören und die meist jünger und/oder städtischer sind als wir, sich wirklich eine Vorstellung von dem Leben machen können, über das wir reden. Ich glaube, die meisten Leute wissen heute nicht einmal, was Baumwolle überhaupt ist, außer dass es sich um einen angenehmen Stoff handelt. Vielleicht würden sie es ja gerne wissen«, und sei's nur »aus Interesse an dem Hintergrund der Musik«.

Die Saat wurde im April gepflanzt, und wenn nicht *The Big Muddy* Mississippi oder sonst etwas dazwischenkam, begann das Pflücken mit der Blüte der etwas über einen Meter großen Pflanzen im Oktober. Aber es war besser, damit erst nach dem ersten Frost anzufangen, denn dann waren die Blätter abgefallen und die Samenkapseln besser zu sehen. Im Dezember, »wenn der Winterregen einsetzte und die Baumwolle langsam dunkel wurde und dadurch an Qualität und Wert verlor«, musste die Arbeit getan sein.

Der kleine John R. war zuerst für die Trinkwasserversorgung der Pflücker zuständig. »Mit acht Jahren schleifte ich dann aber auch einen Baumwollsack mit mir herum. Wir trugen nicht diese netten Körbe, die man in den Filmen immer sieht, sondern schwere Säcke aus grobem Leinen« mit geteertem Boden. Die Säcke waren für Kinder zwei, für Größere drei Meter lang. So ging man pflückend durch die Reihen und schleppte am Ende einen 30 bis 50 Pfund schweren Sack. »Die Arbeit war wirklich nicht zu empfehlen. Sie war anstrengend, der Rücken tat furchtbar weh, und man schnitt sich die Hände auf«, wenn man mit den spitzen Samenkörnern nicht aufpasste. »So gut wie jedes Mädchen, das ich in Dyess kannte, hatte diese pockennarbigen Finger.« In der Zeit, in der sich die Finger erholen konnten, musste das Unkraut bekämpft werden, und im August, wenn es am wenigsten zu tun gab, wurden die Kartoffeln geerntet und das Heu geschnitten und eingebracht.

Einer der Songs, in denen er von dieser Zeit erzählt, ist ›The Frozen-Four-Hundred-Pound Fair-To-Middlin' Cotton-Picker‹ vom 67er Album *From Sea To Shining Sea*. Auf *Unchained*, 20 Jahre später, wandert er durch sein ganzes Leben und schreibt im Begleittext dazu viel über die Kindheit: »Trotz der harten Arbeit und dem Boden, der in den schweren Zeiten von Überschwemmung und Trockenheit nichts hergab, bedeutet es mir heute mehr denn je, auf dem Land aufgewachsen zu sein. Ich liebe es, in Gedanken zu den Feldern und Wäldern zurückzukehren. Ich kann immer noch die Baumwollblüten riechen, die Luzerne, und ich höre vom Kiesweg das Geräusch der Steine unter den Wagenrädern.«

Ein paar Jahre lang lohnte sich die Schinderei; sie kamen auf fünf Ballen Baumwolle pro Hektar von der besungenen Fair to Middlin'-Qualität, »was in anderen Teilen des Landes unvorstellbar war«. Sie waren wohlhabend, wenngleich das Wort damals dort unten im armen Süden eine etwas andere Bedeutung hatte: Es gab genug zu essen, sie hatten ein Haus und konnten sich sogar etwas Luxus leisten: 1936 tauschte Mutter Carrie das Fell einer von Pa selbst geschossenen Wildkatze gegen ein Abonnement des *Kansas City Star* (was der Gatte nicht so gut fand), und sie bestellten sich aus dem *Sears, Roebuck*-Katalog ein Batterieradio! Als John R. dann ein Teenager war, belief sich der Baumwollertrag nur noch auf zwei Ballen pro Hektar. Der Boden war ausgelaugt, und viele Farmer verließen die Dyess-Kolonie. Die Cashs blieben, pachteten Land dazu und bauten nicht mehr nur Baumwolle an. *Better Times Will Come.* Wo hätten sie auch sonst hingehen sollen?

Schon ein paar Jahre zuvor hatte sich die Familie auch von der schwersten Prüfung nicht aus Dyess vertreiben lassen. Kurz nach Neujahr 1937 war der große Eisregen gekommen, und als das Wasser des Mississippi fünf Meter höher stand als bei Flut, brachen die Dämme. Die Cashs standen auf der Veranda und sahen zu, wie jeden Tag eine weitere Stufe der Treppe verschwand.

»How high's the water?«, fragten die Kinder.

»Five feet high and rising.«

Als die gefährliche Brühe fünf Fuß hoch war und weiterhin anstieg, schickte auch Ray Cash seine Familie in Sicherheit. Das Vieh wurde freigelassen, Türen und Fenster des Hauses geöffnet. Das Familienoberhaupt aber blieb bei seinem Besitz bis zur letzten Sekunde. Als ihn die Rettungsmannschaften entdeckten, trieb er an eine Badewanne geklammert im Strom (so viel zur Frage, ob das Ende des Films *O Brother Where Art Thou?* nur der brennenden Phantasie der Coen-Brüder entsprungen ist). Es dauerte einen Monat, bis sie wieder in ihr Haus konnten. Glück im Unglück: Der Boden war zehn Zentimeter hoch mit fruchtbarem Schlamm bedeckt.

Im Januar 1959 steht Cash fünf Stunden lang im Nashviller Bradley Film & Recording Studio. Sie nehmen zwölf Songs

auf, von denen zehn fast die ganze LP *Songs Of Our Soil* ergeben. Zwei Hits sind dabei, die auch auf eine Single gelegt
werden, der Gefängnissong ›I Got Stripes‹ und ›Five Feet
High And Rising‹. Ende desselben Jahres beschäftigt sich
Cash nochmal mit seinem Katastrophenlied. Jetzt singt er
über die Melodie einen deutschen Text mit dem Titel ›Wo Ist
Zuhause, Mama‹.

Was war geschehen? Mit ›Don't Take Your Guns To Town‹
hatte Cash einen Nr.-1-Hit gelandet, und in Deutschland war
jemand auf die Idee gekommen, eine Version in deutscher
Sprache könnte vielleicht ebenso Erfolg haben, und ließ
den jungen Udo Jürgens 1960 ›Komm, leg die Knarre weg‹
aufnehmen. Das führte zu einer transatlantischen Rückkopp-
lung: »Dass die Rechte an einem Cash-Original für eine deutsche Coverversion angefordert worden waren, ließ die Verantwortlichen bei Cashs US-Plattenfirma aufhorchen« und
ihn selbst, der ja drei Jahre in Bayern stationiert gewesen war,
eine deutsch gesungene Single aufnehmen, mit der man den
lukrativen deutschen Plattenmarkt testen wollte. Obwohl die
Aufnahmen anschließend für lange Zeit in den CBS-Archiven
verschwanden, waren sie die Vorboten einer ganzen Welle,
auf der Amerikaner und Briten ihre Hits auch in Deutsch sangen.[1] Erst 1978 wurden die beiden deutschen Single-Songs auf
der Bear Family-LP *The Unissued Johnny Cash* veröffentlicht, wenig später, anlässlich einer Deutschlandtournee von
Cash, auch von CBS, wo man passend zur B-Seite ›Viel Zu
Spät‹ ein neues Foto von Cash verwendete.

Um genau zu sein, entspricht ›Wo Ist Zuhause, Mama‹
nicht ›Five Feet High And Rising‹ in Originalübersetzung.
Der Schlagertexter Joachim Relin hatte sich von der Hoch-
wassersituation zu einem Text über Flüchten und Suchen inspirieren lassen. Aus der Frage nach dem Wasserstand wurde
die Frage, wo das neue Zuhause ist. Die Antworten, die die

Kinder bekommen, dämpfen die Hoffnung immer mehr: Auf »dort bei diesen Bergen« folgt »hinter diesen Bergen« und »oben bei den hellen Sternen«. Ein Soundtrack zum Thema Migration.

Auf die Große Depression mit ihren wirtschaftlichen und psychischen Auswirkungen war bereits der Zweite Weltkrieg gefolgt, als die Cashs eine weitere Katastrophe durchmachen mussten. Bei John R. sind die Gefühle und Erinnerungen bis heute nicht verblasst.

»Seit er tot ist, taucht er alle paar Monate in meinen Träumen auf, manchmal sogar öfter, und er hat sich mit mir weiterentwickelt«, erzählt er 50 Jahre nach dem Tod seines Bruders in *Cash*, »und als ich ihn das letzte Mal sah, vor etwa drei Wochen, hatte er graue Haare und einen schneeweißen Bart. Er ist Prediger, genau wie er einer sein wollte, ein guter Mann und eine hoch angesehene Persönlichkeit.« Obwohl nur zwei Jahre älter, war Jack Johnnys Held, bester Freund, Kumpel und Beschützer gewesen. »Wir passten gut zusammen … ich liebte ihn.«

Die LP *Johnny Cash Sings Precious Memories* erscheint 1975. Auf der Rückseite, unter einem Kinderfoto der beiden Brüder, steht: »This album is dedicated to my late brother, Jack D. Cash: Dear Jack, we lost you one sad day in May 1944. I was twelve years old. Some of these songs were the songs that we sang at your funeral. As you were dying, you gave us a description of heaven and singing angels. Could these be some of the songs that the angels were

singing? See you later. Your little brother, J.R.« Er singt unter anderem ›Rock Of Ages‹, ›Old Rugged Cross‹, ›In The Sweet By And By‹, ›Amazing Grace‹ und ›Have Thine Own Way Lord‹.

Am 12. Mai 1944 war Jack Cash zu seinem Hin-und-wieder-Job in der Werkstatt der Dyess High-School gegangen. Er wollte Eichenbäume zu Zaunpfählen verarbeiten und nach getaner Arbeit mit drei Dollar mehr heimkommen. Die Familie benötigte das Geld dringend, und er ging hin, obwohl er keine Lust hatte. Dann geriet er in eine Kreissäge und war »von den Rippen abwärts, über den Bauch, bis runter in die Leistengegend zerschnitten«. Noch eine Woche war er im Krankenhaus am Leben, mit Schmerzmitteln voll, manchmal bewusstlos, manchmal so klar, dass sich die Familie Hoffnung machte. Kurz vor dem Ende erzählte er den am Bett Versammelten von den Engeln, die er singen hörte.

Vor dem tragischen Unglücksfall waren jene Dinge vorgefallen, die für die Hinterbliebenen vielleicht noch schwerer zu verdrängen, zu vergessen oder zu bewältigen sind: Als J.R. bei seinem Bruder eine unübliche Lustlosigkeit bemerkte, forderte er ihn mehrmals auf, lieber mit ihm angeln zu gehen. Auch die Mutter versuchte ihn dazu zu überreden. Ohne Erfolg. J.R. angelte dann nicht richtig, sondern lag im Gras herum mit dem komischen Gefühl, dass irgendwas nicht stimmte, und machte sich bald und »viel langsamer als sonst« auf den Heimweg.

Warum haben wir ihn gehen lassen? Man kann lernen, damit zu leben. Man vergisst es niemals.

»Ich grüble heute nicht mehr darüber, aber es vergeht wohl kein Tag, an dem ich nicht irgendwann dran denken muss«, sagte Johnny Cashs Freund Waylon Jennings einmal. Er hatte

in der letzten Band von Buddy Holly Bass gespielt. Sie waren auf Tournee, als Holly am 3. Februar 1959 bei einem Flugzeugabsturz ums Leben kam, zusammen mit dem neuen Latino-Star Richie Valens und Bandmitglied Big Bopper: Es war kalt gewesen draußen, es war eine verflucht anstrengende Tournee, wenn man sie mit dem Auto bewältigen musste – aber nur drei konnten mitfliegen, und Waylon Jennings hatte in letzter Minute seinen Platz in der Propellermaschine Big Bopper überlassen. Der Tag ist als »the day the music died« in die Musikgeschichte eingegangen. Zweifellos aber war dies ein zweischneidiger Tag für Waylon Jennings. Ein Leben vorher, eins danach. Dazwischen der Moment, als Big Bopper seinen Platz einnimmt.

Im geschenkten zweiten Leben machte Jennings etwa 50 Platten, machte bei der ersten Country-LP mit, die eine Million und damit Platin erreichte (*Wanted! The Outlaws*) und ihn und Willie Nelson in amerikanische Superstars verwandelte, war 21 Jahre auf diversen Drogen und spielte mit dem langjährigen Weggefährten Cash (mit dem er neben Nelson und Kris Kristofferson auch die All-Star-Band Highwaymen formierte) 1986 erstmals ein Duo-Album ein: *Heroes*. Das waren sie auch, und nicht nur für einen Tag.

Nehmt das Geld und haut ab

Zu den musikalischen Helden der Depressionszeit gehörten Jimmie Rodgers, der wegen seines Jobs als Bremser bei der Eisenbahn »The Singing Brakesman« genannt wurde, und The Carter Family. Als Cash geboren wurde, war Country auf Schallplatte zehn Jahre alt und wurde Hillbilly Music genannt, und die ersten Aufnahmen des »Vaters der Countrymusik«, wie Rodgers auch genannt wurde, und ihrer bedeutendsten Familie lagen erst fünf Jahre zurück.

Die sich bis heute zäh haltende Ansicht, Country sei Volksmusik, wäre schon beim (erst viel später als solchem erkannten) Start 1922 falsch gewesen, als die Fiddler Eck Robertson und Henry Gilliland in New York bei RCA Victor auftauchten. Denn das, was sie spielten, war bereits »eine Mixtur aus verschiedenen Stilrichtungen«, schreibt der Countryexperte Ed Ward, und nur »um die beiden Herren, von denen der eine gekleidet war wie ein Cowboy und der andere eine Konföderiertenuniform trug, wieder loszuwerden«, wurden zwei Songs aufgenommen – und schließlich sogar veröffentlicht. Diese Typen mochten in New York zwar etwas seltsam ausgesehen haben, aber sie brachten die Geschäftsleute von Victor immerhin auf die Idee, dass es im ländlichen Süden einen Markt für diese Töne gab. Jedem seine Musik: nebst so genannten Race Records für Farbige jetzt also Hillbilly für den weißen Bodensatz – was auch zu einer (kommerziell allerdings wenig bedeutenden) Ethnomusikproduktion für Griechen, Ukrainer und Iren führte. Hillbilly/Country war also nie Volksmusik, sondern entstand aus Quellen der verschiedensten Einwanderer, von denen die englischen und schottischen (und in manchen Gegenden die bayerischen oder französischen) besonders stark waren. Noch stärker in dieser Mixtur aber war die Musik der gewaltsam ins Land geholten Menschen.

Der äußerst beliebte und gern missbrauchte Begriff »authentisch« ist also auch hier falsch, und das schon seit über 80 Jahren. Authentisch war vielleicht der Gesang jener schottischen Auswanderin, die 1675 bei gemäßigtem Seegang den Delphinen zusah und von besseren Zeiten träumte.

Die großen Schallplattenfirmen schickten nun ihre Talentsucher aus. Sie veranstalteten in den größeren Städten Vorspieltermine, meist in Hotels. Es gab eine Menge Musiker und Sänger dort unten im Süden, und eine bessere Chance für ein besseres Leben war nicht zu bekommen, wenn man nicht das Risiko eines Machine Gun Kelly auf sich nehmen wollte. Wer ausgewählt wurde, bekam eine Plattenproduktion und bei passablem Absatz mehr davon. 20 000 Verkaufte waren ein Hit. Einer der größten Erfolge dieser ersten Jahre war die Country-Blues-Nummer ›Columbus Stockade Blues‹. Für eine Hand voll Cents aufgenommen, brachten die 200 000 Stück ein paar Dollars mehr in die Kasse.

Im August 1927 – es gab inzwischen schon einige Dutzend Live-Radio-Shows, von denen die Grand Ole Opry bald bekannt und marktführend werden sollte – kam es zur berühmtesten Talentjagd der Countrygeschichte. Sie dauerte zwei Wochen, und »RCA Victor stieß dabei auf eine wahre Goldmine« (Ward). Für das Gold standen Jimmie Rodgers sowie

Alvin Pleasant Carter, Sara Carter und Maybelle Carter. Sie alle konnten jodeln wie die Hölle, an die sie als Menschen des Südens zutiefst glaubten, und sie waren keine Anfänger. Jimmie Rodgers war seit Jahren auf dem Sprung zum professionellen Entertainer und nutzte, anders als die Carters, die Gelegenheit zum Absprung. Mit seinem Hit ›T For Texas‹ wurde er zum Star. Diese *Bristol Sessions* nennt Johnny Cash »the single most important event in the history of Country Music«.

Die Musik ist von gestern, der Sound nicht mehr von unserer Welt. Aber der Drive, die Art zu singen, die Songs und das, was sie zu sagen haben, wurden am Anfang des dritten Jahrtausends plötzlich so überraschend beliebt wie der kubanische Son des Buena Vista Social Club. Dieser Erfolg ist noch höher einzustufen als das Comeback von Sara Carter und ihrer Schwägerin Maybelle während des Folk-Booms der 60er Jahre.

Der Soundtrack zum Coen Brothers-Film *O Brother, Where Art Thou?*, der in den Depressionsjahren spielt, wurde Nr. 1 der US-Countrycharts und verkaufte bis heute sechs Millionen Stück. Obwohl am Anfang zwei Aufnahmen aus der schlechten alten Zeit zu hören sind. Die übrigen Stücke wurden zwar (mit Bluegrass-Legende Ralph Stanley und Gaststars wie Emmylou Harris, Alison Krauss und Gilian Welch) neu eingespielt, bleiben aber so nah wie möglich an den Originalen. Gospelsongs wie ›Keep On The Sunny Side‹ oder ›Lonesome Valley‹ sind untrennbar mit der Carter Family verbunden (›Sunny Side‹ war sogar ihre Erkennungsmelodie), ›In The Jailhouse Now‹ ist einer der ewigen Jimmie Rodgers-Hits. Das von T-Bone Burnett konzipierte und produzierte Album war im Juni '01 seit sechs Monaten in den Countrycharts und immer noch auf Platz 4, umzingelt von seichtem Mainstream-Pop-Country. Weiter unten folgen erwähnenswerte, nicht zufällig Bluegrass-orientierte Alben, so von Dolly Parton (Nr. 47) und, seit immerhin zwei Jahren in den Charts, der ebenfalls Nashville-abgewandten Alison Krauss, deren aktuelle CD, *New Favorite,* mit einem kleinen Sticker beklebt wurde: »artist featured on: O Brother, Where Art Thou?«. Auch Ralph Stanley, der einen Tag vor Cashs 70. Geburtstag seinen 75. feierte, bekam nun wieder mehr Scheinwerferlicht.[2]

Die nach wie vor große Bedeutung der Carter Family zeigt sich auch beim wichtigsten Magazin der alt.country/Americana/Roots-Szene, *No Depression* – der Titel eines ihrer Hits. In diesen Charts, basierend auf den Meldungen von gut sortierten und keineswegs Country-fixierten Plattenläden aus den ganzen USA, war das Album zum Film der Coen-Brüder im April immer noch als Nummer 1 notiert. Zwei Monate später war es in den *Billboard*-Internetcharts immer noch auf 16, und in den *Billboard*-Albumcharts, die unabhängig vom Genre aufgestellt werden, immer noch auf 32 (nur zwei Countryalben standen höher, und nur etwa 15 schaffen es jeweils in diese monatliche Liste). Der Erfolg dieser vollkommen unmodernen Sammlung – die beim Label Lost Highway erschienen ist, das keine Bretterbude ist, wie wir sie aus romantischen Gründen bei diesem Namen vor uns sehen, sondern Teil der Universal Music Group, des größten Musik-Konzerns der Welt – muss für diejenigen, die sie als letzte auf der Rechnung hatten, wie ein Schlag gewesen sein. Schon lange hätte der alte Ralph Stanley in den mächtigen Büros von Nashville nicht einmal dann eine Plattenproduktion bekommen, wenn er den Bossen einen Colt an den Kopf gehalten hätte. Jetzt können einige Firmen ihre alten Aufnahmen von ihm wieder verbraten – Mr. Stanley, take the money and run!

Das alles ist nicht nur deshalb erwähnenswert, weil es einen bizarren Moment der Countrygegenwart darstellt, sondern weil diese (Appalachian) Mountain Music nie weiter verschwunden ist als von der Oberfläche – eine Menge Aufnahmen aus der Zeit sind erhältlich. Und weil sie die Basis des Country ist und in der Abteilung Bluegrass weiterlebt. Und weil man taub sein muss, wenn man nicht hört, dass hier die Lunte für Rockabilly und Rock'n'Roll angebrannt wurde. Und weil sie den kleinen J. R. unendlich faszinierte und ans Batterieradio fesselte. Und weil ihm seine Mutter diese Lieder vorsang. Und weil Mother Maybelle & The Carter Sisters Mitte der 60er Jahre Teil der Johnny Cash Show wurden. Und weil er dann Maybelles Tochter June Carter heiratete, die schon mit dem berühmten Trio gesungen hatte, als Johnny Cash noch am Radio hing.

Seine ganze Karriere hindurch ist die Mountain Music anwesend, sei es als vages Echo oder explizit in Coverversionen, aber ohne dass er sie je nachgemacht hätte. Cash kann sich bis heute an seinen ersten Radiolieblingssong erinnern, ›Hobo Bill's Last Ride‹ von Jimmie Rodgers.

Kein anderer Countrystar hat so oft und intensiv sein Ohr auf die Schiene der Geschichte gelegt wie Johnny Cash: der Geschichtsprofessor der Countrymusik. Alle anderen Fächer hatten ihn schon in der Schule nicht interessiert. Seine Mutter erzählte, dass er ein äußerst schweigsames Kind gewesen war, aber alles, was zu Hause so erzählt wurde, in sich aufsog. Hört mal, Leute, als ich heute im Laden war, hat einer eine komische Geschichte erzählt: In Reno hat einer einen Mann erschossen, nur um ihn sterben zu sehen!

Der Soundtrack zu O *Brother, Where Art Thou?*, der in der Zeit der Großen Depression spielt, hat viel Geld eingespielt, aber jene, deren Lieder die Große Depression begleiteten, wurden selten reich von ihr. Waren 1927 in den USA noch 104 Millionen Schallplatten verkauft worden, belief sich der Ab-

satz 1932 nur mehr auf sechs Millionen (kein Druckfehler). Im ärmlichen Süden, wo die Hillbilly Music fast ausschließlich ihre Käuferschaft hatte, muss die Kurve noch brutaler verlaufen sein. Am härtesten von der Wirtschaftskrise betroffen waren die Afroamerikaner. Ihnen (und auch dem White Trash) war es während der Kriegs- und 20er Jahre besser denn je gegangen. Doch nach dem Oktober 1929 kehrten viele der ehemaligen Landarbeiter, »die auf Mr. Fords Angebot in den Norden gekommen waren … bitter enttäuscht in den Süden zurück«, bilanzierte der schwarze Musikkritiker Amiri Baraka (damals unter dem Namen LeRoi Jones). »Der abrupte Beginn der Depression bereitete der Ära der klassischen Bluessänger ein dramatisches Ende. Nicht nur die meisten Nachtclubs und Kabaretts mussten schließen oder ihre Künstler entlassen, sondern auch die Schallplattenindustrie war fast mit einem Schlag ruiniert. Und wie vorauszusehen war, wurde die Produktion von Race Records als erste eingestellt.« Die meisten Afroamerikaner konnten kaum das nötige Essen auftreiben. Fast drei Jahre lang wurden keine Aufnahmen von farbigen Künstlern gemacht.

Gottesgabe Radio

Mit dem Siegeszug des Radios brachen auch für einige Musiker wieder bessere Zeiten an. 1929 hatte jeder dritte Haushalt eins. In sieben Jahren waren die Werbeeinnahmen der Sender von 60 auf 848 Millionen Dollar gestiegen. Die Musik wurde in der Radiostation oder in einer Konzerthalle gespielt und live übertragen. Die bekanntesten Shows hatten 5000 Gäste im Saal. Wer es nicht schaffte, einen festen täglichen Sendeplatz zu bekommen, musste von einer Station zur nächsten fahren, und wer keine Gnade fand beim Vorspielen, stellte sich gleich auf die Straße und sang »John Hardy was a desperate little man, he carried two guns every day, he shot a man on the West Virginia line, and you ought to see John Hardy getting away« (zum Galgen). Die Hillbilly-Sendungen, die oft ein *Barn Dance* oder *Jamboree* im Titel führten, passten sich ihren Hörern an: Sie wurden um fünf Uhr morgens ausgestrahlt, mittags und abends, wenn sie von der Arbeit heimkamen. Bei den Cashs ging man um acht zu Bett, J. R. musste dann sein Ohr ans Gerät pressen. Alles ganz leise, damit Pa nichts hörte.

»Well, I lost my money in gambling, and I lost my name you see, I am nobody's darling, and nobody cares for me. – Don't you hear my banjo ringing, don't you hear this mournful sound, don't you hear those pretty girls laughing, standing on the cold, frozen ground. – Well, I ain't gonna work tomorrow, and I may not work next day, I ain't gonna work tomorrow, for it'll be a wet, rainy day.«

Schwielige Hände, schmerzender Rücken. Musik macht glücklich. Pa wird gleich rufen. Nur noch ein Song.

»Mama sent me to the spring, she told me not to stay, I fell in love with a pretty little girl, 'n I could not get away. – Chawin' chewin' gum, chewin' chawin' gum, chawin' chewin' gum, chewin' chawin' gum. – First she give me peaches, next she give me pears, next she give me fifty cents, kissed me on the stairs. – Mommy don't 'low me to whistle (sagt sie zu ihm), Poppy don't allow me to sing, they don't want me to marry, I'll marry just the same. – (Sie will keinen Anwalt, weil die nur lügen, und keinen Doktor, weil die jeden umbringen;

aber auch) I wouldn't have a farmer, I'll tell you the reason why, because he has so plenty to eat, 'specially a pumpkin pie. – (Er:) I took my girl to church last night, how do you reckon she done, she walked right up to the preacher's face, and chewed her chewin' gum, chawin' chewin' gum, chewin' chawin' gum.«

Nicht eben die sanftmütigste Gesellschaft. Und die Carter Family hat nicht nur gottesfürchtige Lieder gesungen (einen Kaugummi vor Augen des Pfarrers!) und nicht nur von züchtiger oder unglücklicher Liebe. Pa wird gleich rufen. Nur noch ein Song.

»Single girl, single girl, she goes to the store and buys, oh she goes to the store and buys. Married girl, the married girl, she rocks the cradle and cries, oh she rocks the cradle and cries.«

Mit dem neuen 33rpm-System hatte die Carter Family im weit entfernten, ungeliebten New York 1936 erstmals eine Platte aufgenommen, die speziell für den Einsatz im Radio hergestellt wurde (aber ohne Werbung zwischen den Songs). Nicht weit weg von J. R. hörte der kleine Elvis ebenfalls Jimmie Rodgers und die Opry-Sendung und auch dieses herzzerreißende Lied. Pa wird gleich rufen. Nur noch ein Song.

»Are you lonesome tonight, do you miss me I say, are you sorry we drifted apart? Does your memories cling, to that bright summer day, when I kissed you and called you sweetheart?«

Bruder Jack ist vernarrt in die Bibel, aber J. R. ist so vernarrt in die Musik, dass er die Erlaubnis bekommt, mittags eine Viertelstunde länger Pause zu machen, um das Gospelprogramm der Louvin Brothers hören zu können. Aber morgens muss früh aufgestanden werden. Und deshalb ruft Pa jetzt, Pa hat für diesen Musikwahn nichts übrig, Pa sagt, dass die Musik aus dem Radio ein Schwindel ist, Pa sagt, das werde ihn davon abhalten einen ordentlichen Beruf zu ergreifen, und J.R. dreht so leise, dass er fast nichts mehr hören kann. Sein Ohr tut schon weh. Nur noch ein Song.

»For fear the hearts of men are failing, for these are latter days we know. The Great Depression now is spreading, God's word declared it would be so. – I'm going where there's no depression, to the lovely land that's free from care, I'll leave this world of toil and trouble, my home's in Heaven, I'm goin' there.«

1940 wurde in den USA die allgemeine Wehrpflicht erlassen. Nach dem japanischen Angriff auf Pearl Harbor am 7. 12. 1941 traten sie offiziell in den Krieg gegen Deutschland und seine Verbündeten ein. Es gab wieder Arbeit. So viele Männer waren im Kampf, dass es sogar eine weibliche Baseball-Liga gab und weibliche Piloten, die im Inland Militärmaschinen flogen.[3]

Der Vater versuchte den hochgradig mit Musik infizierten Sohn gelegentlich von ihr abzubringen, aber etwa zu dieser Zeit begann auch er für möglich zu halten, dass John R. ein musikalisches Wunderkind sein könnte. Die Mutter hatte von klein auf mit ihm gesungen. Die Gottesdienste mit ihren naiven und intensiven Glaubensbekenntnissen, in denen der Tod und die Hölle so präsent waren wie die realen Katastrophen (mit denen sie verbunden schienen), machten ihm Angst, aber die Gesänge und die Musik faszinierten ihn. Sie gingen in ihre baptistische Kirche, aber auch in die methodistische und in die der *Pentecostals*, in deren Glauben der Heilige Geist und das Pfingstfest im Zentrum standen. In den Gottesdiensten der Pentecostals waren alle Instrumente und jede Musik erlaubt. Die Gläubigen erstrebten, »overcome by the Holy Ghost« zu sein, und sie schrien, sprachen in Zungen, heulten, stöhnten und wälzten sich in Ekstase auf dem Boden. Zu den

Pentecostals ging J.R.s Mutter am liebsten. Sie beherrschte fünf Instrumente und war eine gute Sängerin. Ihr Mann war weniger begeistert von Musik, aber manchmal machten sie auch zu Hause welche (der Sohn sollte später mit dem Song ›Daddy Sang Bass‹ einen Hit haben, geschrieben von Carl Perkins, der nicht anders aufgewachsen war). 1938 hatte der Vater nach einem guten Erntejahr zum ersten Mal 25 Dollar zur Bank bringen können. Das Klavier, dessen Kauf seine Frau durchsetzte, war acht Dollar teurer. Sie fing dann an, für andere Leute die Wäsche zu erledigen, damit ihr Sohn Gesangsunterricht nehmen konnte. Der dann allerdings nicht länger als einen Monat dauerte. Auf die Bitte der Lehrerin, sein Lieblingslied vorzutragen, sang er – je nach Legende – Hank Williams' ›Lovesick Blues‹ oder ›Long Gone Lonesome Blues‹. Jedenfalls sagte sie zu ihm, der Unterricht wäre damit beendet und er sollte sich niemals von irgendjemandem sagen lassen, wie er zu singen habe. Eine weitere nicht erlernbare Fähigkeit kam hinzu: J.R. konnte einen Song auswendig, sobald er ihn nur einmal gehört hatte.

Aber anders als Hank Williams, Bill Monroe, Elvis Presley, Carl Perkins, Charlie Feathers und viele mehr konnte Cash keine direkten afroamerikanischen Einflüsse aufnehmen. Es gab in Dyess schlicht keine, er konnte das nur im Radio hören. Doch ohne die schwarze Art, Gitarre zu spielen, würden wir heute weiß Gott was als Country bezeichnen, ohne sie würde ein verfluchter rassistischer Song wie David Allan Coes ›Nigger Fucker‹ anders klingen. Dazu der Historiker Bill C. Malone, dessen Arbeiten zweifellos ein Grundstein der Countryliteratur sind: »Country Music – scheinbar die reinste weiße Musik Amerikas – hat sich schwerstens bei den Schwarzen bedient«, und »weiße Südstaatler, die von der Idee eines sozialen Miteinanders zutiefst geschockt waren« haben »trotzdem ihre musikalischen Angebote begeistert angenommen: Spirituals, Blues, Ragtime, Jazz, Rhythm'n'Blues und viele von ihren Tanzschritten und Gesangs- und Instrumentaltechniken«. Im Juli 1930 spielte Jimmie Rodgers in Hollywood ›Standin' On The Corner (Blue Yodel No. 9)‹ ein, auf der Trompete begleitete ihn Louis Armstrong.

Diese afroamerikanische Basis ist der Hintergrund zu einer Bemerkung des leidenschaftlichen Countryautors Nick Tosches, die ich lange nicht verstanden habe: Er gießt einen Kübel Spott über Cashs Bekenntnis aus, das Gitarrenspiel seiner Schwiegermutter Maybelle Carter (1909–1978) wäre ein Grundstein dieser Musik. Tosches' damit verbundene Ansicht, der Einfluss ihrer Instrumentaltechnik sei gleich null gewesen, ist übertrieben.

Cashs Spieltechnik wurde entscheidend von seinem Jugendfreund Pete Barnhill beeinflusst. Ihm hat er im Text zu *American Recordings* ein halbes Jahrhundert später ein Denkmal gesetzt. Pete litt an Kinderlähmung, sein rechtes Bein war verkrüppelt, der rechte Arm bis auf die Hälfte der normalen Größe verkümmert, aber er hatte eine Flattop-Gibson, auf der er mit der »winzigen rechten Hand einen perfekten Rhythmus schlug«. Er war der erste ebenfalls Musiksüchtige, den J. R. kennen lernte. »Von ihm habe ich meinen Gitarrenstil, mit dem Daumen die Melodie zum Rhythmus zu spielen.« Dieser Krüppel hat zwar, wie auch Maybelle Carter, diese Art

Gitarrenspiel nicht erfunden – aber was ist eigentlich aus Pete Barnhill geworden?

Obwohl Cash keine afroamerikanische Musik erlebte und damit unter den Countrysängern dieser Generation die Ausnahme ist, war ihm die Bedeutung schwarzer Einflüsse bewusst. Spätestens mit seiner Ankunft in Memphis 1954 konnte er alles nachholen. In der Musikstadt im Mississippidelta pulsierte der Blues und seine Ableger waren nicht weniger präsent. Jeden Cent, von dem er dachte, seine junge Familie könnte ihn entbehren, brachte er in den berühmten Plattenladen Home Of The Blues. 1957 wurde sein ›Home Of The Blues‹ die Nr. 5 der Countrycharts.

Der Buttermacher

Zehn Jahre zuvor aber waren es die Whiteys Ira und Charlie Louvin gewesen, die dem Countryfan J. R. den entscheidenden Kick gegeben hatten. Sie kamen mit ihrer Show in die Dyess High School, und die Stimmen aus dem Radio bekamen eine Gestalt. Der Junge stand schon da, als sie ankamen – im größten Auto, das er je gesehen hatte. Er war der Einzige, der sich zur Begrüßung eingefunden hatte, und Charlie Louvin winkte ihm am Ende aus dem Rückfenster zu. »Ich sah zu, wie die Limousine auf dem Schotterweg davonfuhr und die Rücklichter verschwanden, und dann ging ich heim.«

Schon als Kinder hätten sie alle gewusst, dass sie in Dyess nicht bleiben würden, erzählte er, denn da gab es keine Zukunft. Als J. R. 1950 seinen High School-Abschluss machte, hatte der Vater bereits das meiste Land verpachten müssen und arbeitete in einer Margarinefabrik. Baumwolle pflücken war für die Familie Geschichte. Für die Musik war J. R. noch nicht reif. Er versuchte wie viele andere Jungs aus der Gegend sein Glück in

Detroit. Autos zusammenschrauben am Fließband bei Fisher in Pontiac. War auch nicht besser als Feldarbeit, war auch keine Perspektive. Nach zwei Wochen trampte Johnny mit dem unglaublichen Reichtum von 150 Dollar nach Hause. Er fing in dieser Margarinefabrik an, Fässer und Boden zu putzen. Wo war denn sonst noch eine Chance für die armen Jungs aus dem Süden, für die Niggas und Whiteys, die sich nur mit Baumwollkäferplagen oder Überschwemmungen oder Staubstürmen auskannten und vielleicht noch mit Gesängen über Baumwollkäferplagen und Überschwemmungen und Staubstürme, neben denen über Frauenmörder und Schießereien und Liebe?

In der Armee.

Ende Juni 1950 kam es zur ersten großen Konfrontation des Kalten Kriegs: Truppen des kommunistischen Nordkorea marschierten in Südkorea ein. Mit einem UN-Mandat, das in Abwesenheit der sowjetischen Delegierten beschlossen worden war, traten die USA für Südkorea in den Krieg ein. »Dies schien für Johnny Cash ein Wink des Schicksals zu sein«, schreibt der Journalist Walter Fuchs, während Cash behauptet, er hätte sich eine Woche *vor* Kriegsausbruch gemeldet. Am 7. Juli fuhr er »im 35er Ford seines Vaters nach Blytheville, um sich für vier Jahre bei der Air Force zu verpflichten. Als Beruf gab er an: butter maker.«

Die Trainingscamps waren schon überfüllt.

Diese und jene Barbaren in Oberbayern

Der Countryboy hatte darunter gelitten, sich nirgendwo entfalten und beweisen zu können. In der Armee kamen endlich seine Talente zum Vorschein, vielleicht weil auf ihn nicht wie in Detroit als Hillbilly-Tölpel herabgesehen wurde. Keine Überraschung, dass er nach der Grundausbildung die Laufbahn als *radio operator* wählte. Seine Fähigkeiten als Funker und Abhörspezialist waren so außergewöhnlich, dass sie ihn zum Air Force Security Service holten.

Später wunderte er sich, »wie ich in der Blüte meines Lebens so viel Zeit für die U.S. Air Force und den Kalten Krieg opfern konnte. Damals schien es jedoch genau das Richtige zu sein. Wir Jungs wollten unserem Land dienen.« Und außerdem – etwas Besseres als den Tod finden wir überall – waren regelmäßiger Lohn und »eine saubere blaue Uniform ziemlich verlockend« gewesen. Nach Ablauf eines Jahres kam ein Einsatz in Korea nicht mehr in Frage, und er hatte die Wahl, entweder in Alaska oder Deutschland weiter zu dienen. Im oberbayerischen Landsberg am Lech, 50 Kilometer westlich von München, befand sich einer der wichtigsten amerikanischen Abhörposten gegen den kommunistischen Feind.

Die Kleinstadt ist bekannt, weil hier Adolf Hitler nach seinem missglückten Putschversuch vom 9. November 1923 neun Monate in einem etwas strenger geführten Hotel verbracht (was offiziell Festungshaft genannt wurde) und Rudolf Heß den ersten Band von *Mein Kampf* diktiert hatte. Der Gefängnisdirektor berichtete der Münchner Staatsanwaltschaft von einem Österreicher mit deutschen Tugenden, die bis heute hoch geschätzt werden: »Hitler zeigt sich als ein Mann der Ordnung, der Disziplin ... Er ist ein Mann ohne persönliche Eitelkeit, ist zufrieden mit der Anstaltsverpflegung, raucht und trinkt nicht.« Der Rest seiner fünfjährigen Haftstrafe wurde ihm auf Bewährung erlassen. Das US-Militärgericht hatte aus diesen Fehlern gelernt: Am 7. Juni 1951, einen Monat vor Cashs Ankunft in Landsberg, wurden einige Naziverbrecher final entnazifiziert. Es waren die letzten Todesurteile, die auf BRD-Staatsgebiet vollstreckt wurden, nach Abschaffung der Todesstrafe. Im Bereich der US-Militärbasen galt jedoch amerikanische Gerichtsbarkeit. In der Stadt demonstrierten Deutsche gegen die Vollstreckung. Zum Zeichen von Protest und Solidarität stiegen Wirtschaftsgrößen, die schon während der barbarischen Zeit ihre Führungsqualitäten bewiesen hatten, im besten Hotel der Stadt ab. In der Bar des Hotel Goggl spielte bald darauf gelegentlich eine Combo, zu der der beste Funkabhörspezialist am Ort gehörte. Weil sie einen Sinn für rauen Humor hatten und Spaß an Schlägereien mit jungen deutschen Männern und auch

musikalisches Einschätzungsvermögen, nannten sie sich The Landsberg Barbarians. Was für ein großer Name, im Land der echten Barbaren.

Sergeant Cash ist in die Militärgeschichte eingegangen als der erste Nichtrusse, der vom Tod Joseph Stalins gehört hat und ebenfalls als Erster – bei 35 russischen Wörtern pro Minute – vom Jungfernflug eines sowjetischen Düsenbombers erfuhr. »Unsere Ausrüstung war so gut, dass sie nirgends in der Welt einen Ton von sich geben konnten, ohne dass wir ihn hörten«, und dass er sich am Sonntagmorgen die *Saturday Night At The Grand Ole Opry* anhören konnte. Erheblich größer aber ist die Bedeutung der Militärbasis für die Musikgeschichte. Für 4 Dollar 80 hat Cash hier seine erste Gitarre gekauft und mit den Barbarians den Musiker in sich entdeckt. Sie waren zu sechst, und Orvelle Rigdon aus Louisiana brachte ihm die ersten Akkorde bei. Sie kamen alle vom Land und kannten dieselben Hits: Gospels und Songs von Rodgers, Hank Williams oder Hank Snow. Der Text von ›Hey Porter‹, A-Seite seiner ersten Single 1955, erschien zuerst in der Soldatenzeitung *Stars & Stripes*, und auch ›Wide Open Road‹ entstand hier und wurde dann in der ersten Session bei Sun Records aufgenommen. Angeblich entstand hier auch ›Folsom Prison Blues‹, aber das ist eine Geschichte, die später verhandelt wird.

Sein Vorgesetzter war der schwarze Sergeant O. V. White. Der zog sich gern scharf an. »Wie seh ich aus, Mann?«, fragte er Cash oft. Und wenn der wie üblich »ziemlich schick« sagte, dann zog er fingerschnippend los und verabschiedete sich mit dem Hipster-Spruch: Just don't step on my blue suede shoes, man.

Während Elvis seine Show abzog, erzählte Cash diese Geschichte mit voller Absicht Carl Perkins hinter der Bühne, und noch ehe Elvis das Gebäude verlassen konnte, hatte Perkins den *bop song*, den er gesucht hatte, geschrieben. ›Blue Suede Shoes‹ wurde eine Hymne des Rock'n'Roll. Wie es mit Sergeant O. V. White weiterging, ist nicht bekannt (zwei der alten Barbarians traf er im Januar 1971 wieder, als Überraschungsgäste für die Fernseh-Show *Johnny Cash, This Is Your Life*).

Cash bekam dafür von Perkins, mit dem ihn eine lebenslange Freundschaft und Zusammenarbeit verbinden sollte, den Titel zu einer Songidee, die erst durch ihn den richtigen Schliff erhielt: ›I Walk The Line‹ wurde 1956 Nr. 2 der Countrycharts und 1970 Titel und Titelsong für einen John Frankenheimer-Film mit Cash-Soundtrack (sowie Gregory Peck als strauchelnder Sheriff und Tuesday Weld als Stolperstein). Die Entstehungsgeschichte des Songs, der bis heute über hundert Mal gecovert wurde, begann ebenfalls in Landsberg und ist auch nicht schlecht: Von den 85 Dollar Sold sparte Cash sich das beste Tonbandgerät zusammen, das zu haben war, und sie nahmen sich auf und hörten sich ab, um zu lernen. Eines Morgens stellte er fest, dass jemand anders das Gerät benutzt haben musste. Als er ein Band einlegte, bekam er »eine Art gespenstischer Kirchenmusik« zu hören. »Ich ließ es tausendmal laufen, weil ich nicht schlau daraus wurde, und fragte sogar ein paar Katholiken in meiner Einheit, ob sie es von irgendeinem Gottesdienst her kannten (sie kannten es nicht). Schließlich kam ich der Sache doch noch auf den Grund: Irgendwie hatte sich das Band verdreht, so dass ich die Gitarrenakkorde der Barbarians rückwärts hörte. Das Geleier und diese merkwürdigen Akkordwechsel blieben mir im Gedächtnis und tauchten in der Melodie von ›I Walk The Line‹ wieder auf.«

Der Text entstand nicht während seiner GI-Zeit, hätte aber gut zu jener Situation gepasst: Ein Mann ist weit weg von seiner Frau, und seine Augen schweifen umher, aber er bleibt ihr treu, bleibt auf dem vereinbarten Weg, auch wenn »I find myself alone when each day's through, yes I'll admit that I'm a fool for you, because you're mine, I walk the line«.

Er war zunächst in San Antonio, Texas, stationiert gewesen, als er wenige Wochen vor seiner Abreise nach Deutschland auf der Rollschuhbahn eine junge Frau umfuhr. Die Folgen waren ernst. Vivian Liberto versprach, auf ihn zu warten. Wieder zu Hause in den Staaten, wurde er am 4. Juli 1954 ehrenhaft entlassen. Die beiden heirateten einen Monat später.

Der Mann, den sie drei Jahre nicht gesehen hatte, kehrte verändert zurück und hatte ein paar Dinge erlebt. Soldatenleben, Männergemeinschaft. Er hatte sich von Glauben und Kirche entfernt, auch wenn ihn deswegen oft das schlechte Gewissen quälte. Das bayerische Bier schmeckte ihm so gut, dass er irgendwann sogar deutschen Weinbrand ins Repertoire aufnahm. Er war immer für eine Schlägerei zu haben, und nach einer besonders gelungenen war seine Nase etwas schief geblieben. Für eine weitere sichtbare Veränderung konnte er nichts: Ein betrunkener deutscher Arzt hatte beim Versuch, ihm eine Zyste zu entfernen, eine tiefe Narbe in seinem Gesicht hinterlassen (die später das Gerücht anfeuerte, er hätte üble Zeiten im Gefängnis durchgemacht).

»Einer unserer beliebtesten Angelplätze war ein Forellenbach bei einem Städtchen namens Groß-Kitscherkoffen. Wir fingen Fische, tranken Bier und brieten die Fische mitten auf dem Dorfplatz. Zum Schluss hatten wir immer Ärger mit der Ortspolizei, weil wir den Frieden störten, aber für gewöhnlich wiesen sie uns aus dem Ort, anstatt uns einzusperren.« Welch deutsche Sanftmut angesichts dieser extremen Friedensstörung!

Ich darf an dieser Stelle die wahrscheinlich einzige echte Neuheit erwähnen, die ich der Cash-Literatur hinzufügen kann: Dieses irgendwo bei Kaufering versteckte »Städtchen« ist zu klein für die Bezeichnung und heißt in Wahrheit Groß Kitzighofen.

Diese bayerische Phase nennt Cash manchmal »elende Jahre«, dann wieder erinnert er sich gern an die Ausflüge nach Oberammergau oder wo sonst es was zu fischen gab. Wie es seiner Art entspricht, höflich zu seinen Fans zu sein, schreibt er auf einer speziell für den deutschen Markt zusammengestellten '70er Compilation von der schönen Zeit, die er dort mit netten Menschen verbracht hat. Als er 1983 in der Augsburger Kongresshalle zu Gast bei der größten deutschen Live-Fernsehshow war, nur 20 Meilen weit weg vom Ort seiner Army-Abenteuer, hat ihn der Geist der Landsberg Barbarians noch einmal besucht und fand starke Beachtung. Die größte deutsche Tageszeitung brüllte schon auf der Titelseite was von einem Skandalauftritt! Was war geschehen?! Nun, der Moderator Frank Elstner von »Wetten, dass ...« hatte

June Carter angekündigt, weil ihm niemand aus seinem Team rechtzeitig sagte, dass »die wunderbare Ehefrau« von Johnny Cash nicht in der Band, sondern krank im Hotel war ... Unsinn. Der echte Skandal war für sie natürlich dies: der berühmte Ex-Landsberg Barbarian war sichtlich und hörbar ein wenig betrunken oder ein wenig was auch immer!!! Aber er war charmant und sprach freundlich einige deutsche Worte für seine Fans. ›Ghostriders In The Sky‹ bekam, wodurch auch immer, eine speziell passende Note – und im Anblick einer zunehmend Realität vortäuschenden TV-Welt müssen wir das respektvoll einen schönen, wahrhaftigen, legendären Auftritt nennen.

Als Mitte der 90er Jahre eine dieser Städteporträt-Shows aus Landsberg gesendet wurde, beantwortete er der beliebtesten Volksmusikmoderatorin telefonisch einige Fragen.

Ob in Landsberg oder Nashville: »Früher oder später landen die meisten dann bei den gleichen Fragen, die mir schon seit 40 Jahren gestellt werden.«

Sie können nirgendwohin

Die Army wollte ihn behalten, aber er war schlecht auf sie zu sprechen, weil sie ihm drei Jahre lang keinen Heimflug und nur drei Telefonate erlaubt hatten. Er fragte, ob er in die Band der Air Force eintreten könnte. »Unmöglich«, sagten sie, denn er hatte in einer speziellen Abteilung gedient, beim Air Force Security Service. »Sie haben einen Geheimhaltungseid abgelegt. Sie können nirgendwohin. Sie sind immer noch dabei, selbst wenn Sie entlassen sind.«

Nach der Heirat gingen Vivian und John R. in die Stadt, von der er schon als Junge nachts mit den Ohren am Radio geträumt hatte. Sein Bruder Roy lebte seit Jahren dort. Es war die heimliche Musikhauptstadt des Südens: Memphis, Tennessee. Als sie ankamen, hatte gerade eine neue musikalische Explosion stattgefunden, die nun immer größer wurde und mehr Verheerungen anrichtete, als sich irgendjemand hätte vorstellen können. Sam Phillips hatte für seine Sun Records die erste Single von Elvis Presley veröffentlicht, ›That's All Right‹ und ›Blue Moon Of Kentucky‹. Sie wurde so lange im Radio gespielt, bis der Weg zur Hölle geteert war.

Als Cash Elvis zum ersten Mal sieht, steht der auf einem Lastwagen und singt »zur Eröffnung eines Katz-Drugstores in der Lamar Avenue, und zwei- oder dreihundert Leute, vorwiegend weibliche Teenager, waren gekommen«. Er singt die beiden Songs der Single »immer und immer wieder«. Das Ehepaar Cash geht nach der Show zu ihm. Elvis lädt sie zum nächsten Auftritt ein, in einen Club namens Eagle's Nest. Dort kommen nur 15 Leute. Weil es kein Teenagerclub ist.

ANMERKUNGEN

[1] Inzwischen gibt es drei CDs zum Buch von Bernd Matheja, das diese merkwürdige Phase der Popmusik dokumentiert.

[2] Comeback wäre falsch, denn Ralph Stanley war nie verschwunden oder untätig. Die Scheinwerfer fallen hoffentlich u. a. auf sein '99er Album *I Feel Like Singing Today*, das er in Begleitung seiner Clinch Mountain Boys mit Jim Lauderdale, einem der besten der jüngeren Singer/Songwriter, eingespielt hat. Und in Dylan-Fankreisen kursiert eine CD mit Live-Aufnahmen, hauptsächlich aus den Jahren 1997 bis 2000: Dylan covert Stanley Brothers. Sie und diese Wurzeln sind die Basis für Dylan u. v. a.

[3] Die Baseballdamen konnten nach Kriegsende die Schläger wieder einpacken. Die Pilotinnen, genannt WASPs, wurden sogar schon Ende 1944 aus dem Verkehr gezogen, obwohl sie dringend gebraucht worden wären (vgl. Marge Piercys Roman *Menschen im Krieg* – ich darf hinzufügen: der beste Kriegsroman, den ich kenne).

III

Sonne in Memphis

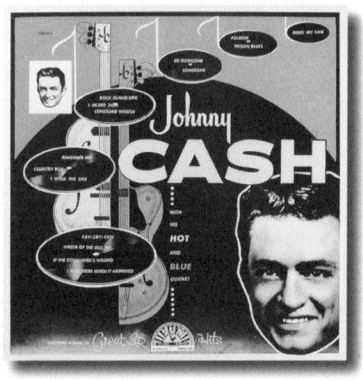

Der richtig gute Countrysänger Bud Deckleman

Sam Phillips eröffnete 1950 Sam's Memphis Recording Studio und arbeitete nebenbei weiter bei einem Radiosender. Bis 1954 nahm er fast nur farbige Künstler auf – Howlin' Wolf, Bobby Blue Bland, Ike Turner – und versuchte dann die Aufnahmen bei Plattenfirmen unterzubringen. Die Musik, die er liebte, begleitete ihn schon seit der Kindheit.

Wenn er in den Sender kam, wurde er von Kollegen oft so begrüßt: »Du riechst okay. Scheint so, als hättest du heute noch nicht mit diesen Niggern herumgehangen.«

Im Juni '51 kündigte er beim Radio. Er hatte gerade ›Rocket 88‹ von Jackie Brenston aufgenommen, »was von vielen als der erste Rock'n'Roll-Hit angesehen wurde«, und an Chess Records verkauft.[1] Sechs Monate später gründete er Sun Records und brachte dort in den nächsten zwei Jahren fast nur afroamerikanische Künstler heraus. »Als ich angefangen habe, hat in der Szene niemand schwarze Musik aufgenommen.« Als sich das zu ändern begann, machte er sich auf die Suche nach weißen Musikern, mit dem Ziel, für alle Beteiligten eine breitere und damit finanziell bessere Basis zu schaffen. Es war keine Frage, dass Weiße, die diese Musik machten, mehr Erfolg haben würden.

Für den Journalisten Peter Guralnick – dessen größter Traum, ein Interview mit dem »machiavellistischen Genie hinter den Kulissen zu führen«, Ende der 70er Jahre wahr wurde – waren Sam Phillips und Chester Burnett die »real heroes of Rock'n'Roll«. Für alle, die glauben, Rock'n'Roll sei Teufelsmusik: Sam war das Biest. Verstorben am 31. Juli 2003.

Der Baptist John R. Cash war mit der strengen Katholikin Vivian verheiratet. Getraut hatte sie Pater Vincent Liberto aus New Orleans, Vivians Onkel. Der Baptist gelobte, seine Kin-

der im katholischen Glauben zu erziehen. Er ließ sich sechs
Monate lang im katholischen Glauben unterweisen und sagte später, dort habe er Verständnis und Toleranz für andere
Glaubensrichtungen entwickelt. Er wird später eine Menge
religiöser Songs aufnehmen und Fernsehfilme über das Heilige Land drehen. Er wird sich bei Phillips als Gospelsän-
ger vorstellen und erklärt bekommen, es gebe dafür keinen
Markt. Dann wird er sich als Countrysänger vorstellen und
kein Interesse wecken. Dann wird er es aufgeben, sich telefo-

nisch vorzustellen. Er wird keinen Rock'n'Roll spielen, aber für die Musikmacher in Nashville wird er der aus der Memphis-Gang sein. Der, der ja gar nicht richtig Country spielt.

Er wollte zum Radio. Er ging zur Polizei, beschloss aber nach einem Gespräch mit dem Polizeichef, besser nicht anzuheuern. Also ging er zu George Bates' Firma für Haushaltsgeräte und wurde Vertreter. Er war es bald leid, den Leuten Kühlschränke oder Waschmaschinen anzudrehen, die sie sich nicht leisten konnten. »Ich verbrachte sehr viel Zeit in meinem Auto und hörte Radio.« George Bates aber war ein »Engel«, der ihm »genau zur richtigen Zeit am richtigen Ort die Hand reichte«. Er bezahlte eine 15-minütige Radiowerbesendung und überließ dem talentlosen Vertreter das Mikrofon: »Hi, hier spricht John Cash von der Home Equipment Company.« Die »absolute Niete« (Cash) bekam ein Jahr lang Vorschuss für nichts und auch das Vertrauen, er würde das Geld schon zurückzahlen. George Bates sollte es nicht bereuen.

»Blues hörte man überall, und ich fand das völlig in Ordnung.« Sie waren knapp bei Kasse, und als Cash den Plattenladen Home Of The Blues entdeckte, wurde es nicht besser. Er kaufte sich die vom Musikforscher Alan Lomax zusammengestellte Delta-Blues-Anthologie *Blues In The Mississippi Night*, die bis heute »zu meinen Lieblingsalben gehört«. Er fuhr gern ins schwarze Viertel Orange Mound. Er freundete sich mit Gus Canon an, der den Hit ›Walk Right In‹ geschrieben hatte, sie saßen auf seiner Veranda, spielten zusammen Banjo und Gitarre, und er lernte was. Mehr als 30 Jahre später sagte er in einem Interview, dass »Southern Blues, Black Gospel, Black Blues« seine Lieblingsmusik sei. Seine Lieblingssendung war die von Dewey Phillips, »in der alles wild durcheinander gespielt wurde – Hillbilly, Pop, Blues, Gospel«, denn »er kannte natürlich das große Geheimnis: dass es viele

Weiße gab, die sich still in ihrem Kämmerchen *race music* anhörten. Natürlich gingen einige auch recht offen damit um, allen voran Elvis.« *Red, Hot and Blue* hieß die Sendung. Seine erste Langspielplatte 1957 (zugleich die erste von Sun Records) hieß dann folgerichtig *Johnny Cash With His Hot And Blue Guitar.*

Ein anderer Discjockey hieß Sleepy-Eyed John. Auch er »tat, was er wollte, wenn er auf Sendung war«, der Ausdruck Gutealtezeit scheint mal wieder berechtigt zu sein; »er ließ neue Singles zur Hälfte ablaufen, warf sie in den Mülleimer und sagte, dieser Typ ist keinen Pfifferling wert« und »schauen wir mal, ob wir was finden, was sich eher lohnt. Okay, hier ist Bud Decklemans neue. Das ist vielleicht eine Platte!« Und »er hatte Recht«, schreibt Cash in *Cash*, »Bud Deckleman, den heute keiner mehr kennt, war ein richtig guter Countrysänger«. Und beileibe nicht der Einzige; sie hatten mehr davon als heute Berlin-Mitte Medienangestellte, und sie produzierten so viele Singles, dass Rocky Marciano auf ihnen zum Mond hätte tänzeln können.

Cashs Bruder Roy, der schon damals in Dyess ein wenig Musik gemacht hatte, sich dann aber nicht mehr zutraute, war ihm schon früh in den Ohren gelegen, er hätte ein großes Talent. Roy arbeitete bei einer Chevrolet-Vertretung, und eines schönen Tages stellte er seinem Bruder drei Mechaniker vor, die manchmal zusammen Musik machten: Marshall Grant (Gitarre, Gesang), Luther Perkins (Gitarre) und A.W. »Red« Kernodle (Steel-Gitarre). Sie nannten sich The Tennessee Three.[2] »Wir spielten zu unserem eigenen Spaß, und um unsere Frauen zu ärgern«, erinnerte sich Kernodle. Das scheint ihm gelungen zu sein, denn seine Frau drohte wenig später mit Trennung, falls er ins Musikgeschäft einsteigen sollte (er war 15 Jahre älter als Cash). Andere Expertenstimmen meinen, dass Kernodle a) bei der ersten Sun-Session gefroren habe und deshalb sofort wieder gegangen sei, b) zu nervös gewesen sei, um länger auszuhalten, und c) erkannte, dass er nachts und überhaupt zu oft von seiner Familie getrennt sein würde. Sicher ist a), dass er nur auf ›Wide Open Road‹ vom Tag der ersten Aufnahmesession zu hören ist, b) dass ihn die Band nicht am Weggang zu hindern versucht hat, und c) dass sein schneller Abgang nach Einschätzung des Cash- und Countryspezialisten Colin Escott »kein großer Verlust« war. Luther Perkins aber spielte bis zu seinem Tod 1968 mit Cash, und Marshall Grant sogar 26 Jahre lang.

Sie probten sehr eifrig, bis sie das Gefühl hatten, es würde langsam Zeit, sich um eine Single zu kümmern. John kannte Elvis, aber nach eigenen Angaben wollte er ihn nicht als Verbindungsmann zu Sun Records benutzen, sondern den Kontakt auf seine Art herstellen. Es war die nahe liegende: Der verhinderte Vertreter besuchte gerade einen Kurs für Radiosprecher, und auf dem Weg zum Unterricht kam er auch an den Sun-Studios vorbei. Dort stand er nun bald täglich im Büro und fragte nach Mr. Phillips, der aber immer in einer Besprechung war. Eines schönen Tages jedoch erwischte er ihn: »Mr. Phillips, wenn Sie mich anhören, werden Sie es nicht bereuen.« Prompt antwortete der Plattenmogul: »Einen jungen Mann mit Selbstvertrauen höre ich mir gern an.« Obwohl Cash hätte gewarnt sein müssen, präsentierte er Sam Phillips die gängigen Gospel- und Countrygassenhauer. Der aber wollte Originale hören, und erst als Cash ›Hey Porter‹ zum Besten gab, lud Phillips ihn ein, »morgen mit den Jungs« wiederzukommen.

Die Angaben darüber, was wann passierte, als Cash urplötzlich so hoch oben auf der Leiter beziehungsweise vorn auf dem Sprungbrett stand, sind widersprüchlich. In seinem ersten biografischen Text für die Sun-Promotion erzählt er es so, 1975 etwas anders, gegenüber Bill Flannagan 1988 wieder anders und ebenso in *Cash* 1997. Ist das was Besonderes? Carl Perkins erinnert sich an dies, Marshall Grant hat jenes vergessen, und Sam Phillips hat es vielleicht ganz anders gesehen. Bei Bill C. Malone taucht jenes auf, bei Paul Hemphill dies, Robert Shelton weiß zu berichten, dass unser Mann bei Vertragsunterzeichnung nur 15 Cents in der Tasche hatte, und Walter Fuchs fügt hinzu, dass er diese 15 Cents an der nächsten Ecke einem Bettler gegeben habe. (Cash: »Das klingt wie eine Geschichte, doch es ist die reine Wahrheit.«)

Ein Detailbesessener könnte jetzt einige Seiten füllen, und manche sagen vielleicht zu Recht, dass alles, was in diesen Monaten passierte, von unglaublicher Wichtigkeit ist. Ich verlasse mich einmal mehr auf das, was Colin Escott zu den kompletten Aufnahmen von 1954–58 herausgefunden und zusammengetragen hat. Und erinnere mich daran, dass Cash in einem Interview meinte, man solle ihn nicht immer auf das festnageln, was er in früheren Interviews gesagt habe.

Boom-Chicka-Boom

Erst als Sun-Records ihren Star Johnny Cash schon verloren hatten, veröffentlichten sie seine frühesten Aufnahmen, die laut Colin Escott »wahrscheinlich von Ende 1954« datierten. Cash ist allein und spielt eigene Songs. Die Fähigkeiten, die ihn berühmt machen werden, über allen der Gesang, sind schon komplett da. Um sicherzugehen, scheint Cash auf die Schnelle noch den Song › You're My Baby (Little Woolly Booger)‹ geschrieben zu haben: So wusste Phillips gleich, dass er sich jede Mühe sparen konnte, aus diesem Jungen einen neuen Rock'n'Roll-Sänger zu machen. Cash hatte kein Gefühl dafür. Was das Tempo und den Tumult betraf, konnte er mit Elvis nicht mithalten.

An jenem nächsten Tag »mit den Jungs« scheint nichts passiert zu sein, Tag eins der Plattenkarriere von John R. Cash and The Tennessee Two war erst am 22. März 1955. Marshall Grant war noch ziemlich frisch am Bass. Sie nahmen auf ›Hey Porter‹, ›Folsom Prison Blues‹ (noch ohne den klassischen Anfang und Schluss von Luther Perkins), ›Wide Open Road‹ und ›My Two Timin' Woman‹.

Nach ›Hey Porter‹ sagte Sam Phillips: »Das wird die Single.«

Cash dachte, sie »wären immer noch beim Vorspielen«, und sagte: »Was soll das heißen, die Single?«

»Wir bringen eine Platte raus.«

Das war unglaublich. Denn bis dahin hatte er das Gefühl gehabt, sie hätten »nicht die geringste Chance«. Es gab nur ein kleines Problem: Der Boss wollte ein Liebeslied für die Rückseite.

»Da muss ich erst nachdenken«, meinte Cash.

»Wenn ihr keins habt«, sagte das machiavellistische Genie, »dann schreibt eins. Schreibt einen richtig schönen Schmachtfetzen.«

Ein paar Wochen später waren sie wieder im Studio, und obwohl sie A.W. »Red« Kernodle längst losgeworden waren, brauchten sie 35 Anläufe, bis ›Cry, Cry, Cry‹ gut genug für die B-Seite war. Da wäre der richtig gute Countrysänger Bud Deckleman vielleicht durchgedreht.

Die 35 Takes von ›Cry, Cry, Cry‹ seien auf das Konto von Luther Perkins gegangen, der »mit seinem Gitarrenpart nicht klarkam«, schrieb Cash 30 Jahre nach dessen Tod. Schließlich habe er zu Luther gesagt, er solle es vergessen »und die Akkorde einfach durchspielen. Das lief dann meiner Meinung nach ganz gut. Dieser *Boom-Chicka-Boom*-Instrumentalstil gefiel mir, und er passte zu uns. Marshall Grant hatte im Grunde Recht, als er Jahre später einmal sagte, wir hätten uns den *Boom-Chicka-Boom*-Sound nicht erarbeitet – er sei das Einzige, was wir spielen könnten. Aber er brachte uns weiter,

und er war etwas Eigenes. Schon nach den ersten paar Takten wusste man genau, wer gleich singen würde.«

Sam Phillips hatte sofort erkannt, dass an diesem Trio-sound nichts verändert werden durfte und dass Cashs Stimme und Perkins' Gitarre das Spezielle daran waren. Perkins beseitigte seine technischen Unsicherheiten, noch ehe dieser Zug richtig angefahren war. Und Cash bewies, dass sein musikalisches Gespür und seine Fähigkeiten als Songwriter schon bestens ausgebildet waren. Bei ihrer vierten Sun-Session – die Single war seit einem Monat draußen – nahmen sie ›Luther Played The Boogie‹ auf. Drei Monate zuvor hatte Cash sich bei Sam Phillips entschuldigt, dass er mit einer Band in sein Studio kam, die's nicht richtig konnte. Zwei Monate zuvor hatte es diese ›Cry‹-Probleme gegeben. Und nun präsentierte er ein Lied, in dem die Scheinwerfer voll auf seinen Gitarristen gerichtet waren. Zu diesem Zeitpunkt eine etwas gewagte Selbstsicherheit, und tatsächlich blieb Luther Perkins ein eher hintergründiges Gitarrenidol. Im Text tat Cash so, als spielten sie seit Jahren vor Publikum. »Wir sind einfach nur eine Hillbilly-Band«, singt er, »wir sind keine Band, die die Leute wild werden lässt, wir spielen einfach nur Railroad-Songs, und wir spielen langsamen Blues, aber was die Leute dann aus den Schuhen haut, das ist, wenn Luther den Boogie spielt, in the strangest kind of way.« Und dann ruft er ihn zum Solo: »Play it strange!«

Luther war kein Crack wie Elvis' Scotty Moore, aber er war *the one and only*, hatte Stil und sogar die Chuzpe, dem neuen Song das Intro von ›Folsom Prison Blues‹ unterzujubeln. Der zu diesem Zeitpunkt noch gar nicht veröffentlicht war.

Als sie am 1. Januar 1958 zum ersten Mal in San Quentin, einem der berüchtigtsten Gefängnisse der USA, ein Konzert gaben, passierte laut dem damaligen Häftling Merle Haggard, längst ebenfalls eine Countryikone, Folgendes: »Es gab da etwa 40 Jungs, die Gitarre spielten, und am Tag nach der Show versuchte jeder von ihnen, wie Luther zu zupfen.«

In *Man In Black* schreibt Cash, dass an jenem Abend weder er noch der in seiner Show auftretende Gordon Terry die Stars waren, sondern »mein Gitarrist, Luther Perkins«. In den folgenden Zeilen erinnert er sich an ein Gespräch mit Haggard darüber, wie wichtig es für alle beide war, die passenden Sidemen zu haben und ihre Bedeutung auch öffentlich zu würdigen. (Gitarrist von Merle Haggard & The Strangers war 30 Jahre lang der am 3. Juli 2001 verstorbene Roy Nichols, der allerdings nicht wie Perkins ein Lebenslänglich mit seinem Boss gehabt hatte, sondern zuvor schon eine große Geschichte mit den Maddox Brothers & Rose und Lefty Frizzell.)

Dennoch gibt es einen ganzen Stapel Cash-Alben, auf denen weder einmalige Gastmusiker noch The Tennessee Two, Three oder sonst was namentlich genannt sind. Vom zeitweise heiß geliebten Country-Crooner Conway Twitty (1933–1993) ist bekannt, dass er seine Musiker nicht einmal auf der Konzertbühne vorstellte.

Cash stand auf Anhieb im Mittelpunkt. Sam Phillips lancierte schon die erste Single, ohne darüber diskutiert zu haben, unter Cashs Namen und brachte The Tennessee Two erheblich kleiner gedruckt. Aber Luther Perkins, der außer ein paar schönen Instrumentals nichts weiter geschrieben hat, war Mr. Boom-Chicka-Boom. 1957 bekommen Perkins und Marshall Grant vom *Jamboree Magazine* den Preis für das beste Instrumentalduo. Luther Perkins, geboren 1928 in

Memphis, starb dort am 5. Mai 1968. Er war mit einer brennenden Zigarette eingeschlafen. 1970 erschien die Instrumentalplatte *The Tennessee Three: The Sound Behind Johnny Cash.* »This album is respectfully dedicated to the late Luther Perkins, who started the ›sound‹ as part of The Tennessee Two.« Neben Marshall Grant und Cash (nur an der Rhythmusgitarre) spielen hier Schlagzeuger W. S. Holland, der 1960 von Carl Perkins' Band übergewechselt war, und Bob Wootton, Luthers Nachfolger an der E-Gitarre. Wootton hatte keine Probleme mit ›Cry, Cry, Cry‹.

Beim Schreiben seiner letzten Autobiografie scheint Cash der Boom-Chicka-Boom-Legende etwas müde geworden zu sein. »Marshall und Luther schränkten mich schon etwas ein. Es war wirklich so, vor allem in späteren Jahren. Es gab etliche Songs, die ich gern aufgenommen hätte, aber ich ließ es bleiben, weil ich die Akkorde allein nicht herausfand und es auch im ganzen Studio niemanden gab, der das konnte.« Bei Sun Records? Schwer vorstellbar. »Stattdessen ließ ich die Hände davon und machte einfach ziemlich planlos mit Marshall und Luther weiter … Ich ging den einfachsten Weg, und in gewisser Weise bedauere ich das. Aber trotzdem, es war auf jeden Fall ehrlich, so wie wir es gemacht haben.« Nun gut.

Die Ironie dabei ist, dass an die besten Studiogitarristen Nashvilles die Order erging, wie Luther Perkins zu spielen, der nicht nur ein exquisites Stilempfinden hatte, sondern auch schnell und beständig alles, was ihm noch fehlte, dazulernte und sich konsequent weiter entwickelte – um später ständig aufgefordert zu werden, so wie früher seinen »original bare bones style« zu spielen.

1990 veröffentlichte Cash *Boom Chicka Boom*. Ein schönes Album, wie ein Nachhall aus den alten Tagen, aber ohne den Versuch, den Sun-Sound wieder erwecken zu wollen (was schon viele erstrebt und nicht geschafft hatten). Der gewagte Titel war lediglich ein Echo. Und an die Tennessee Two erinnerte Cash in einem Ge-dicht (oder Songtext) auf der Rückseite der Platte, ohne Namen zu nennen.

Beim Start hatten sie ver-einbart, alle Einnahmen aus dem Plattenverkauf durch drei zu teilen. Aber Cash al-lein wurde als Songautor ge-nannt. Als Marshall Grant 1980 die Band verließ, reichten er und die Hinterbliebenen von Luther Perkins eine Klage gegen Cash ein. Es ging um die Anerkennung, dass Grant und Perkins während der vielen Proben an jeder Komposition gleichberechtigt mitgearbeitet und damit Anspruch auf Tantiemen hätten. Die Angelegenheit wurde außergerichtlich geklärt, das Ergebnis nie bekannt.[3]

Fest steht, dass eine Vielzahl berühmter Gitarristen schwer unter Luther Perkins-Einfluss gestanden hat. Und einer der

Größten der aktuellen Countrymusik, Dale Watson, präsentierte auf seiner 99er CD den Song ›Luther‹. Bevor er am Ende das Ende von ›Folsom Prison Blues‹ spielt, singt er: »Luther Perkins, play it on!«

Johnny Cashs erste Single ist registriert als Sun 221 und wurde am 21. Juni 1955 veröffentlicht. Sie war erfolgreich, speziell die B-Seite, der von Phillips geforderte Schmachtfetzen ›Cry, Cry, Cry‹: am 3. September Nr. 1 der Memphis-Countrycharts – und das bedeutete nichts Geringeres, als Elvis und die Louvin Brothers (wegen denen Cash seinerzeit eine Viertelstunde länger Mittagspause herausgeholt hatte) überholt zu haben. In den US-Charts kletterte der Song auf Platz 14. Im Jahr zuvor war Elvis das neue Ding aus Memphis gewesen, jetzt gab es Johnny Cash. Sagte das *Billboard Magazine*. Er bekam eine tägliche 15-Minuten-Radioshow und Konzertangebote. Aber dieser gelungene, schnelle Einstand ist nicht mit heutigen Verhältnissen zu vergleichen: Sie spielten in Honky-Tonk-Läden, in denen »mehr Schusswaffen und Messer waren als Fans«, wie sich Marshall Grant erinnerte.

Im Dezember brachte Sam Philipps die zweite Single heraus, auf der A-Seite die unsterbliche Einspielung von ›Folsom Prison Blues‹. Luther Perkins mochte am 30. Juli immer noch nervös gewesen sein und verfolgt von dem Gedanken, er würde sein Instrument einfach nicht gut genug beherrschen, aber er verlieh dem Song einen Anfang und Schluss, der zu einem der bekanntesten Gitarrenläufe aller Zeiten werden sollte. Ende Dezember fuhren sie so weit wie nie zuvor, 350 Meilen nach Texarkana, um die Vorgruppe für George Jones zu machen, der sich gerade im Glanz seines ersten Hits sonnte. Carl Perkins war dabei, der sich auf den Weg zu Sun Records gemacht hatte, nachdem er Elvis im Radio gehört hatte. Seine ›Blue Suede Shoes‹ waren ebenfalls in diesem Dezember losgelassen worden. Im November hatte Elvis, inzwischen in den Fängen des Managers Colonel Parker, bei RCA unterzeichnet, und Phillips hatte für die Freigabe die sensationelle Summe von 35 000 Dollar bekommen, die er nun in den Aufbau von Cash und Perkins steckte. Dennoch: Bei ihrem folgenden Konzert in Tyler, Texas, gab es pro Kopf 100 Dollar (von denen erst mal die Unkosten bezahlt wurden). Bis dahin war ihr Rekord 18 Dollar gewesen. Sie spürten, dass sie in eine heiße Phase kommen würden, aber bis Ende 1955 behielten alle ihre Jobs, selbst der erfolglose Vertreter Cash. Seine Frau Vivian war schwanger mit Rosanne. Bisher hatte sie seine musikalischen Ambitionen unterstützt, aber nun wollte sie, dass sie zu ihrer Familie nach San Antonio zogen. Cash sollte was? Den Mittelpunkt der Musikwelt verlassen, in Richtung San Antonio, Texas?!

Bei einem seiner Konzerte mit Elvis hatte Vivian außerdem eine Ahnung davon bekommen, wie es aussehen würde, wenn ihr John so weitermachte mit der Musikkarriere. Sie habe versucht, seine Erfolgsambitionen zu bremsen, sagte er später. Der Grund dafür war nicht die Musik gewesen. Aber es gab nichts mehr zu bremsen, das Tempo war zu groß. 1956 war der Countdown beendet.

Im Januar bekam das Trio einen festen Platz in der Samstagnacht-Show beim *Louisiana Hayride* in Shrieveport, nach der Grand Ole Opry die bekannteste Radioshow und *der* Ort, wo Entdeckungen gemacht wurden: Sowohl Hank Williams als auch Elvis hatten hier landen können, nachdem sie in Nashvilles Opry abgelehnt worden waren, um dann, nach dem riesigen Erfolg, dort Einzug halten zu können. Elvis veröffentlichte bereits auf Sun, als die Opry-Chefs nach einem Vorspielen zu ihm sagten, er sollte besser wieder Lastwagen fahren; sie glaubten, sich alles erlauben zu können, und das konnten sie auch. In Shrieveport aber war man offen für Neues und hatte ein Gespür dafür, wer groß rauskommen würde. Beide Songs der zweiten Single kamen schnell in die Charts, ›Folsom Prison Blues‹ bis auf Platz 5 (und damit noch weit entfernt vom gigantischen gleichzeitigen Erfolg von ›Blue Suede Shoes‹ in den Country-, Pop- und Rhythm'n'Blues-Charts). Dann war Cash wieder am Zug; im Mai wurde ›I Walk The Line‹ veröffentlicht, das sofort die Countrycharts bis Platz 2 stürmte und in den Popcharts erst bei 19 hängen blieb. Das war neu: Ein Countrysong erobert den Popmarkt. Die B-Seite ›Get Rhythm‹ ging dabei etwas unter, wurde aber im Lauf der Jahre ebenfalls zu einem Cash-Klassiker. Im Juli bekam Cash ein Angebot von – der Grand Ole Opry! Ende des Jahres, ›I Walk The Line‹ war immer noch Spitze, kam die vierte Single, ›Train Of Love‹ (mit ›There You Go‹), und kletterte ebenfalls schnell auf Platz 2. In der Countrybestsellerliste 1956 war Johnny Cash auf Platz 3, hinter zwei Sängern, die schon seit vier Jahren die Hits lieferten: Marty Robbins und Ray Price.

Vom Erscheinen der ersten Single bis zu ›I Walk The Line‹ hatte es nur ein Jahr gedauert. Nur wenige Countrystars kamen mit einer so kurzen Anfangsphase aus, und wenn Johnny Cash etwas nicht vorweisen kann, dann die berühmten harten Jahre vor dem Durchbruch. Die Cashs jedenfalls hatten keine Probleme, der kleinen Rosanne genug zu essen zu geben.

Da gab es nicht mehr viele Leute, die von dem richtig guten Countrysänger Bud Deckleman sprachen.

Seltsame Ideen

Heute müsste man hinter einem derart explosiven Anfangs-
erfolg eine clevere Marketingstrategie vermuten. Alles schien
auf einem Kalkül aufgebaut zu sein, und der Platz zwischen
den Stühlen Country und Rockabilly schien Cash zu perfekt
zu passen. Aber warum hat man ihn dann nicht einfach da sitzen gelassen?

Ende der 40er Jahre hatte Hank Williams die Countrymusik auf den Kopf gestellt. Er hatte sie, was den Sound und den
Song und das Image betrifft, von den Hillbilly-Klischees der
»Hosenträgermusik« weggebracht. Die Art, wie er und seine
Drifting Cowboys spielten, kopierte nicht mehr das Fuß-
stampfen in billigen Honky-Tonk-Schuppen, sondern hatte
einen eleganten Swing. Trotzdem legte Hank, der in die gute
alte Zeit geradezu vernarrt war, großen Wert darauf, das tradi-
tionelle Publikum nicht zu verprellen – das funktionierte, und
sie gewannen ein neues Publikum dazu. Sie waren gekleidet,
als wollten sie gleich Las Vegas erobern, und tatsächlich:
Hank Williams war der erste Countrystar, der dort auftreten
(und baden gehen) durfte. Seine Hüftbewegungen könnten
Elvis inspiriert haben, wie auch einige seiner Songs schon die

Richtung Rockabilly und Rock'n'Roll angaben. Der Erfolg seines ›Lovesick Blues‹ machte aus ihm den ersten Star, der weit über die Countrygemeinde hinaus bekannt war. Hank Williams, mit 29 gestorben, körperlich am Ende infolge von Schmerzmitteln, Alkohol und Drogen, Symbol des »live fast, die young«, war schon zwei Jahre tot, als Johnny Cash die Szene betrat.

Parallel zu Williams' Aufstieg hatte sich in Nashville eine Countryindustrie gebildet. Als Williams kurz nach dem Krieg in Nashville angekommen war, gab es zwar längst die Grand Ole Opry, aber sie war noch weit entfernt von ihrer nachmalig dominanten Stellung. Langsam entstanden ein paar kleine, unabhängige Labels, und von einer Studio- und Studiomusikerkultur war noch nichts zu sehen. Stars wie Ernest Tubb, Eddy Arnold, Merle Travis oder Bob Wills hatten Plattenfirmen, die paradoxerweise nicht im Kernland dieser Musik produzierten. In Nashville standen Hillbilly-Musiker auf der untersten Stufe des Showbusiness, und nur die umherziehenden schwarzen Bluessänger genossen noch weniger Ansehen bei denen, die bestimmten, was lief. Doch 1949, im Jahr des ›Lovesick Blues‹, gab es eine entscheidende Namensänderung: Aus den *Hillbilly-* wurden die *Countrycharts.* 1950 besang Dick Stratton in ›Music City U.S.A.‹ Nashville als Heimat der Countrymusik. Und schon 1954 hatten hier alle großen Plattenfirmen Niederlassungen, die für Country zuständig waren. Ein paar Jahre später hätte ein schräger Vogel wie Hank Williams, mit dem Ruf des Alkoholikers und Krawallmachers, in Nashville keine Chance mehr gehabt, schreibt Escott in seiner Williams-Biografie, denn er wäre eine Gefahr für das reibungslose Funktionieren einer hoch entwickelten Geschäftsmaschine gewesen.

Kurz nachdem 1947 Hanks erste Platten erschienen, kam als neues Format die 45er Single auf den Markt und setzte sich sofort durch. Im Januar 1956 machte Elvis seine ersten Aufnahmen für RCA: in Nashville. Es gab jetzt einen Nashville-Sound, es gab klare Regeln, welcher Sound Erfolg hatte, es gab ein Heer von Musikern, die pünktlich um neun Uhr morgens beim Einschalten der roten Achtung-Aufnahme-Lampe eine Perfektion an den Tag legten, die Machine Gun Kelly vor Neid hätte erblassen lassen. Aber auch im Paradies gab's die Regeln und die Ausnahmen.

»1955 wurden aus Nashville all diese Countryplatten herausgepresst«, schrieb Cash '97. »Wenn man die Stimme wegließ, dann klangen alle diese Tracks für mich gleich ... Alle Arrangements waren kalkuliert und vorhersehbar. Mit meiner Musik ist das zwar so ähnlich, aber es ist *meine* Musik. Sie wurde nicht gemacht, um wie irgendjemand in Nashville zu klingen, oder das auch nur zu versuchen.«

Vor allem aber war es Sam Phillips, der sie nicht so gemacht haben wollte. Als Cash, Grant und Perkins mit einer Steel-Guitar aufgekreuzt waren, war das das Markenzeichen des Nashville-Sounds und nicht Teil des Equipments von Leuten, die Phillips voranbringen wollte. Cash hatte religiöse Lieder, Jimmie Rodgers-Klassiker und aktuelle Gassenhauer à la Hank Snow angeboten und wurde von Phillips gedrängt, eigene Songs zu spielen. Phillips wusste, woran es in Nashville mangelte. Seit Hank Williams und Lefty Frizzell Ende der 40er fehlte es an Originalität. Und auch an Künstlern, die selbstbewusst genug waren. Beides hatten Johnny Cash & The Tennessee Two zu bieten, und Sam Phillips holte es aus ihnen raus.

Williams und Frizzell waren gute Freunde gewesen, und eines Tages sagte Hank zu Lefty, er sollte doch auch der Grand Ole Opry beitreten. Die Opry hatte zwar den höchsten Popularitätsfaktor, aber man unterwarf sich auch harten Verträgen.

Die Asse hatten samstags zu spielen, egal wie weit sie unter der Woche auf den Highways herumgebraust waren, und die Gage war lächerlich. Die Opry diktierte. Sie konnte Künstler groß machen, und sie wurde selbst immer größer, weil auf den Plakaten von Leuten wie Hank, der ohne die Opry Nummer eins geworden war, stehen musste, dass sie zur Opry gehörten. Und die Opry kassierte auch dafür, wenn Minnie Pearl in Clanton, Ohio, ein Konzert gab: Member of the Grand Ole Opry!

Auch Lefty hatte sich ohne die Opry bis an die Spitze geboxt, und er antwortete Hank: »Schau mal, ich hab in den Charts den Nr.-1-Hit, den Nr.-2-Hit, den Nr.-7-Hit, den Nr.-8-Hit, und du sagst mir, ich hätte es nötig, der Opry beizutreten.«

Hank: »Verdammt, wenn du da kein höllisches Argument hast.«

1952 trat Frizzell dann doch für die Opry im Ryman Auditorium auf, verließ den Verein aber nach wenigen Monaten wieder. Es gefiel ihm nicht. Cash sollte sich 1965 mit einem besonders denkwürdigen Auftritt verabschieden.

Phillips machte keinen üblichen Sound: Er mischte Cashs Gesang ungewohnt klar über die Instrumente, deren rhythmische Effekte er verstärkte. Das war nicht Country, sondern Rockabilly. Der Rockabilly-Bass hat ohnehin zu klingen, als hätte er eine Snare-Drum eingebaut. Das Überraschende war, dass alle drei überwiegend Rhythmus spielten, ein wenig ergänzt durch Luthers Soli, die so extrem reduziert wie wiederum rhythmisch waren. Sie konnten sich als »just a plain hillbilly-band« bezeichnen, wie sie wollten, sie waren es nicht. Nicht mit diesem starken Beat unter einem unheimlich tiefen Gesang, in dem keiner der typischen Country-Gimmicks auftauchte. Manchmal verstärkten sie den Beat, indem John Papier zwischen Saiten und Griffbrett klemmte: Tschack-Tacka-Tschack, Boom-Chicka-Boom. Am 2. April '56 nahmen sie nicht nur die ›I Walk The Line‹/›Get Rhythm‹-Single auf, sondern zur Probe auch einen Take, wo Cash ›Get Rhythm‹ allein spielt: Er lässt die Akkorde nicht voll klingen, es ist nur ein Scratch-Geräusch, es *ist* Get-The-Rhythm!

Andererseits waren sie nicht Rockabilly genug. Sie hatten nicht dieses Up-Tempo, und weder die Instrumente noch der Sänger neigten zu den erforderlichen Gefühlsausbrüchen. Sie waren eine Countryband mit schwerem Rockabilly-Einschlag oder umgekehrt. Wie sie aussahen, waren sie nicht Country, sondern eher Rockabilly, hätten aber mit den weißen Schuhen und Jacketts auch Jazzer sein können. Sie waren bestens geeignet, einem jungen Publikum zu gefallen, das mit Countryklamotten nichts anfangen konnte, und jeder, der Country mochte, ohne auf Steel-Gitarre und Geige fixiert zu sein, konnte sie lieben. Sie sahen aus wie Jack Kerouac, der gerade die 100. Fassung von *On The Road* tippte. Und ›Get Rhythm‹, war es nicht Bopster-Gequatsche und Hipster-Verständigung? Es war nichts Puristisches, und es waren Countrysongs, bei denen man damit rechnen konnte, dass sie auch in die Popcharts kamen. Besondere Bestürzung muss bei denen, die für die Herstellung von Erfolg zuständig zu sein glaubten, die Tatsache ausgelöst haben, dass diese neue Soundmischung auch etwas Altmodisches transportierte: eine für überholt gehaltene Ursprünglichkeit, in der die rohen Sounds der Depressionszeit anklangen, passend zu Texten, die erzählten, dass in Reno einer einfach so erschossen worden und ein anderer einsam wie der letzte Hund war. Im Gegensatz zu vielen anderen Musikern gaben Cash & Co. keinen Anlass zu der Annahme, sie hätten erst durch Elvis ihre Musik entdeckt. Es gab auch nichts elegant Swingendes wie bei Hank Williams und nichts von der musikalischen Komplexität und Versiertheit von Western-Swing-König und Big Band-Leiter Bob Wills (& His Texas Playboys). Sie hatten von Anfang an eine Ernsthaftigkeit, die sie nicht Gefahr laufen ließ, in die Teenie-Schublade abgeschoben zu werden (es war Carl Perkins, der sich für den Rest seines Lebens mit diesem Problem herumschlagen durfte). Cash wirkte älter als 22, Marshall und Luther waren immerhin 27. Ob Sam Phillips' Entscheidung, aus John Johnny Cash zu machen, zum Erfolg beigetragen hat, vermag ich nicht einzuschätzen. Johnny war sauer. Und nannte 1975 sein neues Album, auf dessen Cover er aussieht wie ein 43-Jähriger, der seit 20 Jahren für nichts im Herzen Platz hat außer für Rockabilly, *John R. Cash.*

Sam Phillips hat den Erfolg zwar nicht hergestellt, aber sein Anteil daran ist nicht zu unterschätzen. Vergleicht man die Bandfotos, die nicht für die Promotion benutzt wurden, mit denen, die verschickt wurden, dann ist klar, dass er sich nicht nur mit der Studiotechnik auskannte. Die Fotos, auf denen Cash ganz in Schwarz posierte, waren die besten. Sie verstärkten die Dunkelheit, von der viele Songs geprägt waren. Sie verliehen ihm ein passendes Image – auch wenn es dann bei Konzerten wieder gebrochen wurde. Da zeigten sich Cashs Hillbilly-Wurzeln und sein Showtalent, sie boten »a true hillbilly variety show« – schon ein Vorgeschmack auf die Johnny Cash Show ab den 60er Jahren – mit eigenen Hits, Schlagern der Stunde, »a very realistic parody of Elvis Presley« und Sketches, in denen Luther den dummen Hillbilly von vorgestern geben musste. Die Frechheit von Sun Records, sich selbst in Anzeigen für Cash und Carl Perkins als Nr. 1 in Country & Western zu bezeichnen, kann in Nashville nicht gut angekommen sein. »This is Johnny Cash«, schrieb Phillips im Werbetext für die vierte Single, »handsome, dark and intense with the look of a dreamer in his eyes and a haunting, lonely quality to his voice that reaches into every heart and shares its secrets.« Seine Behauptung, der ansehnliche Mann hätte bis 1955 weder einen Song geschrieben noch ein Instrument angefasst, war, wir erinnern uns, gelogen.

»Wenn es keinen Sam Phillips gegeben hätte, würde ich vielleicht heute noch auf einem Baumwollfeld arbeiten«, schreibt Cash in seiner Autobiografie '97. Aber er spricht auch von gemischten Gefühlen, weil er sich nicht sicher ist, finanziell korrekt behandelt worden zu sein (ohne dass er einen Beweis für das Gegenteil hätte). Phillips' musikalischen Instinkt, seine ansteckende Leidenschaft und die Zusammenarbeit im Studio lobt er jedoch über alles, »und er hatte wirklich ein gutes Händchen, was das Kommerzielle anging. Er hatte den Dreh raus, einen Song so zu bearbeiten, dass er wirklich bei den Leuten ankam. Und er sagte immer, ich sollte so viele fremde Einflüsse aufnehmen, wie ich wollte, aber nie jemanden kopieren.«

Cash ist einer der wenigen Countryleute mit Sinn für Humor: »Was mich eigentlich am meisten ärgert, ist, dass er mir nie einen Cadillac geschenkt hat.« Carl Perkins bekam einen, als ›Blue Suede Shoes‹ eine Million verkauft hatte, »aber ich bekam nie einen, obwohl ›I Walk The Line‹ genauso ein Riesenhit war.« Er vermutet, dass es am Unterschied zwischen Rock'n'Roll und Country gelegen hat. »Ich finde allerdings, dass mir der Cadillac immer noch zusteht. Ich sollte Sam anrufen und ihm sagen, dass er mir einen rüberschicken soll: schwarz, mit tiefschwarzen Zierleisten und einer Innenausstattung in vielleicht etwas hellerem Schwarz. Ich weiß nicht, was die heute so kosten, aber 1956 konnte man ein Spitzenmodell für 3500 Dollar bekommen.«

Im Kapitel über Sun Records kann sich Cash von dem Gedanken, unfair behandelt worden zu sein, nicht lösen. Er schreibt einige Seiten über den großen Mr. Phillips, landet dann aber wieder bei den gemischten Gefühlen: »Meine Euphorie ließ nach, als ich langsam, aber sicher und meist nur durch Zufall mitbekam, wie das Musikbusiness funktionierte.« Es ist ihm peinlich, wenn er daran denkt, »wie blauäugig ich damals in Bezug auf das Business war. Noch viel

schlimmer ist es, eingestehen zu müssen, dass sich das bis heute kaum gebessert hat.« Wenn er dann davon spricht, dass das Geschäftliche, repräsentiert durch Anwälte und Buchhalter, den Song, dem sein ganzes Interesse gilt, zu überwältigen droht, dann scheint er das eher unter dem Eindruck seiner Erfahrungen mit Columbia Records zu tun. Wie auch immer, in diesem Kapitel ist er undeutlich, und am Ende fällt ihm auf, dass er »vielleicht den Eindruck erweckt (hat), es gäbe irgendwelche Missklänge zwischen uns. Dem ist nicht so.«

Abgesehen davon, dass Sam Phillips Gospels verhindert hat, repräsentieren die ersten beiden Jahre mit ihm schon die wichtigen Themen von Cash. Viele dieser Songs werden ihn das ganze Leben begleiten. Er hat vermutlich nie ein Konzert gegeben, ohne ›Folsom‹ und ›I Walk The Line‹ zu singen. ›Mean-Eyed Cat‹ hat er auf seinem 97er Album mit einer längst geplanten dritten Strophe gebracht, ›Hey Porter‹ kam '91 auf *Mystery Of Life* großartig und neu.

Es ist ein Heimwehsong aus der Landsberger Zeit. Ein Mann sitzt im Zug Richtung Süden und freut sich brennend darauf, endlich heim nach Dixie (die alte Bezeichnung für die Südstaaten) zu kommen, und stellt dem Schaffner ungeduldig die Frage, wann sind wir denn endlich da? Doch niemand braucht ihm zu sagen, wo er ist, als draußen endlich die Landschaft Tennessees auftaucht. Hey, ich bin eure neue Hoffnung aus unserer geliebten Südstaatenheimat, scheint er auf der A-Seite der ersten Single zu rufen. Aber waren sie das nicht alle?

›Cry, Cry, Cry‹ ist nicht so traurig, wie der Titel vermuten lässt, und Cash stellte frech Hank Williams auf den Kopf. Williams, dessen textliche Revolution sich darin äußerte, das Ich einzuführen, also keine Story zu erzählen, sondern erkennbar von sich selbst zu singen, war besonders berühmt für die traurigsten Klagelieder, die ihn als weinenden Mann zeigten, als Gegenteil des allseits erwünschten harten Kerls. In Cashs Song aber sind die Worte des jungen Erzählers an sein Mädchen gerichtet, jeder weiß, wo du hingehst, wenn die Sonne untergeht, in die Stadt, wo alles beleuchtet ist. Sie bleibt also nicht artig bei ihm, sondern treibt sich herum, aber er wird jetzt bald aufgeben, sie ändern zu wollen, und wird dann weg sein und dann wird sie weinen, weinen, weinen. Ein Klagelied in Hank-Manier, dabei aber frech und außerdem eine leichte Drohung enthaltend: Du wirst am Boden zerstört sein, und ich nehm mir gleich eine andere (vielleicht wurde die Single als Halbstarkenhymne begriffen und deshalb so gut verkauft).

›Mean-Eyed Cat‹ und ›Get Rhythm‹ zeigen seine witzige Seite, die oft vom rauen Humor dessen geprägt ist, der in rauen Verhältnissen aufgewachsen ist. Solche Songs wird er immer wieder spielen. Auf typische Art prallen in ›Get Rhythm‹ das Fröhliche und das Ernste aufeinander: Der Sänger lässt sich von einem Jungen die Schuhe putzen, der den dreckigsten Job in der Stadt hat, weil er an einem windigen Eck in einer verkommenen Straße vor den Leuten kniet. Er fragt ihn, wie er es schafft, dabei nicht den Blues zu kriegen, und bekommt von dem Jungen die Lektion: »A jumpy rhythm makes you feel so fine, it'll shake all the trouble from your worried mind, get rhythm when you got the blues.« Es ist eine Art Rockabilly-Rap mit einem tollen Wortspiel über Rhythm'n'Blues (und vielleicht eine Fehlentscheidung von Sam Phillips, es als B-Seite im Schatten von ›I Walk The Line‹ liegen zu lassen).

Der aufregende ›Folsom Prison Blues‹ scheint direkt aus dem »alten, unheimlichen Amerika«[4] zu kommen, und vielleicht kannten ältere Hillbilly-Fans die Mörderballaden von Frank Hutchison oder Dock Boggs, zu denen das Lied so gut passt. Aufgrund reiner Neugier verrottet die Bestie im Gefängnis: »I shot a man in Reno just to watch him die.« Dass wir alle vom Bösen und von bösen Songs fasziniert seien, schreibt Cash zur von ihm selbst zusammengestellten Compilation *Murder* 1999 (die mit der Originalmonoaufnahme anfängt), und Quentin Tarantino weist auf die Nähe zum Gangster-Rap hin. Der Song sorgt auch für eine unbezahlbare Imageinstallation: Muss man bei diesem Typen mit der tiefen Stimme jetzt nicht mit allem rechnen? Er ist erst 23, aber man kauft ihm sein Zeug ab.

›So Doggone Lonesome‹ ist die passende B-Seite, ein Lied von der unglücklichen Liebe: »I don't care if the sun don't rise tomorrow, if I can't have you with me tonight.« Die Kehrseite von ›Cry‹ – er könnte ein Dutzend andere haben, will aber nur sie. »I don't care if tomorrow never comes and the sun don't ever shine«, hatte Hank Williams genau dieselbe Situation besungen, auf seiner dritten Single 1947.

Hitmaschinen

Im Unterschied zu den Mechanikern seines Trios konnte Cash in keinen passablen Job zurück, und er setzte sofort alles auf eine Karte, um von dem, was er liebte, leben zu können. Ab 1956 absolvierten sie einen mörderischen Torneeplan mit

250 bis 300 Auftritten pro Jahr. Nicht zu vergessen, dass er zwar überall Songs schreiben konnte, in Autos und Hotelzimmern und backstage, aber aufgenommen werden mussten sie im Studio. Inzwischen konnte seine Frau zu Hause nicht nur mit Rosanne, sondern zusätzlich auch mit Kathy spielen. Als ›I Walk The Line‹ die ersten von 2,5 Millionen Stück verkaufte, war Johns Frau 24. Die Tage, da Konzerte noch gemeinsame Ausflüge bedeutet hatten, waren vorbei. Hatte sie sein Talent unterstützt, damit er mörderische Tourneen absolvieren konnte? Sie konnten sich einen schicken Kinderwagen leisten, aber es war selten Daddy, der ihn schob. »Je stärker mich meine Karriere in Anspruch nahm, desto erbitterter kämpfte sie mit allen Mitteln gegen dieses Jagen nach Erfolg«, erinnerte sich Cash 1975. Falls sie die Hoffnung hatte, er würde durch stabilen Erfolg wieder häuslicher werden, täuschte sie sich.

Die Band war bald bekannt dafür, dass sie auf Tour eine Menge Spaß hatte. Es war nicht die Zeit und die Musik, wo man nach dem Soundcheck Tee getrunken und vitaminreiche, fettarme Kost zu sich genommen und sich konzentriert auf den Auftritt vorbereitet hätte, geschweige denn danach früh zu Bett gegangen wäre. Walter Fuchs erzählt mit großem Enthusiasmus eine Menge Anekdoten. Die meisten haben mit der Begeisterung der Band für Schießeisen zu tun. In der Anfangszeit hatte jeder immer eine Waffe bei sich, Marshall Grant wurde angeblich sogar »der Bombenleger« genannt und spezialisierte sich dann auf Kanonen. »Mit einer kleinen Kanone, geladen mit Kies, schossen Johnny Cash und seine Tennessee Two auf alles, was ihnen als reizvolles Ziel erschien, zum Beispiel auf jenen hell erleuchteten Neonröhrenpfeil in Minnesota.« Diese Aktion war so erfolgreich wie problematisch, »und fluchtartig rasten die Jungs davon: Johnny Cash was in town!« Woran man übrigens auch die Nachteile des

Riesenerfolgs erkennen kann: Für Elvis waren solche Streiche schon lange nicht mehr drin.

Meine Lieblingsanekdote aber ist die folgende. In einem Hotel, »das vor allem von Frauen belegt war, inszenierte Cash einen Streit mit Rose Maddox« (die mit ihren Brüdern schon eine bekannte Hillbilly-Band gehabt hatte, als John noch am Radio hing, und inzwischen auch eine Rockabilly-Queen geworden war). »Ich bring dich um, du Hure«, soll er geschrien haben. Und »sobald sich genug weibliche Hotelgäste auf dem Flur versammelt hatten, schoss er ein paar Platzpatronen ab«. Als die Polizei erschien, hatten sie sich bereits wieder versöhnt.

Mit Kumpel Gordon Terry machte er dasselbe in einem Café. Er schoss auf ihn, und »dieser zerquetschte gleichzeitig ein Päckchen Ketchup unter seinem Hemd« und ging zu Boden. Gordon Terry war übrigens der Mann, der Ende der 50er Speed-Pillen und andere Hilfsmittel für anstrengende Tourneen ins Spiel brachte. Auf den *Autobahnen zur Hölle* wurden dann immer mehr Hotelzimmer und Sonstiges mehr oder weniger lustig zerlegt. Der Bombenleger hatte dann die Aufgabe, die Besitzer zu besänftigen und zu entschädigen. Was manchmal gar nicht nötig war, denn manche hatten Verständnis für diese Einlagen oder waren sogar stolz darauf: Johnny Cash was in town!

Im Sommer 1957 wurden Cash und Carl Perkins nach einem Konzert von Columbia Records-Produzent Don Law angesprochen: Ob sie sich vorstellen könnten, nach ihrem Vertragsende mit Sun bei Columbia zu unterzeichnen? Sie konnten. Aber Cash war noch ein Jahr gebunden. Zudem arbeiteten er und Sam Phillips gerade am ersten Sun-Album. *Johnny Cash With His Hot And Blue Guitar* brachte vier der ersten Hits, ›Country Boy‹ als einzige neue Eigenkomposition und sechs Covers, darunter Huddie Ledbetters ›Rock Island Line‹, Hank Williams' ›I Heard That Lonesome Whistle Blow‹ und mit ›I Was There When It Happened‹ endlich auch ein christliches Lied. Präsentiert wurde es im November beim jährlichen Treffen der Discjockeys in Nashville (zwei Jahre

zuvor hatte dort der Sun-Chef seinen Vertrag mit Elvis feilgeboten, weil er kein Geld mehr hatte) – und währenddessen machten die ersten Gerüchte die Runde.

Zur selben Zeit übergab Sam Phillips die Produktion der Cash-Aufnahmen an seinen Assistenten Jack Clement, wahrscheinlich um der drohenden Gleichförmigkeit etwas entgegenzusetzen. Sie nahmen ›Big River‹ auf, mit Clement als zusätzlichem Gitarristen, und es wurde neben ›Folsom‹ die beste Musik, die sie bisher gemacht hatten. Der Song ging jedoch auf der B-Seite der

neuen Single unter, weil die A-Seite alle Rekorde brach und
Cashs erster Nr.-1-Hit in den Countrycharts wurde. ›Ballad
Of A Teenage Queen‹ ist ein Jack-Clement-Song, der mit den
doofsten Elvis-Filmen mithalten kann: Die Teen-Königin arbeitet in der kleinen Stadt im Süßwarengeschäft und ist dem
Jungen von der nächsten Tür zugetan, aber weil sie so ein echt
süßes Naturkind ist, wird sie von Hollywood eingefangen
und zum Star aufgebaut, und dann ist sie trotz ihres Swim-
mingpools unglücklich und kommt wieder heim, weil sie den
Jungen, der inzwischen im Süßwarengeschäft arbeitet, nicht
hat vergessen können. Das Ganze zugebuttert mit sechsstim-
migem Chorgesang. Die Platte verkaufte aber schon im ersten
Monat 180 000 und eroberte den kanadischen Markt, und als
sie dort auf Tournee gingen, wurde in jeder Stadt ein Teenage-
Queen-Wettbewerb veranstaltet, dessen Gewinnerin jeweils
von Cash persönlich am Abend auf der Bühne gekrönt
wurde. In Saskatoon war es ein Mädchen, das schon eigene
Songs schrieb und sang, eine gewisse Joni Mitchell.

Jack Clements Aufgabe bestand darin, den reduzierten
Triosound mit seinen begrenzten Möglichkeiten zu erwei-
tern. Die Musik wurde netter, aber nichts war so schlimm
wie Clements Teenage-Wahnsinn, dessen Erfolg schwächere
Künstler festgenagelt und kaputt gemacht hätte. Aus dem
Sun-Team kamen Schlagzeuger J.M. van Eaton und Pianist
Jimmy Wilson dazu, dann auch der als Songwriter und Pianist
von Sun engagierte Charlie Rich (der sich später zum Croo-
ner-Star mit dem Kampfnamen The Silver Fox wandeln
sollte). ›Guess Things Happen That Way‹, ebenfalls ein Clement-Song, wurde dann die meistverkaufte Single der Sun-
Jahre, und ›The Ways Of A Woman In Love‹ von Rich kam
auf Platz 2. Die Frage, wie weit Clement die Hitmaschine
hätte hochjagen können, bleibt unbeantwortet. Und die
Frage, die Sam Phillips Cash bezüglich der Columbia-Ge-

rüchte stellte, beantwortete dieser mit nein. »Ich wusste, als er den Mund aufmachte, dass er log«, erzählte Phillips, »es war die einzige verdammte Lüge, die er mir je erzählt hat, und zwar so, dass ich's wusste. Das tut weh.«

Cash bekam schriftlich mitgeteilt, er hätte termingerecht im Studio zu erscheinen und eine bestimmte Anzahl Songs einzuspielen. Sein Entdecker und Memphis-Machiavelli wollte sich mit Stoff eindecken, solange noch Zeit war. Cash weigerte sich, Clement vermittelte und sagte: »Du schuldest Sam ein paar Sessions.« Cash weigerte sich, etwas zu singen, was ihm nicht passte, und er weigerte sich, eigenes Material zu singen, weil er beim Start für Columbia etwas zu bieten haben wollte. Am 15. Mai nahmen sie in drei Sitzungen 13 Songs auf,

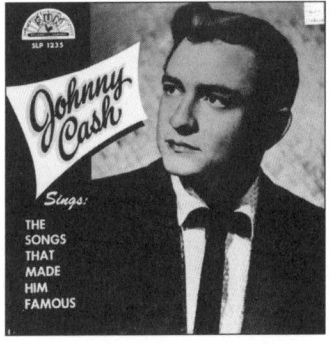
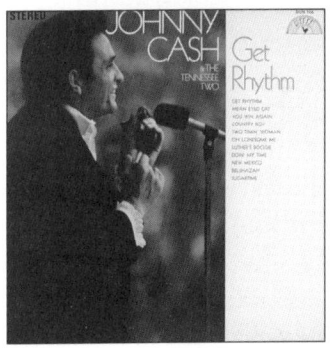

und es folgten noch drei Termine, der letzte am 12. Juli 1958. Unter den Aufnahmen sind fünf Hank Williams-Songs, einige von Clement und Rich sowie ›The Story Of A Broken Heart‹, geschrieben von Sam Phillips.

Das Sun-Lager war jetzt gut mit Cash-Vorrat gefüllt, und sowieso hatte der talentierte Geschäftsmann Mr. Phillips von Anfang an nie den Markt überschwemmt, sondern auch Aufnahmen zurückgehalten. Wenn eine Single erfolgreich war, dann wartete er mit der nächsten. So veröffentlichte er ›Luther Played The Boogie‹ vier Jahre nach der Aufnahme, 1959, und natürlich kam der bisher unbekannte Cash-Song aus der tollen Frühphase hoch in die Charts. Der eine Star ging, und Jerry Lee Lewis war schon der neue heiße Sun-Mann. The Killer hatte bei einer Cash-Session Ende '57 mitgespielt: ›I Love You Because‹/›Straight A's In Love‹ kam '59 heraus. Bis 1962 schafften es neun Sun-Songs in die Charts, und dann wurde aus der Hit- eine Recyclingmaschine. Das Material wurde für EPs und LPs weiterverwertet, die immer wieder mit Unveröffentlichtem aufgewertet wurden (auch die Aufnahme mit dem verlorenen vierten Mann »Red« Kernodle war irgendwann dran). Mal hieß das einfach *Greatest*, dann *The Songs That Made Him Famous* oder *Showtime* oder *Sings Hank Williams And Other Favorite Tunes*. Es waren auch Alben dabei, die den Anschein erweckten, Original-LPs zu sein. Cash veröffentlichte 1960 sein erstes Konzeptalbum, *Ride This Train*. Er sang von Zügen und vergangenen Abenteuern und erzählte Geschichten, die auf dem Weg lagen. 1962 brachte Phillips die Sammlung *All Aboard The Blue Train* – und war es nicht so, dass in ›Folsom Prison Blues‹ der Zug vorbeifuhr? In den nächsten Jahren nahm Cash weitere Konzeptalben wie *Blood, Sweat And Tears* auf, die zwar nicht sehr erfolgreich waren, aber sowohl ihm als auch Columbia einiges Renommee einbrachten. Niemand machte das zu der Zeit. Es

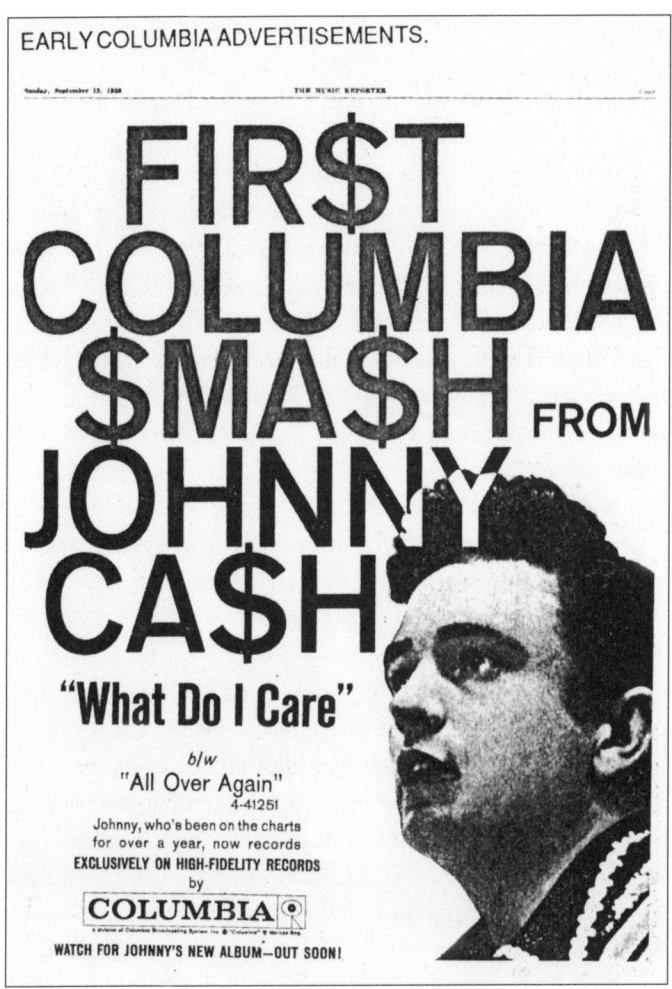

war eine anspruchsvolle Sache – der Künstler als Erzähler, Geschichtslehrer und Sänger. 1969, auf Cashs Karrierehöhepunkt, erschien bei Sun *Story Songs Of The Trains And Rivers* (natürlich nur mit dem Sänger, also ohne die Sprechpassagen, die gute Verkäufe gefährdet hätten). Im selben Jahr verkaufte

107

Sam Phillips seine Firma an Shelby Singleton. Cash hatte gerade riesigen Erfolg mit seinen live im Gefängnis aufgenommenen Platten. Also wurden alte Sun-Singles erneut in den Ring geworfen: Die seinerzeit wenig beachteten B-Seiten ›Get Rhythm‹ und ›Big River‹ machten sich jetzt ganz gut. Bei Cash und Columbia kam dieses gnadenlose Wiederverwerten bis zum Erbrechen nicht gut an. Man kann es auch so sehen: Das kleine Independent-Label Sun Records war ein Outlaw, der sich mit allen Mitteln verteidigte.

So viele Jahre später, auf der Rückseite von *Boom Chicka Boom*, diese Strophe im Gedicht ›Back To Basics‹: »Think of how it used to be, in Memphis ... Tennessee Two and me. Timeless, tireless night and day, living just to sing and play. Listen to that first play back, watch the faces of Sam and Jack.« »Well, Sir, what do you think of it?« »A stone smash!« »A natural hit.« »The first joy of my first success, overwhelmed and overblessed. Just think of it, yes, just to know. They'll play it on the radio.«

Am 1. August 1958 unterschrieb Johnny Cash bei Columbia Records. Der Vertrag sollte 28 Jahre Bestand haben.

Sun-Präsident Sam C. Phillips kaufte eine Anzeige in *Billboard*. An ihrem Ende hieß es: »We are going to miss him no end around 706 Union, but our aim is to keep him ›hot‹ on Sun ›if the Good Lord's Willing and the Creek Don't Rise‹.«

Bei der ersten Anzeige von Columbia nahmen die folgenden Buchstaben mehr Raum ein als das Bild des Künstlers:

FIR$T COLUMBIA MAH FROM JOHNNY CA$H.

ANMERKUNGEN

1 Brenston erzählte später, er hätte dem 47er Song ›Cadillac Boogie‹ nur einen neuen Text verpasst (vgl. Tosches: *Unsung Heroes Of Rock'n'Roll*).

2 Im Gegensatz zu Colin Escott glaubt Cash, dass sie The Tennessee Two hießen und Kernodle erst dazukam, als er schon mit Perkins und Grant spielte. Wie immer in derart wichtigen Fällen drucken wir die bessere Geschichte.

3 Bei der großen Gala zu Ehren von Cash in New York 1999 spielte auch Cash ein kurzes Set – neben ihm Marshall Grant.

4 vgl. Greil Marcus' *Basement Blues / Bob Dylan und das alte, unheimliche Amerika.*

IV

Blut, Schweiß und bittere Tränen

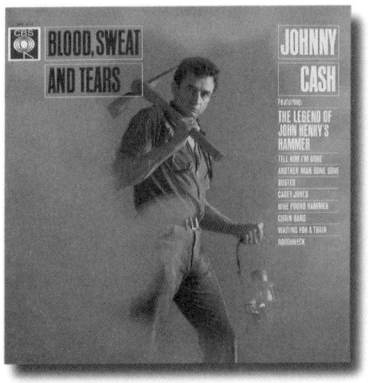

Veränderungen verändern

Wenn Rock'n'Roll die Musik der Sünde ist, dann ist Country die Buße: weil die sündigen Rock'n'Roller auch die Countrymusik eroberten und veränderten, viele von ihnen aber, als die Party zu Ende ging, zu Country zurückkehrten.

Sie hatten gesündigt, und jetzt hatten sie zu büßen, und bei derart im Glauben Verhafteten wie Carl Perkins und Jerry Lee Lewis war das Sündigen und Büßen mehr als nur ein musikalischer Prozess. Schon als sie noch mit Cash Tourneen unternahmen, inmitten von Krawall und Ekstase und Highlife, waren die Predigten, die Lewis The Killer den Kollegen vor der Show hielt, gefürchtet: Unser Tun ist Frevel gegen den Herrn, und zur Hölle werden wir fahren! Solche Worte sagte er. Und dann sprang er ins Licht der Scheinwerfer und zeigte ihnen, dass er der Schlimmste von allen war. Cashs Mutter hatte an den Zusammenkünften der Pfingstgemeinde das Außer-sich-Sein in Gesang und Tat am meisten geliebt.

Lang bevor weiße Jungs und Mädchen der Sünde verfielen, hatte Rock'n'Roll im Slang der Afroamerikaner nichts anderes bedeutet als ficken – rock and roll and rock and roll, und, egal ob die Whiteys das wussten, man brauchte nicht viel Phantasie, um es als Anfeuerung zu verstehen.

Die heiße Phase der puren Lust war schnell beendet. Das Jahr, als Cash von der kleinen zur großen Firma, von Sun zu Columbia wechselte, brachte die Ära des originalen Rock'n'Roll mit einem medialen Feuerwerk, das in den tödlichen Unfällen von Buddy Holly '59 und Eddie Cochran '60 gipfelte, zum Abschluss. Was danach kam, war nicht heißer als eine Hochzeitsnacht, in der zwei so talentlose wie unerfahrene Partner voller Angst bei Dunkelheit versuchen, möglichst schnell wieder aus dieser Nummer herauszukommen. Jerry Lee Lewis war bereits Persona non grata und seine Musik aus dem

Verkehr gezogen worden, nicht weil er seine Klaviere mehr gefickt als einfach nur gespielt, sondern weil er in dritter Ehe eine 13-Jährige geheiratet hatte, die auch noch seine Cousine dritten Grades war. Seine spezielle Strafe bestand darin, bis ans Lebensende von den gigantischen ersten Hits verfolgt zu werden. Er machte weiter großartige Musik, hatte aber nie mehr den Erfolg von Cash[1]. Und der Mann, der das Benzin ins Feuer gegossen hatte?

Eines Nachts hielt der Killer, dessen Blut nicht mehr ganz im Zustand der Reinheit war, mit quietschenden Reifen vor dem Anwesen des Königs und schoss mit einem Revolver in die Luft, um den Wachmännern klar zu machen, ihn ins Innerste vorzulassen. Als diesem Vorhaben kein Erfolg beschieden war, brüllte er, ob sein ehemaliger Freund Elvis der Meinung wäre, er sei nun was Besseres. So versuchte der Killer den Geist des Rock'n'Roll hochzuhalten.

Rockabilly war eigentlich schon 1956 – parallel zu Elvis' Wechsel zu RCA und Nashville – eine betonierte, tote Form: Sie war so einfach und klar definiert, dass es nichts mehr hinzuzufügen gab als ein kleines Schlagzeug. Um präzise zu bleiben: »Original Rockabilly had no drums«, betonte Charlie Feathers, ein spät, aber ausgiebig gefeierter Exponent dieses Stils. Paradoxerweise hält sich Rockabilly – anders als die allenfalls noch Schulball-Faschingsball-Oldie-*Pulp Fiction*-Partynummer Rock'n'Roll – bis heute in einer lebendigen Szene, ebenso wie Ska. Es war nicht Rock'n'Roll, sondern Rockabilly oder sogar ein wenig der schmutzige Sound des Countryvorläufers Mountain Music, der in den 80er Jahren als Psychobilly beziehungsweise Cowpunk wieder aufgegriffen wurde. Das hat mit einer Verve dieses Stils zu tun, die immer neue Generationen beeindruckt. Und mit dem guten alten Satz von Ernest Tubb: »Good taste is timeless.« Kein Zufall auch, dass sich Malcolm McLaren und Vivienne Westwood, um auf stilistische Distanz zu Hippies und Rockmusik zu gehen, an den schrillen Bestandteilen des Rockabilly-Teddy-Style orientierten (mit Fell besetzte Stiefel usw.), ehe sie ausbaldowerten, was die Sex Pistols dann verkörpern sollten. Die coole Form dieses Stils – nehmen wir z. B. schwarze Stiefeletten, tiefblaue Jeans und weißes T-Shirt ohne Aufdruck – wird wohl niemals als unmodern gelten.

Johnny Cash & The Tennessee Two hatten sich exakt auf der Linie Rockabilly-Country bewegt und waren folgerichtig sowohl in Rock'n'Roll wie Pop akzeptiert. Am puren Boom-Chicka-Boom der ersten Phase festzuhalten, wäre – siehe Rockabilly – sicher eine musikalische Sackgasse gewesen. Cashs Vorstellung von seiner Musik war aber ohnehin viel größer, und mit dem Label-Wechsel konnte er sich an die Arbeit machen, diese Vorstellung Schritt für Schritt umzusetzen.

Einige Fachleute verfechten die Meinung, Cash hätte die Qualität der nur drei Jahre währenden Sun Records-Phase nie mehr erreicht – oder erst wieder mit der American Recordings-Phase am Ende seiner Karriere. Für diese Meinung spricht die unvergleichliche Prägnanz dieser beiden Phasen: Das produzierte Material ist überschaubar und kompakt, nichts ist missglückt, und an Cashs Seite walten zwei starke, kreative Produzenten. Zwischen diesen Stationen liegen über 25 Jahre, die diese Prägnanz nicht aufweisen können. Doch Cashs riesige Produktion aus dieser Zeit weist genügend Material auf, das dem Besten ebenbürtig ist: nicht nur einzelne Hits und Perlen (von denen mindestens je zwei auch auf den schlechteren Platten zu finden sind), sondern auch ganze Alben. Richtig ist, dass der einzigartige Sam Phillips-Sun-Sound nie wieder erreicht wurde, auch nicht von den Nostalgikern Jahrzehnte später. Die Behauptung allerdings, nichts wäre von größerer Wichtigkeit als dieses Kunstwerk der Aufnahmetechnik, liegt etwa auf der Ebene dessen, mit Buddy Hollys Tod sei die Musik gestorben: Gefühle von Hinterbliebenen, verständlich, aber nur individuell wahrhaftig. Gegen das Beharren auf dem Dogma spricht schon die Tatsache, dass Cash auf den Gefängnis-Live-Alben, die ihn Ende der 60er Jahre zum berühmtesten Countrysänger der Welt machten, genau fünf Songs aus der Sun-Ära spielte. Fünf von 37. Wer von diesen Platten behauptet, das Fehlen des spartanischen Original-Boom-Chicka-Boom würde ihre Qualität mindern, glaubt wahrscheinlich auch, dass Jesus der einzige Prediger seiner Zeit gewesen ist.

Mit dem Firmenwechsel verbunden war auch die Veränderung von R'n'R-Memphis nach Country-Nashville. Ende 1958 folgte der Umzug mit der Familie nach Kalifornien, in die Nähe Hollywoods. Sein Manager Bob Neals hatte Cash davon überzeugt, Chancen bei Film und Fernsehen zu haben, und schon auf dem ersten Columbia-Album *The Fabulous Johnny Cash* ging voreilig die Kunde von Filmrollen, aber es sollte noch etwas dauern.

Von Carl Perkins' Band kam bald Schlagzeuger W. S. »Fluke« Holland und so hießen sie also The Tennessee Three. Cashs Sun-Produzenten Phillips und Clement waren mit der jungen Szene verbunden gewesen, der neue Produzent Don Law, Chef der Columbia-Country & Western-Abteilung, war ein Veteran. Er hatte schon die größte Delta-Blues-Legende aller Zeiten aufgenommen, Robert Johnson (der vielleicht wirklich einen Pakt mit dem Teufel geschlossen hatte), und er betreute Countrystars wie Marty Robbins und Carl Smith, den ersten Ehemann von June Carter. Alle großen Labels hätten Cash genommen, aber Law war am schnellsten gewesen und hatte seinem neuen Schützling zugesichert, sowohl die lang ersehnte Gospelplatte als auch das Konzeptalbum *Ride This Train* aufnehmen zu können. Mit Cash verband er zu Recht die Hoffnung, in den weitaus größeren Pop-markt einbrechen zu können. Rock'n'Roll hatte Country und seinen Markt verändert, und nun wurden Leute gebraucht, die dem Rechnung tragen konnten.

Schon bei der ersten Columbia-Session im Juli 1958 war etwas dabei, was Sam Phillips nie benutzt haben wollte – im Interesse eines Sounds, der das Besondere der drei deutlich machen und sie von Country absetzen sollte: eine Steel-Guitar. Und sie wurde nicht von irgendjemandem bedient, sondern von Don Helms, der sie jahrelang für den Größten gespielt hatte: für Hank Williams. Auf das erste Columbia-Album kam von dieser Session aber nur ›Supper-Time‹, eine Ich-erinnere-mich-an-Mutter-damals-Schnulze[2].

Das sentimentale Arme-aber-glückliche-alte-Zeit-Lied-chen, das zu Country gehört wie der Cowboy zu Holly-wood, kann man gegen zwei weitere Veränderungen pral-len lassen: Erstens kündigte Cash als reguläres Mitglied der Grand Ole Opry – aber nicht, weil er sie nicht mehr als Zen-trale anerkannt hätte, sondern weil er wie damals Lefty Friz-zell wusste, dass er groß genug war, um sich ihren Spielregeln nicht länger unterwerfen zu müssen. Schließlich stahlen sie ihm den Samstagabend für eine Gage, die nicht mal – zwei-tens – den wöchentlichen Amphetamin-Bedarf deckte. Um mehr Energie zu haben, um sich besser zu fühlen, um die an-strengenden Tourneen besser ertragen zu können, fing Cash an, Drogen zu nehmen, Amphetamine und Barbiturate, Up-pers und Downers, die ihn in den nächsten zehn Jahren auf den *Autobahnen zur Hölle* fast umbringen sollten. Damals, als die Mutter »Abendbrot!« rief und dann alle friedlich um den Tisch saßen, war das kein Thema gewesen. Es war auch jetzt keins, die Countryszene war nicht die Beat Generation – auch wenn die Musiker ebenso auf die Wirkung von Speed, Marihuana und Alkohol vertrauten.

Die drei Sun-Jahre waren seine musikalische Jugend gewesen, jetzt war Johnny Cash erwachsen. Er hatte das Haus seines Rock'n'Roll-Vaters Sam Phillips verlassen, als der ihn in seiner Entfaltung zu behindern begonnen hatte, was sich für Cash retrospektiv vor allem in der Verweigerung einer rein religiösen Platte ausdrückte. Erst gegen Ende der 60er Jahre wurde die Langspielplatte in der populären Musik zu einem wichtigen Tonträger, der auch ohne Singlehits Erfolg haben konnte – 1960 wusste jeder, dass ein Konzeptalbum in der Sparte Country kein Erfolg werden konnte. Phillips hätte sein eigenes Geld eingesetzt, Don Law aber setzte nur das von CBS ein, und er riskierte damit auch nicht, eventuell die Chefetage der CBS-Abteilung Columbia verlassen zu müssen. Die Gospelplatte *Hymns By Johnny Cash* war der Einsatz gewesen (der Cash bei Erscheinen dann gar nicht mehr viel bedeutete, weil es inzwischen eine Menge Gospelplatten gab), und das erste Konzeptalbum, *Ride This Train,* brachte Anerkennung. Der Weggang von Sun hätte nichts mit Geld zu tun gehabt, sagte Cash. Fest steht, dass Sam Phillips etwas weniger als die üblichen 5% vom Verkaufserlös bezahlte und CBS etwas mehr – und bei Cashs Erfolg bedeutete das erheblich mehr Geld. Phillips verwies später darauf, dass unter seinen unglaublich talentierten Jungs nicht immer nur dicke Freundschaft herrschte, sondern auch Eifersucht und das Misstrauen bei jedem Einzelnen, Mr. Phillips würde für *ihn* nicht genug tun. Nach Cash und Perkins wurden Lewis und Roy Orbison erfolgreich aufgebaut, was natürlich die Aufmerksamkeit des Chefs für seine »Altstars« verminderte – die üblichen Probleme eines kleinen Labels. Die Legende von Cashs Weggang allein wegen des verweigerten Gospelalbums hielt sich naturgemäß am besten.

Dies ist Nashville, nicht Memphis, sagte das erste Album. Der harte Boom-Chicka-Boom-Rhythmus wurde verweichlicht und Cashs packende Stimme etwas gedämpft. Dafür bekamen die Background-Sängerinnen und -Sänger ziemlich viel zu tun – weniger wäre mehr gewesen. Dazu passend trat der Sänger düsterer und heftig-witziger Songs ein paar Schritte zurück: Ich habe jetzt Country und Western und Folk und Pop im Programm, sagte das erste Album, und das alles war programmatisch für die 60er Jahre. Von den alten Qualitäten war nichts verschwunden, aber sie existierten jetzt nur noch als Teile eines vergrößerten Ganzen. Es war kein Widerspruch, dass Cash auf den offiziellen Fotos nicht als Hillbilly oder Rock'n'Roller posierte und auch als Banker oder New Yorker Hardbop-Jazzer oder Manager eines schicken Nachtclubs hätte durchgehen können, im

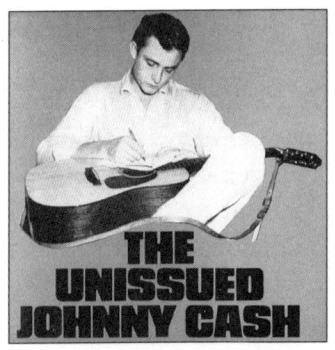
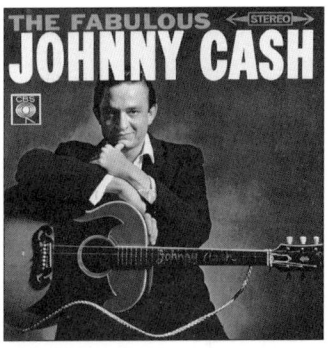
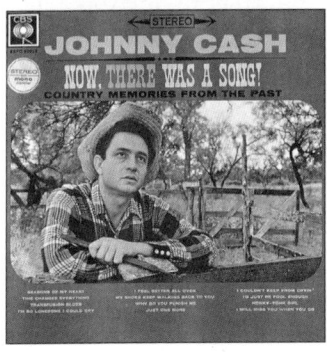
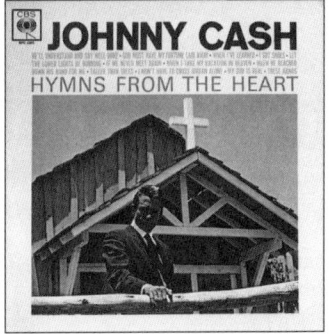

Gegensatz dazu aber musikalisch einen stärkeren Hillbilly-Touch betonte und sogar Westernsongs in sein Repertoire aufnahm.

Alles lief nach Plan: Von den Gospelsongs kam keiner, von den übrigen Sessions[3] aber sieben Songs in die Top-15-Charts (begleitet von Sun-Hitsingles), an der Spitze die Westernballade ›Don't Take Your Guns To Town‹. Hollywood hätte sie sogleich verfilmen können: Ein Bauernjunge glaubt, nun endlich ein Mann zu sein, und will sich als solcher mal in der Stadt zeigen. Die Mutter fleht ihn an, seine Pistolen zu Hause zu lassen – vergeblich. In der Stadt kippt er erst mal einen, um sich noch mehr als richtiger Mann zu fühlen, und dann nimmt das Schicksal seinen Lauf, ein Streit endet in einem Duell. Seine letzten Worte sind »don't take your guns to town«.[4] Eine Moritat, wie geschaffen für die gerade am Horizont auftauchende Folk-Bewegung, die mit Nashville-Country nichts, mit Originalen wie Mother Maybelle Carter und A.P.s Exfrau Sara Carter viel am Hut hat und dann in eine starke Bürgerrechts- und Anti-Vietnamkrieg-Bewegung münden wird. Cash befand sich zwischen diesen Polen, und weil er kein Countryreaktionär, sondern ein offener Geist war, begeisterte er sich sofort für Bob Dylan.

Als die 60er über Amerika hereinbrachen und mehr Ärger auslösten, als durchgedrehte Rock'n'Roller jemals zu hoffen gewagt hatten, lagen fünf Alben vor, die Cash für Columbia eingespielt hatte – in nicht mal zwei Jahren. Er war in England aufgetreten, in diversen Fernsehshows, und er war der Filmindustrie näher gekommen: als Cowboy in den Fernsehwestern *Wagon Train* und *Shotgun Slade* und als Autor des Titelsongs der neuen Serie *The Rebel*. 1961 kam dann das Kinodebüt in *Five Minutes To Live*, er spielte einen unterbelichteten Maniac. Cash steuerte auch den Titelsong bei und

investierte 20 000 Dollar, als
der Produktion das Geld
ausging.

Sein Ruhm war wie alles
noch größer geworden: wie
die Familie mit jetzt vier
Töchtern, wie die Tourneen,
die Gagen, das Studio und
der Drogenkonsum. Die Lo-
sung schien nun Speed zu
heißen. 1959 wurden vier
komplette Alben an jeweils
nur einem Tag aufgenom-
men, und das war ein Super-
speed, der für LP-Produktio-
nen selten die beste Lösung
ist. Durch die Kombination
aus Speed und Schlaflosig-
keit, plus Zigaretten und Alkohol, war Cashs Stimme

chronisch heiser. Außerdem hatte der Star im Studio immer
weniger Lust, sich um Akkorde und Rhythmus zu kümmern,
gab der Gitarrist Johnny Western Colin Escott zu Protokoll.
Cash konnte zur richtigen Zeit der perfekte Mr. Rhythm sein,
aber er war kein versierter Instrumentalist, und Speed-Pillen
sind kein guter Partner, wenn jemand unbedingt vermeiden
will, dass er einen Song vielleicht 35 Mal spielen muss, bis
er hinhaut. Ende 1958 wurde Johnny Western Mitglied der
Johnny Cash Show und war dann auch im Studio dabei.

In diesen Jahren bis 1962 spielte Johnny Western »bei so
gut wie allen Sessions die Rhythmusgitarre« auf den Aufnahmen, hat Colin Escott herausgefunden. Während der Platten-
hörer natürlich bei Rhythmusgitarre an Cash dachte.

Außerdem fungierte Western als Ersatzsänger, falls Cash indisponiert war. Sie waren dicke Freunde, und Western war außerdem »der schnellste Pistolenschütze seiner Zeit. Obwohl ich nie seine Schnelligkeit erreichte, konnte ich  doch ziemlich schnell ziehen, nachdem ich durch seine Schule gegangen war«, sagte Cash.

Auf den Rückseiten der 60er-Jahre-Alben kann man den Namen The Tennessee Two selbst in Liner Notes mit biografischem Abriss nur selten entdecken. Bei den Shows herrschten andere Gesetze, aber auf den Platten sind, was für die Zeit normal war, keine Namen vermerkt. Allein bei den Aufnahmen von '61 waren dabei: Luther Perkins/g, Marshall Grant/b, W.S. »Fluke« Holland/dr, James Carter/p, Floyd Cramer/p, Tompall Glaser/g, Roy Nichols/g.

Nicht zu vergessen (im Bild links): Johnny Western/g.

Mit dem Zug durch Raum und Zeit

Tatsächlich war es für Cashs Position ziemlich egal, ob er die Rhythmusgitarre spielte. Er war so etwas wie ein Regisseur geworden; er schrieb nicht nur Songs, sondern inszenierte Alben, er machte Pläne, die über das nächste Album hinausgingen, er hatte komplexe Themen und suchte die passenden Songs oder recherchierte für eigene Texte. Auf keinen anderen hätte die Bezeichnung Geschichtslehrer der Countrymusik so gut gepasst.

Seit er zu Columbia gekommen war, hatte er im Bewusstsein, dass die Basis seiner persönlichen Musik wenig abwechslungsreich war, nach Neuerungen gesucht. Er war einer der Ersten in der populären Musik, die die Langspielplatte als eigenständige Form nutzten, z. B. für Alben, die nicht einfach die letzten vier Singles plus zwei neue Songs versammelten, sondern ein Thema hatten: *Hymns By Johnny Cash*, das war nichts für jene, die die Botschaft nicht hören wollten. *Songs Of Our Soil* waren solche, die von *unserem Heimatboden* erzählten und einem Interessenten klar machten, dass er hier nicht mit Rock'n'Roll-infiziertem Country rechnen konnte (aber mit dem Katastrophenbericht aus Cashs Kindheit, ›Five Feet High And Rising‹, der ein Hit wurde). *Now, There Was A Song* hätte sogar einen kräftigeren Untertitel als ›Country Memories From The Past‹ vertragen können; es war nämlich seine spezielle Sammlung von Countryklassikern (unschlagbar eingespielt in fünf Stunden *und* großartig). Er coverte Hits von Hank Williams, Bob Wills, Ernest Tubb, Ferlin Husky, George Jones, Marty Robbins, Ray Price, Hank Thompson, Hank Snow, Melvin Endsley, und speziell am Herzen gelegen haben könnte ihm T. J. »Red« Arnalls brutaler und witziger ›Transfusion Blues‹, ein Ableger seines besser bekannten ›Cocaine Blues‹: Ein Mann erschießt im Drogenrausch seine ihm (natürlich) untreue Frau, wird geschnappt, verurteilt und verkündet zuletzt die Moral: Kumpels, lasst die Finger von den Drogen und vom Schnaps!

Neben den Themenplatten erschienen in den '60ern vier Konzeptalben, die bis heute eine zentrale Position in Cashs Werk und in der Countrymusik einnehmen. Mit ihnen versuchte er »die Wahrheit herauszufinden, die sich hinter einem Teil der Geschichte unseres Landes verbirgt«, und er tat das sehr ernsthaft. Für *Ballads Of The True West* hätte er sich »fast in einen Cowboy aus dem 19. Jahrhundert verwandelt ... Ich stöberte in Buchhandlungen, Bibliotheken und Plattenläden herum, las in Zeitschriften und Memoiren und hörte mir Dokumentaraufnahmen von alten Cowboys an.« Manchmal, erinnerte er sich mehr als 30 Jahre später, »habe ich den Bogen vielleicht auch ein bisschen überspannt, was nicht gerade ungewöhnlich ist für jemanden, der Amphet-

amine nimmt ... Auch wenn ich unterwegs war und bei den Konzerten trug ich echte Westernklamotten. Manch-mal schnallte ich mir sogar meinen Revolver um, bevor ich auf die Bühne ging. Er war natürlich geladen.«

Cash auf dem Weg zum Hörspiel: Er erzählt zwi-schen den Songs kleine Geschichten oder lässt sie mit einer Rede beginnen, Geräusche werden eingespielt, Soundland-schaften entstehen. Country war nicht mehr bloß die Musik der armen Weißen im Süden, die nur die Bibel und allenfalls den *Farmers Almanac* lasen und keinesfalls die Romane von William Faulkner, John Steinbeck oder Mark Twain. Aber das Countrypublikum war immer noch weit weg von den New Yorker Intellektuellen – und Cash hielt ihnen vier Vorträge zur Geschichte der USA, in einer Sprache, die jeder verstehen konnte, und ohne ihnen die düsteren, ungerechten, verbre-cherischen Seiten der Landesgeschichte zu ersparen, von denen viele nicht mehr wussten oder wissen wollten, als ihnen die Lehrerin erzählt hatte. *Ride This Train*, ›A Stirring Trave-logue of America in Song and Story‹, erschien 1960.[5]

»Ride this train up and down and across a strange, wonder-ful land«, beginnt der Erzähler, begleitet vom Knattern und Zischen des Zugs, und zählt dann eine Reihe von Städtenamen auf, die vorab verdeutlichen: Ich bin Millionen verschiedene Menschen, aus vielen verschiedenen Ländern; vor hunderten von Jahren bin ich hergekommen, und dies war das Gelobte Land für mich. Aber, sagt der Erzähler schon zu Beginn, lasst uns nicht vergessen, dass vor uns schon Millionen von Menschen hier waren, die in Tipis an den Flüssen lebten und Bisons jagten, um etwas zu essen zu haben. Der Erzähler drückt sein Bedauern über das Elend aus, das die Indianer erleiden mussten, während die anderen ihr *Promised Land* in Besitz nahmen. »Ihre Herzen müssen voller Musik gewesen sein«, sagt er und beginnt die Namen ihrer Stämme in einem Sprechgesang aufzuzählen.

Was Cash hier machte, war ungewöhnlich, denn zu der Zeit interessierte sich kaum jemand für das Schicksal der Indianer, und in der Country- und sonstigen populären Musik war das kein Thema, für die konservative Countrysektion gar ein Affront – was wollte der Kerl damit sagen, dass tausende von tapferen Pionieren das Land der Wilden zu Unrecht besiedelt und dabei ihr Leben gegeben hatten? Tschakka-Takka-Tschakka-Takka fährt der Zug weiter, und Cash erzählt von dem Mann, der an der Zwischenstation die Kohle reinschaufelt und sich am Abend in ein Stück Kohle mit etwas Weiß in den Augen verwandelt hat. Und als er dann die Prärie sieht, erzählt er vom Revolverhelden John Wesley Hardin (nach dem Dylan später ein Album benannte). In Oregon erzählt er vom gefährlichen Beruf des Holzfällers und später von der ebenfalls nicht mehr in die Moderne passenden Tätigkeit des Baumwollpflückens. Unten im tiefsten Süden siedelt eine weitere Gruppe Einwanderer, die für den Durchschnittsamerikaner ein Rätsel darstellt. Dort landeten die Acadiens, genannt Cajuns, Ende des 18. Jahrhunderts nach jahrelanger Flucht aus Kanada. Sie sprachen Französisch und lebten in Sumpfgebieten, »die zeigen, wie die Welt bei ihrer Erschaffung ausgesehen hat«, lautete sein Kommentar. Während der Zug nach Memphis fährt, hören wir den Gesang von schwarzen Sträflingen, begleitet vom klirrenden Rhythmus ihrer Ketten, und dann erinnert sich der Erzähler an die Zeit, ›When Papa Played The Dobro‹.

Irgendwo in den Appalachen mag Hillbilly die Musik geblieben sein, die die Menschen am meisten brauchten, aber im Countryhaus war sie bereits in den dunklen Keller geschoben worden. Die Verstädterung war seit Hank Williams' Zeiten in Gang gekommen und nicht mehr aufzuhalten. Das Zielpublikum waren nicht mehr ausschließlich Farmer, Bahnarbeiter und Holzfäller. Die ersten Truckersongs kamen auf. 1959 hatten schon 86 Prozent aller amerikanischen Haushalte einen Fernseher. Und Cash kam mit einer Platte, die formal neu war, aber mit Geschichten beladen, die von Vergangenem, Vergessenem erzählten. Wer das für einen Spleen hielt, sollte sich täuschen. *Ride This Train* war die Vorschau auf drei weitere Alben mit Lektionen in Geschichte. Von Leuten, die mit schwerster Arbeit ihr Leben verdienen, handelte *Blood, Sweat And Tears* 1962. Im Mittelpunkt steht das neun Minuten lange ›The Legend Of John Henry's Hammer‹, die Lebensgeschichte eines »steel-drivers«, der sich weder den Anforderungen des Bosses noch technischen Neuerungen beugt und selbst im Sterben noch stolz auf seinen Beruf ist. Cashs thematische Grundpfeiler sind in die Platte eingezogen: Geschichte, Gefängnis, Arbeit, Schicksal. Der Klang von Hammer und Banjo als Leitmotiv. Getragen von der Stimmung, dass die Zeit dieser Arbeiter unwiderruflich vorbei ist: in fast allen Songs Tod oder Elend. Wie ein Aufruf, jene nicht zu vergessen, die die Schienen gelegt und die Kohle gehauen haben und immer die Ersten waren, die schlechte Zeiten zu spüren bekamen und dann ›No Depression In Heaven‹ singen konnten. Cash verleiht denen, die nur als Masse wahrgenommen werden, Stimme, Geschichte und Individualität. In ›Busted‹ gibt es sogar einen Lösungsvorschlag, falls man keinen Ausweg mehr sieht: Die Kinder brauchen Schuhe, die Ernte war schlecht, ich bin *busted*, ich bin kaputt und ruiniert, und nicht einmal das Huhn legt Eier, der Sänger geht hierhin und dorthin, aber niemand hilft ihm, I'm busted – und dann: Ich bin zwar kein Dieb, aber das muss einen ja auf den falschen Weg bringen … Der Mann, der in der ›Chain Gang‹[6] gelandet ist, würde jedoch lieber hängen, als in dieser Kolonne von Kettensträflingen gequält zu werden. Mit *Bitter Tears* erzählte Cash 1964 noch mehr von der traurigen, mörderischen Geschichte der Indianer, und zwei Jahre später ergänzte er das mit *Johnny Cash Sings The Ballads Of The True West*, auf der für ›Bonanza‹ kein Platz mehr war (auch weil er es schon aufgenommen hatte). Besseres Material sollte die Folkbewegung nicht bekommen. Und das von einem Mann, der 30 Jahre alt war und dem man seine harten Songs glaubte. Der eine Ausstrahlung hatte, als wäre er bei Schlägereien gegen Rechte die Rückendeckung von Woody Guthrie gewesen. Der aber ein Symbol der anderen Seite war, des Kommerz und der Countrymusik. Die einen wie die anderen mussten damit leben, dass Johnny Cash »ein wandelnder Widerspruch« war, wie sein Schützling Kris Kristofferson später sagte. Die *natürlich* geladene Knarre oder der Spaß an Verwüstungen, mit dem die Cash-Bande ihre Tourneen absolvierte – das war definitiv nicht Folk.

Der Countrystar hatte eine gewisse Macht durch Erfolg und deshalb mehr Freiheit nach seinem Wechsel zu Columbia Records, und er nutzte sie. Von den acht Alben, die er von 1958 bis 1962 herausbrachte, können fünf als Themen- oder Konzeptalben gelten. Dementsprechend waren seine Hitqualitäten gesunken: Nach dem Chartsbrecher ›Don't Take Your Guns To Town‹ war er nicht mehr weiter gekommen als 1961 auf Platz 11 mit ›Tennessee Flat-Top Box‹ (mit dem Tochter Rosanne dann 1988 einen Nr.-1-Hit haben sollte) und 1962 auf Platz 8 mit ›In The Jailhouse Now‹, einem Jimmie Rodgers-Klassiker. 1963 ging ›Busted‹ sozusagen an der Schwelle zu den Top Ten kaputt, und bei Columbia registrierte man, dass der Mann mit einer Schwäche für anspruchsvolle Langspielplatten seit vier Jahren keine durchschlagenden Hitsingles mehr gehabt hatte, und das war das, was wirklich zählte. Die Frage, ob sein Vertrag verlängert werden sollte, war damit sehr wahrscheinlich beantwortet. Er selbst aber zückte in diesem Moment eine Antwort, die alle Fragen erledigte.

Ring Of Fire

… hat June Carter geschrieben und Merle Kilgore vertont. ›Ring Of Fire‹ war 1963 ein Hit für Johnny Cash. Sherwin Linton spielte es dann etwas zu schnell. Gerockt wurde es dagegen von Dwight Yoakam. Brian Eno hat das rücksichtslose Feuer der Liebe mit einem Blick zurück betont. Wall Of Voodoo haben sich musikalisch noch weiter vom Original entfernt. Frank Zappa hat sich natürlich darüber lustig gemacht. Aber Lee Scratch Perry fing den Kuss auf. Über einem kalten Reggae singt es Grace Jones. Die Trompeten werden bei Cathal Coughlan von Keyboards imitiert. Die Trompeten werden bei The Bobs von Stimmen imitiert. Die Mariachi-Trompeten sind bei den Skatalites nur die Einleitung zu was anderem. Die Kingston Cowboys brauchen auch die Worte für ihren Skauntry. Die Trompeten fehlen bei Eric Burdon vier Minuten und 34 Sekunden lang. Country Joe McDonald ist zwei Sekunden schneller als das Original. Das hat sich von den H-Blockx nicht unterkriegen lassen. Die haben ihre Version nur bei Social Distortion gestohlen. Swamptrash lassen es in einem auf Punk gepflanzten Bluegrass hochgehen. Dick Dale hat es auf sein Surfbrett gelockt. Ohne Trompeten holt es Hugo Saldivar nach Mexiko. Mit derselben, in den Staaten oft als Gefahr an sich empfundenen Sprache tun das auch die amerikanischen Texas Tornados. Sowohl die Worte als auch Geist und Körper von Johnny Hill sind Welten und Lichtjahre davon entfernt. Die richtige Zeit für Bob Dylan war 1996 gekommen. Bei Anita Carter darf ich das Wort Inbrunst benutzen. Bei Emmylou Harris kann ich das Wort nicht benutzen. Bei Tom Jones wäre Sexbombe das falsche Wort. Smokestack Lightning aber zeigen den Beat der Liebe. Dafür vereint haben sich Elvis Costello und T-Bone Burnett. Auch Blondie hat das Lied geliebt. Es war schon damals ein Liebeslied von June Carter für Johnny Cash. June Carter singt fast nie, aber dann, schöner als alle anderen, Ring Of Fire.

»Love is a burning thing, and it makes a fiery ring. Bound by wild desire, I fell into a ring of fire.« Dann fällt der in Liebe entbrannte Mensch tiefer und tiefer, und die Flammen schlagen höher. Das ist schon fast der ganze Text, der Spiralen aus »it burns, burns, burns, the ring of fire« und »I went down, down, down, and the flames went higher« bildet. Gibt schließlich nicht viel zu sagen in dieser Situation. Jedes einzelne Wort zählt. Und seine Wiederholung.

Die Geschichte von June und Johnny ist das Märchen der Country-Musik. June Carter Cash, wenige Monate vor ihrem Mann gestorben am 15. Mai 2003, wurde 1929 geboren und stammte aus der ersten und berühmtesten Countryfamilie. Ihre Mutter »Mother« Maybelle hatte den Bruder von Bandleader A. P. Carter geheiratet und dann mit ihm und seiner Frau Sara die Carter Family gebildet, die 1927 (wie Jimmie Rodgers) bei der erfolgreichsten Talentjagd im Süden ent-

deckt wurde. June hatte schon als Achtjährige manchmal mitgesungen und war Cash damals im Radio aufgefallen. Als die Dyess High School 1950 einen Ausflug nach Nashville machte, konnte er sie mit der Family bewundern. Dazu noch in einem Comedyduo mit Ernest Tubb. »Sie war wundervoll. Sie war ein Star. Ich verknallte mich in sie, ernsthaft.«

Sechs Jahre später spielte er selbst an der Opry, traf sie hinter der Bühne und sagte »ohne Umschweife« zu ihr: »Du und ich, wir werden eines Tages heiraten.« Sie lachte und sagte »Also gut« und »Ich kann es kaum erwarten«. Sie war verheiratet und musste zwölf Jahre darauf warten, konnte ihn bis dahin aber gut kennen lernen.

Johnny und June spielten im Dezember 1961 ihre erste Show zusammen, und es dauerte nur drei Monate, bis June festes Mitglied der Johnny Cash Show wurde, bald gefolgt von ihren Schwestern Helen und Anita sowie Mutter Maybelle. Johnny forcierte seine Karriere mit ultimativer Leidenschaft, und die permanenten Tourneen, die 300 Shows pro Jahr oder 300 000 Meilen *on the road* bedeuteten, waren wichtiger Bestandteil davon. Darum und wegen der schlimmer werdenden Drogensucht hatte sich seine Ehe mit Vivian längst in permanenten Krach verwandelt, und sein Rückzugsgebiet zwischen den Tourneen war jetzt meistens wieder dort,

wo die *discs on speed* gemacht wurden: in Nashville. June
lebte jetzt mehr mit ihm zusammen als Vivian, und die Gang
bekam Anweisung, die Finger von ihr zu lassen. Bald fuhr sie
mit ihm im Auto. Sie war nicht nur die Schönste der Show, sie
kümmerte sich um ihn. Sie schrieben Songs zusammen, ›How
Did You Get Away From Me‹, ›My Old Faded Rose‹, ›Happy
To Be With You‹, ›Cotton Pickin' Hands‹ und ›Happiness Is
You‹. Sie wurde bald der einzige Mensch, auf den Johnny
hörte, selbst wenn das, was er zu hören bekam, von Drogen-
problemen und Selbstzerstörung handelte.

1965 gastierte er wieder einmal in der heiligen Grand Ole
Opry – leider darf man die folgende schöne Geschichte nicht
als Protest interpretieren, sondern einfach nur als eine von
Speed diktierte Aktion. Als Cash während des Konzerts das
Mikrophon nicht aus der Halterung bekam, zerschlug er mit
dem Mikrophonständer die komplette Bodenbeleuchtung der
Bühne, etwa 50 Glühbirnen, deren Splitter auf ihn und die
erste Reihe spritzten, und dann redete der Ex-Countryboy,
zu dem sie sagten, er dürfte das Haus nie wieder betreten, auf
June ein, ihm ihren brandneuen Cadillac zu leihen, und verwandelte ihn gleich in eine Ladung Schrott, die dann von
einem Polizeibeamten namens Rip Nix bearbeitet wurde, und
der war Junes Ehemann. Diesen Punk also hörte sie nicht auf
zu lieben, wollte sich aber, sagte sie ein halbes Leben später,
nicht mit ihm einlassen, weil sie an ihre kleinen Kinder dachte
und weil sie schon erlebt hatte, welche Tragödien sich bei
Hank Williams auf dem Weg nach unten abgespielt hatten (sie
ist die Taufpatin seines Sohns). Johnny aber hörte lange nicht
auf June. 1967 hatte das Traumpaar der Countrymusik noch
einen Hit mit dem Duett ›Jackson‹, und als er dann auf dem
Boden aufschlug, konnte ihm die zutiefst gläubige Baptistin
endlich das Leben retten. Die streng gläubige Katholikin Vivian Cash willigte überraschend in die Scheidung ein, und so

heirateten John und June am 1. März 1968, nachdem er bei einem Konzert in London auf der Bühne um ihre Hand angehalten hatte.

Ein anderes halbes Leben später sagte er, es gebe nur einen Grund, warum er die Heirat bedauern würde: »Es macht mich traurig, dass Junes Beitrag zur Countrymusik wahrscheinlich nur deshalb nicht genügend gewürdigt wird, weil sie meine Frau ist.«

Im November 1962 hatten June und ihre Schwester Anita zusammen mit Merle Kilgore ›Love's Ring Of Fire‹ geschrieben, und Anita Carter hatte es gleich auf ihre neue Single für Mercury Records genommen. Die Idee war von June gekommen, nachdem sie eine Sammlung mit elisabethanischer Poesie gelesen hatte. Cash wusste, dass das Lied eigentlich ihm gehörte. Falls es kein Hit werden würde, sagte Johnny zu Anita, dann würde er's auch gern aufnehmen, und kein halbes Jahr später konnte er das tun. Er strich die Liebe aus dem Titel und hatte auch die Idee zu den aufpeitschenden Trompeten im mexikanischen Mariachi-Sound. Die hatten bis dahin in Country nichts verloren gehabt. Nach zwei Monaten war ›Ring Of Fire‹ die neue Nr. 1 der Country- und bald darauf Nr. 17 der Popcharts. Sogar die zugehörige LP *Ring Of Fire – The Best Of Johnny Cash*, weit davon entfernt, das Beste der ersten Columbia-Jahre zu bieten, stieg in den Popcharts bis Nr. 29 und bekam schneller eine Goldene Schallplatte, als ein Arzt feststellen könnte, ob die brennende Liebe zu einer Leibesfrucht geführt hatte. Der neue Vertrag lief über fünf Jahre und garantierte Cash eine halbe Million Dollar (und pro Jahr sechs ganzseitige Anzeigen in Fachblättern), im Austausch gegen jährlich zwei Singles und ein Album. Von da an wusste Columbia-Country-Chef Don Law, dass Johnny Cash unter allen Umständen gehalten werden musste, weil er von all seinen Größen derjenige war, der lebenslänglich eine Größe bleiben würde – wobei sich immer stärker die Frage aufdrängte, wie lang er wohl leben würde.

Der Sog des Songs erwischte auch Leute, die niemand in Nashville auf der Rechnung gehabt hatte: Allein schon mit Cash waren die Trompeter Karl R. Garvin und William K. »Bill« McElhiney in den nächsten Jahren nicht schlecht beschäftigt. Gleich im selben Sommer wurden sie zum Beispiel für den Song ›The Matador‹ gebraucht. Für die Single ›Fuego d'Amor (Anillo De Fuego)‹ mit der B-Seite ›El Matador‹ wurden allerdings die bereits vorhandenen Tapes benutzt. Warum man das Ganze nicht auch noch in anderen Sprachen versuchte, ist mir ebenso unbekannt wie die weiteren Abenteuer von Garvin und McElhiney.

Country-Folk und Protestsong

Als die Carter-Frauen zur Cash-Show stießen, hatten sie schon auf mehreren seiner Platten gesungen. Aber jetzt gehörten sie zusammen, und das bedeutete mehr, als dass seine Show nun einen nicht zu überbietenden Traditionsnamen vorweisen konnte.

Etwa 1960 begann die Folkbewegung eine große Sache zu werden, Joan Baez' erstes Album war überaus erfolgreich. Als das *Time Magazine* 1962 eine Titelgeschichte über dieses Revival brachte, zierte Joan Baez das Cover. Im März desselben Jahres erschien das Debütalbum *Bob Dylan*, und seine Ladung charakterisiert dieses Folk-Revival: ›Man Of Constant Sorrow‹ war die direkte Verbindung zur Mountain Music der Carter Family, dazu gab es weitere Traditionals wie ›House Of The Rising Sun‹ und ›Freight Train Blues‹ sowie eine Ode auf den größten Helden der Bewegung, ›Song to Woody‹ Guthrie. (Allein schon wegen dieses Albums ist es ein Rätsel, weshalb manche Dylan-Fans/-Kritiker glauben, er hätte eine Vollbremsung mit Kehrtwendung gemacht, als er ein paar Jahre später in Nashville zwei Countryplatten aufnahm, wo er doch nur in den Rückspiegel schaute.)

Die Songs der Neo-Folkies wurden sofort als Protestsongs verstanden: gegen Konsumgesellschaft, Kapitalismus, Rassismus, Konformität, Verstädterung, Kommerzmusik und gegen die um sich greifende Herzlosigkeit sowieso. Was jetzt zu blühen begann, war schon nach dem Zweiten Weltkrieg in den Städten gepflanzt worden. Viele, vor allem junge Leute verstanden nicht, warum nach dem Kriegswahnsinn alles so bleiben sollte wie zuvor. Der eine hatte gegen die Nazis für die Vereinigten Staaten und die zivilisierte Welt sein Leben riskiert, und jetzt hieß es wieder: Verpiss dich, Nigger, du bekommst hier nichts zu essen. Die USA hatten zwei Atombomben in Japan gezündet (und der heroinsüchtige Beat-Komiker Lenny Bruce spuckte den Amerikanern die Frage ins Gesicht, warum sie eigentlich glaubten, etwas Besseres als der Organisator der Judenvernichtung, Adolf Eichmann, zu sein), aber wenn bei einer New Yorker Razzia eine junge weiße Bebop-Anhängerin mit einer Haschischzigarette zu Tage gefördert wurde, konnte sie drei Kreuze machen. Im Süden war es für einen Schwarzen lebensgefährlich, in der Öffentlichkeit neben einer Weißen zu gehen, selbst wenn ihre Hände sich nicht berührten. Sah es vielleicht so aus, als hätten alle Amerikaner kapiert, warum Nazideutschland in Schutt und Asche verwandelt werden musste?

Ende der 40er Jahre bildeten in New York einige Literaten und Künstler die Urzelle der *Beat Generation*. Ihr Amerikanischer Traum bestand aus Drogen, Reisen, der Literatur den Beat einzuimpfen, Spaß zu haben und frei zu sein von allen bürgerlichen Unsitten – die Nazis waren besiegt, die Spießer nicht (und die Nazis nicht für immer). Lange Zeit bewirkten sie nichts, aber parallel zum Folkrevival wurden dann auch sie berühmt: William S. Burroughs, Jack Kerouac und Allen Ginsberg, der auch zu einem Star des Neo-Folk avancierte – sie gelten heute als eine der bedeutendsten und wirkungsvollsten Künstlergruppen des 20. Jahrhunderts. Die ihnen nachfolgenden so genannten Beatniks waren eine Jugendbewegung wie die Folkies, und es gab eine gemeinsame Schnittmenge zwischen diesen Gruppen. Beide gingen dann ab Mitte der 60er ein in eine massive Bürgerrechts- und Anti-Vietnamkrieg-Bewegung. 1966 wurde die Black Panther Party gegründet, und die Kinder derer, die gewaltsam ins Land gebracht worden waren, gaben ein Vorbild ab für die Kinder derer, denen das Land genommen worden war und die bald darauf das American Indian Movement gründeten.

Was diese Saat schon etwa Mitte der 50er hatte sprießen lassen, war dies: Ein durchgeknallter Senator frönte seinem Wahn, die Regierung und das ganze Land wären von Kommunisten infiltriert. 1950 erreichte er, dass unter seinem Vorsitz ein Senatsausschuss »zur Untersuchung unamerikanischer Umtriebe« installiert wurde, der eine Hetzjagd gegen alles Nonkonformistische auslöste, viele Leben und Karrieren zerstörte und speziell »antikommunistische, nationalistische und antisemitische Vorurteile mobilisierte«. Nach Joseph McCarthy nennt man diese Jahre bis 1954 McCarthy-Ära. Als sein Ausschuss endlich abgeschafft war, wurde die Bahn wieder etwas freier. Es war das Jahr, in dem Elvis den passenden Soundtrack anzubieten hatte: Move your ass, your head will follow!

Der Folktrend (auch eine Reaktion auf die totale Kommerzialisierung des Rock'n'Roll) war jugendlich und studentisch, und seine Bibel war eine Kollektion von sechs Langspielplatten: die *Anthology Of American Folk Music*, die Harry Smith 1952 bei Folkways Records herausgegeben hatte. Es war eine

Sammlung alter Plattenaufnahmen mit Gospel, Hillbilly und Country Blues, eingespielt von Leuten, die viele bereits für tot hielten: Aber die meisten lebten noch, und es war ein Verdienst dieses Folkrevivals, sie wieder auf die Bühne zu holen.

Von Mississippi John Hurt hatte man seit seinen Aufnahmen für Okeh Records 1928 nichts mehr gehört; als er 1961 von einem Plattensammler aufgespürt wurde, glaubte er es mit einem FBI-Agenten zu tun zu haben: »Ich wusste, dass ich nichts verbrochen hatte, also ging ich mit. Jetzt bedauere ich, dass der Mann vom FBI nicht Jahre vorher gekommen ist.« Die Jagd nach der authentischen Musik, passend zum allgemeinen Zurück-zur-Natur-Trieb, führte zu seltsamen Auswüchsen: Auf dem Newport Folk Festival, dem Herz der Bewegung, durfte nicht elektrisch verstärkt gespielt werden. Somit hatten viele Bluesmusiker den traurigen Job, für die Folkies die gewünschte musikalische Fata Morgana zu produzieren, den alten Neger mit der zerschrammten Holzgitarre zu machen – ein Ding, das sie sich seit vielen Jahren nicht mehr umgehängt hatten, weil sie längst die Kraft der elektrischen Gitarre nutzten. Die Folkies wussten wohl nicht, dass ihr überkommenes und heuchlerisches Musikverständnis sie in die Nähe der konservativen Countryinstitution Grand Ole Opry brachte: Dort war es bis Ende der 50er nicht erlaubt gewesen, ein Schlagzeug auf die Bühne zu bringen, und bis Ende der 60er mussten die Felle dezent gestreichelt werden.

Im Gegensatz zu Rockabilly und Rock'n'Roll wurden die Folkszene und ihre Musik vom Country-Establishment wohlwollend angenommen (vom Countrypublikum hingegen nicht). Denn, kurz gesagt: Die Folkies waren einfach nett. Niemand von ihnen verfiel auf der Bühne in Raserei. Es sah auch nicht so aus, als würden sie ihren anklagenden Texten die entsprechenden Taten folgen lassen. Allerdings fehlte es ihnen nicht an klassischen Tugenden: Als die beliebte Folkfernseh-show *Hootenanny* Pete Seeger einen Auftritt verweigerte, weil das *Unamerican Activities Committee* des irren Senators ihn auf der Linse gehabt hatte – die Tatsache ignorierend, dass er inzwischen gerichtlich von allen Vorwürfen freigesprochen worden war –, boykottierten alle Folkgrößen die Sendung, die deswegen bald eingestellt werden musste. Geniale Sound-konstrukteure wie Chet Atkins erkannten sofort das Pop-potenzial der schönen Melodien und Harmonien einer Joan Baez oder des Kingston Trios. Country brauchte frische Ein-flüsse, wenn man von der Masse junger Plattenkäufer eine Scheibe abhaben wollte. Die Folkszene war ein zu verwerten-der Trend, und genau so passierte es. Aggressiv politische Texte wie die von Bob Dylan vermochten das Bild nicht zu bestimmen (und Dylan löste sich dann mit einer musikali-schen Anti-Folk-Explosion). Als Cash-Freund Waylon Jen-nings zum Symbol eines neuen, jungen Nashville-Sounds auf-gebaut wurde, zeigte sich die Veränderung schon in den Albumtiteln: 1965 erschien, produziert von Herb Alpert, *Don't Think Twice* (mit zwei Dylan-Covers) und im Jahr da-rauf, produziert von Chet Atkins, *Folk/Country*.[7]

Die Anhänger der authentischen Naturmusik aber hatten nichts übrig für Nashville-Country, mochten jedoch – neben Hank Williams, den irgendwie alle mochten – seine Ursuppe, denn die war Originalfolk. Damit gehörten Mother Maybelle und Sara Carter zu den großen Helden des Neo-Folk. Sie stammten aus der echt authentischen Zeit, sie waren dabei ge-wesen! Kommerzcountrystar Johnny Cash wurde somit re-spektiert, weil Mother Maybelle und ihre Töchter zu seiner Truppe gehörten. Was er unmittelbar nach seinem giganti-schen Erfolg mit ›Ring Of Fire‹ vorlegte, war etwas, wofür viele Folkies ihre Instrumente zerschlagen hätten: das Album *Keep On The Sunny Side* mit The Carter Family. Sie sangen

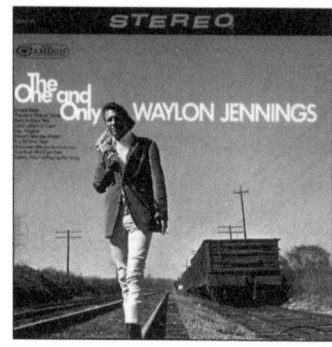

die Klassiker aus einer anderen Welt, und Cash stellte sich ganz in ihren Dienst.

Seine Akzeptanz bei den Folkleuten führte auch zu handfesten Resultaten: Die Langspielplatte, im Folk der gefragte Tonträger, hatte sich im Country noch nicht gegen die Single durchgesetzt. Eine Country-LP, die 20 000 Stück verkaufte, galt als erfolgreich, Cash aber verkaufte selbst von seinen »schwierigen« Alben 100 000 – ein Erfolg, der stark auf das Konto der Prä-Hippies ging. Cash konnte machen, was er wollte, seine Crossover-Beliebtheit schien unbegrenzt zu sein.

1964 wurde er zum Newport Folk Festival eingeladen. Es war das letzte Jahr, in dem die Folkwelt noch in Ordnung zu sein schien, ehe sie dann von Dylan gerockt wurde. Johnny

Cash bot der Gemeinde ein Programm, das kein Feuerwerk des Boom-Chicka-Boom gewesen sein mag, das ihr aber umso besser gefallen musste. Er spielte seine Songs ›Big River‹, ›Folsom Prison Blues‹, ›I Still Miss Someone‹, ›I Walk The Line‹ sowie Leadbellys ›Rock Island Line‹, Dylans ›Don't Think Twice, It's Alright‹ und den unverwüstlichen Carter Family-Hit ›Keep On The Sunny Side‹.

Und er spielte den Titel der brandneuen Single vom bereits konzipierten nächsten Album, mit dem er ins Zentrum des Neo-Folk sprang: ›The Ballad Of Ira Hayes‹ von Peter La-Farge, dem Songwriter, Intellektuellen, Cowboy und kämpferischen Hopi-Indianer aus New York. Countrysänger sangen keine Songs über die Verbrechen der weißen Einwanderer an Niggern oder Indianern – was die Mischung Cash/LaFarge verhieß, sollte bald kommen: Zoff.

Bitter Tears

Die Weißen hatten ihr Land erobert, sie hatten die Grundlagen ihres Lebens und ihre Kultur zerstört, sie hatten so viele Menschen getötet und einige Stämme ausgerottet, sie hatten sie in selbst nach militärischen Maßstäben beschämend miesen Schlachten geschlagen, sie hatten Verträge über Schutzzonen gebrochen, sie hatten in Filmen Lügen über sie erzählt, sie hatten in Geschichtsbüchern die Wahrheit verschwiegen. Doch in der Zeit, als Cash mit ›The Ballad of Ira Hayes‹ rauskam, interessierten sich die weißen Schichten einen Dreck für Geschichte und Gegenwart der nordamerikanischen Indianer, und daran hat sich bis heute fast nichts geändert.

Im Pine Ridge-Reservat in der Nähe von Rapid City, South Dakota, leben heute etwa 25 000 Lakota. Statistische Erhebungen von 1998 sagen alles: Die Lebenserwartung liegt 20

Jahre unter dem amerikanischen Durchschnitt, die Kindersterblichkeitsrate ist doppelt so hoch. 80 Prozent der Bewohner leben von der Wohlfahrt, berichtet Luisa Francia in einer Reportage, und dass »viele dem Alkohol verfallen sind«. Menschen, die Hilfe brauchen: »In Scenic, direkt an der Grenze zum Reservat, haben die Weißen ein paar Schnapsbuden hingestellt, damit die Ureinwohner wissen, wohin sie ihre Wohlfahrtsschecks tragen sollen.« Und auch »der Pawnshop wird von einer weißen Familie geführt«, wo es von Kunst »über Waffen bis Lebensmittel alles zu kaufen« gibt.

In einem Café werden die Journalistin und ein Fotograf von einem betrunkenen Indianer angebettelt, und sie fragen ihn, »wofür er denn Geld brauche, er sei doch schon betrunken«.

»I want to drink my heart away«, sagt der Indianer lächelnd.

Es waren auch nicht die Indianer, die dem weißen Establishment in diesem Jahr 1964 langsam bewusst machten, dass eine Menge politischen Dynamits bereit lag und dass es vielleicht schon heiß genug war für ein paar Explosionen. Die Lage in Vietnam spitzte sich zu: John F. Kennedy hatte 1960 2000 Militärberater nach Südvietnam geschickt, unter Präsident Lyndon B. Johnson waren es nun über 15 000 Soldaten gegen den kommunistischen Feind Nordvietnam. Eine starke Antikriegsbewegung begann sich zu formieren.

Parallel dazu war der militante Teil der afroamerikanischen Bürgerrechtsbewegung gewachsen. Acht Jahre waren vergangen, seit eine ganz normale Frau, Rosa Parks, in einem dämlichen Südstaatenkaff in Alabama namens Montgomery – wo bekanntlich Hank Williams seine letzte Ruhestätte fand –, durch ihre Weigerung, einen Weißen vorbehaltenen Sitzplatz zu räumen, jenen einjährigen Busstreik ausgelöst hatte, der von Martin Luther King angeführt wurde. Das waren acht

Jahre, in denen sich wenig gebessert hatte in Sachen Gleichberechtigung. Kennedy war nur eine Enttäuschung mehr gewesen. Jetzt hatten viele keine Lust mehr, sich auch von denen wieder verarschen zu lassen, die sich angeblich um Verbesserungen kümmerten: der Demokratischen Partei. »Die Demokraten, so argumentiert Malcolm X, werden von den ›Dixiekraten‹, den rassistischen Südstaatlern also, untergebuttert«, schrieb Thomas Rothschild dazu. 1964 war Wahljahr, und es war auch das Jahr, als sich der Boxer Cassius Clay in Muhammad Ali umbenannte. Und am 3. April hält Malcolm X, seit

einem Monat Exvorsitzender der Nation Of Islam und Vorsitzender seiner eigenen Organisation Muslim Mosque Inc., eine Rede mit dem Titel »Wahl oder Waffe?«. Nur ein halbes Jahr zuvor hatte der »Marsch auf Washington« stattgefunden, wo King seine berühmte »I Have A Dream«-Rede hielt. Den »Demonstranten wurde vorgegeben, nur ein Lied zu singen: ›We Shall Overcome‹«, und »die Marschierenden waren angewiesen worden, keine Transparente mitzutragen – Transparente würden gestellt«, schrieb X in seiner Autobiografie. Nun aber, in seiner Wahl-oder-Waffe-Rede, sagte er, die Zeiten des Liedchensingens wären vorbei, und sowohl Folkies als auch gewaltfreie Afroamerikaner durften sich betroffen fühlen: »Wer hat jemals von zornigen Revolutionären gehört, die gemeinsam mit ihren Unterdrückern im Park ihre nackten Füße in Seerosenteiche baumeln lassen und Gospelgesängen und Gitarrenmusik und Reden wie Kings ›Ich habe einen Traum‹ lauschen? Während gleichzeitig die schwarzen Massen in Amerika in einem Albtraum leben – und immer noch darin leben.« Den Indianern schenkte Malcolm X zwar wenig Aufmerksamkeit, aber er vergaß sie nicht ganz.

Am Ende der Rede forderte er Präsident Johnson auf, sofort Stellung zu beziehen. Ansonsten würde er »die Verantwortung dafür tragen, dass sich in diesem Land Verhältnisse entwickeln, die ein Klima schaffen, in dem Samen aus der Erde treiben wird, und aus dem Samen wird etwas wachsen, das aussehen wird wie etwas, was diese Leute sich nie hätten träumen lassen«.

Das war die Situation, als Countrystar Cash mit der Single ›The Ballad Of Ira Hayes‹ auf eine nicht weniger düstere amerikanische Angelegenheit hinwies.

Cash interessierte sich schon lange für die Geschichte der nordamerikanischen Indianer. Zusammen mit seinem Freund Johnny Horton, dem 1960 bei einem Autounfall getöteten Countrystar und Ehemann von Hank Williams' Witwe Billie Jean, hatte er sogar versucht, spirituelle indianische Erfahrungen nachzuvollziehen. Dem lag mehr als nur ein romantisches Gefühl zugrunde. Hortons Song ›The Vanishing Race‹ war unveröffentlicht geblieben, bis Cash ihn für sein Album *Songs of Our Soil* aufnahm. 1957 schrieb er ›Old Apache Squaw‹, und prompt gab es Ärger mit Columbia. »Old Apache Squaw, how many hungry kids you saw? How many bloody warriors, runnin to the sea, fleein to the sea?« Nicht unbedingt etwas für das Countrypublikum. Es dauerte zwei Jahre, bis Cash den Song durchgesetzt hatte und er auf dem Album *Songs Of Our Soil* »begraben wurde« (Charles Wolfe).

Als er '63 eines Nachts das New Yorker Folkrevier Greenwich Village durchstreifte, um sich ein Bild von der neuen Sache zu machen, hörte er Peter LaFarge, der auf Folkways Records gerade sein erstes Album mit indianischen Protestsongs veröffentlicht hatte: *As Long As The Grass Shall Grow*.

Der 1931 geborene LaFarge war auf einer Ranch in Colorado zum Cowboy herangewachsen. Er stammte aus dem Volk der Nargasets, und weil es ausgelöscht worden war, wurde er von Hopi-Indianern großgezogen. Sein Stiefvater Oliver LaFarge hatte für eines seiner Bücher  einst den Pulitzer-Preis bekommen. Als Teenager sang Peter im Radio, arbeitete beim Rodeo und war mit den Folksängern Cisco Houston und Big Bill Broonzy befreundet. Als er seinen Militärdienst in Korea abgeleistet hatte, machte er in einer aufblühenden Folkszene weiter, mit Theater und Songs. Anfang '64 bekam Cash von einem Freund ein Band mit dem neuen LaFarge-Song ›The Ballad Of Ira Hayes‹, basierend auf einer wahren Geschichte, von der erwartet werden konnte, dass jeder erwachsene Amerikaner sie kannte, genauer gesagt: den patriotischen Teil davon.

Der Pima-Indianer und Marineinfanterist Ira Hayes war an einer der berühmtesten US-Aktionen des Zweiten Weltkriegs beteiligt gewesen, der Eroberung des Hügels Iwo Jima. Eine Höllenaktion, bei der nicht weniger als neun Zehntel einer US-Kompanie draufgingen. Das Foto der Sieger ging um die Welt: Sechs GIs rammen die Flagge in die Spitze des Hügels, einander stützend, aneinander geklammert, keine Sieger, sondern nur Überlebende einer grausamen Schlacht, einer von

ihnen der Indianer Ira Hayes. Als er hochdekoriert heim-
kehrte, wurde er als Held gefeiert und herumgereicht und
sollte Reden halten, dabei aber natürlich nicht bei der Tatsache verweilen, dass von seinem 45 Mann starken Platoon nur
fünf überlebt hatten und von der 250 Mann starken Kom-
panie nur 27. Es heißt, er habe diese Erfahrung nie verkraftet
und nie akzeptiert, dass nicht die Toten, sondern die Über-
lebenden als Helden angesehen wurden. Wenn er nicht bei
Festlichkeiten herumstand, war er »drunken Ira Hayes« und
einfach nur »just a Pima Indian – no water, no home, no
chance«, wie es im Lied heißt. Bald nach seinem letzten traurigen Auftritt bei der Enthüllung des Iwo Jima-Monuments
in Washington starb er im Januar 1955, betrunken in einer
Pfütze im Straßengraben, 32 Jahre alt.

Die Single kam Anfang Juni (›Bad News‹ auf der Rückseite). Cashs Vertonung fehlt die Härte im Text, aber vielleicht
war die Form eines scheinbar ganz normalen Countrylied-
chens Absicht. Ende Juni nahmen sie dann das Album auf,
mit Peter LaFarge als Berater – während ein paar Blocks weiter ein großes Treffen stattfand, auf dem die katastrophale Situation und Behandlung der Indianer diskutiert und öffentlich angeklagt wurde. Erst danach, Anfang Juli, kam der Song
in die Countrycharts (und dort bis Platz 3), Ende Juli folgte Cashs großer Auftritt auf dem Newport Folk Festival.
Charles Wolfe hat diesen Ablauf deshalb genau recherchiert,
weil es Gerüchte gab, Cash hätte das Album erst nach dem
Erfolg der Single geplant und aufgenommen. Der Vorwurf,
Cash wäre aus derart simplen Gründen auf den Folktrend
aufgesprungen, war eine wirkungsvolle Waffe. Für die Ent-
gegnung kaufte sich Cash am 22. August eine ganze Seite im
Billboard Magazine. Er hatte, einen Monat vor Veröffentlichung des Albums *Bitter Tears*, eine Botschaft für die Radio-
leute, die den Song boykottierten:

Es ist eine sehr verblüffende Erfahrung, diese Power, die jeden packt, der um die gigantische Statue herumgeht, die auf dem klassischen Foto aus dem Zweiten Weltkrieg basiert: das Hissen der Flagge auf dem Iwo Jima. Der Bronzegigant auf dem Nationalfriedhof von Arlington zeigt fünf Marineinfanteristen und einen Matrosen. Auf diese Art habe ich mich kürzlich runtergekühlt, und dann ging ich ins Columbia-Studio und nahm ›The Ballad Of Ira Hayes‹ auf.

DJs – Radiomanager – Radiobesitzer etc., wo ist euer Mumm geblieben?

(Ich kenne viele von euch Top-40-Leuten oder Top-50 oder was ihr sonst habt. Also . . . einige von euch können ihn ignorieren, diesen »Protest«, denn genau das ist das hier). Ich glaube schon, dass ihr »Mumm« habt ... und dass ihr an etwas sehr Tiefgehendes glaubt.

Ich habe keine Angst, die harten, bitteren Zeilen zu singen, die der Sohn von Oliver LaFarge geschrieben hat.

(Und Verzeihung für den Dialekt – mein eigener ist auch nur einer von 500 in diesem Land.)

Dennoch ... die aktuellen Verkaufszahlen von ›Ballad Of Ira Hayes‹ sind doppelt so hoch wie die eines Big Country-Hits.

Ihr könnt mich abstempeln, mich in eine Schublade stecken – mich ERSTICKEN, aber es wird nicht funktionieren.

Ich kämpfe nicht für eine bestimmte Sache. Würde ich's tun, würde mich das bald zum Faulenzer machen. Denn ebenso wie die Zeiten sich ändern, ändere auch ich mich.

Es ist kein Song über einen unbekannten Helden. Der Name Ira Hayes wurde quer durchs ganze Land in allen Kneipen auf gute oder üble Art genannt.

Mir ist klar geworden, dass es der Text des Songs ist, der uns der Wahrheit näher bringt – so, wie er von seinem Cousin geschrieben wurde, Peter LaFarge (Sohn des verstorbenen Oli-

ver LaFarge ... Autor und bis vor zwei Jahren harter Arbeiter im Department of Indian Affairs in Washington, D. C.)

Ihr habt ja Recht! Teenager-Girls und Beatles-Platten-Käufer wollen die traurige Geschichte von Ira Hayes nicht hören – aber wer fängt leichter zu weinen an und geht aber immer in traurige Filme, um zu weinen??? Teenager-Girls.

Einige von euch Top-40-DJs haben damit angefangen. Danke. Vielleicht denkt der Programmdirektor oder Manager nochmal drüber nach.

Diese Anzeige (und so solltet ihr das nennen) kostet einen verdammten Haufen Geld. Könntet ihr, oder eure Strippen-zieher, ans Mikro gehen mit einer neuen Haltung? Das heißt, die Platte nochmal anhören?

Ja, ich mache Platten, um sie zu verkaufen. Wir könnten auch das Wort »Erfolg« nehmen. Die Verkaufscharts mal au-ßer Acht gelassen – nach Einordnung, Klassifizierung und Sendeverbot läuft's doch darauf raus: Dies ist kein Country-song, und er wird auch nicht verkauft. Das ergibt eine feine Begründung für die, die keinen Mumm haben, um den Dau-men nach unten zu halten.

›Ballad of Ira Hayes‹ ist eine starke Medizin. Genauso wie Rochester – Harlem – Birmingham und Vietnam.

Zum Abschluss: Ich habe diesen Monat das Newport Folk Festival besucht, mit vielen, vielen Folksängern – Peter, Paul and Mary, Theodor Bikel, Joan Baez, Bob Dylan (um ein paar Namen zu nennen) und Pete Seeger.

Ich bekam 20 Minuten in der Samstagabendshow (dank Mr. John Hammond, der für Columbia als Entdecker Pionier-arbeit geleistet hat). ›The Ballad Of Ira Hayes‹ hat mir die Show gestohlen. Und wir alle wissen, dass das Publikum (an die 20 000) nicht Country oder Hillbillies waren. Es war ein Querschnitt der intelligenten amerikanischen Jugend – und der Leute mittleren Alters.

Jetzt hab ich in mein Horn gestoßen, einmal und nie wieder. Jetzt hab ich diese Dinge gesagt. Es ist mir jetzt egal, ob die Platte gespielt wird oder nicht. Ich werde euch nicht bitten, sie damit voll zu stopfen.

Aber als ein Amerikaner, der ein halber Cherokee-Mohawk ist (und wer weiß, was noch) –, musste ich zurückschlagen, als ich merkte, dass so viele Radiostationen Angst haben vor ›Ira Hayes‹.

Nur eine Frage: WARUM???

Dass Cash genug Mumm hatte, sich mit denen anzulegen, die genug Macht hatten, um Karrieren zu ersticken, war nicht die Überraschung, auch die Betonung der Nähe zur Folkszene nicht – sondern dass er mit »Rochester – Harlem – Birmingham« die afroamerikanische Bürgerrechtsbewegung einbezog, durch die Nennung dieser Orte, die extremes Krisengebiet und Symbol für Protest waren. Dass er derart heftig »Country and Hillbillies« von »an intelligent cross-section of American youth – and middle age« trennte. Und dass er sich als »almost a halfbreed Cherokee-Mohawk« zu erkennen gab und noch einen draufsetzte mit »and who knows what else«.

Indianerblut zu haben, dementierte er dann in Interviews ab Mitte der 70er Jahre wieder: Nein, seines Wissens seien unter seinen Vorfahren keine Indianer gewesen. Der Südstaaten-Countrystar als Mischling mit Cherokee-Mohawk-Blut war also einerseits Taktik, um die Wirkung seines Protests noch zu verstärken, und andererseits eine Art geistiger Aneignung: Cash war bekannt dafür, dass er sich die Rollen in seinen Songs vollkommen aneignete, und für *Bitter Tears* hatte er sich die elende Geschichte der Indianer gänzlich einverleibt – er fühlte sich als einer von ihnen.

»I had to fight back«, schrieb er in der Anzeige, und als am 1. Oktober das Album herauskam, war die Sache weiter

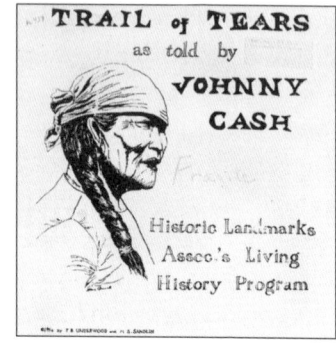

hochgekocht. »The reaction of the country music establishment was outrage«, fasst Sean Dolan zusammen – outrage hat viele Bedeutungen, von Gräueltat bis Verbrechen, aber Schande tut es auch. Der Herausgeber eines Countrymagazins forderte Cash auf, aus der Country Music Association auszutreten, denn »you and your crowd are just too intelligent to associate with plain country folks, country artists, and country DJs«. Columbia legte sich nicht groß ins Zeug für die Platte, im *Billboard Magazine* wurde sie nicht besprochen. Das musste Cash nicht kümmern, er hatte in seinem Statement schon erwähnt, dass sie ihn nicht kleinkriegen würden, finanziell sowieso nicht. Nicht so lächerlich oder unwichtig aber war, dass dieses Statement und das Album und natürlich auch der unanständige Lebenswandel des pillenabhängigen Countrystars einen der denkbar übelsten Vereine in Bewegung setzten: den rassistischen, allzeit mordbereiten Ku-Klux-Klan, jene Geheimorganisation, die die unheimlichste Seite des alten Südens verkörperte. Sie wählten eine Methode von purer Feigheit: Die dem Klan nahe stehende National States Rights Party brachte in ihrer Publikation *Thunderbolt* ein Foto von Cash mit Ehefrau Vivian, auf dem ihr Gesicht dunkel aussah, mit der Bemerkung, Cash habe eine »Niggerehefrau«, und die Kinder seien Mischlinge. Parallel dazu wurden entsprechende Flugblätter verbreitet. In der Folge wurden Konzerttermine abgesagt, und der Ku-Klux-Klan drohte, ihn während eines Konzerts in Greenville, South Carolina, umzubringen. Cash trat trotzdem auf, es passierte nichts. Die Gerüchte, dass Klan-Leute ihn erwischen wollten, häuften sich. Verdächtige Personen vor den Columbia-Studios. Man musste die Sache ernst nehmen.

Cash hatte immer ein Gewehr bei sich. Hatte das mit Countrymusik zu tun? Es gab und gibt eine Countryfraktion, die für den Irrsinn der Klan-Parolen anfällig ist. Cash, damit beschäftigt, zurückzuschlagen, betonte weiterhin, »wenn es einen Mischling in dieser Familie gibt, dann bin ich es, denn ich bin drei Viertel irisch und ein Viertel Cherokee«. Warum sollte es interessieren, ob diese Angaben stimmten? Von einer Schadensersatzklage über 25 Millionen riet ihm sein Anwalt ab, weil der Klan keine juristische Person war (die Zeiten haben sich geändert; heute wird der Klan genau auf diese Art in die Enge getrieben). Die Sache wurde noch irrer, als der Klan durch seinen Führer »Grand Night Hawk for the Realm of State, United Klans of America, Knights of the Ku-Klux-Klan« klarstellen ließ, nicht der Klan, sondern allein *Thunderbolt* sei für die Geschichte verantwortlich.

Cash hielt den Typen auch zwei Jahrzehnte später sein Gewehr in die Fresse: »Man sollte jedem dieser Burschen 40 Hiebe mit einer Schlangenpeitsche geben.«

Bis *Bitter Tears* hatte es kein derart sozial- und amerikakritisches Countryalbum gegeben. Der Begleittext von Hugh Cherry auf der Rückseite war harter Stoff; er sprach von Eroberung, Menschenverachtung und Gewalt, von »tonnenschwerer Scham«, die »wir Nachkommen der Eroberer« empfinden müssten, von Kulturvernichtung und immer wieder gebrochenen Verträgen, und er nannte Siege »Massaker«. »Hören Sie sich diese Texte genau an. Es sind die Gedanken und Gefühle eines Volks, die General Custers letzte Schlacht nicht als Massaker bezeichneten, sondern als Sieg der Indianer über einen Feind, der eine Zusage gebrochen hatte.« Peter La-Farges Song ›Custer‹ war noch härterer Stoff, denn er triefte vor Hohn über den General, der mit seinem ruhmreichen 7. Kavallerie-Regiment in der Schlacht am Little Big Horn River im Juni 1876 untergegangen war.

Auch wenn Cash sich, wie es seiner unruhigen Kreativität entsprach, dann wieder von diesem Thema entfernte, war es für ihn nicht abgehakt. Er hatte eine Bresche für die Sache der Indianer geschlagen, und sie betrachteten ihn als einen Bruder. Außer mit seinen Songs, sagte er selbst, war er aber nur noch einmal stärker in die Sache involviert: als er 1968 mit einer Show in Wounded Knee half, Geld für eine Schule zu organisieren. 1972 nahm er ›Big Foot‹ auf, das er nach seinem Besuch in Wounded Knee geschrieben hatte, wo 1890 »die letzte und eine der hässlichsten Episoden der Indianerkriege stattgefunden hatte« (Charles Wolfe). In der Fernsehdokumentation *The Trail Of Tears* spielte er den Cherokee-Häuptling John Ross. Für eine Schallplatte der Historic Landmarks Association, ein Geschichtsprogramm speziell für Jugendliche, sprach er die Erinnerungen von Cpt. John G. Burnett. Der Veteran hatte an seinem 80. Geburtstag für seine Kinder die Wahrheit aufgeschrieben über erlittenes Unrecht, Elend und Vertreibung der Cherokee von ihrem Land, die 1838/39 im »Trail Of Tears« gipfelte.

Maul halten und Dylan singen lassen

Was ist das Besondere, wenn du mit einem Songwriter verheiratet bist und mit ihm in einer schweren Krise steckst? Du wirst dir bald einen Song darüber anhören können. »Mrs. Johnny Cash« wurde mit ›Understand Your Man‹ bedacht, und spätestens im April '64, als der Song die Spitze der Countrycharts erreichte, werden ihn auch ihre Freundinnen mitgesungen haben, und falls die Freundinnen bisher nichts von einer Krise mitbekommen hatten, dann wussten sie jetzt, dass der Alte keine Lust mehr hatte. Er hätte die Botschaft allerdings etwas freundlicher klingen lassen dürfen.

Cash und Dylan waren da schon so gute Freunde, dass Dylan vielleicht lächelnd mitgesungen hat. Er kannte die Situation genau und die Melodie ebenso. Er hätte diesen Johnny Cash auch verklagen können, weil er dafür ›Don't Think Twice, It's Alright‹ geklaut hatte – aber der Schadensersatz war viel höher, als Cash mit der Dylan-Nummer einen weiteren Hit landete, seinen ersten in England. Auch Waylon Jennings hatte Dylan schneller entdeckt, als ein FBI-Mann dessen Texte verstehen konnte.

Anfang 1962 war Dylan Cashs Kollege bei Columbia Records geworden. »Ich entdeckte ihn mit seinem ersten Album«, sagte Cash. Er spielte zu jener Zeit in »downtown Las Vegas, und wenn ich fertig war, hörte ich die ganze Nacht Bob Dylan«. Als das Album sich zunächst nur schleppend verkaufte, soll Cash so laut und lange getönt haben, was dieser junge Mann für ein unglaubliches Talent habe, dass es jeder bei Columbia kapieren musste.

»Für mich war er einer der besten Countrysänger, die ich je gehört hatte«, sagte Cash '69, und da muss Nashville von einem wütenden Geheul erfüllt gewesen sein.

Nachdem Cash den ersten Schritt gemacht hatte, begann ein Briefwechsel mit Dylan, der so intensiv wurde, dass Cash diese Briefe bis heute wie einen Schatz in einem Safe aufbewahrt: »Ich habe diese Briefe nie jemandem gezeigt, nicht einmal June.« Dylan schrieb ihm, erzählt Cash stolz in dem großartigen Dokumentarfilm *The Other Side Of Nashville*, er hätte dort, wo er herkam, nichts gehabt außer Hank Williams und Johnny Cash. Beim Newport Folk Festival '64 lernten sie sich kennen und tauschten ihre Gitarren.

Ein Jahr danach, im Juli 1965, war Bob Dylan der meistgehasste Mann der Folkies. Mit Mike Bloomfield, Al Kooper und anderen in seiner Gang fiel er vom Glauben ab und spielte – elektrisch. Ja, sie waren eine gottverfluchte, brüllende, tobende Rockband. Diese Legende ist zu Recht nicht totzukriegen, und sie scheint bis heute glaubwürdig: Während sie spielten, vergaß Folkpapst Pete Seeger seine friedliche Seele und rückte mit einer Axt an, um die Stromkabel zu kappen, wurde dann aber von Paul & Marys Freund Peter daran gehindert. Das alles klingt heute lächerlich – aber Mike Bloomfield erzählte Jahre später, der ihnen entgegenbrandende Hass hätte ihn schockiert, und er hätte nach Verlassen der Bühne Angst um sein Leben gehabt. Diese Folkies! Beim »Marsch auf Washington« gegen Rassendiskriminierung hatten sie noch durch friedvolles Singen geglänzt.

Cash war in dieser Zeit Hillbilly-müde und fast schon mehr Folk- als Countrysänger, aber den Verstand hatte ihm das nicht geraubt. Für ein Folkblatt, in dem die Dylan-Attacke diskutiert wurde, schrieb er in einem Leserbrief:

»Shut up and let him sing!«

Columbia-Produzent Bob Johnston, der der wichtigste Hintermann des Country-Rock werden sollte, erzählte von der unglaublichen Jetzt-passiert-endlich-was-Wirkung, die Bob Dylans unerwarteter Einzug in Nashville 1966 auf alle Countryleute ausgeübt hatte, die mit dem Nashville-System unzufrieden waren – es war sozusagen die erste rote Lampe, die die bevorstehenden Umwälzungen durch die Country-Outlaws anzeigte. Dylan nahm Teile des *Blonde On Blonde*-Albums in Nashville auf, Ende 1967 dann komplett *John Wesley Harding* und schließlich *Nashville Skyline*. Bob Johnston war beide Male Produzent, und am letzten Tag der *Skyline*-Aufnahmen, am 18. Februar 1969, kam es zur legendären Cash-Dylan-Session. »Ich war mit Dylan tagsüber« in den Columbia-Studios »und arbeitete nachts mit Cash«, erzählte Johnston 30 Jahre später.[8] »Eines Tages liefen sie einander dann über den Weg, und es dauerte keine Stunde, da saßen sie bereits mit ihren Gitarren in einer Studioecke und sangen stundenlang, ohne zu wissen, dass ich das alles mitschnitt.«

So zufällig wird's vielleicht nicht gewesen sein, denn laut Diskografie von Richard Weize war bei den Aufnahmen die ganze Cash-Bande dabei: Carl Perkins, Bob Wootton, Marshall Grant, W. S. Holland und Norman Blake, der auch zu Dylans *Skyline*-Team gehörte. »So um die 30 Songs muss ich aufgenommen haben, ein Teil davon kam später als Bootleg heraus. ›Girl From The North Country‹ haben wir dann ja für *Nashville Skyline* fertig gestellt, der Rest liegt noch immer in einem Archiv und könnte jederzeit veröffentlicht werden, im Rohzustand. It would make a great album and sell three million. Aber diese Sony-Bürokraten (die Columbia/CBS Anfang der 90er gekauft haben) haben's nicht mit Musik, denen geht's nur darum, die nächste nutzlose Softwaregeneration in den Markt zu drücken.«

›Girl From The North Country‹ ist also der einzige offiziell veröffentlichte Titel der Session, während der sie sich durch ein Repertoire spielten, das beide kannten, ohne Perfektion logischerweise, aber mit viel Spaß und Energie und mit einem Sound, dessen Rohheit an die frühen Boom-Chicka-Boom-Tage erinnert.

Bis zum Album *Johnny Cash At Folsom Prison*, 1968, entsprach sein 60er-Jahre-Leben und -Werk in jeder Hinsicht dem Image der Wild Sixties. Die Kollegen nannten ihn respektvoll »natural outlaw«. Cashs drogenverstärkte Kreativität spritzte unberechenbar in alle Richtungen: Arbeitersongs, ein Pophit, dann ein Weihnachtsalbum, gefolgt von einer klar kalkulierten Hitsammlung wie *I Walk The Line* und auf dem höchsten Erfolg dann eine Provokation. Er schien sich zum Protestsänger gewandelt zu haben, aber er spielte auch die Protestsänger-Verarschung ›The One On The Right Is On The Left‹; im Jack Clement-Song hieß es: »Don't go mixin' politics with the folk songs of our land. Just work on harmony and diction.« Das hätte er nach *Bitter Tears* sicher gern gehört. Er forderte auch, dass man nicht behaupten solle, »Johnny Cash habe diese Meinung oder jene, wenn ich sie nicht vor fünf Minuten geäußert habe«. In seiner 75er Autobiografie erzählte er nichts über die Folkzeit, in der 97er ein wenig über Peter LaFarge und Dylan. »Vor vielen Jahren war Johnny Cash eine Zeit lang Folksänger«, resümiert Colin Escott. Cashs Produktion aus jenem Jahrzehnt wird aus heutiger Sicht dominiert von den Konzept- und Gefängnis-Alben und Hits wie ›Ring Of Fire‹ und ›A Boy Named Sue‹.

Sein Freund, der Indianer Peter LaFarge, der sich nach der Zusammenarbeit mit Cash in dessen Nähe aufhielt, starb 1965. Es heißt, dass er seine Drogensucht nicht unter Kontrolle gebracht habe. Er konnte nicht mehr miterleben, dass am Ende des Jahrzehnts das American Indian Movement Wirbel machte, inspiriert von den forcierten Bemühungen der Black Panthers. Und er musste nicht mehr miterleben, wie beide Gruppierungen Anfang der 70er vom FBI mit allen legalen und illegalen Mitteln zerstört wurden – die Panther für immer. Das Indian Movement konnte nach der Belagerung von Wounded Knee 1973 nur in gemäßigter Form weiterarbeiten. Einer der Anführer, Leonard Peltier, ist bis heute trotz katastrophaler Beweislage inhaftiert wegen Mordes an zwei FBI-Beamten. (Willie Nelson und Kris Kristofferson, Cashs Kollegen bei The Highwaymen, haben mehrmals Benefizkonzerte für Peltier unterstützt, und Kristofferson erschien zur Pressekonferenz vor der großen Highwaymen-Europatournee in einem T-Shirt mit der Aufschrift: »Free Peltier«.)

Anfang '65 fiel Malcolm X einem Attentat zum Opfer. Angeblich waren rivalisierende Black Muslims die Täter.

Viele Amerikaner hatten zu Recht den Eindruck, ihr Land könnte ein Pulverfass sein, das bald in die Luft fliegen würde, als Cash und die Mitglieder seiner Show am 13. Januar 1968 einen Ort betraten, der ganz sicher ein Pulverfass war – das Gefängnis in Folsom bei Sacramento.

1   1982 brachten die drei die LP *The Survivors* heraus, die sie in D-Böblingen live aufgenommen hatten. 1985 kam Roy Orbison dazu für ›Class Of '55‹.

2   Auf der im Sommer 2001 veröffentlichten Tribute-CD *Timeless Hank Williams* singt Cash zum Abschluss ebenfalls einen Mutter-Song, den Hank Williams unter seinem (bekannten) Pseudonym Luke The Drifter gespielt hatte, ›I Dreamed About Mama Last Night‹. Man müsste ein Herz aus Stein haben, wenn einen Cashs Gesang 43 Jahre später kalt ließe. Es war wieder eine Aufnahme, die den Eindruck eines Abschieds machte, verstärkt durch die Begleitung u. a. des alten Gefährten Jack Clement, der Enkelin Laura Cash und Sohn John Carter Cash als Produzent.

3   Ohne daraus einen Plan konstruieren zu wollen: Drei der besten Songs dieser Sessions wurden im Archiv begraben und erschienen erst 20 Jahre später auf der Bear Family-Compilation *The Unissued Johnny Cash*. Der bittere Missglückte-Liebe-Song ›Fools Hall Of Fame‹ und ›Mama's Baby‹ wären echte Sun-Knaller gewesen, letzterer eine freche Teen-Hymne über ein Mädchen, das sich nicht einmal nach der Heirat davon abbringen lässt, die Nächte bei Mama zu verbringen. ›Walkin' The Blues‹ halte ich nicht nur für seinen besten Blues überhaupt, er ist auch Black-Memphis sehr nahe, und der Bluesmann geht weiter, weil er kein Geld hat (Cash selbst war 1960 bei einem Jahreseinkommen von einer halben Million Dollar angekommen, damals zwei Millionen Mark). Allen drei Songs fehlt übrigens massiver Background-Gesang.

4   Es gibt im Country die schöne Tradition, auf bekannte Songs mit so genannten Antwortsongs zu reagieren. Mel Tillis Antwort hieß ›Ruby, Don't Take Your Love To Town‹ und erzählte von einer gelangweilten Farmersfrau, die sich in der Stadt mal umsehen will.

5   Es gilt als das zweite Konzeptalbum der Countrymusik, inspiriert von Merle Travis' wenig beachtetem '47er Harte-Zeiten-Album *Folk Songs From The Hills*, auf dem auch zwischen den Songs erzählt wird.

6   ›Chain Gang‹ wurde von Harlan Howard geschrieben, ebenso ›Busted‹, vielleicht der beste Verlierersong der Countrymusik, hier erstmals auf Platte (zuletzt 1999 gecovert von Andre »I'm the bad motherfucker« Williams, ein weiterer Afroamerikaner, der sich seine Countrywurzeln nicht nehmen lässt). Cashs erfolgreiche ›Busted‹-Version wurde jedoch schnell von einer anderen in den Schatten ge-

stellt: Ray Charles war der erste Schwarze, der mit einem Countrysong einen Pophit hatte »und damit die Geschichte von Rockabilly umdrehte« (Escott). Für Harlan Howard, 1929 geboren, in Detroit aufgewachsen und seit Anfang der 50er in Nashville, gilt nichts weniger als das Urteil Chet Flippos über Hank Williams: »Der Shakespeare der kleinen Leute.« Zu seinen vielen Hits gehören ›Heartaches By The Number‹ (in deutscher Version ›Ich zähle täglich meine Sorgen‹), ›Pick Me Up On Your Way Down‹ und ›Tiger By The Tail‹. In Nashville verkörperte er bis zuletzt den Songwriter alter Schule, ein Mann, der seine vielen harten Lebenserfahrungen in präzise Poesie verwandelte und am liebsten am Ende der Bar arbeitete. Er starb am 3. März 2002. Seine Definition von Countrymusic: »Three chords and the truth.«

7 Zwei großartige Alben und Produzenten, die allerdings bewusst das verhinderten, was Jennings wollte: Hank Williams mit traurigen Songs nachzufolgen. Sie erkannten, dass ein James Dean-Typ wie Jennings anders Erfolg haben würde.

8 Interview mit Wolfgang Doebeling, in: *Rolling Stone* 2/1998

V

Autobahnen zur Hölle

Finger immer am Abzug

Seit Mitte der 70er Jahre besitzt Johnny Cash ein Anwesen auf Jamaika und verbringt dort jedes Jahr einige Monate mit seinem Clan und einigen Freunden. Am Abend des ersten Weihnachtsfeiertags 1982, erzählt er in seiner Autobiografie *Cash*, kam es dort auf Cinnamon Hill zu einem Raubüberfall. Drei maskierte und mit Messer, Beil und Pistole bewaffnete Männer bedrohten ihn, seine Frau und seinen Sohn, seine Schwester und ihren Mann, einige Freunde und Angestellte. »Damals hatten wir noch keine Wachleute und keine verschlossenen Türen.« Doch Cash hat genug Erfahrungen gemacht, um kühl zu bleiben und zu erkennen, dass sie es mit jugendlichen Amateuren und Junkies zu tun hatten. »Mit Drogensucht kannte ich mich noch besser aus als mit Waffen.« Einer der Maskierten hielt zuerst dem kleinen Jungen eines Freundes die Pistole an den Kopf, dann Cashs elfjährigem Sohn. Der Überfall endete unblutig – für die Überfallenen. Der Mann mit der Pistole jedoch wurde noch in derselben Nacht von der jamaikanischen Polizei erschossen, seine Komplizen ein paar Wochen später.

»Es tut mir weh, wenn ich verzweifelte junge Männer sehe oder eine Gesellschaft, die so viele von ihnen hervorbringt und unter ihnen leidet, und ich hatte das Gefühl, ich würde diese Jungs kennen. Wir waren uns irgendwie ähnlich, sie und ich: Ich wusste, wie sie dachten, ich wusste, was sie brauchten. Sie waren wie ich.«

Cash hat ein pures, hartes, schönes, gefeiertes, stumpfsinniges und verletzendes Rock'n'Roll-Leben geführt, in Begleitung einer ganzen Heerschar von Schutzengeln – oder etwas weniger fromm ausgedrückt: Der Sänger hat mit mehr Glück als Verstand überlebt.

Zehn Jahre lang saß Johnny Cash auf dem Thron, der nach Hank Williams' Tod frei geworden war. Und über dem Thron stand in leuchtenden Buchstaben: *Live Fast Die Young!*

Um diesen Thron standen nicht wenige Männer, die sich Mühe gaben, Cash von da runterzustoßen, die bereit waren, noch schneller zu leben und noch jünger zu sterben. Die Fata Morgana aller Rock'n'Roller: Zeig's ihnen bei maximaler Geschwindigkeit und verschwinde, bevor dir die Puste ausgeht; wenn du ahnst, dass es gleich so weit ist, dann erhöhe die Geschwindigkeit ein letztes Mal. In der Countrymusik nennt man das Hank Williams-Syndrom.

Es gibt den schönen Spruch, dass auch heute noch jeden Tag ein junger Mann in Nashville ankommt, der auf die Hank-Tour sein Glück versuchen will. Allerdings sollte er an diesem Ort besser gleich *zwei* Anwälte dabeihaben.

Für alle, die von diesem Syndrom befallen wurden, gab es keinen Unterschied zwischen Country und Rock'n'Roll mehr, vor allem hinsichtlich der Fata Morgana.

Im Oktober 1967 war Johnny Cash fast am Ende. Er wog nur noch 70 Kilo, bei einer Größe von 1,90 Meter. Der Drogensüchtige hatte wenig Bedarf an den üblichen Nahrungsmitteln. »Ich war süchtig nach Amphetaminen und Barbituraten. Ich hatte mich nicht daran ›gewöhnt‹, wie manche Leute es nennen, um den Ernst einer solchen Gewohnheit herunterzuspielen. Ich meine, ich war süchtig.«

Eine gängige Kombination, denn Amphetamine haben eine Kokain-ähnliche aufputschende Wirkung, während Barbiturate Erregung dämpfen und den nötigen Schlaf verschaffen, den die Amphetamine sonst nicht näher kommen lassen. Die Kombination war besonders bei Künstlern beliebt, die vor härteren Mitteln Respekt hatten, viel unterwegs waren und zu schätzen wussten, dass das Zeug vergleichsweise leicht zu beschaffen und fast so alltäglich war wie Alkohol.

Gute alte Zeiten! Als die Sex Pistols Ende Dezember 1977 in die Staaten fliegen wollten, verweigerte ihnen die US-Botschaft die Visa. Die Vorstrafen von Jones, Cook und Vicious wegen Diebstahls und ähnlichem Kleinkram waren nicht gern gesehen, doch »am schwerwiegendsten aus amerikanischer Sicht war John Lydons Amphetaminmissbrauch«, berichtet der Chronist Jon Savage. Die Einreiseerlaubnis kam schließlich, als Warner, das neue Label der Pistols, mit einer Million Dollar für die Kapelle bürgte.

Der Countrysänger aber sagte damals zu einem Arzt: »Doktor, hier spricht Johnny Cash. Ich habe eine lange Tournee vor mir und werde nachts viel fahren müssen. Ich brauche eine Portion von diesen Diätpillen, um wach zu bleiben.« Bis in die Jahre 1963/64 hatte er »keinerlei Schwierigkeiten« bei der Beschaffung.

Es ging um den Kick, wenn er am Abend eigentlich zu müde für das Konzert war und am nächsten Tag zu kaputt, um sich auf den Weg zum nächsten Konzert zu machen. Und wenn er lange nach dem Konzert – das Biest war jetzt tatendurstig aus ihm rausgekommen, weil es während der Vorstellung immer hinter Gittern zu bleiben hatte – den Tiefpunkt erreichte und merkte, dass er den Schlaf so weit weg gejagt hatte, dass er ihn sich mit dem anderen Mittel holen musste. Beim Aufwachen spürte er die Gewalt der Downer: Sie hatten ihn fast erschlagen. Und jetzt wurden wieder die Upper gebraucht.

Cash bekam langsam »Angst vor dem Publikum, weil es sagen könnte, mit mir sei nicht alles in Ordnung«. Country war (und ist) nicht die Musik, deren Massengefolgschaft es guthieße, wenn mit dem Künstler nicht alles in Ordnung wäre, also musste der Künstler zumindest den Schein wahren. »Schon nach zehn Minuten war ich in Schweiß gebadet. Schnell zum nächsten Lied, ohne Ansage. Meine Kehle war ausgedörrt von Amphetaminen und Zigaretten, und sobald die Show vorüber war, raste ich in meine Garderobe, zerstampfte voller Wut meine Gitarre oder schlug mit der bloßen Faust ein Loch in die Tür, nur um irgendetwas zu zerstören. Wenn ich dann allein mit dem Bier und dem Speed war, lief ich die ganze Nacht in meinem Zimmer auf und ab, um all die Dämonen abzuschütteln, die sich an meine Fersen geheftet hatten.«

Das ist der Moment, in dem der Süchtige sich fragt, ob das, was er da durch den Nebel sieht, vielleicht die Hand des Schutzengels ist. So hilfsbereit dargeboten ist aber nur die Hand des Teufels.

Und Cash hatte er bald fest im Griff: »Es gab nichts, was ich nicht versuchte, um an die Pillen heranzukommen, sobald mein Vorrat zur Neige ging. Ich kannte eine Menge Leute, die mir dabei helfen konnten, und in den Jahren 1966 beziehungsweise 1967 ging ich dann tatsächlich so weit, dass ich versuchte, in Apotheken einzubrechen, um mir einen ausreichenden Vorrat zu beschaffen.«

Der Süchtige geht in die Falle. »Ich traute keinem Menschen mehr. Meine Autos fuhr ich mehrmals zu Schrott, weil ich vor irgendjemandem davonraste, obwohl mich niemand verfolgte. Nachdem ich einige Male im Gefängnis gesessen hatte, sagte ich mir, die Polizei sei mein größter Feind. Sobald ich einen Polizeistreifenwagen sah, tauchte ich in einer Seitenstraße unter, fuhr wie ein Verrückter durch Wohnviertel, haarscharf an nichts ahnenden Fußgängern vorbei.« Dann steht der Süchtige an der Wand. »Ich litt an Wahnvorstellungen und trug stets eine Pistole bei mir.«

»She'd lie, cheat and steal, she forgot how to cry, wide awake for two weeks, shooting heroin then speed. When she killed in cold, cold blood, all she felt was her need.« So beschreibt

Mary Gauthier den vollkommen süchtigen Menschen in ihrem Song über »Karla Faye« Tucker, die 1998 hingerichtet wurde.

Freiheit Fahrtwind

Johnny Cashs Lektion im Umgang mit Mitteln, die Körper und Geist aufhelfen, fand 1957 statt. Sein Freund Gordon Terry hatte den guten Tipp. Die Bands von Cash, Ferlin Husky und Faron Young (zu der Terry gehörte) waren nach einem Konzert von Miami nach Jacksonville unterwegs, die Fahrer waren Terry und Luther Perkins.

Der Konvoi stoppte. Terry ging zum anderen Wagen und sagte: »Bist du schläfrig, Luther?« Dann gab er Perkins »eine kleine weiße Pille mit einem Kreuz drauf«. Cash selbst war nicht so müde, dass er nicht gefragt hätte, ob die Dinger schädlich seien. Als Gordon sagte, er hätte bisher nur gute Erfahrungen mit ihnen gemacht, nahm er auch eine. »Innerhalb von 30 Minuten fühlte ich mich erfrischt, hellwach und redselig.«

Countrymusik im Spiegel der vielen langen Autofahrten: Sie sind eine der Ursachen, die Drogensucht auslösen. Die vielen langen Autofahrten des seit seiner Kindheit unter Rückenschmerzen leidenden Hank Williams: Gib mir die fucking Pille, ich will keine Schmerzen mehr haben!

Von Dale Watson war bereits die Rede. Als einer der besten Neo-Traditionalisten, Twang-Gitarristen, Luther Perkins-Verehrer und offener Verächter von Garth Brooks hat er 1998 die Platte *The Truckin' Sessions* aufgenommen: ein Tribut an alle Musiker und Lastwagenfahrer, die so viel Zeit on the road verbringen. Im Begleittext schrieb er, dass einige seiner Lieblingssongs wie ›Movin' On‹ oder ›Six Days On The Road‹ in Nashville als dümmliche Schlager belächelt würden, während sie für Leute, die zehn Monate pro Jahr auf den Highways verbringen, eine echte Bedeutung hätten.

Johnny Cash hat einen besonders schönen Truckersong geschrieben, der speziell ist, weil er das Genre reflektiert. Er findet sich auf der '74er LP *Ragged Old Flag* und hat den Titel ›All I Do Is Drive‹: Der Sänger begegnet einem alten Trucker und fragt ihn, ob's denn so ist, wie's in den Songs immer heißt? Dass sie beim Fahren die ganze Zeit singen und irgendwo immer eine freundliche Bedienung wartet? Alles, was ich mach, ist fahren, sagt der Alte, ich denk an die Strecke, den Verkehr, den Wagen und die Ladung. All I do is drive, drive to stay alive. Mein Leben hat mit dem Leben eines Mannes, der abends um fünf heim kommt, nichts zu tun, sagt er. (Wie sollten Nashvilles Music-Broker solche Songs verstehen?) Der Sänger sagt: Ich werde dir, wenn ich demnächst in der Opry spiele, ein Lied widmen. Kein Danke seitens des Fahrers. Er ist fast ablehnend und sagt: Du machst deinen Sängerjob und ich meinen Fahrerjob.

Das Lied reflektiert mit, dass schon zu viele Truckersongs leichtfertig behaupteten, sie hätten Ahnung von der Arbeit eines Truckers, und dass sie schon zu oft ein geschöntes Bild von ihr verbreiteten. Die willige Tramperin in Hot Pants. Der hupende Kamerad auf der Gegenfahrbahn. All die rauen, patenten Kumpels. Die Braut, die den Trucker daheim lächelnd erwartet, mit 'nem Bier in der Hand, morgens um drei, und sie kann's kaum, nein, überhaupt nicht erwarten! Sam Peckinpahs legendärer Truckerfilm *Convoy*, 1977 entstanden nach dem Countrysuperhit von C. W. McCall, ist noch viel romantischer – angetrieben von der politischen Utopie, dass die Trucker sich zusammentun, um es den ständig nervenden Bossen und Bullen mal richtig zu besorgen.

Der ziellos ins Blaue brausende Motorradfahrer ist das Gegenteil des Truckers: keine Arbeit, jede Menge Spaß und Fahrtwind, aber keine Musik dabei. Auf dem Cash-Soundtrack zum Film *Little Fauss And Big Halsy* von Sidney J. Furie sind ›Movin‹ von Carl Perkins und ›Rollin' Free‹ von ihm selbst die Hymnen dazu. In den Hauptrollen Robert Redford und Michael J. Pollard als Jungs, die das Land durchqueren und dabei alle offiziellen und inoffiziellen Rennen gewinnen wollen (so wie es Steve McQueen wenig später in Peckinpahs modernem Rodeo-Film *Junior Bonner* getan hat: von einem Rennen zum nächsten, von einem Rodeo zum nächsten). Nachfahren der Cowboys aus jener Zeit, als das ganze Land noch nicht von Zaunpfählen durchlöchert war. Doch es war 1970, und auf dem Plakat stand: Little Fauss and Big Halsey are not your father's heroes. Und zu den Beweisbildern erklang der heizende, beinahe surfende Country-Rockabilly von Cash und Perkins und ihrer Band, Songs und Instrumentals. Als ich die Platte zum ersten Mal hörte, war ich gebannt, weil ich sofort eine Ähnlichkeit mit einem anderen, ebenso einzigartigen Soundtrack empfand: dem von Miles Davis zu *Fahrstuhl zum Schafott*. Cashs 13 Tracks wurden, seinem Film angemessen, schnell eingespielt, am 27. April 1970 im Columbia Recording Studio in der 16th Avenue South in Nashville, von 18 Uhr bis 0 Uhr 30. Eine solche Abendschicht gehört in die gute alte Zeit. Aber niemals darf man diesen Ausdruck für die vielen langen Autofahrten benutzen, auch wenn die Autos besser aussahen als heute. Denn sie waren es genauso wenig wie die Straßen.

Heutzutage pflegen Willie Nelson & Family mit drei Greyhounds unterwegs zu sein. Über die Jahre war und ist ein Bus oft monatelang sein Zuhause. Sein Hit ›On The Road Again‹ besingt das Glück des Unterwegsseins. Jerry Schatzbergs Film *Honeysuckle Rose*, zu dem Nelson den Soundtrack geliefert hat und in dem er überdies in der Hauptrolle sich selbst spielt, erzählt sowohl vom Spaß wie auch den Problemen, die das ewige Unterwegssein mit sich bringt. Deine Band ist deine Familie, deine Musiker sind deine Kinder und deine Begleitsängerin ist die Stellvertreterin der Frau, die in deinem Haus aus Steinen jeden Tag eine Stunde lang aus dem Fenster sieht und sich fragt, was die Begleitsängerin wohl macht, wenn sie nicht gerade singt. Das Glück für viele Musiker on the road besteht darin, dass keine Ehefrau da ist, die über die Beziehung diskutieren will, und keine Kinder, die quengeln, wenn im TV gerade das Spiel des Jahres läuft. Das eigentliche Glück aber ist das Unterwegssein selbst, die ständige Bewegung, der täglich neue Ort. Das Gefühl der permanenten Erneuerung – die so leicht in quälende Ödnis umkippen kann, weil der Rahmen immer gleich ist.

Zwischen Hank Williams und seiner Frau Audrey herrschte Dauerkrieg, weil sie ständig darum kämpfte, in seiner Band mitsingen zu dürfen. Warum hätte es sie – sogar wenn sie es selbst bemerkt hätte – interessieren sollen, dass sie einfach nicht gut genug dafür war? Sie wollte nicht nur bei ihrem verdammten Mann sein, sie wollte auch riesigen Applaus und Sex und Drogen und Nachtleben, sie wollte auch unterwegs sein. Sie wollte nicht zu Hause sitzen und Hank junior den Brei ins

Maul schieben. Könnte sein, dass sie auch nicht wirklich das Haus mit japanischen Möbeln ausstatten wollte.

Vivian Liberto war schockiert, als sie Johnnys ersten großen Auftritt im Begleitprogramm von Elvis miterlebte. Von da an wusste sie, was die Tourneen bedeuten würden. Die Zeit der gemeinsamen unterhaltsamen Tagesausflüge zu den Clubkonzerten in der Nähe war vorbei. Sie hatte Angst, dass sie Johnny bald verlieren würde. Und so war es auch, die Drogen waren nur noch ein übles Ding mehr.

»Nightlife ain't no good life, but it's my life«, heißt es in einem der frühen Willie Nelson-Hits. Die Droge On The Road und die Droge Nightlife sind die Lieblingsgeliebten der Drogen, die man in seinen Körper schickt. Cash hat über viele Jahre mehr Zeit auf den Wegen zwischen den Konzerthallen verbracht als zu Hause. Oft kam er auf 300 Konzerte jährlich – und ist nicht tagtäglich um fünf durch den Vorgarten spaziert, wo seine Kinder und der Hund ihm lärmend entgegenstürmten. Auch wenn noch so viele Countrysongs selbst heute noch genau diese Bilder malen. Die Kluft zwischen der beruflich bedingten Entfernung von der Familie und ihrer Sehnsucht nach der intakten Existenz hat Hank Williams, Johnny Cash, Waylon Jennings und vielen anderen zumindest zeitweise stark zugesetzt.

Johnny Cash hat June Carter geheiratet, nachdem sie schon einige Jahre mit ihm unterwegs gewesen war. Junes Mutter und Schwestern waren ebenfalls Mitglieder der Johnny Cash Show. Junes einziger Sohn John Carter Cash war schon als kleiner Junge auf der Bühne dabei gewesen. Was sonst konnte Cash tun, wenn er weder seine Heimat On The Road noch seine Familie aufgeben wollte? Nichts.

Für viele Musiker, besonders ältere, bekommt das Unterwegssein noch einen Grund, der nichts mit Spaß zu tun hat: Wenn die Geschäftsleute der Nashville-Industrie einen schon abgeschoben haben, weil man zu wenig Erfolg oder kein schönes Gesicht mehr hat, dann können regelmäßige Tourneen und treue Fans immer noch das Auskommen gewährleisten. Als Cash nach seinem Bruch mit Mercury 1989 keine Lust mehr auf einen Plattenvertrag hatte, blieb ihm wenigstens die Sicherheit, endlos weiter auf Tour gehen zu können.

»Hobos, das waren Männer und Frauen ohne festen Wohnsitz, die Arbeit suchten – im Gegensatz zu Pennern, die Drogen nahmen und tranken«, schrieb die große amerikanische Autorin Kathy Acker (1946–1999) in ihrem Vorwort zu den Lebenserinnerungen der berühmten *Sister Of The Road*, Boxcar Bertha (die von Martin Scorsese verfilmt wurden). Unterwegs sein, um zu arbeiten – und natürlich auch »aus Reise- und Abenteuerlust, um der Enge des bürgerlichen Lebens zu entgehen«. Als er einfach keine Arbeit mehr finden konnte, bevor die Familie in der Dyess-Kolonie ein Haus zugewiesen bekam, war Cashs Vater eine Zeit lang als Hobo unterwegs gewesen.

Der Countrysänger als Nachfahre des Hobo: so ein schönes Bild! Aber es gibt neben Dale Watson und Willie Nelson nicht mehr viele, bei denen man eine Philosophie des Unterwegsseins vermuten darf, die bei den zwei Millionen Hobos der 30er Jahre mit einem Protest gegen das bürgerliche Leben verbunden ist. Auch »die anarchistischsten und obszönsten unter den Rock'n'Roll-Bands«, die Kathy Acker als echte Nachfahren der Hobos betrachtete, kann man wohl in einem einzigen Greyhound unterbringen. Bei den einzig legitimen Nachfahren der Hobos aus der Zeit von Boxcar Bertha scheint die Situation noch weniger romantisch zu sein, als wir uns erhofften. Der englische Journalist Richard Grant berichtet davon in seinem großartigen Buch »Ghost Riders. Reisen mit amerikanischen Nomaden«. Die Hobo-Organisation

Freight Train Riders Of America wird auch »Hobo-Mafia« genannt, und »steht unter dem Verdacht, Dutzende von Morden begangen zu haben und Güterzüge als Transportmittel für Drogen zu benutzen«. Vorwürfe, die allerdings auch Grant trotz intensiver Recherche in einem bizarren Milieu, in dem die Angst vor dieser Organisation greifbar ist, nicht beweisen kann.

Ein wesentlicher Unterschied zu den klassischen Hobos besteht darin, dass die Sänger auf Tournee nicht Arbeit suchen, sondern welche haben. Der romantische Traum des Neulings wird schnell überfahren, wenn man tatsächlich viel unterwegs ist. Die meisten denken zunächst, es sei so etwas wie Urlaub mit täglich zwei Stunden Orgasmus auf der Bühne. Aber es ist viel mehr Arbeit und viel mehr Langeweile – für die man nur mit den zwei Stunden Orgasmus auf der Bühne entschädigt werden kann (die stärker wirken als viel Geld). Zähigkeit und Eitelkeit sind unverzichtbar. Und es ist besser, wenn man süchtig danach ist. Und wenn man nicht zu acht mit Anlage in einen Kleinbus gepfercht ist.

»Ich liebe meinen Bus.« Er heißt Unit One. »Ich habe in Unit One meinen eigenen, speziellen Bereich, etwa in der Mitte zwischen Vorder- und Hinterachse«, erzählt Cash in seiner zweiten Autobiografie. »Ich sitze an einem Tisch mit Bänken an beiden Seiten, wie in einem Speiseabteil«, und »wenn ich schlafen möchte, verwandelt sich das Abteil in ein Bett«. Es ist alles da, vom Badezimmer bis zur Stereoanlage, und den Schlafenden beschützen ein Navajo-Traumfänger und ein Kreuz der heiligen Brigitta.

Als Cash mit *Unchained*, seinem zweiten 90er-Jahre-Album, auf Tour geht, kann er auf 40 Jahre on the road zurückblicken. Er muss »nur einen Blick aus dem Busfenster werfen, wenn ich irgendwo in den Vereinigten Staaten aufwache, um meinen Standort auf fünf Meilen genau bestimmen zu können«.

Die Begeisterung ist der Routine gewichen, er hält sich nicht mit langen Beschreibungen auf. Die Veränderungen sind schnell aufgezählt: »Damals, 1957, gab es noch kein Extra-Crispy.« Und »alles wird etwas schneller und größer und ein ganzes Stück bequemer (solange man Konzertkarten verkauft), aber es läuft immer wieder auf die gleichen Fragen raus: ›Wo sind wir?‹ und ›Wer hat die ganzen Äpfel gegessen?‹ und ›Was für'n Auftritt ist heute dran?‹ und ›Wie weit ist es bis zum nächsten Joghurteis?‹.« Das ist alles. Deshalb haben June und Johnny »einen enormen Bedarf an Lesematerial, alles von der Bibel bis hin zu Schundromanen«. Aber es gibt eine Zeit fürs Lesen, und es gibt eine Zeit für die Drogen.

Die Stadt der Pillen

Lenny Kaye beschreibt die Lage im Nashville der 60er Jahre so: »A swinging, sex-and-drugs driven music town. Ups and downs. Overs and unders. Little white crosses. Speckled birds. You name 'em. Nashville took 'em.« Er gibt der Stadt, in der früher mehr Bibeln als sonst wo gedruckt worden waren, ein prägnantes Synonym: »Pill town«.

Im Mai 1975 schloss Cash seine erste Autobiografie ab. Neun Monate lang hatte er alles auf Zetteln notiert, und außerdem hatte ihm Peter E. Gillquist eine Menge geholfen, als Gesprächspartner und Zuhörer und dann als Lektor. »Eine spirituelle Odyssee, das wäre die beste Bezeichnung für dieses Buch«, lautet der erste Satz von *Man In Black*.

Gewidmet ist das Buch seinem zweiten Schwiegervater Ezra J. Carter, »who taught me to love the word«. Nachdem er zwar den Glauben nie verloren, sich vom rechten Weg aber weit entfernt hatte. Seine vielen traurigen Abenteuer und die Rettung hat er »für die Freunde und Fans in der Musikwelt« aufgeschrieben, und »wenn damit auch nur ein Mensch vor dem Drogentod bewahrt wird und nur ein Mensch zu Gott findet«, dann war's ihm die Mühe wert. Und das Buch ist auch für alle »Christen, die das Gefühl haben, gefehlt zu haben, und fürchten, dass es keine Hoffnung gibt: Ich verspreche, dass dieses Buch euch zeigt, es gibt Hoffnung.«

In vier Jahren hat *Man In Black* in den USA mehr als 750 000 Stück verkauft; bereits im selben Jahr erschien die deutsche Ausgabe *Der Mann in Schwarz* (mit dem neuen, aber nicht falschen Untertitel »Eine schonungslose Selbstbiografie«, dafür fehlte die Widmung), ebenfalls in einem christlichen Verlag, der auf Autobiografien von zum Glauben bekehrten Exsüchtigen spezialisiert war. Ich denke, es ist eine kleine Sünde, dass Cashs Bericht heute nicht mehr im Verlagsprogramm ist.

Man In Black ist mindestens ebenso sehr ein Buch über Drogen und Sucht wie über Country und Cash. Es ist die Beichte eines Erretteten, der dem Tod schon sehr nahe war, und sie ist über weite Strecken so geschrieben, als hätte ein Abgesandter des Herrn hinter ihm gestanden und gesagt, pack aus, Cash, jetzt ist die Zeit gekommen, tu Buße und zeige dich demütig allen, denen du Unrecht angetan, pack alles aus, und wehe, wenn du auch nur eine Untat verschweigst!

»In der ersten Zeit, in der ich Pillen nahm, glaubte ich allen Ernstes, sie seien mir von Gott geschenkt worden, damit ich meine Sache auf der Bühne besser machen könnte. Meine Energie wurde um ein Vielfaches gesteigert ... Ich genoss selbst jedes Lied in jedem Konzert und trat mit einer zwingenden, fast unbarmherzigen Intensität auf ... Ich hätte die ganze Welt umarmen können.« Aber schon zwei Jahre später wurde er von den Pillen umarmt, umklammert, festgenagelt. 1959/60 konnte er »einfach nicht mehr auf sie verzichten«, und »1965 brauchte ich mehr Tabletten, als ich Ärzte für den Nachschub finden konnte«.

Die Tabletten ermöglichten ein Leben in höchstem Tempo, aber sie brachten auch sein gewalttätiges Talent an die Öffentlichkeit. Launige Bühnengags verwandelten sich in bizarre Szenen, die Woody Allen für seine ersten Filme hätte gebrauchen können: Für die Elvis-Parodie, die sie im Programm hatten, gab Marshall Grant Cash einen Kamm, der damit seine Frisur Elvis-mäßig in Form brachte, und danach trampelte Grant angeekelt auf dem Kamm herum. Als das langweilig wurde, schoss man auf den Kamm, zunächst mit einer 22er, später mit einer 45er.

Sie ballerten auch in den Hotels herum, verwüsteten die Zimmer oder strichen sie manchmal vor dem Auszug einfach schnell schwarz an – als wäre es noch nötig gewesen, jemanden davon zu überzeugen, dass ihre Tournee kein Ministrantenausflug war. Jahre später zeigte er sich in *Cash* nicht glücklich damit, »dass die Art von Hotelvandalismus, der ich den Weg bereitet habe, für viele Leute heute eine Art Totem der Rock'n'Roll-Rebellion darstellt, eine harmlose und sogar bewundernswerte Mischung aus jugendlichem Übermut und Missachtung von Konventionen. Für mich war es damals etwas völlig anderes. Es war dunkler und tiefer. Es war *Gewalt*.«

Natürlich trugen Cashs wilde Jahre dazu bei, dass er von immer neuen Generationen als Held entdeckt und nicht (oder nur für kurze Zeit) als braver Countrybursche abgehakt wurde. Seine tollen Frechheiten in den Gefängnissen waren 1968/69 zu hören, die Fuck you-Anzeige wurde 1997 veröffentlicht. An wen sonst sollte man sich halten, wenn man etwas mehr erwartete als nette Lieder – an John Denver? An Truckstop?

Manche jüngeren Helden neigten dann dazu, gewalttätige Aktionen von backstage auf die Bühne zu verlegen. Im Januar 1992 schaffte es Kurt Cobain bei einem Fernseh-Live-Auftritt in New York schon nach dem zweiten Song, mit seiner Gitarre 16 Lautsprecherboxen zu vernichten, während seine Kampfgefährten Chris Novoselic und Dave Grohl auf das Equipment eindroschen (falls ein altgedienter Opry-Mitarbeiter das via TV mitbekommen hat, mag er sich an die Opry-Bühnenbeleuchtung erinnert haben, die Cash seinerzeit mit dem Mikrophonständer bearbeitete). Vier Jahre später spielte Cash mit Nirvana-Bassist Novoselic den Song ›Time Of The Preacher‹ für ein Willie Nelson-Tribute-Album ein.

Damals aber, in den wilden Jahren, hatte er eine Weile ein altes Steinschlossgewehr mit sich herumgeschleppt. Aus den Autos heraus zerschroteten sie Reklamewände, die ihnen nicht gefielen. Oder Cash zielte auf die Scheibe seines Tourmanagers Saul Holiff. Mitte 1961 hatten sie einander gefunden. Holiff löste Stew Carnall ab, der auf den zunehmend unberechenbaren Drogenfreak Cash keine Lust mehr gehabt hatte. Holiff, Sohn von ukrainisch-jüdischen Immigranten, war vorher in Kanada Betreiber eines Drive-In gewesen. Bei genauerem Hinsehen verband ihn vieles mit Cash: »Sie hatten die ruhelose Intelligenz von Selfmade-Typen und Männern, die sich alles selbst beigebracht haben«, schreibt Colin Escott, außerdem »einen bissigen Humor und die Fähigkeit, eine halbe Tonne Details schnell auf den Punkt zu bringen«. Cash passte nicht zum Mainstream von Nashville, und Holiff zog nie dort hin, selbst als er dann auch noch die Statler Brothers, George Jones und Barbara Mandrall managte. Und es war Saul Holiff, der aus Johnny Cash-Konzerten The Johnny Cash Show machte.

Trotz Cashs zunehmender Ausfälle blieb Holiff sein treuer Fan und über zehn Jahre sein Tourmanager. Und das, obwohl er in der Hauptsache nur Schadensbegrenzung betreiben musste, wie er Colin Escott 1991 erzählte. Sie wurden ständig wegen irgendwas angezeigt (auch wenn es selten zu einem Gerichtstermin kam). Aber er fand es »faszinierend und stimulierend«, es hatte sein Leben auf den Kopf gestellt. Holiff war süchtig: »Wenn es alles glatt lief, war es langweilig. Wenn die Dinge auseinander krachten, hatte ich das Gefühl, einen sinnvollen Job zu machen. Und dann wieder fühlte ich mich oft wie ein Parasit.« Eines Abends, der Meister war zugeknallt und weigerte sich, auf die Bühne zu gehen, schleuderte er eine »beautiful Martin guitar« nach Holiff, und *sie* ging kaputt dabei. Wegen dieser »No-Show« wurde eine komplette Tournee abgesagt. Holiff aber fühlte sich »an diesem Tag lebendiger als jemals sonst«. Es war so bizarr »and so out-of-character for me to be in the middle of something like that«.

»Viele der wichtigsten Veränderungen in meiner Karriere führte er herbei, und ich habe ihm viel zu verdanken. Ich glaube nicht, dass ich ihn geschafft habe, keiner konnte das. Er hatte einfach nicht mehr das Bedürfnis weiterzuarbeiten, also tat er es auch nicht«, schrieb Cash 1997.

Und noch eine bizarre Vorstellung, die ohne Drogen kaum über die Rampe hätte gehen können: Auf dem Höhepunkt seiner totalen Begeisterung für den singenden Zugbremser Jimmie Rodgers hatte Cash im Mai 1962 sein Debüt in der Carnegie Hall. Er kam als Jimmie Rodgers verkleidet auf die

Bühne, mit Eisenbahnerjacke und -kappe, die echte Rodgers-Laterne schwingend. Außerdem konfrontierte er das ratlose New Yorker Publikum mit seiner chronischen Heiserkeit. Cash-Produzent Don Law saß (wie so oft in jenen Jahren) leidend an den mobilen Auf-nahmegeräten. Und hatte sie gar nicht eingeschaltet, denn der Sänger hatte keine Stimme.

Sein Showteil »war ein Desaster, von Anfang bis Ende«, heißt es in *Cash*, und »ich bekomme heute noch Kopfschmerzen, wenn ich nur daran denke«. Und damit meint er keineswegs, dass die Menge schon nach dem ›Folsom Prison Blues‹ geschrien hatte, bevor er noch das Mikrophon erreichte.

Die Jahre seiner Sucht überlebte Cash mit mehr Glück als Verstand. Seine Fähigkeiten als Songwriter und musikalischer Leiter der Plattenproduktionen waren jedoch nicht beeinträchtigt. Er hatte die Intelligenz und den Mut zu anspruchsvollen Konzeptalben, deren Themen er recherchierte und die nicht einfach nur einen Hit nach dem anderen abspulten. »Er sog alles Wissen auf, das er gebrauchen konnte, und egal, in welchem Zustand er war, er konnte ein Projekt zum Laufen bringen«, erzählte Holiff. Wen hatte es zu interessieren, ob er das – clean your own tables! – den Drogen zu verdanken hatte? Falls es die Drogen waren, die die berühmten LPs *Ride This Train, Blood Sweat And Tears, I Walk The Line, Bitter Tears, Orange Blossom Special, Johnny Cash Sings Ballads Of The True West, Everybody Loves A Nut* und *Happiness Is You* ermöglichten, dann möchte man fast danke sagen. Aber die Annahme ist Unsinn. Es spricht im Gegenteil alles dafür, dass sein musikalischer Bereich sehr gut geschützt war. Denn Cash hat vor, während und nach seiner Suchtzeit bedeutende Platten aufgenommen. Auf denen er als Sänger in seiner Drogenzeit nicht immer sein Bestes geben konnte.

Don Law konnte sich nicht mehr darauf verlassen, dass er gebuchte Studiotermine einhielt. Bei einigen teuren Studiostunden mit Gastmusikern übernahm zunächst Johnny Western den Gesangspart, der später mit Cash separat aufgenommen werden musste. Und auch seine Auftritte litten unter der Sucht. Er war immer häufiger indisponiert oder kam gar nicht erst zum Konzert (als er kuriert war, absolvierten sie eine Menge Entschädigungskonzerte). Wann immer möglich, ließ man dann die ohnehin reich bestückte Show ohne die Hauptperson ablaufen. Die Mitglieder seiner Band waren echte Freunde und sprangen in die Bresche – auch der ebenfalls, aber weniger stark amphetaminsüchtige Luther Perkins und der lange Zeit alkoholabhängige Carl Perkins. Auch als es dann immer weniger lustig mit ihm geworden sein muss. Und als es schließlich nur noch eine Person gab, auf die er hörte.

Geliebter Schutzengel

In *Man In Black* schreibt Cash, er sei oft für ein bis zwei Wochen »completely straight« gewesen und habe den Willen gehabt, die Sucht zu beenden. Während der Jahre in Ventura, Kalifornien, von 1961 bis '66 war er Gemeindemitglied der Avenue Community Church und hatte ein gutes Verhältnis zu Reverend Floyd Gressett. Sie probierten ein beliebtes Spiel miteinander, denn der Pastor wollte den süchtigen Sänger nicht verjagen: Ich tue so, als wüsste ich nichts, und du tust so, als wäre nichts. Ein Spiel, das selbst mit Kindern nur selten oder nur kurz funktioniert. Cashs Musikerdasein hatte die

Ehe mit Vivian Liberto schon so gut wie zerstört, und er wusste, dass seine Töchter ihren Vater langsam an die Drogen verloren. Aber da hatte er schon gelernt, dass ein paar Pillen mehr sogar diese »Schmerzen und Schuldgefühle« vertreiben können.

»Abgesehen davon, dass ich in sieben Jahren jedes meiner Autos zu Schrott fuhr, machte ich zwei Jeeps, ein Wohnmobil, zwei Traktoren und einen Bulldozer kaputt, versenkte zwei Boote« und »sprang von einem Truck, kurz bevor er ein 200 Meter hohes Kliff« hinunterstürzte. Ja, die Messlatte für junge Musiker, die möglichst schnell berühmt über den Jordan wollen, liegt hoch. Für Cash gibt es nur eine Erklärung, warum er so viele Unfälle überlebt hat. Sie klingt glaubwürdig: »Gott hat seine Hand nie von mir weggenommen.«

Und: »The one person who could get to me and talk to me when no one else could was June Carter, and everybody knew it. And when the pill habit got really bad, she started fighting it because she could see what it was doing to me.«

Als dann sein Rücken schon gegen die Wand gepresst war, passierten einige Dinge, die tatsächlich noch zu ihm durchdringen konnten. Wenn man den Zustand des final Süchtigen bedenkt, dann waren das Bombenangriffe auf Gehirn und Seele. Cash erzählte davon fast zehn Jahre später so ausführlich, dass Courage ein schwaches Wort dafür ist. Es klingt eher wie eine Beichte auf dem Totenbett.

Am 4. Oktober 1965 wurde er vor dem Abflug auf dem Flughafen von El Paso von Drogenfahndern verhaftet. Der Stoff war ihm ausgegangen, deshalb hatte er eine Zwischenlandung genutzt, um an Nachschub zu kommen. »I felt like the outlaw I had become.« Er war an einen bekannten Heroindealer geraten. Dabei hatte ihn ein Polizeibeamter beobachtet und kontaktet – und Cash hatte den sogar als Cop erkannt! Und trotzdem geglaubt, mit schlecht versteckten »688

Dexadrin- und 475 Equanil-Tabletten« abfliegen zu können.
Die erste Strafe war gering: 1000 Dollar und ein Tag Gefängnis. Die zweite Strafe war hart: Vor dem Gang zum Gericht
gaben ihm Beamte eine Sonnenbrille, wie es das Gesetz vor-
schrieb. Einer sagte, er solle einfach dicht bei ihm bleiben und
schnell gehen. Cash hatte Angst, aber keine Ahnung, obwohl
ihn schon wenige Stunden nach der Verhaftung ein lokaler
Country-DJ angerufen, ihm seine Hilfe angeboten und erzählt hatte, dass die Meldung über den Ticker gegangen war.
Draußen warteten schon die Fotografen. Bang-Chicka-Bang!
Das berühmte Cash-und-die-Cops-mit-Sonnenbrillen-Foto
war dann im ganzen Land zu sehen.

Ein Detail dieser El Paso-Geschichte verdient besondere
Erwähnung: Sam Phillips, dessen Sun Records Cash acht Jahre
zuvor verlassen und den er zwei Jahre nicht gesehen hatte,

war der Erste, der anrief und jede Hilfe anbot, auch die, sofort nach El Paso zu kommen.

Ab Ende 1966 lebte Cash wieder in Nashville, allein. Genauer gesagt, er verbrachte dort die Zeit zwischen den Touren. Vier Tage vor Weihnachten machte er sich auf den Weg nach Kalifornien, um das Fest mit seinen Töchtern zu verbringen. Er brauchte vier Tage für den Weg, denn es gab eine Menge zu tun unterwegs: mit Kollegen plaudern, Clubs besuchen. Alle Clubs von Dallas in zwei Tagen. Dann kam Daddy heim: »I was like a stranger. I felt like one, and I knew I looked like one.« Er lag die meiste Zeit im Gästezimmer, und die Stimmen, die er da hörte, waren real: »Daddy ist krank ... Daddy ist müde.« Ein Güterzug voller Schuldgefühle rollte auf ihn zu und sollte ihn erst viele Jahre später passiert haben. Die vielen Kindergeburtstage, Erstkommunionen, ersten Schulkonzerte von Tara, Rosanne, Cindy und Kathy: alles ohne Daddy. Alles, was für immer vorbei war. Abreise am Tag nach Weihnachten. Nur die Pillen halfen. Vielleicht hörte er in seinem Kopf gnädige Stimmen: »Dafür ist mein Daddy ein berühmter Countrysänger, und außerdem verprügelt er uns nie, und deiner ist nur ein blöder Lastwagenfahrer, bäh!«

Am 20. Mai 1967 war der 23. Todestag seines unvergessenen, geliebten Bruders Jack. Das Biest hatte eine gute Idee: Cash lud die ganze Familie in sein neues Haus ein; Waylon Jennings, sein Freund und Gefährte beim Aufmischen der Nashville-Szene, hatte ihm gut zugeredet: Du brauchst einen Platz, den du liebst, das wird dir helfen, vom Stoff runterzukommen. Aber zu diesem Zeitpunkt war das Haus so gut wie leer. Cash hatte die Fata Morgana eines festlichen, besinnlichen, liebevollen Abends mit gutem Essen gehabt, große Wiedervereinigung der ganzen Familie im Namen von Jack. Dann vergaß er den Termin. Er hatte nicht den Hauch eines Plans. Er prügelte sich mit Bruder Tommy am Flughafen vor den

Augen der Eltern. Als sie schließlich im Haus waren, kümmerte June sich irgendwie um etwas zu essen. Alles filmreif. Ein trauriger, kaum zu ertragender Film.

1971, als der ganze Wahnsinn schon vorbei war, musste er im Hilton von Las Vegas einen Fragebogen ausfüllen. Die letzte Frage lautete: »Sind Sie jemals verhaftet worden? Wo? Wann? Weswegen?« Er erinnerte sich genau und nannte das Kapitel in der Autobiografie ›Seven One-Night Stands‹. Die letzte Verhaftung im Oktober 1967 in Lafayette, Georgia, war der Wendepunkt in seiner Drogenkarriere. Sheriff Ralph Jones machte nicht viel, aber das reichte, um Cash in seinem Drogentran zutiefst zu treffen. Bevor er ihn morgens wieder laufen ließ, händigte Jones ihm sein Geld aus. Und alle Pillen. Cash war baff: Das war illegal. Doch Jones hielt ihm einen kleinen Vortrag: Es ist auch eine Sünde und ein Verbrechen, sich umzubringen, aber Sie, Cash, wissen doch besser als die meisten Menschen, dass Gott Ihnen auch einen freien Willen gegeben hat.

»Ich verfolge Ihre Karriere seit über zehn Jahren«, sagte Sheriff Jones, »meine Frau und ich haben jede Platte, die Sie je gemacht haben. Wir lieben Sie. Wir haben Sie immer geliebt« und sind »wahrscheinlich die zwei besten Fans, die Sie je hatten. Es hat mir das Herz gebrochen, als man Sie gestern Nacht reingebracht hat. Ich ging aus dem Gefängnis raus und heim zu meiner Frau und sagte zu ihr, ich hab gerade Johnny Cash eingesperrt. Ich wollte sogar kündigen und einfach nur rausgehen, so hat's mir das Herz gebrochen.« Jones warf ihm die Pillen hin und sagte: »Also los. Nehmen Sie sie und machen Sie, dass Sie rauskommen.«

Cash versprach dem Sheriff, dass er das nicht bereuen würde, und warf draußen die Pillen weg. Als er zu seinem Freund Richard McGibony, der ihn abholen kam, ins Auto stieg, sagte er: »Diesen Sheriff hat mir Gott gesandt.«

Jetzt war der Truck voll Wahnsinn und Desaster fast zum Stehen gekommen. Cashs Schutzengel aus Fleisch und Blut konnte sich bald an eine der härtesten Arbeiten der Welt machen, mit Gottes Hilfe und unterstützt von Dr. Nat Winston, ihren Eltern Maybelle und E.J. Carter sowie dem Nachbarehepaar Dixon, die ihm das Haus verkauft hatten.

Als es losging, sagte Dr. Winston zu Cash: »Mach dich bereit für den härtesten Kampf deines Lebens.« Ein seltsamer Kampf, denn der Süchtige selbst kann nicht kämpfen. Und dann wurde dieses Biest besiegt. Es hat sich später noch einige Male bewegt, aber in diesen vier Wochen wurde es geschlagen. Ohne den Glauben wäre es wahrscheinlich nicht geschlagen worden. Ohne die Frau, zu der Cash 1956 gesagt hatte, er werde sie eines Tages heiraten, ganz sicher nicht: June Carter.

Liebe ist »das natürlichste schmerzstillende Mittel, das es gibt«, schrieb William S. Burroughs kurz vor seinem Tod. Der lebenslängliche Junkie war 83 Jahre alt, als ihm diese Weisheit durch den Kopf schoss. June & Johnny. »Liebe. Was ist das? Das natürlichste schmerzstillende Mittel, das es gibt.«

Das alles ist lange her, und in *Cash* erzählt er längst nicht mehr so viel darüber wie 20 Jahre zuvor in *Man In Black*. Vorbei die Entschuldigungen, die Schuldgefühle, die Reinigung durch die Beichte jeden Details. »Ich hab früher schon darüber geschrieben und in Interviews darüber gesprochen, und die Sache ist für mich jetzt erledigt. Um ehrlich zu sein, ich habe es satt, immer wieder diese alten Geschichten erzählen zu müssen, umso mehr, weil ich inzwischen schon mit der dritten Generation von Fragestellern zu tun habe.« Die alten Geschichten lässt er gut sein, die von Sheriff Jones ist auch nicht mehr dabei.

»Es heißt, dass er nie im Gefängnis war«, schrieb Countrysänger David Allan Coe 1975 zum Album *Sings Precious Memories*, »aber ich ertappe mich dabei, dass ich ihn betrachte wie einen, der mehr Zeit abgesessen hat als ich. Jeder Mensch hat seine eigenen Gefängnisse. Vielleicht waren seine Gefängnisse nicht dieselben wie meine, aber ich weiß es so sicher, dass seine Gefängnisse ihn gezeichnet haben, wie ich weiß, dass die 20 Jahre, die ich gesessen habe, mehr Zeichen auf mir hinterlassen haben als die Tätowierungen, die meinen Körper bedecken.«

Das war die Prägung, mit der Johnny Cash im Januar 1968 ins Gefängnis von Folsom kam.

Er selbst hatte nur »seven one-night-stands« in Haft verbracht, ohne je mehr als etwas Geld für die Freilassung zahlen zu müssen. Er war seit vier Wochen drogenfrei und fühlte sich gut. Er hatte einen Test hinter sich, wie es sich anfühlt, ein Konzert zu geben, ohne auf Droge zu sein. Es war ein Benefizkonzert für eine Schule gewesen.

Es war ein Wunder, dass er noch lebte. Es war ein Wunder, dass er im Folsom Prison auf die Bühne ging und nicht unten saß, inmitten dieser 2000 Männer, die von Aufsehern mit Pumpguns in Schach gehalten wurden. In diesem Fall ist es keine Floskel: Cash ging in ein Gefängnis und wusste, dass er für Leute spielte, die weniger Glück gehabt hatten als er.

VI

In den Gefängnissen

Meine Brüder, die Gefangenen

»Ich habe mich oft gefragt, ob Gangsta-Rapper wissen, wie wenig ihre Geschichten vom Verbrecherleben im Ghetto trennt von Johnny Cashs Geschichten vom Verbrecherleben dort hinten auf dem Land. Ich weiß es nicht, aber was ich weiß, ist, dass es Johnny Cash weiß.« Schrieb Quentin Tarantino am Anfang des neuen Jahrtausends zur Compilation *Murder*, einer von Cash mit ausgewählten Sammlung seiner Songs über Mord, Strafe, Reue und das Geheul aus den Gefängnissen. *Murder* gehört zu drei Themenalben, die aus dem Gesamtwerk zusammengestellt wurden, die beiden anderen heißen *God* und *Love* – mit Abstand am besten verkaufte sich *Murder*.

»I shot a man in Reno just to watch him die« – mit dem Bösen hatte seine Karriere angefangen, mit demselben Song explodierte sie Ende der 60er Jahre, und die Mörderballade ›Delia's Gone‹ war der Hit seines Comeback-Albums '94. Im Gegensatz zu den Gangsta-Helden aber sind die Männer, von denen er singt, Verlierer; sie sitzen im Knast oder stehen unterm Galgen, sie heulen, sie büßen, sie bezahlen und bereuen, Mitleid erregende Gestalten. »Schlimme« Lieder sind bis heute eine der Säulen von Cashs Repertoire geblieben. Man mochte den *bad guy* an ihm, man mochte die Gerüchte über üble Vergangenheit und Jahre im Gefängnis – er verkörperte die bösen Songs glaubwürdig. Er und seine Bande hatten in zehn Jahren bergeweise zertrümmertes Hotelmobiliar hinterlassen, Waffen mit sich getragen, auf jeden Tisch gehauen. Zehn Drogenjahre hatten eine Menge Stoff für Gerüchte ergeben. Das El Paso-Foto sah nach was Üblem aus: Cash und die Polizisten tragen Sonnenbrillen, die Handschellen sind klar zu erkennen – wen interessierte die Wahrheit, dass Vergehen und Strafe gering waren, wo das Bild und die Geschichte so viel Spannung hatten? Der Titel »natural outlaw«, den ihm Kollegen verliehen hatten, war in der Countrymusik ein Orden. Das klang nach Pioniergeist – du gehst in ein Gebiet, in dem du nicht nach dem Marshall rufen kannst, wenn es Ärger gibt; das klang nach einem Typen, dem keiner dumm kommen durfte. Die Bühnenbeleuchtung im Petersdom der Countrymusik zu zerschlagen, das musste einer erst mal bringen. Aber waren es vielleicht nette Jungs gewesen, die das Land westwärts erobert hatten? Cash gab nicht das Bild von einem Millionär ab, der er war – er war die meiste Zeit unterwegs, er hatte in diesen Jahren des Rückzugs von seiner Familie keine Villa in Nashville, stellte keinen Glamour zur Schau. War auch kein Honky-Tonk-Blödel, auch keiner von denen, die diese Musik zunehmend einer Mittelschicht hinterhertrugen, die mit *Blood, Sweat and Tears* allenfalls noch Eheprobleme verband – nein, er war ein straighter Typ.

Die symbolhafte Verbindung Cash und Knast war schon vor den Gefängnis-Live-Alben '68 und '69 da, und nach jedem der beiden wurde sie noch stärker. Keiner von den nicht wenigen Countrysängern, die im Unterschied zu ihm mehr als nur ein paar Stunden gesessen hatten, wie Merle Haggard, Johnny Paycheck, David Allan Coe, Freddie Fender oder Steve Earle, kam je an seine Symbolkraft heran. ›Folsom Prison Blues‹ hatte diese Verbindung 1955 hergestellt. Cash – als Künstler, der sich für seine Songs verantwortlich fühlte – hatte mit diesem Song den seltsamsten Mord überhaupt präsentiert. Es gab kein anderes Motiv als Neugier. Keine Rache, kein Raub, kein Streit. Und vom Sänger keine Anklage gegen dieses Monster, sondern nichts als Mitgefühl. Kein Wort über das Opfer, seine Mutter oder Frau oder Kinder, keine Forderung, die Gesellschaft müsse vor ihm geschützt werden. Ein Song über das Unkontrollierbare, das Biest in jedem. Jedes Töten hat für den Täter einen Sinn. Auch der Mord aus Neugier? Verstehen wir nicht irgendwie den Mann, der in einer Bank um sich schießt, durchgeknallt unter unerwartetem Druck? Verstehen Mütter etwa nicht die Mutter, die in extremer Not ihre kleinen Kinder tötet? Ist ein Mord aus Neugier schlimmer als ein Mord nach einer begangenen Vergewaltigung? Ist Neugier keine Form von Sex? Dieses Lied transportiert noch viel mehr Fragen. Man muss ein begeistert mitklatschendes Publikum erlebt haben, um zu erkennen, dass das Lied, mit seinem zwischen Country und Rockabilly hin und her kickenden Sound, längst auch als Musikantenstadl-Unterhaltung durchgehen kann und dann keine einzige Frage transportiert – außer der an die Mitklatschenden, ob sie es in Ordnung finden, einen Kinderkiller nicht zu vergasen, sondern ihm Mitgefühl entgegenzubringen.

Die Knackis im Publikum aber, die auf den beiden Alben wie ein Teil von Cashs Band wirken, klatschen nicht eins-zwei-eins-zwei mit – sie klatschen und brüllen und pfeifen, wenn ein Vers kommt, der Mitgefühl ausdrückt, oder ein Scherz oder was Freches. »I shot a man«, das war in Folsom und San Quentin nichts Besonderes. Und »just to watch him die«: Gab es nicht viele unter ihnen, die keine Ahnung hatten, wie sie das, wofür sie saßen, hatten tun können? Cash schien das irgendwie verstehen zu können. Er machte das Maul auf für sie. Cash zeigte es denen, die glaubten, dass sie was Besseres waren. Denen, die niemals ihre Alte killen würden, wenn sie mit einem neuen Arsch abhauen wollte. Und denen, die niemals eine Million Bestechung annehmen würden. Hey!, Cash reißt Witze über die Bullen, Cash ist einer von uns! »Die Gefangenen sind alle meine Brüder«, schrieb er zum Folsom-Album.

Keine zwei Jahre war der Song aus den Radios und Jukeboxes gekommen, als Cash ihn dorthin brachte, wo er herkam. Er empfand es als Pflicht, ihn denen zurückzugeben, die den

Stoff geliefert hatten. Und überall hörten sie die unglaubliche Geschichte vom Mord aus purer Neugier und konnten sich ein Bild davon machen, ob der Sänger nur ein Poser mit Sinn für packende Songs war. 1957 spielte Cash zum ersten Mal in einem Gefängnis, in Huntsville, Texas. Als sie anfangen wollten, ging ein Unwetter los, »Luthers Verstärker hatte einen Kurzschluss, und Marshalls Bass ging im Regen kaputt. Ich machte trotzdem weiter, nur mit meiner Gitarre, und die Gefangenen waren begeistert. Danach sprach es sich in den Gefängnissen schnell herum, daß ich okay war.«

Am Neujahrstag 1958 sorgten sie für Unterhaltung in einem Gefängnis, das neben Alcatraz den übelsten Ruf hatte: San Quentin. Im Publikum saß der 21-jährige Merle Haggard, der ohne Zuversicht in die Zukunft blickte und es dann zu viel mehr Nr.-1-Hits bringen sollte als Cash. Wie so viele Countrysänger dieser Generation kam Merle aus dem White Trash, und 40 Jahre danach nannte er dieses Konzert den »vielleicht ersten Schimmer von Tageslicht in meinem Leben«. Daraufhin schloss er sich der Anstaltsband an. Er hatte relativ harmlos Gesetze gebrochen, Auto- und andere Diebstähle begangen, war jedoch als nicht resozialisierbar eingestuft und deshalb nach Quentin gesteckt worden. Auf Bewährung entlassen, wurde er erst '69, nach seinem Anti-Hippie-Hit ›Okie From Muskogee‹, von Ronald Reagan begnadigt. Haggard erzählt, dass Cashs Besuch damals nicht viele Insassen interessiert hatte, weil Countrymusik kein Thema war; »fast alle hörten Rock'n'Roll, Blues, Jazz oder sonst was«. Und dann wurde Haggard Zeuge, dass Johnny Cash sogar der Striptease-Show in diesem bunten Programm die Schau stahl; »er fesselte das ganze Gefängnis«. Als Cash 1999 mit beidseitiger Lungenentzündung auf der Intensivstation lag, besuchte ihn Haggard. Er rieb seine Stirn an der des alten Freundes und sagte: »You're gonna be alright, Cash.«

Und Cash schrieb, als er wieder gesund war: »Danke, dass du jetzt *mich* besucht hast.« 40 Jahre waren vergangen, seit jene armen Stripperinnen »country my ass« gefaucht hatten, als diese beiden verwitterten, aber unverwüstlichen Felsen des Country für Cashs letzte Platte erstmals im Duett sangen, den Song ›I'm Leaving Now‹.

Als das Folsom-Konzert aufgenommen wurde, hatten Cash und seine Band bereits etwa 25 Konzerte in Gefängnissen gespielt und schon dreimal im Folsom Prison; es war keine Floskel, als June sagte, »glad to be back in Folsom«. Aber sie hatte auch Angst, es waren harte Auftritte, in den härtesten Gefängnissen lag immer Gefahr in der Luft, Gewalt, Aufstand.

»Ich sah in diesen Auftritten eine Möglichkeit, den Amerikanern etwas von dem Guten zurückgeben zu können, was sie uns gegeben hatten. Durch unsere Gefängniskonzerte ließen wir die Inhaftierten wissen, dass draußen in der Freiheit jemand ist, der sich um sie als Menschen kümmert«, schrieb Cash '75 und fügte hinzu, dass die Verbrechensrate seiner Meinung nach sinken würde und dass Häftlinge besser in die normale Gesellschaft zurückkehren könnten, wenn sie erfuhren, dass sich draußen jemand um sie sorge. Auf der Rückseite von *At Folsom Prison* schreibt er, nach der Schilderung der Methoden, die zu einer Resozialisierung führen sollen: »Can it work??? ›Hell no‹, you say.«

Mit der Erfahrung, »dass Gefangene das beste Publikum sind, vor dem ein Entertainer auftreten kann«, hatte er sich schon sechs Jahre lang bemüht, seinem Produzenten Don Law klar zu machen, dass ein Gefängnis der beste Ort für eine Live-Platte ist. Law wurde 1967 von Columbia in den Ruhestand geschickt. Sein Nachfolger als Columbia-Nashvilles Countrychef kam aus New York und war so alt wie Cash: Bob Johnston hatte unter dem Namen seiner Frau 22 Songs für Elvis geschrieben, ehe er ein erfolgreicher Produzent wurde und zudem ein Symbol für das Neue, das Ende der 60er in Nashville auftrat. Johnston zog Dylan mit, den er seit dem elektrischen Ausbruch *Highway 61 Revisited* produzierte, und auch seine Schützlinge Simon & Garfunkel und Patti Page landeten in Tennessee; er arbeitete mit Billy Joe Shaver, The New Riders Of The Purple Sage, produzierte The Byrds' *Dr. Byrds And Mr. Hyde*, Leonard Cohens große Platten, und am anderen Ende seiner Karriere – Columbia degradierte ihn bald – arbeitete er mit Willie Nelson und für Carl Perkins' letztes Album *Go Cat Go*. Aus seiner Idee einer gemeinsamen Platte von Townes Van Zandt und Bob Dylan wurde nichts. Die beiden hatten schon zugestimmt, und die Vorbereitungen waren angelaufen, als Van Zandt am 1. Januar 1997 starb. 30 Jahre zurück: Bob Johnston war also der Mann mit den weit offenen Ohren, die immer zu einem offenen Denken gehören, und als Cash ihm seine Idee einer Gefängnis-Live-Platte erzählte, war er sofort begeistert und regelte alles. Am 13. Januar '68 um acht Uhr morgens betraten sie das Staatsgefängnis von Folsom in der Nähe von Sacramento, Kalifornien, um etwas zu tun, was noch nie jemand getan hatte.

»Hello, I'm Johnny Cash«, sagte er, und dann fingen sie an mit dem Song, der von hier kam, und bei »I shot a man in Reno just to watch him die« pfiff und johlte das Biest aus 2000 Männern. Cash war voller Energie und in bester Boom-Chicka-Boom-Laune. Er wusste, dass er nach allem, was er in den letzten zehn Jahren getan hatte, ebenso gut dort unten sitzen könnte. Aber er stand oben, seit einem Monat gerettet, immer noch mitten in einer sensationellen Show, und bereit, für diese Männer das Letzte aus sich herauszuholen. Er legte an auf ihre Herzen.[1]

Das Programm bot ihnen tragikomische Verlierer-, Knast- und Verbrechersongs, aber auch todtraurige Lieder wie ›Long

Black Veil‹ (ein Mann schläft mit der Frau seines besten Freundes, wird bald darauf zu Unrecht eines Mordes verdächtigt, der zur selben Zeit passierte, und, weil sie ihm kein Alibi geben und er sie nicht verraten kann, gehängt). Oder ›The Wall‹, das ein Gefängnis von innen schildert: ein Typ starrt die ganze Zeit die unüberwindliche Wand an und kommt dann beim selbstmörderischen Versuch, sie zu überwinden, ums Leben. Wer könnte ›Busted‹ besser verstehen als die, die an der Endstation *busted* angekommen sind? Andere Songs sind einfach nur lustig, denn es ging nicht darum, den Knackis eine traurige Stunde zu liefern: »Ich sing euch jetzt ein paar Liebeslieder – ihr wisst ja, der beste Freund des Mannes ist sein Hund«, aber seinen ›Dirty Old Egg-Suckin Dog‹, diesen verdammten Hühnereierfresser, will er, falls er nicht damit aufhört, mit der Schrotflinte »in den großen Hühnerstall dort oben« schicken. Das Duett ›Jackson‹ mit June ist natürlich ein Knaller, auch weil viele dieser Männer lange keine echte, schöne Frau mehr gesehen haben, weil viele von ihnen eine gekillt haben – ›I Still Miss Someone‹ wird sie zu Boden geschlagen haben, in Gedanken an verlorene Liebe, und ›Send A Picture Of Mother‹ in Gedanken an heile Zeiten. Ein Publikum, das Cash erst mit *American Recordings* 1994 kennen gelernt hat, kann entdecken, dass Cash in der Mitte des Folsom-Konzerts nichts anderes tut, als allein mit seiner Gitarre ein paar Songs zu spielen.

Schwer vorstellbar, dass die Band je besser gewesen ist; sie sind in *full action*, und das Publikum ist der berühmte zwölfte Mitspieler der Heimmannschaft. Cash hält permanent Kontakt mit seinem Auditorium, reagiert auf Zurufe, lacht, schreit, heizt weiter ein. Beim traurigen ›Dark As A Dungeon‹ muss er wegen irgendwas lachen und sagt kichernd »nein, kein Lachen, ich weiß, dass es aufgenommen wird«, langer Applaus – das Konzert und ihre gemeinsame Stunde sind wichtiger als eine saubere Aufnahme. Danach erzählt er, dass hier und jetzt sein neues Columbia-Album aufgenommen wird, »und ihr dürft nicht Hölle oder //Piep// oder sonst was sagen (große Zustimmung). Wie passt dir das, Bob?«, fragt er seinen Produzenten und fügt dann am Anfang des nächsten Songs hinzu: »Sie werden's ja doch rausschneiden.« Die Knastis wissen, was Zensur ist. Sie mögen es, dass er nicht kuscht. »You can't say hell or *shit* or anything else«, hatte er ihnen frech hingeworfen, und shit wurde durch einen Pfeifton ersetzt. *Bitch* durch //Piep// zu kaschieren, wurde jedoch vergessen, »I can't forget the day I shot that bad bitch down«, singt der zu 99 Jahren Verurteilte, der seine Frau nach einem »shot of cocaine« erschossen hatte, nachdem er dahinter gekommen war, dass sie noch fünf andere Liebhaber hatte: ›Cocaine Blues‹, jede Strophe wird bejubelt, auch die Moralpredigt am Ende: »Also lasst ab vom Whisky und lasst das Kokain sein!«Er bringt Gags, die ganz ihnen gehören. Er ist ihr Sänger. »Wo ist meine Setliste?«, fragt er. »Ich brauche diese Idiotenhilfe.« Er bittet um ein Glas Wasser, und als es etwas dauert, wiederholt er die Frage in einem ziemlich scharfen Ton. Begeisterung. Er lässt sich nichts gefallen, er ist der Boss hier, er macht sich über die lustig, die verhindern, dass sie alle in die Freiheit verschwinden – ist vielleicht das Wasser so mies geworden, seit er das letzte Mal hier war, weil es jetzt aus Luthers Stiefeln genommen wird?! Luther musste wie üblich ein paar Gags ertragen.

Der letzte Song ist ein spezielles Geschenk, eine Überraschung. In der Nacht zuvor, als er schon im Bett lag, hatte ihn der Gefängnispastor aufgesucht und ihm ein Tape gegeben mit der dringenden Bitte, es sofort anzuhören. Er, der Pastor, würde Cash sogar ein Unrecht zufügen, wenn er ihn trotz der späten Stunde nicht darum bitten würde. Cash hörte den Song »eine Stunde lang immer wieder«, und am nächsten Tag,

am Ende des Konzerts, spielten sie ›Greystone Chapel‹, einen Song über die Kapelle des Folsom Prison, »der einzige Ort hier, der nicht versperrt ist« und »so vielen Männern geholfen hat zu überleben«. Es war ein Song des Häftlings Glen Sherley, der ganz vorn saß. »This Song was written by our friend Glen Sherley«, sagte Cash und reichte ihm die Hand, und es heißt, Sherley habe geweint. Er konnte sich anhören, wie es klang, wenn der Song von der besten Countryshow seiner Zeit vorgetragen wurde, als tolle Country-Gospel-Nummer, in voller Besetzung, mit The Tennessee Three und Carl Perkins und dem Chorgesang von The Carter Family und The Statler Brothers. Es war der einzige Tag, an dem Glen Sherley[2] Folsom Prison nicht verfluchte. Es war sein himmlischer Tag in einem der berühmtesten Wartesäle zur Hölle.

Es war »das erste Countryalbum, das ich von Anfang bis Ende gehört habe«, schrieb Steve Earle, seit Mitte der 80er Jahre geschätzter Singer-Songwriter jenseits des Mainstream, zur Veröffentlichung der erstmals kompletten Live-Aufnahme 1999. Als Earle die Beatles, die Stones und Dylan entdeckte, war Cash der einzige Countrysänger, der seine musikalische Neuorientierung überlebte. Denn »Cash war anders. He was a BAD ASS. Er trug eine Menge schwarze Sachen, und er sang über Mord und Drogen und Ehebruch und Gespenster. Er hatte eine eigene, echte Haltung. Seine Musik war, mehr als die von irgendjemand sonst, zugleich COUNTRY und ROCK.« Nichts beeinflusste Steve Earle mehr in seiner musikalischen Entwicklung als Cashs wöchentliche Fernsehshow, in der Bob Dylan seinen ersten Fernsehauftritt hatte – »bis ich dann 1972 Townes Van Zandt traf«. Zwanzig Jahre später waren es Drogen und Waffen, die Steve Earle für mehr als zwei Jahre ins Gefängnis brachten. Nach seiner Entlassung lud ihn Ry Cooder ein, auf Cashs Beitrag zum Soundtrack von *Dead Man Walking* mitzuspielen. »Ich hatte die Rolle von Luther Perkins, wie cool ist das?«

Das Folsom-Album schlug sofort ein, wurde Cashs bis dato größter Erfolg und hat bis heute etwa drei Millionen Stück verkauft. Wie fünf Jahre zuvor bei ›Ring Of Fire‹ kam die Sensation im richtigen Moment, denn seit dem großartigen '65er Album *Orange Blossom Special* hatte er die den US-Markt dominierende Vinylfabrik CBS nicht mehr sehr glücklich gemacht. Schließlich wurde von ihm, wir erinnern uns, die permanente Eroberung des Popmarkts erwartet. Zum einen passte das Album gut in die aufgeheizte, gefährliche Zeit, und zum anderen war die Langspielplatte jetzt als Tonträger so akzeptiert wie die Single, im Rock hatte die 33er die 45er sogar überholt. Überhaupt, Rock war das neue Ding – während man in Nashville noch glaubte, davon verschont zu bleiben. Nach dem Monterey Pop Festival im Juni '67 in Kalifornien hatten die besten Spürnasen wie die A&M-Chefs Herb Alpert und Jerry Moss oder CBS-Chef Clive Davis sofort groß eingekauft. Im CBS-Warenkorb landeten unter anderen Blood, Sweat & Tears, und Davis wusste so genau, dass Rock die neue Goldader war, dass er für die unbekannte Janis Joplin eine Eins mit fünf Nullen auf den Scheck schrieb. Cashs unglaubliches Live-Album war nicht nur ein Erfolg, es war das auch beim Rockpublikum.

Der ›Folsom Prison Blues‹ war 13 Jahre später wieder als Single zu haben und wurde ein Nr.-1-Hit. Jetzt kannte den Song jeder – und das war mit einem Nachteil verbunden: Cash hatte eine Rechnung offen, an die er sich möglicherweise gar nicht erinnerte. Ein gewisser Gordon Jenkins meldete sich, der den Song in dieser Version bisher nicht mitbekommen hatte. Jenkins hatte 1953, allerdings im Bereich der ernsten Orchestermusik, das Konzeptalbum *Seven Dreams* veröffentlicht, und darauf gab es einen ›Crescent City Blues‹. Und von dem hatte Cash so viel Melodie und Text geklaut – »am Text war *practically nothing* geändert«, sagt Colin Escott –, dass Jenkins Cash verklagen konnte. In einem Genre, in dem es bis in die 50er Jahre hinein normal war, sich ein wenig hier, ein wenig da zu bedienen oder inspirieren zu lassen, mehr oder weniger auffällig, hatte Cash es also direkt getan. Wäre nicht uninteressant, wenn er in seinen Büchern davon erzählt hätte. Wenn man bedenkt, wie exzessiv er in *Man In Black* auspackt, wundert sein Schweigen zu dieser Angelegenheit – aber es klingt natürlich nicht gut, wenn du zugeben musst, dass einer deiner berühmtesten Songs nur eine Beute ist, die du als 22-Jähriger gemacht hast. Andererseits war Cash zwar nicht der Urheber, aber eindeutig der richtige Mann für den Song (wie er das auch für einige andere war, die er nicht geschrieben hat). Und der Erfolg von ›Folsom Prison Blues‹ war mit einem Sound verbunden, der mit Gordon Jenkins nichts zu tun hatte. Nick Tosches hätte den Fall sicher nur mit einem müden Grinsen kommentiert: »Thievery is the true heart of Rock'n'Roll.« Und »alle Helden des Rock'n'Roll, die besungenen und die unbesungenen, hatten eines gemeinsam: Sie mochten Cadillacs«. Es gab keinen Skandal, und Cash und Jenkins brauchten kein Gericht, um die Sache zu regeln. Bald darauf machte Cash während der Live-Aufnahme in San Quentin einen schönen Scherz. Er bat darum, dass ihm jemand ein bestimmtes rotes Notizbuch gab, »das, in dem die geklauten Songs drinstehen«.

Ich habe keine Antwort auf die Frage, warum nur ein Jahr später das nächste Gefängnis-Live-Album erschien und wer die Idee dazu hatte. In der Zwischenzeit hatte Cash Israel besucht und das Stories-und-Songs-Album *The Holy Land* herausgebracht, während Columbia nicht weniger als drei Compilationen mit Hits oder weniger Bekanntem in die Menge warf. *Johnny Cash At San Quentin* war also eine Wiederholung, die auf dem Originalalbum allerdings nur einen Song aufweist, der schon auf dem Folsom-Album vertreten war (auf den CDs, die 20 Jahre später die Konzerte vollständig dokumentieren, gibt es derer zwei). Sicher ist, dass Cash wieder eine Position hatte, in der er tun konnte, was immer er wollte. Das San Quentin-Konzert wurde für eine Fernsehdokumentation gefilmt und aufgenommen, und vielleicht haben Cash und Johnston erst nach der Aufnahme gewusst, was für ein unglaubliches neues Album dabei entstanden ist.

Der größte Unterschied war, dass Luther Perkins fehlte. Er war nach der Europa- und Israelreise im Mai '68 gestorben. Er war zu Hause mit einer brennenden Zigarette eingeschlafen und hatte beim Brand des Zimmers Verbrennungen erlitten, die er nur wenige Tage, ohne noch einmal zu Bewusstsein zu kommen, überlebte. Cash erinnert an Luther und bittet um Applaus. Später stellt er – was auf dem Originalalbum nicht zu hören ist – den neuen Gitarristen der Tennessee Three vor, Bob Wootton, der erst seit wenigen Wochen dabei ist. Monatelang hatten sie Luther nicht ersetzt, und Carl Perkins, der ein eigener Teil der Show war, hatte eben die Gitarre übernommen. Als Perkins bei einem Konzert ausfiel, bot Wootton seine Hilfe an. Er kannte nicht nur alle Songs, er war auch durch die Luther Perkins-Schule gegangen. Niemand konnte Perkins ersetzen, aber Wootton passte als Gitarrist *und* Typ, was allen wichtig war, denn sie waren eine Familie, die viel zusammen und auf engem Raum unterwegs war. Als Wootton '74 Anita Carter heiratete, wurde er Junes und Johnnys Schwager (und das ist vielleicht kein schlechter Moment, um zu erwähnen, dass Gitarrist Marty Stuart, der die Band ab '79 verstärkte, Cashs Tochter Cindy heiratete, während Tochter Carlene Carter mit Nick »The Beast In Me« Lowe verheiratet war und Rosanne Cash mit Rodney »Even Cowgirls Get The Blues« Crowell). Wootton spielte nicht auf allen folgenden Platten mit, aber in der Band bis zuletzt, 30 Jahre lang. Allein schon durch seine Erscheinung machte er dem Publikum der 90er Jahre klar, wo der Zug, der sie hergebracht hatte, losgefahren war, in Rockabilly, Memphis.

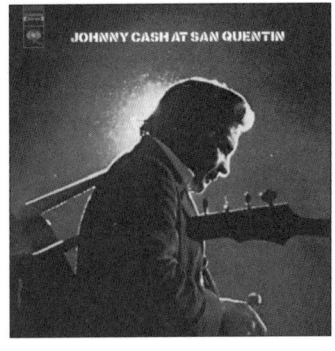

Alle Mitglieder der Show waren damit konfrontiert, im Schatten des Chefs zu stehen, und selbst der große Carl Perkins war nur die Vorgruppe gewesen für ein Publikum, in dem nur alte, treue Fans wussten, dass Chuck Berry mit seinem Lobgesang ›Brown-Eyed Handsome Man‹ vor ihm eine Verbeugung gemacht hatte. Von all seinen Musikern, von denen die meisten Showbusiness-untypisch viele Jahre bei ihm blieben, war Marty Stuart der einzige, der nach sechs Jahren bei Cash eine eigene Karriere schaffte. Aber der unauffällige Luther hatte seine Fans gehabt, und Wootton war mehr als nur ein Luther-Abklatsch. Nachdem er in San Quentin vorgestellt worden war, spielte er das Solo von ›Folsom Prison Blues‹ wie ein kreischendes Alarmsignal – man schrieb

1969 und nicht 1955, und »Fluke« Hollands Geballer ließ alle Schlagzeuger erblassen, die bald in Woodstock aufmarschieren sollten.

Ein anderer Unterschied zu Folsom bestand darin, dass die Atmosphäre in San Quentin brisanter war, und das kann man hören. In Folsom war es *hot* gewesen, in Quentin war es *hot hot.* »Ich habe noch nie eine solche Last auf dem Herzen meines Ehemanns gespürt und wahrscheinlich nie eine solche Last auf meinem eigenen«, beschreibt June Carter ihre Gefühle im Hochsicherheitsgefängnis bei San Francisco, auf dem Weg vom Eingang zum Speisesaal am 24. 2. 1969, zwei Tage vor seinem 37. Geburtstag. Sie passieren die Zellen der Männer, die auf ihre Hinrichtung warten und nicht zum Konzert dürfen. Sing ›Folsom Prison Blues‹, John, sagt einer. June und ihre Schwestern und Mutter Maybelle hängen so eng zusammen, dass sie wie eine Person wirken. Sie haben Angst. Und ständig die Fragen: Wie ist John wirklich, June? »He's tall, he's lean and he's mean. There's just not another one like him.« Wie gefällt dir San Quentin, Cash? »San Quentin is a hell hole«, flüstert er seiner Frau zu. Frauen in einem Männergefängnis, und sie wussten, dass hier nur die schwersten Jungs waren. Bewaffneter Überfall, Mord, Vergewaltigung. Abgesehen von den Unschuldigen. Großer Tag, Cash! Ein Wachmann gibt ihnen den Rat, den Männern nicht in die Augen zu sehen, sie sollen beim Konzert die Wand hinter ihnen ansehen. Im Saal bahnt sich ein Koloss einen Weg durch die Masse Richtung Band: »You as big as a mountain, that's what you is, man, that's for sure«, schreit der *black-eyed Cajun man*, ein kleines Akkordeon in den Armen, will unbedingt ›Give My Love To Rose‹ hören, und June Carter sieht einen wilden Traum in seinen Augen, in seinem Traum gehört er zu den berühmten Tennessee Two. »This man wanted something real bad. He dragged it across the room, now almost in a whisper.

Boom chick-a-boom, boom chick-a-boom.« Als Cash auf die Bühne geht, hat sie eine derartige Reaktion noch nie erlebt. Und ihr stärkster Eindruck, als dieses Konzert im Fegefeuer endlich angefangen hat, sind die mit Pumpguns bewaffneten Wärter, die auch über ihren Köpfen patroullieren, während sie ›Peace In The Valley‹ singen, das Lied vom Frieden nach dem Tod. Sie alle sind fertig und haben Angst, »aber trotzdem schauten wir ihm ins Gesicht«, schrieb sie später, dem San Quentin-Biest mit über tausend Köpfen. »Wir waren stark, weil John stark war.«

»Hello, I'm Johnny Cash«, sagt er wie immer, und dann kracht dem Publikum zuerst ›Big River‹ entgegen, sein großer Alles-geht-eben-seinen-verdammten-Gang-Song, und er verfolgt die Liebe seines Lebens den ganzen Mississippi runter, aber am Ende hat er genug davon und wirft seinen Blues in New Orleans in den Golf von Mexiko … Man könnte eine Doktorarbeit schreiben über die originalen Gefängnisalben und die 30 Jahre später veröffentlichten Neuausgaben mit den vollständigen Konzerten in der ursprünglichen Reihenfolge. Ein Beispiel: ›Big River‹, der echte Anfang, war auf dem Originalalbum nicht dabei. Das beginnt mit den Ansagen von einem Master Of Ceremony und von Cash (der diese Ansage in Wahrheit erst nach dem dritten Song machte), und der erste Song ist Bob Dylans ›Wanted Man‹, der auf der Neuausgabe Song 10 ist. Genug Doktor gespielt, ehe wir alle in einer Lawine aus Details versinken. Wichtig ist, dass auf der neuen Folsom-CD drei Songs auftauchen, die auf dem Original fehlen, und auf der Quentin-CD sogar neun (was dennoch Bob Johnstons Qualität als Produzent beweist, denn er hat auf dem Originalalbum den Live-Charakter gewahrt, das gute Gerede von Cash und die Durchsagen eines Wächters und die Wiederholung des Songs ›San Quentin‹ nach vehementer Forderung auf der Platte gelassen, anstatt all das zu schneiden, um zwei Songs mehr unterzubringen). Die neuen Booklets sind voll mit den Fotos des einzigartigen Jim Marshall, der als einziger Fotograf in den Gefängnissen dabei war, und mit neuen Texten von Cash, June Carter, Steve Earle, Cashs Manager Lou Robin, Marty Stuart und Merle Haggard. Cash erzählt, wie es zum berühmten Fuck You-Foto in San Quentin kam: Die Fernsehleute verbauten ihm die Sicht aufs Publikum und reagierten nicht auf seine Bitte, aus dem Weg zu gehen. Schade ist nur, dass die vielen //Piep// auf der Quentin-CD verschwunden sind, die Cashs *shit* und *son of a bitch* mehr Spannung verliehen.

Im Grunde also sind die beiden Konzerte gleich. Die Knackis toben bei Zeilen wie »I shot a man in Reno just to watch him die«, und Cash packt sie mit kräftigen Sprüchen. Er erzählt ihnen in Quentin, dass alles gefilmt und aufgenommen wird und dass sie zu ihm gesagt haben, er solle dies singen und sich so hinstellen – »aber ich sag euch was, ich spiel das, was ihr wollt, und das, was ich will, also, was wollt ihr hören?« Er macht den Gag mit dem Notizbuch, in dem die geklauten Songs stehen, jemand möge es ihm aus dieser Tasche da holen, die voll mit Dope ist. Großer Jubel, Cash nimmt sie wieder auf die Schippe. Oder die Ansage zu ›Starkville City Jail‹: Er erzählt ihnen, dass er auch mal eine Nacht im Knast war, weil er nach einem Konzert Blumen gepflückt hat, geklaut also, und sie lachen sich kaputt, und »Mann«, fügt er hinzu, »so sieht's aus, du kannst ja nicht mal mehr einen Apfel von einem Baum pflücken, ohne dass sie dich fertig machen«, großer Beifall, Cash sagt, was Sache ist, sie lieben ihn, er ist ihr Mann, ihr Sänger, und er hat einen speziellen Song für sie, den sie zum ersten Mal spielen, ›San Quentin‹.

»San Quentin, ich hasse jeden Zentimeter von dir«, singt er, und »was glaubst du, tust du Gutes, und glaubst du, ich bin anders, wenn ich's überstanden habe? Du hast mein Herz und mein Denken und meine Seele zerstört«, und am Ende heißt es: »San Quentin, du sollst verrotten und verbrennen in der Hölle, es sollen deine Mauern fallen und ich leben, um davon zu erzählen.«

Bob Johnston erzählte, dass das Konzert an mehreren solcher Stellen in einen Aufstand umzukippen drohte. »Die Wachen gingen einige Schritte zurück und brachten ihre Gewehre in Anschlag«, und er bewegte sich »rückwärts in Richtung Ausgang, um rechtzeitig rauszukommen«. Manager Lou Robin fragte den Sicherheitschef, ob nicht mehr Wachen für den Bühnenbereich nötig seien, und der erklärte, dass selbst 100 Wachen oder auch weitere 100 nicht viel ausrichten könnten, falls die Situation außer Kontrolle geraten sollte. Aber »John hielt diese Männer in totaler Spannung«, erinnert sich June Carter, »sie waren fasziniert, hypnotisiert und gefesselt, und wir waren das auch. ›San Quentin‹ war ihr Song, und Johnny Cash gehörte ihnen, und sie entschieden sich, an diesem Tag keinen Aufstand zu machen.«

Cash hörte nie auf, ein prominenter Sprecher für bessere Haftbedingungen zu sein. 1975 erklärt er im *Penthouse*-Interview, dass »die Männer wie Tiere gehalten werden«. Er weist darauf hin, dass im Staatsgefängnis von Tennessee nachts nur 30 Wärter für 5000 Gefangene zuständig sind und das Gefängnis keinen eigenen Arzt hat. Er protestiert dagegen, dass Ersttäter, die kein Gewaltverbrechen verübt haben, in diese Gefängnisse kommen, die nur eine Schule des Verbrechens sind, anstatt in einen offenen Strafvollzug geschickt zu werden. Er ist der Meinung, dass Marihuana-Delikte nicht mit Gefängnisstrafen geahndet werden sollten. »Ich denke, dass eine Menge Geld, das der Staat im Bereich Marihuana-Delikte ausgibt, besser verwendet werden könnte.« Die Frage, ob es harmlos sei oder nicht, könne er nicht beantworten, obwohl er sieben Jahre »a lot of grass« geraucht habe, denn er sei dabei immer auf Amphetaminen gewesen.

Auf seinem dritten American-Album *Solitary Man* sang er Nick Caves Song über einen Mann, der sich zur Hinrichtung bereitmacht, ›The Mercy Seat‹. *Dead Man Walking*-Regisseur Tim Robbins erzählte er beim Interview, dass ihm sein Produzent Rick Rubin den Song vorgeschlagen hatte, weil Gouverneur George W. Bush im Hinrichtungsrekord-Staat Texas sich weigerte, den Fall eines Todeskandidaten noch mal zu prüfen. »Ich hatte (bei den Aufnahmen) eine Menge Wut in mir und wusste nicht, gegen wen ich eigentlich ausholen sollte, gegen den Gouverneur oder gegen den Staat Texas … Es gibt einige, die hingerichtet wurden und tatsächlich irgendwie böse waren. Da würde ich sagen: Es ist eine bessere Welt ohne sie … Aber ich bin mir dennoch nicht sicher, ob der Tod die richtige Antwort ist. Keine Ahnung. Vielleicht schicken wir sie in einem Raumschiff zu einem anderen Planeten.«

Robbins: »Und natürlich ist es meistens kein Reicher, der hingerichtet wird.«

Cash: »Nein, so viel ist sicher.«

Liebe und Verbrechen

»Es ist nicht einfach, Johnny Cash zu sein«, sagte Merle Haggard Ende der 70er für ein langes Fernsehspecial über den amerikanischen Superstar. »Wir haben Elvis zu Tode geliebt, und wir hätten Johnny Cash fast zu Tode geliebt.«

Die Gefängnis-Alben machten ihn zur Ikone der Countrymusik, in den Staaten und weltweit. Die Folsom-Platte war seine bisher erfolgreichste, Quentin hat sie übertroffen – '68 machte er zwei Millionen, '69 mehr. *At San Quentin* ist sein einziges Album, das auch Nr. 1 der *Billboard*-Charts wurde. Beide Alben räumten die Preise der Country Music Association ab – es hätte nur noch gefehlt, dass sie ihn zum Gitarristen des Jahres erklärten. Es gab Grammys, sogar für die *best album notes*, die er für *Live At Folsom* und für Dylans *Nashville Skyline* geschrieben hatte. Das in San Quentin erstmals gespielte ›A Boy Named Sue‹ war Nr. 1 der Countrycharts, kam in der Kategorie Pop bis Platz 2 und ist damit Cashs bis heute größter Poperfolg. Nach Clive Davis, Chef der CBS-Musikproduktion, verkaufte Cash '69 sechs und eine halbe Million Platten, und nach seiner Einschätzung war das mehr, als bis dahin je ein anderer Künstler pro Jahr geschafft hatte. So viel zum Stellenwert der Countrymusik: Big Boss Davis gab zu, dass er sich erst von da an genauer für den Mann interessierte. Zu dessen Tross in dieser Zeit gehörten neben den üblichen Begleitern auch »Maskenbildner, Friseure, Sicherheitsleute und so weiter«, weshalb auf »manchen Flügen schon das gesamte Erste-Klasse-Abteil« von der Cash-Show belegt war. Woraus nicht geschlossen werden kann, dass in manchen Nestern in den Appalachen keine Hillbilly-Musik mehr gebraucht wurde.

»Ich habe es schon immer als eine gewisse Ironie empfunden«, schrieb Cash '97, »dass ausgerechnet ein Gefängniskonzert, bei dem sich zwischen den Häftlingen und mir eine Beziehung entwickelte wie unter verbündeten Rebellen, Außenseitern und Schurken, meinen Marktwert so weit nach oben steigen ließ, dass die Leute bei ABC mich für angesehen genug hielten, um mir eine wöchentliche, landesweit ausgestrahlte Fernsehshow anzuvertrauen.«

Er hatte die beste Sendezeit, und weil er jetzt »bigger than big business« war, konnte er mehr als üblich bestimmen: Die Tanztruppe fehlte, und es gab in jeder Sendung ein History-Special, das auf seinen *Ride This Train*-Streifzügen basierte.

Er bestand darauf, dass die Sendung nicht in Los Angeles oder New York aufgezeichnet wurde, sondern im Ryman Auditorium, dem Sitz der Grand Ole Opry. Es nahm ihn von Montag bis Freitag in Beschlag, hatte aber den Vorteil, dass er endlich einmal eine regelmäßige Arbeit an seinem Wohnort hatte. Er bestimmte die Gästeliste, und die spiegelte seine Offenheit, auch für Pop und Soul. Neben den zu erwartenden Countrygrößen wie Merle Haggard, Roy Acuff, Tex Ritter oder Marty Robbins holte er auch Nashville-Neulinge und -Außenseiter und die Hippie-Country-Rock-Rebellen, gegen die sich Nashville noch tapfer wehrte. Der erste im Juni '69 war Bob Dylan, und es folgten Linda Ronstadt, Joni Mitchell, Melanie, Roger Miller, Tony Joe White, Ramblin' Jack Elliott, Kris Kristofferson und Neil Young. Die Afroamerikaner Ray Charles und Charley Pride, der einzige schwarze Countrystar, waren mehrmals zu Gast, und einmal Stevie Wonder. Bobby Gentry, »Mama« Cass Elliott, Dennis Hopper und Jackie DeShannon waren dabei. Die Zeitungen waren voll mit Cash-Stories, er war auf dem Cover des *Life*-Magazins, und täglich hielten 40 Busse vor seinem Haus und brachten Menschen, die ihn sehen wollten. Offensichtlich aber wusste ein Teil des Publikums nichts von ihm: Aufgrund zahlreicher Anfragen bekannte er sich in einer Sendung zum christlichen Glauben, aber »ABC gefiel das gar nicht. Einer der Produzenten kam auf mich zu und sagte mir, dass ich in einem Network-Sender gefälligst nicht von Gott und Jesus sprechen soll.« Aber Cash setzte sich durch, er sagte, er habe nicht vor, jemanden zu bekehren, werde aber auch nicht den Schwanz einziehen und auch keine Kompromisse machen. In der Autobiografie *Cash* erzählt er ansonsten nur vom Spaß, den er mit der Sendung hatte, vor allem mit den Gästen. Schon vor Absetzung der Show ist ihm allerdings bewusst gewesen, dass er für den Sender nur ein weiteres Merchandise-Produkt dar-

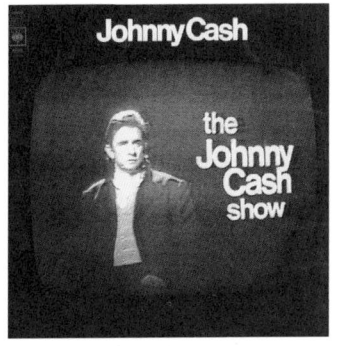
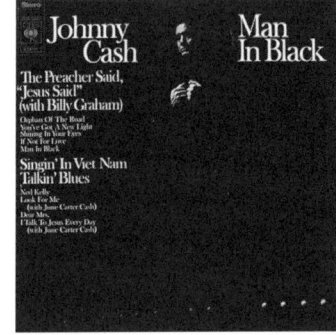

gestellt hat. »Ich bekam das Gefühl, als würde jeder Teil von meinem Leben und von dem meiner Familie verkauft und ausgebeutet. I felt as if they were stealing my soul.« Und um die Quote zu steigern, hätten sie dann eben doch Gäste durchgedrückt, mit denen er nichts anfangen konnte. Als ABC seine Sendung vor dem dritten Jahr im März '71 kündigte, war er erleichtert. Auf der Rückseite des nächsten Albums *Man In Black* stand deutlich genug, wie sie ihm auf die Nerven gegangen waren. Der Text beginnt mit der kryptischen Abkürzung J. C. A. T. – Johnny Cash After Television. »In den letzten drei Jahren hat mich nichts so gefreut, wie diese Songs aufzunehmen«, und »es war das erste Mal, seit wir mit dem Fernsehen angefangen haben, dass ich Zeit hatte, zwei oder drei Tage im Studio zu verbringen«. Seine Liner Notes sind ein Loblied auf die permanente Veränderung. Prozesse abbrechen und woanders weitermachen. Im Tornado der Gefängnis-Alben und TV-Shows waren die herausragenden Johnston-Produktionen *Hello I'm Johnny Cash* und der Soundtrack zu *Little Fauss And Big Halsy* 1970 untergegangen. *Man In Black* setzte den Schnitt, es war Anti-TV, es war ein Ich-habe-eure-beste-Sendezeit-Denken-satt. Es wurde – abgesehen von drei Songs mit den Stimmen von June Carter und des Predigers Billy Graham – nur mit den Tennessee

Three eingespielt und war damit ein Statement gegen den überfrachteten Nashville-Mainstream-Sound. Und mit den Songs ›Man In Black‹ und ›Singin' In Vietnam Talking Blues‹ war es das einzige Statement eines Countrystars gegen den Krieg in Vietnam.

Als Cash sich mit diesen Songs bei der konservativen Countryseite mal wieder unbeliebt machte, hatten die Amerikaner und ihre südvietnamesischen Verbündeten den Krieg in Vietnam so gut wie verloren. Im Februar '65 hatten die USA mit den Bombardements gegen den kommunistischen Vietcong begonnen, und der Luftwaffe waren Kampfhubschrauber und Infanterie gefolgt. Aber selbst 500 000 US-Soldaten bekamen diesen Dschungel-Guerillakrieg nicht unter Kontrolle. In einem Land, das ihnen völlig fremd war, wussten viele nicht, anders als im Zweiten Weltkrieg, warum und wofür sie eigentlich ihr Leben riskierten. Ohne Überzeugung gingen sie gegen eine Armee vor, die, angeführt von Ho Chi Minh, mit voller Überzeugung für Selbstbestimmung und das Ende einer langen Fremdherrschaft kämpfte. Auch die Südvietnamesen, denen die GIs zu Hilfe kamen, litten schwer unter der Anwesenheit der US-Armee, deren Aktionen dem Verbündeten teilweise mehr schadeten als dem Gegner. Der Beginn der so genannten Tet-Offensive des Vietcong Ende Januar '68 war der Anfang von Goliaths Niederlage. Unter der Präsidentschaft von Johnson über Nixon zu Ford änderte sich der Kriegseinsatz dahingehend, dass parallel zum langsamen Ausstieg der US-Armee die südvietnamesische Armee gestärkt wurde. 1970 drangen Soldaten beider Armeen ins bis dahin neutrale Kambodscha ein, wo ebenfalls ein Konflikt zwischen prowestlichen und kommunistischen Kräften herrschte. Erst am 28. April 1975, mit der Evakuierung der amerikanischen Botschaft in Saigon, war das Desaster für die USA beendet – das Vietnamtrauma ist bis heute präsent.

Die Vietcong-Kämpfer wurden von den G.I.s *Charley* genannt, und ein frischer G.I. war ein FNG, ein *Fucking New Guy*. Der spätere Schriftsteller Thom Jones gehörte zur Fallschirmjägereinheit *Recon*, der Elite innerhalb der Elitetruppe Marines. Er hat einiges über diesen Krieg geschrieben, das die Seele des Lesers durchschlägt wie Charleys AK-47-Geschosse die kugelsicheren Westen der G.I.s. Schon am dritten Tag konnte Fucking New Guy Jones, der einem harmlosen Spähtrupp in der entmilitarisierten Zone zugeteilt war, miterleben, wie der Vietcong mit Hilfe seines stärksten Verbündeten, der Natur, seinen Elite-Platoon innerhalb weniger Minuten vernichtete – und er »kroch auf allen vieren davon, bis ich schließlich aufstand, mit einer Hand voll nutzloser M-16-Teile in der Faust, und so schnell davonrannte, wie ich in meinem ganzen Leben nie wieder gerannt bin. Zwei F-4 Phantom-Kampfbomber kamen im Tiefflug über die Lichtung und warfen Napalm und Sprengbomben mit Zeitzünder ab. Ich spürte die nahezu unerträgliche Hitzewelle nach jeder neuen Explosion. Ich spüre sie heute noch, und riechen kann ich sie auch.«[3] Jones serviert keine Abenteuer mit Beobachterattitüde à la Ernst Jünger, sondern das Grauen, von dem selten ein Soldat zu berichten wagt: »Es gab ein ganzes Reservoir von Bösartigkeit, Gift und Sadismus in meiner Seele, und in den Dschungeln und Reisfeldern Vietnams ergoss es sich ungehindert. Ich verlängerte zweimal die Dienstzeit. Ich wollte es ihnen für Jorgeson heimzahlen. Ich trauerte um Lance Corporal Hanes. Ich trauerte um mich selbst und um das, was ich verloren hatte. Ich beging unsägliche Verbrechen und bekam Orden dafür.« Was den Zusatz verlangt, dass das Foltern von gefangenen Vietcong den Südvietnamesen überlassen wurde.

Cashs Verhältnis zu diesem Krieg war widersprüchlich. »Ich hatte keine klare Haltung, ob der Krieg richtig oder falsch war. Ich konnte mir darüber einfach keine Gedanken machen, solange mein Herz so von Schmerz erfüllt war«, beschrieb er in seinen Lebenserinnerungen 1997 seine Gefühle nach dem Anblick von (amerikanischen) Kriegsopfern. Anfang '69 hatten sie in Saigon und vielen anderen Militärbasen gespielt, und er sagte, sie hätten »for our boys in Vietnam« aus denselben Gründen gespielt, aus denen sie in Gefängnissen auftraten. Das Schlimmste sei nicht der Anblick der Toten und Verletzten gewesen, schrieb er später, sondern der Anblick der großen Transportmaschinen, die frische Jungs brachten.

Ein paar Monate nach der Kriegstour der Cash-Truppe fragte ihn Paul Hemphill, der gerade an seinem großartigen Buch *The Nashville Sound – Bright Lights And Country Music* schrieb, ob er den Einsatz unterstütze. Cash sagte: »Ich unterstütze die Außenpolitik unserer Regierung«, aber auch »ich weiß nicht so viel über diesen Krieg«. Sie hätten drüben gesehen, wie die Jungs in Hubschraubern von Einsätzen zurückgebracht wurden und wie ihnen die Gedärme heraushingen, und dieses Erlebnis mache einen dann schon »a little mad about some of these folks back home«. Womit er die Kriegsgegner meinte. Dann sagte er diesen berühmten Satz: »Für mich ist es so: Das einzig Gute, das ein Krieg je hervorgebracht hat, ist ein Song, und das ist eine höllische Art, an seine Songs zu kommen.« Und er fügte hinzu: »Dennoch, ich weiß nicht, wie patriotisch ich wäre, wenn ich arm und hungrig wäre.« Wieder später sagte er, die USA hätten kein Recht dazu, diesen Krieg zu führen, und sie sollten ihre Jungs so schnell wie möglich nach Hause holen. Seine Meinung änderte sich wohl nicht aus politischen Gründen, sondern weil es immer mehr Jungs wurden, die in Metallsärgen heimkamen (bei Kriegsende waren es 46 000), ohne dass es für ihren Tod einen ähnlich einsehbaren Sinn wie etwa die Bekämpfung der Nazis in Deutschland gegeben hätte. Auch die Auseinandersetzung im eigenen Land hatte sich mit dem »neuen« Krieg gegen Kambodscha zugespitzt: Im Mai '70 wurden bei einer Demonstration vier Studenten in Ohio von Nationalgardisten erschossen, weitere zwei von Polizisten in Tennessee.

Auf der Rückseite von *Man In Black* schrieb Cash, dass er kürzlich zu einem Reporter gesagt habe: »Vor einem Jahr habe ich viel weniger nachgedacht, als ich das jetzt getan habe.« Er schreibt nicht mehr, dass ihn die Kriegsgegner wütend machen, sondern: »Ich liebe mein Land, und ich glaube an seine Jugend, ich habe das immer getan und werde es immer tun.«

The Man In Black – die Bezeichnung ist bis heute reserviert für Johnny Cash. Selbst in einer Zehn-Zeilen-Meldung, dass er im November 2001 zum zweiten Mal innerhalb eines Monats mit Bronchitis ins General Baptist Hospital in Nashville eingeliefert wurde, darf nicht fehlen, dass der *Man In Black* mit Hits wie ›Ring Of Fire‹ ein Weltstar wurde. Der Song selbst ist hinter dem Outfit versteckt. Cash hatte sich schon früh in seiner Karriere für weitgehend dunkle, vorwiegend schwarze Kleidung entschieden, angeblich bereits vor seinem ersten Auftritt in der Grand Ole Opry mit der Bemerkung, helle oder bunte Kleidung würde nur von seinen Songs ablenken (in dieser Hinsicht war *er* der Anti-Hank Williams und, von kurzen Cowboyphasen abgesehen, damit außerhalb des Countrymainstream). Dieses Aussehen verstärkte sein dunkles, ernsthaftes Image – und das hatte schon, wir erinnern uns, Sun Records-Chef Sam Phillips erkannt und gefördert. Mit dem Song bekam das Outfit einen Überbau, der allgemein verständlich war: die Farbe Schwarz als Trauerkleidung, gewählt auch in der Gewissheit, ein Superstar zu sein, jemand, auf den alle hören.

Ihr wundert euch, warum ich immer schwarz gekleidet bin, singt der Sänger, und warum mein Auftreten immer einen düsteren Ton hat. Es gibt einen Grund dafür – ich trage Schwarz für die Armen und Geschlagenen, die im hoffnungslosen, hungrigen Teil der Stadt leben, und für die Gefangenen, die schon lange für ihre Verbrechen bezahlt haben, und für die, die Jesu Worte, dass Liebe und Barmherzigkeit der Weg zum Glück sind, nie gelesen oder gehört haben. Ich glaube, wir fühlen uns ziemlich gut, singt der Sänger, in unseren blitzenden Karossen und tollen Klamotten, aber damit wir uns an die Zurückgestoßenen erinnern, braucht es *up front* einen Mann in Schwarz. Und Cash setzt die Reihe derer fort, für die er Schwarz trägt: für die kranken und einsamen Alten und für die Rücksichtslosen, die ihr *bad trip* gefühllos gemacht hat. »Ich trage Schwarz für die Leben, die nicht leben durften – jede Woche verlieren wir hundert gute junge Männer«, und er trägt es für die Tausende, die gestorben sind, im Glauben, Gott wäre auf ihrer Seite, und für die hunderttausend Toten, die glaubten, »wir alle wären auf ihrer Seite«. Der Sänger weiß, dass sich bestimmte Dinge nie und andere ständig ändern, »aber bis wir anfangen, ein paar Dinge zum Richtigen zu verändern, werdet ihr mich nicht in einem weißen Jackett sehen. Liebend gern würde ich jeden Tag einen Regenbogen tragen und der Welt erzählen, dass alles okay ist – but I'll try to carry off a little darkness on my back, 'till things are brighter, I'm the Man In Black.«

Es gab zweifellos explizitere und härtere Protestsongs, aber die Botschaft wurde nicht missverstanden: Hatte Cash ein Wort darüber verloren, es könnte sich um einen gerechten Krieg handeln? Oder darüber, dass our boys angeblich ihr Leben gaben, um die freie, von Amerika angeführte Welt nicht den kommunistischen Tieren zu überlassen? Steckte die Botschaft drin, dass die Vereinigten Staaten Grund hatten, etwas Elend im eigenen Land zu beseitigen? »Wenn ich jemals wieder dorthin komme, dann hoffe ich, dass keine Jungs mehr dort sind, für die ich singen muss«, sang er im ›Singin' In Viet Nam Talkin' Blues‹, »und dass alle wieder zu Hause sind und dort bleiben: in Frieden.«

›Man In Black‹ kam auf Platz 3 der Country- und Platz 58 der Popcharts. Der erste Song, ›The Preacher Said, Jesus Said‹, mag nichts Gutes verheißen, mit der pathetischen Deklamation des Predigers Billy Graham, mit dem er bis heute befreundet ist, aber das Johnny-Cash-After-Television-Country-Folk-Album gehört zu seinen besten.

Cashs bekannteste Übeltat ist die Verursachung eines großen Waldbrands während seiner harten Drogenphase, die ihn 85 000 Dollar Strafe kostete. Es ist aber nicht ausgeschlossen, dass er auch die Verantwortung für ein viel größeres Verbrechen trägt. Nachdem die Gefängnis-Alben ihn auch in Deutschland über die AFN-Country-Gemeinde hinaus bekannt gemacht und Ende Februar 1972 zu ersten Konzerten hergebracht hatten, erschien im Jahr darauf das erste Album einer Gruppe namens Truckstop, die hierzulande bis heute für das Image von Country als Schlager-mit-Cowboyhut verantwortlich ist. Ihr erklärtes Ziel war es, »in schamloser und illegaler Weise das amerikanische Liedgut in ganz Deutschland zu verbreiten, um so der heimischen Volksmusik Einhalt zu gebieten«. Mit Versen wie dem folgenden war das natürlich schwierig: »Als er älter wurde, spürte er bald, für Winnetou und so was war er zu alt, er vergrub sein Kriegsbeil lieber bei den Frau'n.« Geradezu selbstverständlich sind Truckstop erklärte Fans von den besten Musikern, die Country zu bieten hat – und das gehört zu den grausamsten Einsichten, die einem Countryfan auferlegt werden können.

Der Ex-GI wurde '72 von der *Bild*-Zeitung geradezu liebevoll begrüßt: Sie hatte recherchiert, dass Cash »1965 täglich bis zu hundert Rauschgiftpillen« nahm und »später auf Heroin und Opium umstieg«. *Bild* steckte ihn 1967 ins Gefängnis und ließ ihn, »1968, aus dem Gefängnis entlassen«, June Carter kennen lernen. Bei der Heirat hätte er ihr versprochen, »mit dem Spritzen aufzuhören«, und zwei Jahre später, pünktlich zur Geburt des Sohnes, »hatte ich es geschafft«, zitiert *Bild* Cash oder den Dealer von Rudi Dutschke oder die linke Brustwarze von Uschi Obermeier, wer weiß es, wen interessiert's. Vielleicht war es die Rache dafür, dass er jedes Interview verweigerte, aber es war wohl doch nur die übliche dumpfe Dummheit.

In einigen anderen Berichten, die nicht bar jeder Kenntnis von Country und Cash verfasst wurden, tauchen Beschreibungen auf, die schon den Verlauf der 70er Jahre andeuten. Nicht jede Show wurde von der Höllenstimmung in San Quentin angefeuert: Zwar nicht Cash selbst, aber die Show insgesamt wurde immer wieder als zwiespältige Sache kritisiert. Die Lobpreisung Gottes und die Zurschaustellung der Familie als reiner Ort begannen das Zentrum der Show zu überlagern und Cashs dunkle Seite allzu hell zu beleuchten. Und verständlicherweise schafften es die Tennessee Three nicht jeden Abend, so zu tun, als hätten sie diese Hits nicht schon zigtausend Mal gespielt. Die Erneuerung, die er auf Schallplatten auch nach weniger spannenden Phasen immer wieder schaffte, die Kreativität und der Blick nach außen – das alles wurde zu wenig auf die Show übertragen. »Die Countrymusik kam in diesem Rahmenprogramm so wässrig von der Bühne herunter«, war nach dem Konzert im Deutschen Museum in München zu lesen, »dass auch gleich gar nichts mehr davon zu spüren war, dass sie eigentlich als weißes Gegenstück zum schwarzen Blues ganz schön vital, direkt und handgreiflich sein kann.« Cash hatte genau das zwar schon hinreichend bewiesen – in dieser Phase aber hatte er den Freunden des härteren Country wenig zu bieten, und er sollte auch bis zuletzt bei seinem Show-für-alle-Konzept bleiben.

Das etwas biedere, betschwesternhafte Programm der Cash-Show kollidierte mit dem Kredit, den die Gefängnis-Alben mit ihrer unglaublichen Energie auch bei einem Rockpublikum bekommen hatten – das weder in Hippie-Seligkeit versunken war, noch Country grundsätzlich mit denen gleichsetzte, die die Motorrad-Hippies in *Easy Rider* abschossen. Alle, die *Country My Ass* sagten, hätten vielleicht kurz nachgedacht, wenn sie gewusst hätten, dass Regisseur Dennis Hopper in Cashs Sendung zu Gast gewesen war. Die Carter-Schwestern sahen nicht sexy aus wie die Sängerinnen des Musicals *Hair*, Cash war indiskutable 40 Jahre alt und hatte auch noch den Drogen abgeschworen – hip war nun wirklich was anderes! Der Schweizer Romanautor Andreas Niedermann hat in einem Aufsatz zu Cashs 60. Geburtstag ein paar schöne Erinnerungen an diese Zeit ausgepackt. Allein wegen des Covers hatte der Teenager *At San Quentin* einem Freund abgekauft, blieb dann aber »im Zeitalter von Räucherstäbchen, Zen-Buddhismus, Haschischpfeifen und politischen Diskursen« allein damit, und das Album verschwand im »etwas verstaubten Teil der Plattensammlung und wurde nur manchmal, allein und verstohlen« gehört. »Hätte man mich damals beim Anhören von Cash erwischt, soziale Ächtung wäre mir gewiss gewesen.« Denn »die Konventionen der Anti-Konventionellen waren sehr rigide«, und Cashs Aussehen und Musik wurden als reaktionär verstanden. Fernweh- und Freiheitsträume wurden davon trotzdem nicht gestoppt: »Selbst die Vorstellung, im Gefängnis zu stecken, hatte etwas Romantisches. Johnny Cash kam vorbei, und man hatte ein paar gute Stunden.«

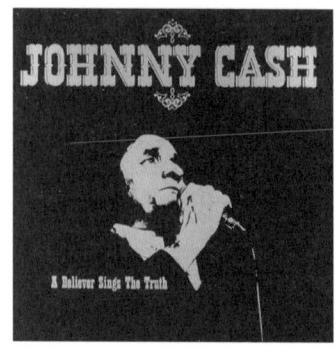
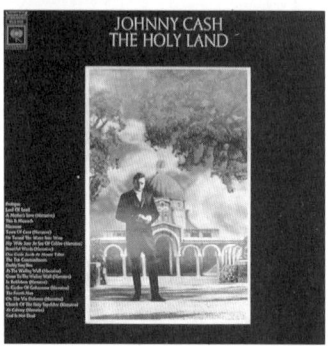

Dass Cash bald darauf in einem der besten Bücher zu dieser Musik nur wenig beachtet wurde, lag auch daran, dass
sich Autor Nick Tosches primär für die *Twisted Roots Of
Rock'n'Roll* interessierte. Dass Tosches aber kein gutes Wort
für ihn übrig hatte, ging auf das Konto dieser Phase: »Johnny
Cash und sein Gott sind ein besonders öder Act ... Seine Sicht
der Countrygeschichte ist so surreal wie die von ...« sagen
wir: RTL. Entgegen Cashs Behauptung sei der Einfluss seiner
Schwiegermutter Maybelle Carter als Countryinstrumenta-
listin etwa so groß wie der von – sagen wir: Franz Becken-
bauer. »Mit jedem Jahr scheint Johnny Cashs Denken mehr
monomaniacal zu werden.« Was sich bei Tosches spiegelt,
ist die Wut darüber, dass Countrymusik dieser Jahre nur in

218

seichter, von allem Heftigen befreiter Form Erfolg hat. Was ihm fehlte, war die packende Traurigkeit eines Hank Williams, die Ausbrüche eines Jerry Lee Lewis, das Feuer von Rockabilly. Cashs 76er Hit ›Sold Out Of Flagpoles‹ nannte er einen absurden Eintopf aus Gläubigkeit und Patriotismus und so doof wie die Songs des Films *Nashville* (die damit allerdings Robert Altmans Absichten entsprachen).

Zur selben Zeit krachte eine Gruppe ins Fort Nashville, die sich The Outlaws nannte. Sie hatten lange Haare, Kif und Rockgitarren, und sie hatten seit Jahren versucht, es Nashville zu zeigen. Cash gehörte nicht zur Bande dazu, aber als »natural outlaw« war er eine Art passender Pate und wurde irgendwie dazugezählt. Und er kannte sie besser als die Journalisten, die sie jetzt löcherten. Er war ihnen verbunden – auch wenn es eigentlich nicht so aussah.

»Ich habe den Eindruck, meiner Plattenfirma wäre es lieber, ich säße im Gefängnis statt in der Kirche«, sagte er 1975.

Ein Junge namens Sue und andere Mädchen

Ob Johnny Cash weiß, dass er neben Elvis, James Dean und Marlon Brando zu den beliebtesten männlichen Ikonen lesbischer Frauen gehört? Ja. Erzählt jedenfalls der Trash-Filmer John Waters, dass er eines Tages die Gelegenheit hatte, ihm zu erzählen, dass er eine Weile in einer Bar in Baltimore herumhing, in der »viele Frauen aussahen wie Johnny Cash«.

Damit beginnt die lesbische Journalistin Teresa Ortega ihren Artikel »Johnny Cash As Lesbian Icon«[4], vielleicht der schönste, sicher der überraschendste in dem Hundert, das ich jetzt lesen durfte. Für die 1964 geborene Ortega waren es natürlich die Gefängnis-Alben, die den Sänger zu ihrer Ikone machten. Was an ihm attraktiv wirkte, waren sein Aussehen,

JOHNNY CASH - Columbia Records
MANAGEMENT
STEW CARNALL, 15445 VENTURA BLVD.,
SHERMAN OAKS, CALIF.

die dunkle, uniformhafte Kleidung, seine zugleich menschenfreundliche und gefährliche Aura. Sein Touch von Einsamkeit entsprach ihrem Gefühl, in einer sexuell verkehrten und autoritären Gesellschaft allein und verloren zu sein. In einer Zeit, in der ein lesbisches Mädchen weder im Fernsehen noch sonst wo in der Öffentlichkeit passende Leitbilder habe entdecken können, sei Cash ein Star gewesen, der zum Rollenmodell getaugt habe. Die Entdeckung des großartigen Gefühls, dass man nicht der einzige Außenseiter auf der Welt ist, und dass es sogar einen gibt, der groß und berühmt ist und sogar, perfekt getarnt sozusagen, von den vielen *Normalen* geliebt wird. Cashs Anti-Star-Outfit entsprach dem Wunsch nach einer Kleiderordnung, in der ein Boy-Girl oder eine lesbische Frau nicht weiter auffiel (und dieser Hang zur Uniform ist die Parallele zur homosexuellen Sehnsucht nach Glamour). Cashs Image des Außenseiters war attraktiv für andere Außenseiter – und er ging dorthin, wo sie waren: Er sah aus wie einer von ihnen, und das passte zum Gefühl, als homosexueller Mensch in einem Gefängnis zu sitzen (obendrein der falschen Kleiderordnung unterworfen). Ortega empfand Cash als »a mysterious, sexy, perverse man« mit einem »dangerous appeal«.

Ein herausragender Reiz steckte in dem Song ›A Boy Named Sue‹. Es war eine bizarre, üble, witzige Geschichte.

220

Ein Vater nennt seinen Sohn, bevor er die Familie verlässt, Sue. Und deswegen singt Sue »I had to fight my whole life through«, und er muss ständig von einer Stadt zur anderen, so schämt er sich – bis er nur noch den Wunsch hat, den Mann, der ihm Sue verpasst hat, zu töten. Schließlich entdeckt er den dreckigen Hund, und zu Cashs Gebrüll lachen sich die Gefangenen in San Quentin kaputt: »My name is Sue! How do you do! Now you gonna die!« Es kommt zum Kampf und dabei schneidet ihm der Alte auch noch ein Stück vom Ohr ab, »but I busted a chair right across his teeth«, und dann hat Sue den Revolver schneller zur Hand als sein Vater, der ihm nun die Sache erklärt: Weil er ihn in einer harten Welt allein lassen musste, gab er ihm diesen Namen, der ihn entweder hart genug machen oder ihn damit untergehen lassen würde. Und dann gibt er Sue das Recht, ihn zu töten. Am Ende die Versöhnung und Sues Schwur, seinen Sohn Bill oder George oder sonst wie zu nennen, aber niemals Sue.

Tomboy Ortega konnte mit dem Song erleben, dass er nicht nur speziell zu ihr zu sprechen schien – schließlich fühlte sie sich als *A Boy Named Teresa* –, sondern auch die Country- und Popcharts stürmte. Was fühlten andere dabei? Konnte es sein, dass es für sie *nothing but a goddam joke* war?!

Ich weiß nicht, worüber Cash in seinem riesigen Gesamtwerk nicht gesungen hat. Sex aber gehört nicht zu seinen Themen, und es gibt nur einen Song, der explizit von Sex spricht: ›Locomotive Man‹ (das im nicht veröffentlichten zweiten Take sogar ›Lovin' Locomotive Man‹ hieß) war, analog zur Romantik des Seefahrers, der in jedem Hafen eine Braut hat, eine gut gelaunte Aufzählung von Orts- und Frauennamen, angetrieben von einem – ich darf hier einmal ein Wort aus dem Lexikon des Rockjournalismus benutzen – knackigen Rockabilly-Rhythmus. Es hatte bis Ende der 30er Jahre eine Sex-Song-Tradition im Country gegeben, aber 1960 wurde das auf der B-Seite einer Single versenkt, die keinen Hit versprach.[5] Eine Art Antwortsong findet sich auf seinem 75er Album *John R. Cash*, Chip Taylors[6] ›Clean Your Own Tables‹. Die Bedienung eines Trucker-Lokals hat den Ruf, sich etwas zu schnell und zu oft mit Männern einzulassen, aber der Sänger liebt sie und findet nicht, dass sie deshalb keine gute Frau ist, und schleudert allen, die sich das Maul zerreißen, entgegen, sie sollen sich um ihren eigenen Dreck kümmern.

Cashs sexuelle Anziehungskraft ist mit dem Hit seines Freundes Waylon Jennings, ›Ladies Love Outlaws‹, schnell benannt (und die Ladies können sofort durch Boys oder Tomboys oder wen auch immer ersetzt werden), falls man nicht weiter über sein Aussehen oder die generelle Attraktivität von Stars referieren will. Aus einer Flut von Aussagen von Kollegen, die meistens Cashs große Wirkung des *bad guy* beschreiben oder seine Charakterfestigkeit, sich Meinung und Stil nicht von Plattenfirmen vorschreiben zu lassen, verdient ein Statement besondere Beachtung: Es stammt von Dolly Parton, die ihre großen Songwriter-Qualitäten oft und bewusst, souverän und humorvoll in Konkurrenz zu ihrem Aussehen gesetzt hat.

»When I first met him, I was probably twelve or thirteen years old. He was just pilled to the gills, doped up and hyper and had all that nervous energy, but even still, he had that charm, that magic. I had never really known what true sex appeal really was, bein' a young girl, and I guess I had raging hormones at the time. I don't know how much is to Johnny's credit and how much was to my just bein' horny, but when I first came to Nashville, I saw Johnny Cash on stage, and I felt everything in the world that a girl could feel.«

Noch mehr Outlaws

Es gibt keine Gesetze, die die Zusammenarbeit zwischen Musikern und Produzenten im Studio regeln. Aber die ungeschriebenen Studiogesetze im Nashville der 60er Jahre waren so eisern, dass ein Musiker einen Revolver hätte ziehen müssen, um sie zu ändern. Der Produzent war der Chef. Wenn er's für nötig hielt, bestimmte er die Auswahl der Songs und das Image des Künstlers. Er bestimmte die Musiker, die den Nashville-Sound zu erzeugen hatten. Die Musikfabrik war auf größte wirtschaftliche Effektivität ausgerichtet, und ein Gesetz besagte, dass ein Song binnen einer Stunde, Gong!, fertig zu sein hatte. Die Studiomusiker waren so schnell und perfekt, dass sie in einer Stunde auch das Telefonbuch ohne eine Probe vom Blatt gespielt hätten. Es waren nicht allzu viele Musiker in dieser Mannschaft. Falls jemand behauptete, alle Songs würden irgendwie ziemlich gleich klingen, dann war das nicht ihr Problem, sondern das des Produzenten, aber der hatte kein Problem damit, denn es sollte so sein. Waylon Jennings hatte das Problem, dass die Songs selten so klangen, wie er sie in seinem Kopf hörte, und das hatte mit dem Problem zu tun, dass er die Musiker, mit denen er ständig auf Tournee war, nicht mit ins Studio bringen durfte. Weil seine Musiker das Problem hatten, in einer Stunde einen neuen Song nicht mit der gewünschten Perfektion, Gong!, einspielen zu können. Sie hatten die Fähigkeit, Gefühle in Musik zu übersetzen und Songs individuell zu gestalten, aber damit hätten sie die Gesetze des Nashville-Sounds nicht eingehalten, und der Produzent hätte ein weiteres Problem gehabt.

Gitarrenlegende und RCA-Chefproduzent Chet Atkins wurde auf der Karriereleiter immer höher geschoben und hatte '69 kaum noch Zeit, sich um Waylon Jennings zu kümmern, und der hatte damit ein echtes Problem. Sein Name war

Danny Davis, und in seinem Nashville-Chef-und-Sound-Wahn hatte er sogar das Wort Respekt vollkommen vergessen. Atkins hatte zwar den Sound bestimmt, den er mit geschaffen und dessen Garant er zu sein hatte, ansonsten aber Jennings so weit möglich einbezogen. Atkins' Nachfolger Davis aber schüttete Aufnahmen bis zur nächsten Session mit neuen Spuren zu, wie es ihm passte, falls er nicht auf die Idee kam, sie zu löschen. Jennings war 32. Er hatte in der letzten Band von Buddy Holly gespielt und war beim Flugzeugabsturz '59 nur deshalb nicht ums Leben gekommen, weil er in letzter Minute seinen Platz Big Bopper geschenkt hatte. Er hatte ihnen in fünf Jahren ein Dutzend Alben gegeben und war zum Symbol für ein zeitgemäßes, verjüngtes Nashville geworden, und er war viel mehr als einfach nur ein Sänger. Er war zwar nicht so groß wie sein Freund Cash, aber er war eine Countrygröße – und jetzt hatte er nach fünf Jahren, in denen ihm Herb Alpert oder Chet Atkins ihren Sound aufgedrückt hatten, auch noch so einen Typen am Hals. Also brachte er eines Tages einen Problemlöser mit ins Studio: eine 22er Magnum.

Leider – weder waren Jennings' Probleme damit gelöst, noch war es die Geburtsstunde von The Outlaws, wie diejenigen später genannt wurden, die gegen das Nashville-System rebellierten; bis sie es auf den Kopf gestellt hatten, sollte es noch ein paar Jahre dauern. The Outlaws, der Name klang spannender als das, was sie wollten: ihren Sound selbst bestimmen, die Kontrolle über ihre Arbeit haben. Aber das war für das Nashville-System gefährlicher, als wenn Danny Davis sofort zur Hölle gefahren wäre. Denn wenn Atkins Waylon Jennings dieses Recht auf Selbstbestimmung gegeben hätte, dann wäre am nächsten Tag eine Schlange von weiteren RCA-Künstlern bei ihm angestanden. Und wenn er jedem seinen individuellen Sound zugestanden hätte, dann wäre das Markenzeichen Nashville-Sound erledigt gewesen. So viele Millionen werden nicht so schnell aufs Spiel gesetzt. Cash konnte mit diesen Millionen mithalten, und deshalb war er der Einzige, der seine Arbeit weitgehend kontrollierte, obendrein mit einem Produzenten Bob Johnston, der für Erneuerung stand und begeistert seine Leute unterstützte (und nicht lange Nashvilles Columbia-Chef war).

Die politisch-kulturellen Bewegungen, die in den Sechzigern aufeinander prallten, spiegelten sich auch in der Countrymusik. Die Heile-Welt-Fassade wurde ständig weiter zerkratzt. Frauen wie Loretta Lynn oder Tammy Wynette brachten Songs gegen das herrschende Mann-Frau-Bild. Es gab Songs über das Glück des Seitensprungs, des Partnertauschs und sogar ein paar wenige, in denen eine Beziehung zwischen Schwarz und Weiß vorkam. Bobby Bare oder Merle Haggard erzählten mitleidlos davon, dass die Werte irgendeiner guten alten Zeit passé waren, in den Honky Tonks der Städte galten die Regeln der Mutter nicht mehr viel. Tom T. Hall beschrieb in ›Harper Valley PTA‹ die typische Kleinstadtheuchelei, und Jeanne C. Riley, im Mini und mit laaangen blonden Haaren das Musterbild eines Roaring-Sixties-Twens, brachte es '68 als funky Countryrock – und es war sogar einer der Hits des Jahres. Das alles war kein Aufstand, aber es wurde etwas frisches Terrain erobert – während das Gesamtbild des Nashville-Sound immer netter und glatter und gleichförmiger wurde. Cash hatte Mitte der 50er nichts anderes gesagt, und in den 90ern konnte man es wiederholen. Sobald sich ein neuer Trend als kompatibel und erfolgreich herausstellt, bauen sie eine Betonmauer um ihn herum und buchten alle Künstler, die mitspielen oder passen oder sich nicht wehren können, ein – bis die Goldader abgebaut ist. Es war nicht nur die Arbeitsweise der Countryindustrie, aber sie war langsamer, zäher und innovationsfeindlicher als die Pop- und Rockindustrie. Und andererseits wären sie fähig gewesen, wenn Gott ihnen Erfolg garantiert hätte, ein Konzert für drei Betonmischer und Banjo unter dem Label Country zu verkaufen – was kein Widerspruch ist, sondern kapitalistische Perfektion. Oder in bodenständige Countrysprache übersetzt: Sie hassten Rockmusik und waren nicht bereit, diesen Dreck ins Haus zu lassen.

Aber CBS war größer als die Außenstation Columbia-Nashville. CBS-Musikchef Clive Davis, New York, interessierte sich nicht für Country, aber ab '67 begeistert für Rock (und seinen Marktwert, versteht sich). Die Jungs unten im Süden mochten sich um die Moral kümmern, er kümmerte sich darum, dass das Programm von morgen nicht das von vorgestern war. Die Scheine, die Bob Dylan und The Byrds für den Konzern einfuhren, waren nicht dreckiger als die, die Johnny Cash und George Jones ablieferten. Und dann kam Dylan in die Stadt, deren Musikszene hinter dem Vorhang so tapfer wie irgendeine andere im amerikanischen Showbiz die gute alte Moral verteidigte. Und dann griffen The Byrds nach einer Musik, deren Vertreter nicht weniger Stoff für Sex- und Drogengeschichten boten als irgendwelche anderen.

Im Herbst '67 nahm Dylan das countrifizierte Rockalbum *John Wesley Harding* in Nashville auf, und im Dokumentarfilm *The Other Side Of Nashville* erzählen Bob Johnston und Kris Kristofferson, dass das ein Signal für alle war, die das Nashville-Sound-System satt hatten: Es feuerte ihren Wunsch nach Veränderung an. Wenige Monate später legte die elektrische Folk-Beat-Band The Byrds in der Stadt an, die auch mit einigen Dylan-Covers wie ›Mr. Tambourine Man‹ Hits gehabt hatte. Sie nahmen einiges für ihr sechstes Album auf: *Sweetheart Of The Rodeo* war im Sommer '68 die Geburtsstunde des Country-Rock. In erster Linie war es das neue Mitglied Gram Parsons, der die Band veränderte und für das unerwartete Album hauptverantwortlich war. Das 22-jährige

Musikgenie liebte Hank Williams nicht weniger als die Rolling Stones, und auch die Byrds Chris Hillman und Clarence White kannten sich bestens mit Country aus. Sie dachten zugleich moderner und traditionsbewusster als der Countrymainstream und sie machten mit Leidenschaft das, was sie wollten. Sie spielten Parsons-Songs, arrangierten Uraltes neu, coverten die Louvin Brothers, Woody Guthrie und Merle Haggard, der sich von Nashville fern hielt und die aktuelle Pop-Kitsch-Attitüde wie sie ignorierte. Das Album hatte nichts mit Hippie-Lagerfeuerromantik zu tun, sondern war Ausdruck ihres Gelangweiltseins von der Szene und »dem Überdruss an psychedelischen Geräuschkulissen«[7], die sie durch Honky-Tonk ersetzten wie Kiffer- durch Trinkersongs. Das Album zog ein neues Publikum Richtung Country und brachte weitere Rockbands auf diesen Weg. Nur eins hatten die Byrds vergessen: in den Spiegel zu schauen. Sie, speziell Parsons und Hillmann, waren zutiefst verletzt über die Aggression, mit der das Country-Establishment das Album ablehnte. Hört man diese großartige, durch nichts aufgemotzte oder verzerrte Platte heute, dann ahnt man, welcher Irrsinn geherrscht haben muss. Mir ist kein Grund bekannt, weshalb man den Gegnern mehr Intelligenz als die folgende unterstellen sollte: Diese langhaarigen Antiamerikaner waren die Letzten, von denen man sich was über *real country* erzählen ließ. Es war schon schlimm genug, dass respektierte Countryleute wie Buck Owens, Merle Haggard und Waylon Jennings anfingen, live ihren Gitarren- und Bandsound Richtung Rock zu verschieben! Mochten sie auf ihren Tourneen den Boss spielen – im Studio war der Produzent der Boss. Fans wurden nachdenklich: Wieso klang der lebendige Waylon nicht so schön wie der auf Platte?

Es war tragisch, dass ausgerechnet '69 ein Song von den Byrds und einer des von ihnen so verehrten Merle Haggard jeweils als Geschütz gegen den Feind benutzt werden konnte. Haggards ›(I'm Proud To Be An) Okie From Muskogee‹ wurde eine Hymne gegen Hippies und Protestbewegung: Dieser Mann aus dem Oklahoma-Kaff Muskogee war stolz darauf, dass bei ihnen nicht gekifft, keine freie Liebe getrieben, kein männliches Kopfhaar lang getragen und kein Einberufungsbescheid verbrannt wurde, sondern dass es bei ihnen immer noch rechtschaffen und ordentlich zuging. Haggard verteidigte sich später, der Song sei auch ironisch gemeint gewesen, und er und seine Band hätten sowieso ständig Marihuana geraucht. Fest steht, dass der Song als reaktionäre Hymne benutzt werden konnte, und dass Haggard sich widersprüchlich verhielt: Als ihn ein Südstaatengouverneur für den Wahlkampf einspannen wollte, lehnte er ab, weil der Mann ein Rassist sei; auf Live-Aufnahmen ist zu hören, dass er die Begeisterung der Okie-Song-Fans unterstützt und ihnen nichts von Ironie erzählt. Dass der Song eine berechtigte Hippie-Kritik enthielt, wurde aufgrund seiner plakativen Sätze selten wahrgenommen, und das verbindet ihn zum Beispiel mit dem legendären Splatter-Film *The Texas Chainsaw Massacre*, der vor einem ähnlichen Hintergrund spielt: Haggard erzählte auch davon, dass Hippies die durchschnittlichen Land- und Kleinstadtmenschen des Südens für dumm hielten, weil sie sich eben anders kleideten, Country mochten, einen richtigen Job haben wollten und an Liebe, Heirat und einen Gott glaubten, der nicht kiffte. Eine andere Ironie zu seiner Verteidigung konnte Haggard damals nicht ahnen: Nur wenige Jahre später veränderte Punk in England, sozusagen mit der Motorsäge, die Popmusik so radikal wie 20 Jahre zuvor Elvis, und ein deutliches Kennzeichen von Punk war die totale Ablehnung der Hippies und jeder Musik, die irgendwie damit in Verbindung gebracht werden konnte.

Das *Sweethearts*-Album der Byrds hatte mit der klischeehaften Meinung der Hippies über die nicht hippen, einfachen Unterschicht- und Mittelschichtleute nichts zu tun, es war im Gegenteil so was wie eine Friedenspfeife, es war die Ablehnung von Parolengebrüll. Auf dem nächsten Album aber, dem von Bob Johnston für Columbia produzierten *Dr. Byrds & Mr. Hyde*, rächten sie sich für die Ablehnung des *Sweethearts*-Albums mit dem Song ›Drug Store Truck Drivin' Man‹ – »he's the head of the Ku-Klux-Klan«, heißt es schon in der zweiten Zeile, und der Country parodierende Song wurde sofort angenommen als pauschales Geschoss gegen Country und alles, was nicht pro Countercultural Movement war. Für den besungenen Mann gab es ein reales Vorbild, ein von ihnen geschätzter Country-DJ, der das *Sweethearts*-Album geradezu hasserfüllt niedergemacht hatte: »He's been like a father to me, he's the only DJ you can hear after three, I'm an all-night musician in a Rock'n'Roll-Band, and why he don't like me I can't understand.« Co-Autor Gram Parsons hatte die Band schon wieder verlassen, aus Protest gegen eine Südafrikatournee.

Was sich um diesen wie um Haggards Song herum aufbaute, spiegelte die dynamitgeladene Stimmung in der Gesellschaft – und es war dieselbe Zeit, als Waylon Jennings mit seiner 22er Magnum im Studio darauf hinwies, dass die Zeiten sich ändern würden. Es gab dann sogar einen bombigen Nachhall auf Haggards ›(I'm Proud To Be An) Okie From Muskogee‹: Kinky Friedman sang '73 zur selben Melodie ›(I'm Proud To Be An) Asshole From El Paso‹. Der jüdisch-texanische Unruhestifter glaubte nicht an die Werte der tapferen Amerikaner und sang etwa dies: Papa passt auf, dass sein Baby sauber in die Ehe geht, holt sich zum Ficken aber mexikanische Jungfrauen. Friedman erzählte später, den Song in normalen Countryclubs zu spielen, sei für ihn und seine Texas

Jewboys oft lebensgefährlich gewesen. Die Einschätzung des Outlaws, der die frechsten und komischsten Texte von allen schrieb (mit ›Ride 'Em Jewboy‹ aber auch den einzigen Countrysong über den Holocaust), die, von Chinga Chavin geschriebene, harte Okie-Parodie habe seine Karriere nicht gerade gefördert, dürfte stimmen. Immerhin, er wurde in der Grand Ole Opry als »der erste vollblütige Jude auf der Opry-Bühne« angekündigt und stand dort, wo auch sein Säulenheiliger Hank Williams gestanden hatte. Heute ist Friedman längst ein erfolgreicher Krimiautor, mit speziellem Unterhaltungswert für Countryfans: Sein Detektiv ist ein Excountrysänger namens Kinky Friedman. Und der findet in jedem Buch eine Gelegenheit für die neuere Outlaw-Parole: Garth Brooks ist der Anti-Hank.

Dem zunehmend schlecht gelaunten Waylon Jennings aber gelang (vielleicht wegen dem Peacemaker?) tatsächlich ein erster Befreiungsschlag: Chet Atkins ließ ihn die nächste Produktion in Hollywood mit Lee Hazlewood aufnehmen, der mit Nancy Sinatra erfolgreich war und ein genialer Songwriter und Sounderfinder in Pop und Country. Das Album *Singer Of Sad Songs* wurde von Nashville nicht gutgeheißen: weil es außerhalb seiner Kontrolle geschaffen worden war. Dennoch, die einzige Musikerrevolte der Countrymusik ließ sich nicht aufhalten, auch weil diejenigen, die dafür kämpften, zu gut, zu erfahren und zu bekannt waren.

1970 hatte Willie Nelson Nashville satt und ging nach Austin, Texas, wo sich bereits um Musiker wie Doug Sahm und Jerry Jeff Walker eine Country-Rock-Szene gebildet hatte. Im selben Jahr erschien das erste Album von Cash-Schützling Kris Kristofferson, dessen Songs schon seit einigen Jahren von den Besten gespielt wurden; ein Meilenstein, der exakt vorführte, worum es ging: nicht um ein simples Country goes Rock, sondern um Intensivierung – das Heftige heftiger ma-

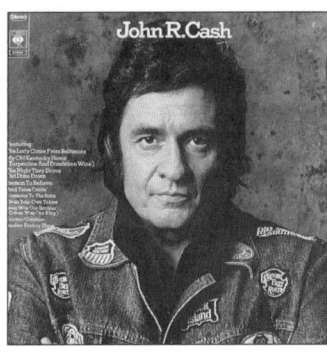

chen und das Traurige trauriger. Die Atmosphäre im Studio wurde teilweise dokumentiert, seine Bemerkung vor ›To Beat The Devil‹, »I wanna dedicate this song to Johnny and June«, wurde nicht geschnitten. Vor ›Me And Bobby McGee‹ sagte er »if it sounds country, man, that's what it is, it's a country song«, aber es hat nichts mit dem Soundklischee zu tun, und die Botschaft war deutlich: Die Herren der Plattenfabriken haben die Definitionsmacht über Country nicht gepachtet. ›The Law Is For Protection Of The People‹ war ein Statement gegen die Gewalt, mit der Antikriegsdemonstrationen beantwortet wurden. Der eigentliche Schock aber war, dass das Album zuerst auf Monument ein Flop war, durch den neuen CBS-Vertrieb im Jahr darauf mit neuem Cover und dem Titel

Me And Bobby McGee aber eine zweite Chance bekam und nach einem Monat Goldstatus erreichte.

Willie Nelson machte Jennings und Kristofferson mit der Austin-Szene bekannt ... '72 erschien Jennings' Album *Ladies Love Outlaws*, von dem dann der Gruppenname abgeleitet wurde, und im selben Jahr wurde Nelson von RCA gefeuert. Label-Kollege Jennings hatte es ebenfalls endgültig satt, und als sein Vertrag auslief, holte er sich statt eines »good old boy Nashville manager« einen New Yorker *und* jüdischen Anwalt (und das waren *zwei* Affronts), der es für seinen Klienten übernahm, ihnen mit voller Härte klar zu machen, dass dieser nur bei besseren Bedingungen bleiben würde. Irgendeinem RCA-Chef muss langsam gedämmert haben, dass sie sich einem verlorenen Posten näherten: Jennings bekam bessere Bedingungen als irgendein anderer Nashville-Künstler, mit der Garantie, sein eigener Produzent zu sein, im Studio und mit Musikern seiner Wahl. Sein wohlwollender Produzentenlehrer Chet Atkins sagte dazu, er hätte nicht mal im Traum zu denken gewagt, sie könnten das jemals zulassen. 1973 installierte Nelson sein *Willie Nelson 4th Of July Country Picnic*, das von einem fundamentalistischen christlichen Prediger so beschrieben wurde: »To allow this invasion (a country music concert) is to invite the anti-American, anti-Christian, hippie subculture right into our homes. Drinking and drunkenness (already a problem in our schools), illegal sale and use of marijuana and hard drugs, nudity and immorality, lawlessness and total disrespect for law officers, and anti-patriotism and crude music that stirs up the viler impulses of the human psyche.«

Parallel zum Erstarken der Outlaws forcierte das Country-Establishment seine Bemühungen, Songs zu entcountrifizieren und mit Popklischees zu verkleistern. Dieses Zeug wurde très chique *Countrypolitan* genannt, mit dem Epic/Columbia-Produzenten Billy Sherrill als wichtigstem Vertreter, und war sogar dort erfolgreich, wo sie bis vor kurzem gedacht hatten, die Countrymenschen würden immer noch mit dem Pferdegespann reisen. Übertroffen wurde diese Tendenz, als '74 die australische Popsängerin Olivia Newton-John von der Country Music Association zur Sängerin des Jahres gekürt wurde. Als Gegenreaktion – es gibt keinen Grund, diese Phase unnötig unkompliziert zu schildern – gründeten Tammy Wynette und George Jones die Association Of Country Entertainers, und damit war es so gut wie unmöglich, nicht zu irgendeiner kämpfenden Countryeinheit zu gehören, es sei denn, man war eine Appalachen-Hillbilly-Band, die keine Platte brauchte, um von den Menschen gebraucht zu werden. '75 war auch ein lustiges Jahr: Der dem Country-schmelz durchaus zugetane Sänger Charlie Rich hatte als Sun-Rockabilly schon mit Cash gespielt, und jetzt hatte er die Ehre, bei der CMA-Awards-Verleihung den Countryenter-tainer des Jahres zu verkünden: Als er das Kuvert aufgerissen hatte und den Namen John Denver las, zückte er sein Feuerzeug und verbrannte das Blatt. Willie Nelson war inzwischen bei Columbia gelandet und krachte mit dem Nr.-1-Schmalz-produzenten Billy Sherrill zusammen, und damit kam es zur schönsten Explosion: Sherrill weigerte sich, Nelsons *Red Headed Stranger*-Album herauszubringen, denn es war nach seiner Einschätzung nichts als ein unfertiges Demoband, so reduziert hatten sie es eingespielt. Nelson aber konnte sich mit Hilfe von New Yorker CBS-Leuten durchsetzen: Und *Red Headed Stranger* wurde sein kommerzieller Durch-bruch, der Song ›Blue Eyes Crying In The Rain‹ sein erster Nr.-1-Hit. Das Album hatte keinen Hauch von Country-Rock, es war dem verrotteten Leichnam Hank Williams' näher als John Denver, es wirkte wie einer der düsteren Spät-western von Sam Peckinpah – und es brachte den Beweis, wie

Waylon Jennings' selbst produzierte Alben *Lonesome, On'ry And Mean* und *Honky Tonk Heroes*: Es gab einen Markt für das, was sie wollten. Sie hatten gewonnen.

Das Finale kam ein Jahr später. RCA-Produzent Jerry Bradley (Sohn des neben Chet Atkins zweiten genialen Nashville-Sound-Architekten Owen Bradley) hatte die Idee zur Compilation *Wanted! The Outlaws*. Es war eigentlich nicht mehr als ein Aufspringen auf den schon abgefahrenen Zug – allerdings mit dem bestmöglichen Titel. Er packte keineswegs nur frische Songs von Jennings, seiner Frau Jessi Colter, Nelson und Tompall Glaser (dessen Studio das Nashville-Outlaw-Zentrum war) zusammen – und es wurde das Countryalbum des Jahres '76 und das erste, das jemals Platin erreichte. Es machte Nelson und Jennings zu Hitlieferanten und Superstars der populären amerikanischen Musik. Bei den Feierlichkeiten müssen sich eine Menge Leute erfreut in die Augen gesehen haben: Haben wir's nicht schon immer gesagt?! Jetzt war Outlaw-Country très chique – und bald waren die Clubs in Nashville und Texas voll von Waylon-Willie-Look-Alikes. Das, was das Label Outlaw wie eine perfekte Rock'n'Roll-Country-Fata Morgana zu versprechen schien, überstrahlte, dass es ein Kampf um künstlerische Freiheit gewesen war, und wirkte wie ein Magnet für Trittbrettfahrer. Besonders David Allan Coe tat sich mit dem ganzen Stolz auf seine vielen Jahre im Gefängnis hervor und nannte ein Album *Willie, Waylon And Me*, ohne speziell mit ihnen befreundet zu sein (er freundete sich mit Cash an, der bis zu seinem neuesten Album immer wieder Songs von ihm spielte – allzu viel scheint Coe von Cash jedoch nicht gelernt zu haben, wie einige rassistische Songs beweisen, die nicht im normalen Handel erhältlich sind). Schon '78 waren Jennings und Nelson mit der Beseitigung ihres Image beschäftigt (ein Prozess, den sie bis heute nicht ganz gewonnen haben). Sie ließen den Ausverkauf aber auch selbst zu: Es erschienen Outlaw-Compilations mit Songs aus einer Zeit, als sie froh gewesen waren, im Bereich der Nashville-Gesetze zu sein. Nelson flüchtete aus Austin. Jennings sagte, ein Outlaw in Nashville zu sein, das bedeute nicht mehr, als in der Straße der Studios in zweiter Reihe zu parken.

Das alles ist mehr als nur eine besonders interessante Phase der Countrygeschichte. Denn nicht zu Unrecht wurde das Outlaw-Bild immer dann bemüht, wenn dem Mainstream bedeutende Tiefschläge verpasst werden sollten oder konnten.

»Ironischerweise« sind viele der Original-Outlaws heute wieder jenseits des Country-Establishments tätig, schrieb Chet Flippo, journalistischer Begleiter und bekannt durch seine Hank Williams-Biografie (mit der er durch Kinky Friedmans Krimi *Lone Star* geisterte), in seiner Retrospektive zum 25-jährigen Jubiläum. Die großen Alterswerke von Cash, Merle Haggard, Billy Joe Shaver oder Willie Nelson werden vor allem von der alt.country-Szene gefeiert, und ihr Beharren auf künstlerischer Unabhängigkeit und ihr Ich-sag-was-ich-sagen-will macht sie zu Vorbildern – während die Gesetze des Big Business heute schlimmer sind als damals. Es wäre schon eine Menge, wenn ein Künstler einfach nur das machen würde, was ganz allein er selbst fühlt, ohne sich an Trends und Formaten zu orientieren, hieß ein aktueller Kommentar von Johnny Cash. Der gigantische Erfolg des Old-School-Soundtracks zum Film *O Brother, Where Art Thou?*, 2001, ist das stärkste Symbol dafür, dass wohl bald nicht mehr jeder Country-Pop-Quatsch garantiert großes Geld bringen wird. Das hat nichts mit Rebellion zu tun – es gibt keinen Musikerzug, der hinter Dale Watsons *Country My Ass*-Transparent herziehen würde –, aber eindeutig mit einem größer werdenden Publikum, das vom Chartseinheitsbrei angeödet ist und das durch sein Kaufverhalten zum Ausdruck bringt.

»Perhaps the time is ripe for a new set of rebels with a cause«, schrieb Chet Flippo. Und ignorierte komplett, dass in den 90ern eine massive Szene entstanden ist, die zum Beispiel mit dem Label Insurgent Country das Traurige trauriger und das Harte härter spielt im Glauben, dass Country immer wieder renoviert und frisiert werden kann. Falls der nicht unbedeutende Musikjournalist sie ignoriert, weil sie im Gegensatz zu den 70er Outlaws keine kommerzielle Macht haben, dann wäre das ein Grund, der mir am Arsch vorbeigeht.

Der Mann, der am Anfang von Country-Rock stand, konnte nicht viel von dem miterleben. Nach seinem kurzen Byrds-Gastspiel gehörte er eine Weile zum Tross der Rolling Stones, was in verschiedenen Songs Spuren hinterlassen hat, und er spielte Gitarre auf ihrem Album *Exile On Main Street*. Mit Byrd Chris Hillman gründete er die Flying Burrito Brothers und wurde wegen seines exzessiven Drogenkonsums nach dem zweiten Album gefeuert. Sein erstes Soloalbum *GP* erschien 1972. Als der Nachfolger *Grievous Angel* herauskam, war er schon tot. Beide Alben präsentieren als Gesangspartnerin Emmylou Harris, deren Karriere ohne Parsons' Förderung vielleicht nicht stattgefunden hätte, und sie hält seine Songs bis heute lebendig. Gram Parsons war von allen, die Hank Williams nachfolgen wollten, derjenige, der schneller lebte und jünger starb, 1973 mit 27 Jahren. Parsons' Werk ist schmal, sein Einfluss bis heute enorm, und eine größere Wertschätzung als die der *Virgin Enzyclopedia* kann es nicht geben: »Sein Werk ist würdig, neben dem seines Heroes Hank Williams zu stehen.«

Flagge hoch, Wege abwärts

Alles, was nach Hillbilly roch, wurde von Countrypolitan wie Ungeziefer getilgt. Damit hatte Cash nichts zu tun, dagegen klang er immer noch wie ein Monster, das hungrig von den Bergen herunter gekommen war. Was sonst sollte er sein, wenn keiner der Outlaws? War es ein Widerspruch, dass er nach Konzerten in Vietnam und San Quentin im Weißen Haus für Richard M. Nixon spielte?

Die Berichte dazu verstärkten den Eindruck, er wäre der Pate der Rebellen. Es hieß, der Präsident habe sich die Lieblingshits der Reaktionäre gewünscht, ›Welfare Cadillac‹ (der Nigger kriegt 'nen Cadillac von der Stütze, aber der weiße Arbeiter und so weiter) und ›Okie From Muskogee‹ – aber Johnny Cash habe sich geweigert, diese Songs zu spielen. Nixon sagte zu den Reportern im Weißen Haus: »Eines habe ich über Johnny Cash gelernt, man sagt ihm besser nicht, was er zu singen hat« (erzählte Cash '97). »Cash erteilt Nixon eine Abfuhr!« war eine typische Schlagzeile.

Eine schöne Geschichte. An der nicht viel stimmte, außer dass er die Songs tatsächlich nicht spielte. »Das Problem war nicht die Botschaft der Songs, die damals für viele Leute eine Art Blitzableiter für ihre Abneigung gegen Hippies und gegen Schwarze darstellten«, erzählte er '97, »sondern die Tatsache, dass ich sie einfach nicht draufhatte« und die Wünsche des Präsidenten zu spät kamen. »Wenn das nicht der Fall gewesen wäre, dann hätte diese Botschaft tatsächlich zu einem Problem werden können, aber glücklicherweise musste ich mich nicht damit herumschlagen.« Wider besseres Wissen hatte Nixon der Presse das Cash-Bild bestätigt, das sie haben wollten.

Im Interview mit *Penthouse* '75 hatte es Cash noch deutlich zu seinen Gunsten geschildert: Selbst wenn er die Songs könnte, habe er Nixons Büro erklärt, würde er sie nicht spielen, denn den einen würde man allein mit Haggard identifizieren, und der andere gefalle ihm nicht, »it doesn't say anything I want to say«. Cashs Vater war beim Konzert im Weißen Haus dabei, und das sei der wichtigste Grund für ihn gewesen, dort zu spielen. »My Daddy's a patriot and gave me a sense of history and a strong love for my country«, sagte er. Zu diesem Zeitpunkt war Nixon schon von der Watergate-Affäre gefällt worden. Aber Cashs Liebe zu seinem Land ging so weit, dass er sagte: »Wahrscheinlich hätte es auch keine Rolle gespielt, wenn sie mich während des Skandals gefragt hätten – I would've gone, because it was a performance at the White House.« Der Watergate-Skandal habe ihn krank gemacht, und er habe sich dafür geschämt, sagte er, aber die Untersuchung und Aufklärung sei ein längst fälliger Reinigungsprozess, und »Watergate is gonna make us a better democracy: the people are going to rule. That's really what I say in ›Ragged Old Flag‹.« Der Song kam '74, und man konnte ihn *irgendwie* auch als Kommentar zu Watergate auffassen, das Problem aber war, dass man ihn so oder so und mehr schlecht als recht verstehen konnte.

In einem kleinen Ort auf dem Land sieht der Sänger neben einem heruntergekommenen Gerichtsgebäude die amerikanische Flagge und spricht einen alten Mann darauf an. Ihr habt da eine zerfetzte Flagge hängen, sagt er zu ihm, und der Alte hält ihm einen Vortrag, warum sie trotzdem stolz auf die Flagge sind: stolz auf das Land. Er zählt die Kriege auf, die die Flagge beschädigt haben – und Cash macht keinerlei Unterschied zwischen den Bürgerkriegen und den beiden Weltkriegen und Korea und Vietnam. Im eigenen guten Land wurde die Flagge missbraucht, sagt der Alte, sie wurde verbrannt, entehrt und abgelehnt, »and the government for which she stands is scandalized throughout the land«. Die Frage, warum

und ob zu Recht, taucht nicht auf. Dafür, dass die Flagge schon so schäbig und abgewetzt ist, ist sie in einem guten Zustand, sagt der Alte, »and I believe she can take a whole lot more«. Cashs Ansicht, die Aufräumarbeiten nach Watergate würden zu einer besseren Demokratie führen, konnte man teilen – aber das Lied stand eher dafür, dass die Substanz der amerikanischen Nation gut war und einfach durch nichts angekratzt werden konnte. Die Schlussfolgerung lag nahe: Wer unsere Flagge nicht ehrt, ist unser Feind.

Cash mochte es anders gemeint haben – die Ideale unseres Landes sind von Schandtaten verschüttet, aber wir müssen uns immer wieder auf sie besinnen –, aber dann hatte er sich nach all seinen kritischen Songs und Alben erschreckend missverständlich ausgedrückt. ›Ragged Old Flag‹ bekam eine ähnliche Funktion wie Haggards ›Okie From Muskogee‹. Und es ist einer der Songs, auf die sich die Abteilung unter den Cash-Fans speziell beruft, für die es eine Unverschämtheit ist, heute noch über Cashs Drogenjahre zu sprechen und sie als Bestandteil von Countrymusik ernst zu nehmen, oder die nie wahrhaben wollten, dass Cashs Fuck You-Geste gegen das Country-Establishment ’97 überlegt und ernst gemeint war. Rick Rubin und alles, was er symbolisiert, ist ein rotes Tuch für diese Leute, die nicht wahrhaben wollen, dass der

Cash der 90er Jahre wieder zum Outlaw seiner Anfangszeit wurde. Für sie ist Country nie etwas anderes als eine Barrikade gegen alle, die von dieser durchlöcherten Flagge nicht viel halten. Tatsächlich ist Cashs Patriotismus geprägt vom Idealbild eines Amerika, in dem alle Bewohner gleich sind, in dem kein Platz für Rassismus ist, oder in dem sich kein texanischer Gouverneur George W. Bush mit dem Unterzeichnen von Todesurteilen die Finger wund schreiben muss – umso bedauerlicher ist es, dass Cash mit einigen Songs Leuten, die das anders sehen, einen Anhaltspunkt gegeben hat.[8]

Es ist kein Zufall, dass, nach den Anschlägen gegen die USA vom 11. September, im November 2001 die Sony-Abteilung Columbia die Wiederveröffentlichung der Alben *Ragged Old Flag* und *America – A 200 Year Salute In Story And Song* für Ende des Jahres ankündigte. Die Rechteinhaber an Cash-Songs aus 26 Jahren haben im Windschatten seines Comebacks einige Alben wiederveröffentlicht – diese beiden Alben aber dürften ohne diese Katastrophe und der ihr folgenden Stimmung in den USA wohl kaum in neuer Form unter den Weihnachtsbäumen des Jahres 2001 gelandet sein.

Abgesehen von einigen gesellschaftskritischen Songs hatten The Outlaws keinen politischen Hintergrund, der über das, was sie durch Aussehen und Verhalten vermittelten, hinausgegangen wäre. Cashs erst später korrigierter Ungehorsam gegenüber dem Präsidenten passte in diese Richtung. Als er 1974 »eine Art innere Trennung von den CBS-Machtstrukturen« vollzog und seine Produktionen ins nahe gelegene Hendersonville in sein eigenes Studio House Of Cash verlegte und nur noch aufnahm, »was immer ich wollte«, ehe CBS ein fertiges Band bekam – da schien das auch bester Outlawism zu sein.

Aber Cash reihte sich nicht bei The Outlaws ein. Denn er war schon dort, wo sie hin wollten. Seine Erfolge hatten ihm

Unabhängigkeit gegeben, und dass er für neue Einflüsse offen war, hatte er bewiesen. Mit seinen Statements, von *Bitter Tears* bis *Man In Black*, hatte er das Themengebiet vergrößert. Er hatte mit vielen der Outlaws gearbeitet, war mit Freund Jennings nah an der letzten Pille gewesen, hatte Kristofferson gefördert. Er war nicht viel älter als sie, aber er war viel länger im Geschäft und vor allem groß im Geschäft. Kristofferson war nur vier Jahre jünger, aber Cash hatte 15 Jahre mehr Tourneen hinter sich. Er war ein 40-jähriger Superstar, der täglich eine Schar Fans am Hals hatte, als Waylon sich von einem smarten Country-James Dean zum langhaarigen Rocker mit einer nicht zu übersehenden Ich-hab-die-Schnauze-voll-Haltung wandelte. Nelson war etwa das, was Original-Beat Neal Cassady für die Neo-Beat-Generation um Ken Kesey war, der Typ, der aus einer anderen Zeit kam, *aber echt voll drauf*, Outlaw, Indianer, Weiser. Kris wirkte frisch, hatte einen wilden Charme und sah aus wie ein Hippie-Gott, und deshalb war's ihm scheißegal, ob er bei irgendeiner verdammten Preisverleihung vollkommen stoned war, und dann spielte er sich selbst in Peckinpahs Western, er war Billy The Kid und wurde ein Filmstar. Sie waren es nicht nur, sondern sie wurden als die hippste Countryband aller Zeiten *erkannt* und waren auch noch diejenigen, die diese Musik liebten und ihre Glut wieder in ein Feuer verwandelten. Sie hatten fuck Nashville gesagt und gewonnen, und jetzt ließen sie jeden wissen, dass sie Sex & Drugs & Rock'n'Roll waren – und genau damit hatte Cash abgeschlossen.

Er hatte sich für Folk begeistert, sie hatten in den Gefängnissen eine Intensität hergestellt, die mit den besten Rockbands mithalten konnte – aber Rock berührte seine Musik nicht. Cash war die Nummer eins der Countrymusik, aber er gehörte nicht zu ihrem sensationellen neuen Ding. Die Gefechte um neue Stars und Sounds hatten mit ihm nichts zu tun

– who the fuck was Olivia Newton-John? Aber er war zu Gast in der John Denver-Show. Es war kein schöner Anblick, es hörte sich nicht gut an.

Seine Albentitel während dieser Jahre '72–'75 erzählen von dem Abstand zu The Outlaws: *A Thing Called Love, America – A 200 Year Salute In Story And Song, Christmas – The Johnny Cash Family, Any Old Wind That Blows, The Gospel Road, Johnny Cash And His Woman, Ragged Old Flag, The Junkie And The Juicehead (Minus Me)* klingt wie die Ausnahme und ist ein Kristofferson-Titel, *The Johnny Cash Children's Album, Johnny Cash Sings Precious Memories.* Er machte nichts, was er nicht schon gemacht hatte, und es gab keinen überraschenden Klang, der einen von der Frage abgelenkt hätte, was zur Hölle eigentlich aus Boom-Chicka-Boom geworden war. Sein Kinderalbum ist wunderbar, es ist frech und witzig und mehr von Straßen- als von Schulwissen geprägt. Auf jedem dieser Alben sind mindestens zwei Songs, die seine Klasse zeigen – aber es ist doch ein Trott erkennbar, ein Die-Maschine-läuft-eben-so. Dem widerspricht nicht, dass er '76 mit ›One Piece At A Time‹ wieder einen Nr.-1-Hit hatte (den ersten seit sechs Jahren). Einige So-la-la-Songs schrieb und coverte er schon für die Alben der 70er, aber W. Kemps Arbeitersong war herausragend und förderte mal wieder Cashs witzige Seite: Ein Fließbandarbeiter in Detroit befestigt Räder an Cadillacs und wünscht sich selbst sehnsüchtig einen schwarz lackierten. Bis er eines Tages die zündende Idee hat, so viele Einzelteile rauszuschmuggeln, dass er sich seinen Cadillac zusammenbauen kann. Das gelingt ihm nach jahrelanger Arbeit und zahlreichen absurden Aktionen, und am Ende kann er tatsächlich in seinem »Psycho-Billy Cadillac« losfahren – um sofort geschnappt und mit einer »sixty pounds« schweren Anzeige wegen Diebstahls konfrontiert zu werden. ›One Piece At A Time‹ ist bis heute Cashs letzter

Solo-Nr.-1-Hit, bezeichnenderweise nicht annähernd so bekannt wie die anderen und auf kaum einer Best-Of-Sammlung zu finden.

Als sich abzeichnete, dass Cash im aktuellen Countrygeschehen immer weniger beachtet wurde, ließ er sich von Columbia zu einem Album überreden, mit dem sie ihn wieder an die Spitze bringen wollten. Allein schon das Cover von *John R. Cash* rückte ihn in die Nähe von The Outlaws und seinem alten Rockabilly-Kumpel Charlie Feathers. Er wirkte wie ein Mann, der einem an der Theke drei Stunden lang erklärt, dass die Musik keine Zukunft mehr hatte, als Elvis Sun Records und Rockabilly verriet. Columbia schickte den Produzenten Gary Klein »mit einer Tasche voller Songs« bei Cash vorbei. Anschließend ging Klein mit Cashs Auswahl zurück nach New York, und »dann nahmen sie mit ihren Musikern und ihren Arrangements die Instrumentalspuren auf, schickten das ganze Paket zurück nach Nashville und ließen mich meinen Gesang hinzufügen«. Das Ergebnis war ein Bastard, dessen Sound Cash in die Nähe von Country-Rock brachte, aber auch mit einem Touch Countrypolitan durch gelegentlichen Einsatz von Chor und Streichern ausgestattet war. Gary Kleins Ergebnis war wie aus einem Guss, und er hatte die Rockmusik unaufdringlich und ziemlich elegant zu Country-Cash gebracht; mit dem Konzept von Columbia hätte auch jemand ekelhaft und Cash gegenüber respektlos auf den Putz hauen können. Das Album ist kein Meilenstein, zeigt aber, dass Cash nicht gewillt war, als unbewegliches Denkmal weiter auszuharren. Seine Songauswahl hätte besser nicht sein können, sie bewies, dass er nicht nur Country aufmerksam verfolgte, und es war endlich wieder eine Platte, die einem nicht so viel von Gott erzählte, sondern eher von seiner Abwesenheit: Dabei sind u. a. Randy Newmans ›My Old Kentucky Home (Turpentine And Dandelion Wine)‹, The Bands

›The Night They Drove Old Dixie Down‹, ›Hard Times Comin‹ von seinem Schwiegersohn Jack Routh, Chip Taylors ›Clean Your Own Tables‹, Billy Joe Shavers ›Jesus Was Our Saviour (Cotton Was Our King)‹ und David Allan Coes ›Cocaine Carolina‹. Von Cash ist allein ›Lonesome To The Bone‹.

Cash erinnerte sich 20 Jahre später: »Ich war weder mit der Vorgehensweise noch mit dem Ergebnis zufrieden und beschloss, dass ich so etwas nie wieder machen würde – ich würde keine Musik mehr aufnehmen, die ich nicht wirklich machen wollte. Ich würde nie wieder einfach nachgeben, wie ich es bei John R. Cash getan hatte.« Es war das Album, nach dem er sich in sein eigenes Studio zurückzog.

Es bedeutete eine Erneuerung, als Rock über Country kam – aber die Form wurde dann schneller zubetoniert und die Schublade war schneller mit Nachmachern voll gestopft, als Waylon Jennings seine Magnum hätte nachladen können. Das meiste ist heute nicht mehr als zäher 70er-Jahre-Rock, der eigentlich nur noch Forscher und Stehengebliebene interessiert. Selbst Waylon Jennings versackte dann in einem Country-Rock, dessen Rockanteile längst passé waren und eigentlich schon in den frühen 70ern, allerdings ohne große Öffentlichkeit, von Prä-Punk-Bands wie den New York Dolls weggefegt wurden. Für diejenigen, die in den 80ern und 90ern Country renovierten oder zumindest hart gegen den Mainstream spielten, von Dwight Yoakam oder k. d. lang bis Lucinda Williams oder Freakwater, war die Haltung der Outlaws eine Orientierung, aber nie der Outlaw-Countryrock. Es war Hank Williams’ *lonesome sex-appeal*, es war Bob Wills’ kickender Western-Swing, es war stampfender 50er-Honky-Tonk und Rockabilly, es war Cashs Boom-Chicka-Boom oder Merle Haggards jazziger Westcoast-Country, was mit neuen Impulsen verbunden wurde. Punk war das eigentliche Ende des Hippie-Zeitalters, aber die Country-Hippies hielten sich fast so lang wie einige hirnlose Rock-Ikonen.

Das ist das Schöne an den schnellen Veränderungen in der populären Musik: Was gestern wie von vorgestern klang, klingt vielleicht morgen wie etwas, das gut zum Heute zu passen scheint, und aus einem Impuls von vorgestern entsteht etwas, das das Heutige zu dem von gestern macht. So hat man das Easy Listening- und Sixties-Pop-Revival in den 90er Jahren gut benutzen können, um den Nashville-Sound von '68 herum neu zu hören. Was bei mir zu der Entdeckung führte, dass viele von Chet Atkins produzierte Waylon Jennings-Songs frischer und spannender klingen als der Outlaw-Rock nach seiner tollen Startphase – wie eben Sixties-Pop ein viel wichtigeres Reservoir für aktuelle Pop- und elektronische Musik ist als 70er Rock. Und Cashs schmale, auch von ihm selbst in seiner neuen Autobiografie kaum beachtete und damals ziemlich links liegen gelassene Rock-beeinflusste Abteilung gehört inzwischen doch zum Besten, was das Genre in jenen Jahren hervorbrachte. Das gilt weniger für das mir sympathische, von ihm gehasste *John R. Cash*, auf jeden Fall aber für *Silver* und *Johnny 99*. Bei beiden Alben arbeitete er (inzwischen selbstverständlich) mit den Leuten seiner Wahl. Sie gehörten nicht zu den grellen Hauptströmungen, aber sie waren die Besten der jüngeren Countrygeneration. Beide Alben produzierte Brian Ahern, dessen berühmten Produktionen für seine damalige Frau Emmylou Harris ebenfalls keine Zeit der Welt etwas anhaben kann.

Silver war die angemessene Würdigung nach 25 Jahren als Künstler und hatte mit der Klassikeradaption ›(Ghost) Riders In The Sky‹ sogar mal wieder einen Top-Ten-Hit für Cash. Am letzten Tag tauchen die Geisterreiter am Horizont auf, und sie sind gekommen, um dich abzuholen – die Vergänglichkeit war das Thema des Albums, doch ohne eine Spur von

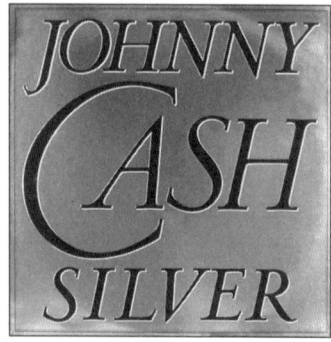

Bitterkeit, sondern äußerst gelassen und mit einer kräftigen
Es-gibt-noch-viel-zu-tun-Haltung. Und es ist eine Retrospektive: Für ›I'll Say It's True‹ holte er als Duettpartner George Jones, für den er und sein Bassist Marshall Grant schon
'55 Support-Act gewesen waren (Jones hatte nicht weniger
harte Jahre hinter sich). Aus den alten Zeiten waren außerdem
die Carter Sisters und Jan Howard dabei. Er spielte natürlich
einen weiteren Zug-Song (aber diesmal war es ein Zug, »der
hier nicht mehr hält«), und aus den glorreichen üblen Jahren
kam der ›Cocaine Blues‹ (und er sang nicht mehr wie im Gefängnis bitch, sondern woman), wie das Album überhaupt
Blues-getränkt ist. Neben Produzent Brian Ahern waren
Ricky Skaggs und Rodney Crowell der Beweis, dass Cash die
neue Szene verfolgte. Crowell gehörte ebenfalls zu Emmylou
Harris' großartiger Mannschaft und war außerdem einer der
besten Songwriter. Er war natürlich Outlaw-beeinflusst und
stand nur wenn man's oberflächlich betrachtete im Schatten
der Bandenführer. Cash war allein schon durch seine Fami-
lienbande ständig in Verbindung zum Neuen: Crowell war
damals der Mann von Tochter Rosanne, für die er in den 80er
Jahren einen Stapel Hits schrieb und produzierte. Sein ›Bull
Rider‹, eines meiner Lieblingsstücke von Cash, war die perfekte Verbindung zwischen Alt und Neu: Es hat einen für

Cash ungewohnt harten, den ganzen Song dominierenden Beat, und die Schilderung des originalamerikanischen Mythos Rodeo war eine Metapher für das Leben, die Gefahr und das Abstürzen und wieder Aufsteigen, und so wie der L & N-Zug hier nicht mehr hält, so ist auch das Rodeo nicht mehr das, was es mal war. Bei der Botschaft, das Beste für einen Bullenreiter sei »live fast, die young«, konnte man an Hank Williams denken oder an Punk. »It's better to burn out than to fade away«, sang Neil Young etwa zur selben Zeit.

Vom Held zum Huhn

Cash schien es wenig zu kümmern, dass er für die breite Öffentlichkeit und für das Country-Establishment, inklusive Columbia, zwar eine Ikone, aber Anfang der 80er nur noch ein ehemaliger Star war, dessen neue Alben keine größeren Pools für die Manager einspielten. Es war nicht der Status des nicht mehr so gefragten Stars, der ihm zu schaffen machte, sondern das Desinteresse von CBS. Neue Ideen mit entsprechender Begeisterung durchzuführen, sei ihm manchmal schwer gefallen, »wenn ich genau wusste, dass die Leute meines Labels sich inzwischen kaum noch Chancen für mich ausrechneten«. In Nashville wurde das Diktat der Jugendlichkeit immer strikter – es ist die Verknüpfung bis in unser Jahrtausend –, »und wenn man ein bisschen zu alt war und nicht mehr so ›knackig‹, dann war es egal, wie gut die Songs oder Platten waren oder wie viele Fans man schon wie lange hatte. Man wurde im Radio einfach nicht gespielt«, erinnerte er sich '97 mit immer noch deutlicher Verärgerung. Vielleicht ist das die härteste Johnny Cash-Lektion für alle Generationen von Musikern: Du kannst so weit kommen, wie du willst, aber sie werden dich auf dem Weg nach unten fallen lassen, und es interessiert sie einen Dreck, wenn gar nicht der Künstler, sondern nur die Stückzahl runter geht. Im Jahr nach *Silver* war Cash mit 48 Jahren der Jüngste, der je in die Country Music Hall Of Fame gewählt wurde.

Gelegentlich hatte irgendjemand bei CBS irgendeine Idee, und es war nicht so, dass Cash nicht bereit gewesen wäre, irgendetwas anderes auszuprobieren. ’81 brachten sie den großen Countrypolitan-Weichspüler Billy Sherrill ins Spiel, der auch nicht mehr der Angesagteste war. Als die Größen auf-

einander trafen, »waren wir beide ziemlich zynisch geworden«. Wie Cash in sein Büro kommt, sieht er eine Kiste mit Hunderten von Kassetten, auf denen Songs sind, die man für das Album nehmen kann. Sherrills Antwort auf die Frage nach brauchbarem Material besteht darin, mit einem »Absolut nichts« die Kiste umzustoßen. Dann sagt der Produzent zu ihm: »Meinen Sie nicht, dass es langsam Zeit wird, ›My Elusive Dream‹ aufzunehmen? Alle anderen haben es schon getan.«

Erstaunlich, dass Cash, als der Karren dann schon sehr im Schlamm steckte, zu *Johnny 99* fähig war, ohne dass die Platte dieses Desaster gespiegelt hätte. Nicht erstaunlich war, dass man bei Columbia keinen Plan für das Album hatte. Ihnen muss alles vollkommen scheißegal gewesen sein. Sie hätten vermutlich nicht einmal registriert, wenn sie einen Originalton von Jesus Christus bekommen hätten. Cashs Position, wie schon bei *Silver*, war die des Sängers, der souverän seine Jahre ins Spiel bringt: Er war jetzt 50, er hatte mehr Erfahrung als alle, deren Jugendlichkeit zu imitieren er sich weigerte.

Der eigentliche Titelsong ist Bruce Springsteens ›Highway Patrolman‹, und diese amerikanische Tragödie passt viel besser zu Cash als zu Springsteen: der gute und der schlechte Bruder. Der eine hat nach dem Einsatz in Vietnam den Halt verloren, der andere führt ein normales Familienleben und ist Polizist, und am Ende muss er das Gesetz gegen seinen Bruder vertreten, muss ihn verhaften, jagt ihn mit dem Auto durch die Nacht – und lässt ihn entkommen. »Es geht nicht gut, wenn ein Mann sich von seiner Familie lossagt«, lautet der letzte Satz – eines Songs, den nicht jeder, und vor allem kein junger Sänger, glaubwürdig vertreten kann. Produzent Brian Ahern bewegte sich wieder zwischen den Polen *real* Country und Rock, und er machte es wieder ohne Klischees und unspektakulär und intelligent. »Certainly it's not Johnny Cash's defining work, but as certainly it is a work which defines the possibilities and promises of his restless, roving spirit«, schrieb in den Liner Notes zur Wiederveröffentlichung Grant Alden (Mitherausgeber von *No Depression*, dem besten Country und alt.country verbindenden Magazin). Wieder waren junge Leute dabei wie Marty Stuart, Dave Mansfield oder Jo-El Sonnier. ›Girl From The Canyon‹ ist eines der besten Johnny/June-Duette, und das Ende konnte eigentlich niemand anders verstehen als ein Symbol für eine geballte Faust. Der Klassiker ›I'm Ragged But I'm Right‹ war ein starker, Honky-Tonk-stampfender Nachhall auf Boom-Chicka-Boom, vergleichbar mit den späten Interviews, in denen Cash sagte, er sei im Grunde immer noch Rockabilly.

Cashs letzter Gesang für oder gegen CBS/Columbia war nicht weniger stark. Nach 26 Jahren hätte der Vertrag 1986 verlängert werden können – »Ich war es so leid, mir all das demographische Gerede anhören zu müssen, über den ›neuen Country-Fan‹, das ›neue Marktprofil‹ und all die anderen Trends, die angeblich gegen mich arbeiteten, dass ich schließlich einfach aufgab und beschloss, mir einen Spaß zu machen.« Die letzte Single war ›Chicken In Black‹, und »sie war mit voller Absicht miserabel« (was ich keineswegs bestätigen kann). Cash nahm sich selbst und das Geschäft auf die Schippe: Er geht wegen Kopfschmerzen zum Arzt, der eine gute Lösung hat und ihm das vollkommen intakte Gehirn des erschossenen besten New Yorker Bankräubers transplantiert. Das zieht Probleme nach sich: Cash überfällt, sozusagen ohne Herr seiner selbst zu sein, eine Bank. Eine Frau (deren hysterische Stimme er nachäfft) sagt verwundert »Hey, you're Johnny Cash!?«, aber er verneint, er ist der berühmte Bankräuber. Dann wird er von Countrylegende Roy Acuff eingeladen, wieder einmal in der Grand Ole Opry zu spielen. Es geht nicht gut. Er stellt fest, dass er nicht mehr singen kann, und stattdessen verkündet er dem Publikum, dass es sich tatsächlich um einen Überfall handelt, und sie müssen jetzt Schmuck und andere Wertsachen abgeben. Er geht wieder zum Arzt und bittet um ein anderes Gehirn. Er bekommt nun das Hirn eines Huhns. Und dann startet er seine Johnny-Chicken-Show, die ein voller Erfolg wird.

Cash schaffte es sogar, dass Columbia ein Video dazu produzierte. Es war nicht weniger absurd und zeigte den immer noch berühmtesten Countrysänger der Welt, den Man In Black, als Chicken In Black. Er war ein Denkmal wie in einem Monty Python-Film: Die Figur wird lebendig, steigt vom Sockel, sagt Macht-euren-Mist-doch-allein und stapft davon.

ANMERKUNGEN

[1]   ein von Marge Piercy gestohlener Satz

[2]   Sherley war im Gefängnis bei der Excountrygröße Spade Cooley in die Lehre gegangen, der 1961 in einem Eifersuchtsanfall seine Frau gefoltert und zu Tode getreten hatte, im Beisein von Tochter Melody (und 1969 bizarr endete: Er bekam drei Tage frei, um ein Benefizkonzert für Polizisten zu geben, bekam Standing Ovations und erlag hinter der Bühne einem Herzanfall). Als Sherley '72 entlassen wurde, hatte ihn Cash mit seiner Firma bei einem eigenen Album unterstützt: *The Greystone Chapel* wurde am 31.1.1971 live im Gefängnis von Vacaville, wo Glen Sherley inhaftiert war, aufgenommen. Eine sehr gute Platte, die jedoch keinen Erfolg hatte. Auf seinem letzten Gefängnis-Album *Inside A Swedish Prison* '74 spielt Cash seinen Song ›Looking Back In Anger‹. Sherley starb 1978.

[3]   *Ruhender Faustkämpfer*, München 1997.

[4]   in: Tichi, Cecilia (Hrsg.): *Readin' Country Music (Steel Guitars, Opry Stars, and Honky Tonk Bars)*.

[5]   Der Song wurde dann auf die schöne 69er Compilation *More Of Old Golden Throat* gepackt, die bis heute bei Bear Family Rec. erhältlich ist.

[6]   Taylor hatte das Pech, dass seine Songs nur mit anderen Interpreten Hits wurden: ›Wild Thing‹ oder ›Try (Just A Little Bit Harder)‹. Ende der 90er schaffte er mit vier neuen Alben ein kleines Comeback in der alt.country-Szene, wo er nun im Umfeld des besten Teils davon auftaucht: Angekündigt ist ein Album mit Mekons/Waco Brothers-Kopf Jon Langford, und viel Besseres kann einem ›Son Of A Rotten Gambler‹ nicht passieren.

[7]   Knut Benzner, Soziologie-Magisterarbeit.

[8]   Es ist allerdings schlimmer als nur totaler Unsinn, wenn der New York-Reporter der *Süddeutschen Zeitung*, Andrian Kreye, Cash ganz allgemein als »Kultfigur aller rechten Outlaw Rebels« bezeichnet (12.10.2000). Nur mit außergewöhnlich eingeschränkter Wahrnehmung können derartige Rebels zu diesem Bild von Cash gelangen.

VII

Geheul, Gebete und Gesänge

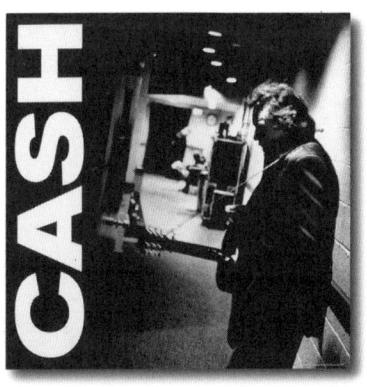

Put the Cunt back in Country

Charley's Girls und Male waren die ersten deutschen Punkbands. Im Oktober '77 hatten sie eins von den Erlebnissen, die Großeltern ihren Enkeln erzählen müssen. Die beiden Punkbands waren Bestandteil eines Konzertabends an einem Kölner Gymnasium, dessen viel bekanntere Hauptgruppe die Countrycombo Emsland Hillbillies war. »Das war von der Jungen Union organisiert worden«, erzählte einer der Beteiligten[1], »und der einzige Punkrocker auf der Schule hat dafür gesorgt, dass wir da auch spielen konnten.« Aussehen und Verhalten der Punks machten das Publikum derart aggressiv, dass es schon beim Aufbau zu stören anfing, um dann beim Konzert mit »Bierbechern, Bananenschalen und Würstchen anzugreifen«. Es kam zu einer Saalschlacht, »wie man sie aus Westernfilmen kennt«, und im Backstage-Raum, »wo die Hillbillies rumhingen, weil es da nicht so gefährlich war«, verschärfte sich die Situation, und die Pedalsteel-Gitarre ging zu Bruch. Am Ende machte sich eine kleine Bande von Punks aus dem Staub. Verfolgt von einem Bündnis aus Junge Union, Polizei und Country.

Fast 20 Jahre später kam die 66-jährige June Carter nach dem Auftritt beim größten englischen Popfestival in Glastonbury von der Bühne herunter, und ihr Gemahl, der vom Erzbischof von Canterbury angekündigt worden war, beobachtete, wie ein »19-Jähriger mit abgerissenen schwarzen Klamotten, Tätowierungen, Piercing, stacheligen Haaren und dem ganzen Drum und Dran ihr sanft auf die Schulter klopfte« und sagte: »Mrs. Cash, Sie haben's wirklich voll drauf.«

Die extremst angespannten Nerven deutscher Countryhelden im so genannten Deutschen Herbst außer Acht gelassen – Musiker sind eher offen für Neues und anderes als ihre

Fans und Plattenfirmen. Bob Wills ritt 50 Meilen, um Bessie Smith den Blues singen zu hören, mit einem Cowboyhut auf dem Kopf, in dem sie hätte schlafen können (wenn auch nicht in Begleitung eines Hoochie Coochie Man), und sowieso bezeichnete er sich als Jazzer. Hank Williams benutzte 1947 in einem Song das Wort Bebop, und dessen Symbolfigur Charlie Parker drückte in der Jukebox gern traurige Countrysongs, weil er »three chords and the truth«[2] hören wollte, und er jammte sogar mit der Band von Ray Price. Patsy Cline hätte in jeder Hinsicht eine Las Vegas-Königin sein können, und selbst wenn sie aussah wie aus einem Buffalo Bill-Musical entlaufen, kam sie einem Hillbilly-Sound keinen Sprung näher. John Lee Hooker spielte mit Van Morrison, der Jimmie Rodgers' ›Mule Skinner Blues‹ spielte, Sex Pistols' Johnny Rotten alias John Lydon mit Bill Laswell und Jazztrompeter Jack Walrath mit Willie Nelson. R. L. Burnside spielte mit der Jon Spencer Blues Explosion, und das Angebot, eine Aufnahme davon auf seine Art neu zu mischen, nahm der deutsche Hardcore-Elektroniker Alec Empire an. Der Elektroniker Jörg Burger baute einen Song auf Samples von Johnny Cashs *Ride This Train*-Album auf. Ry Cooder brauchte zwei Flaschen Rum, um Ruben Gonzalez zu überzeugen, dass er von seinen Fähigkeiten nichts verloren und eine Zusammenarbeit einen Sinn hatte. Hardcore-Held Henry Rollins erzählte auf dem Höhepunkt seiner Karriere, er höre sich eigentlich nur durch seine komplette John Coltrane-Sammlung, und wenn Johnny Cash '63 nachts in sein Hotelzimmer kam, spielte der Kofferplattenspieler Bob Dylan. Hätte es ein Album *An Evening With Miles & Johnny* geben können? War die Entfernung zwischen den beiden größer als die zwischen CBS-Nashville und -New York? War Miles Davis vielleicht der Luther Perkins des Jazz? Gab es eigentlich eine Verbindung zwischen Miles

Davis und John Lee Hooker? Ja, die Hautfarbe, die Erfahrung der Diskriminierung, aber sonst? Eigentlich nein. Dennis Hopper hatte den Traum gehabt, diese beiden Legenden des Blues und Jazz für den Soundtrack zu seinem Film *Hot Spot* zusammenzubringen, und er wurde wahr. Und ein Originalpunk wie Jon Langford von The Mekons, die heute nicht mehr aussehen wie 19-Jährige mit abgerissenen schwarzen Klamotten auf dem Glastonbury-Festival, hat schon Cash gecovert, als diese Neo-Punks noch nicht vom Vater in die Mutter gekommen waren.

Hierher wollte ich mit dieser Reihe: Die Schubladen dienen immer nur dem Verkauf, dem Gefühl von Sicherheit in einer sich täglich verändernden Musikwelt – und dazu, sie dem Musiker über den Kopf zu ziehen.

Wie auch immer: War es etwa nicht so klar, wie nur irgendwas klar sein kann, dass Country der natürliche Feind von Punk war? Oder war es eine Verbindung, dass Merle Haggard-Fans und Punks keine Hippies mochten, oder doch kein Draht, weil die Feinde ihrer Feinde auch ihre Feinde waren? Jedenfalls war Country fast so schnell bei Punk wie ein Punk »Country? My ass!« sagen konnte – und Cash war nah dran, weil Tochter Rosanne Cash und Stieftochter Carlene Carter schon bald nach dem Ausbruch dieser Kulturrevolution in England waren und sowohl Punk als auch die schnelle Entwicklung zu New Wave mitbekamen.

Beide junge Frauen veröffentlichten 1978 ihre ersten Alben, denen diese Erfahrungen anzuhören sind. Carlene spielte in England ein Album mit Graham Parker & The Rumour ein. Sie war mit ihrem Freund Rodney Crowell nach England gekommen, der zu Emmylou Harris' Hot Band gehört und schon einige Hits geschrieben hatte (und dann für Cashs '79er Album *Silver* in ›Bull Rider‹ die Zeile »live fast, die young«). Bald darauf heiratete Carlene den angesagten New Wave-

Rocker Nick Lowe (›The Beast In Me‹), und Stiefschwester Rosanne heiratete Rodney Crowell.

Bitte jetzt einen Moment still halten.

Für ein Foto des kompletten Carter-Cash-Showbusiness-Clans. Wir haben hier die populäre Musik vom frühesten Country bis zu New Wave repräsentiert. Die Platten, auf denen alle Beteiligten je gespielt haben, kann Clint Eastwood (im Hintergrund, nicht zu erkennen) nur mit Mühe wegtragen. Nick Lowes linke Hand ruht auf der Schulter seiner angeheirateten Großmutter, die vor ihm, in der Mitte der Gruppe, in einem Sessel sitzt: »Mother« Maybelle Carter. (Sie starb am 23. 10. 1978.)

Als June Carter um diese Zeit ihre kranke Tochter in London besuchte, begegnete sie bei Schwiegersohn Nick Lowe auch Elvis Costello und anderen, die im hauseigenen Studio arbeiteten, während sie mit Hoover und Putzmittel das Haus etwas in Schuss brachte und die New Waver mit der Bitte nervte, ihr beim Hereintragen neuer Möbel zu helfen. Ja, man könne sie vielleicht sogar auf einem der Hits hören, die Lowe damals aufnahm, schrieb sie 1987 in ihrem anekdotenreichen Buch *From The Heart*: wie sie Politur auf die Möbel sprayt oder Dreck mit dem Hoover saugt. Als sich die 50-jährige Mutter später zu einem Konzert der Tochter im New Yorker Rockclub Ritz ankündigt und um einen reservierten Tisch vor der Bühne bittet, erklärt ihr Carlene, es gebe auch für sie keine Ausnahme: »You'll stand down front and scream and yell«, und Mom möge bitte nicht im Pelzmantel erscheinen.

»I liked the world of rock-and-roll pretty good«, schrieb sie, und »I was getting good at screaming and rocking and rolling«. June Carter hatte, auch durch ihre Religiosität, immer etwas Mütterlich-Biederes an sich. Aber ein Punker oder

New Wave-Rocker musste schon sehr früh aufgestanden sein, wenn er's ihr zeigen wollte. Sie war mit dem jungen Elvis auf Tournee gewesen und mit vielen der Männer befreundet, die es mit Sex and Drugs and Outlaw-Country sehr ernst meinten. Und ging es bei Punk nicht um was Ähnliches wie »three chords and the truth«? Und sie war mit einem Mann verheiratet, dem keiner erklären musste, was Punk wollte

und sollte und was da bei den Konzerten so ablief – und was mit Sid Vicious am Ende in New York passierte, Nancy & Sid, Liebe, Drogen, Verzweiflung, Blut, Tod.

Carlene Carter und Rosanne Cash gehörten schon zu den Vorboten der nächsten neuen Countryszene jenseits des Mainstream, die zugleich Fortsetzung und Ablösung der Outlaws war. Carter war Anfang der 80er die Nachfolgerin der selbstbewussten Sängerinnen der 60er wie Loretta Lynn oder Tammy Wynette, und einige Songtitel sagten schon alles, und mehr als damals: ›Do Me Lover‹ oder ›Think Dirty‹. Im Traum hatte das Biest ihr einen Schlachtruf geflüstert: Put the cunt back in country! Im Unterschied zu ihrer Stiefschwester schien sie sich zunächst von Country zu verabschieden, ehe sie im Lauf des Jahrzehnts zur festen vierten Sängerin der Carter-Frauen wurde. Rosanne Cash sollte als Vertreterin eines New Wave-beeinflussten Neo-Country aufgebaut werden. Es heißt sogar, »put the cunt back in country« sei eigentlich ihr Slogan gewesen.

Daraus entsteht das schönste Bild, das ich dazu anbieten kann: Die beiden Schwestern aus der berühmtesten amerikanischen Country-Sippe rennen, natürlich in schwarzen Lederjacken, durch Nashville und sprühen ihre Forderung an die Wand. Der Befreiungskampf gegen The Carter Family, June Carter und Johnny Cash war nicht einfach.

Aber es passierte nicht viel in dieser von Columbia auf gut Glück installierten Schublade New Wave-Country, außer  dass Rosanne Cash zu einer der erfolgreichsten Sängerinnen der 80er Jahre wurde – zu ihrem Stapel Nr.-1-Hits kam 1988 ›Tennessee Flat Top Box‹, das ihr Vater ein Vierteljahrhundert vorher geschrieben hatte. Es habe in diesen Jahren, erzählte sie später, einen Konkurrenzkampf zwischen ihr und dem Vater gegeben, dessen Karriere nach dem Ende mit Columbia einen Tiefpunkt erreicht hatte, was den Plattenverkauf und Chartsnotierungen betraf. Rosanne war aufgewachsen, ohne von ihrem Vater viel mehr als Schallplatten zu bekommen, und als er seine Frau Vivian und die vier Töchter verließ, war sie zehn gewesen. Sie war diejenige, die denselben Weg wie er ging und auf eine ähnliche Weise: mit allem, was zu einem drogenerfüllten Rock'n'Roll-Leben gehört. Sie war ihm auch darin ähnlich, dass sie selbst nach dunkelsten Phasen mit einem unerwarteten und beachtlichen neuen Album auftauchen konnte. Die New Yorkerin ist bis heute eine Countrygröße, die allerdings, weiß das Lexikon zu berichten, eine viel größere Karriere hätte machen können, wenn sie denn nicht immer wieder ihrer Familie den Vorrang gegeben hätte. 1996 erschien ihr Album *10 Song*

Demo und das nächste erst sieben Jahre später, *Rules Of Travel*, produziert von Ehemann John Leventhal, mit den Gästen Sheryl Crow, Steve Earle und Papa John. Dessen Geist war auch zu spüren, als Rosanne Cash einen Kommentar zu den Anschlägen vom 11. September abgab, die sie als Augenzeugin, nur wenige Blocks von den Twin Towers entfernt, miterlebte. Als eine der wenigen populären Country-Stimmen Amerikas forderte sie Besonnenheit und wandte sich gegen eine pauschale Verdächtigung und Verurteilung anders Denkender und anderer Religionen.

My Way oder Highway

Rosanne konnte ihren Vater im Video als Huhn in Schwarz begutachten, während der 24-jährige Produzent und Mitinhaber des Labels Def Jam, Rick Rubin, mit dem ersten Album *Licensed To Ill* der weißen Hiphop-Band Beastie Boys einen Meilenstein hatte und etwa zur selben Zeit eine neue Countryszene sichtbar wurde. Dwight Yoakam, k.d. lang, Lyle Lovett, Rosie Flores, Steve Earle, Randy Travis veröffentlichten ihre ersten Alben. Der bei CBS zu Recht als große neue Hoffnung eingeschätzte Yoakam soll dort getobt haben: Wie konnten sie es wagen, Johnny Cash keinen neuen Vertrag zu geben, und was glaubten sie eigentlich, wer ihnen ihren verdammten Büroturm bezahlt hatte?! Cash selbst aber schien eher erleichtert. Er war nicht vom Ende enttäuscht, das er mit ›Chicken In Black‹ sogar provoziert hatte, sondern von der Phase, die vorangegangen war.

Eine spezielle Komik hatte es, dass er für das Label, das ihn bald darauf feuern sollte, bei einer erfolgreichen Formation alter Männer dabei war. Zum Album *Highwayman* trafen sich Waylon Jennings, Willie Nelson, Kris Kristofferson und Johnny Cash. Es hatte etwas von einem Kommando, das anrückte, um mit den ekelhaften jungen Männern aufzuräumen, mit denen Nashville besser denn je abräumte – sie sahen aus wie Kaufhaus-Cowboys, und ihre Musik war nichts anderes als musikalisches Fast Food. Dazu passte, dass Country immer mehr zum Soundtrack verkehrsberuhigter Vorstädte verkam, in die sich die weiße Mittelschicht vor denen flüchtete, die – so einfach lässt sich das sagen – eine andere Hautfarbe hatten. »Unter dem Banner der ›amerikanischen Familie‹ artikulierte sich hier ein Gedankengut der reaktionären Sorte«[3], und dementsprechend war seine Countryversion endgültig befreit von Blues, Rock'n'Roll und anderen Unsauberkeiten (vermutlich besorgte ein Computerprogramm die Reinhaltung). Ein Radio, das Hank Williams' ›I'm So Lonesome I Could Cry‹ gespielt hätte, wäre verhaftet worden.

Für diese Suburbs waren allein schon die zerfurchten Gesichter und rauen Stimmen dieser Highwaymen ein Affront; einige Songs waren äußerst verwegen: ›The Last Cowboy Song‹, ›Highwayman‹ und ›Desperados Waiting For A Train‹ erzählten vom Aussterben ihrer Kultur, aber auch trotzig davon, sich niemals unterkriegen zu lassen. Woody Guthries ›Deportee‹ war ein Statement für diejenigen, die die Vereinigten Staaten nicht im Boot haben wollten, und ›Welfare Line‹ für diejenigen, die etwas mehr Pech gehabt hatten als die wohl behüteten Vorstädter. Dennoch, das Album war '85 ein Hit und der Titelsong an der Spitze der Charts – vielleicht einfach wegen der nicht zu überbietenden Besetzung, vielleicht aber eher wegen des Sounds, den sie unter die großen Sänger und Songs gelegt hatten, ein grauenhaftes 08/15-Country-Pop-Rock-Gemisch. Ich war schockiert, als ich dieses legendäre Album zehn Jahre nach Erscheinen zum ersten Mal hörte. Und um so angenehmer überrascht, als das Video *Live In*

Toronto später den Eindruck korrigierte: Die Zehn-Mann-Band hinter den vieren (v.l. Nelson, Jennings, Cash, Kristofferson) hat mit dem dämlichen Studiosound nichts zu tun. Sie sind in einer Stimmung, als würden sie in eine Zukunft reiten, die besser ist als die Vergangenheit.

Was die Plattenfirmen betrifft, war Cash allerdings noch nicht auf dem Boden aufgekommen. Nach CBS blieb er nicht lange bei seiner Ansicht, dass er sich von diesem Teil des Geschäfts verabschieden sollte. Jimmy Bowen, Hitproduzent dieser Tage, verschaffte ihm immerhin das Gefühl eines Neuanfangs: Cash spielt ihm allein mit der Gitarre Songs vor, Bowen will darüber nachdenken und meldet sich dann nie wieder.

Im selben Jahr gibt es bei der zum Polygram-Konzern gehörenden Mercury einen ernsthaften Interessenten, und Steve

Popovich unterstützt auch, dass Cash von seinem Freund seit den Sun-Tagen, Jack Clement, produziert wird. »Für eine kurze Zeit war ich also sehr glücklich«, erinnerte er sich '97, denn als sich die Machtverhältnisse bei Polygram/Mercury in New York verschoben hatten, war er schon wieder der alte Sack, dessen gute Tage angeblich vorbei waren und mit dem sie nichts anzufangen wussten. »Die Sender erhielten meine Singles nicht. Es wurde keine Werbung gemacht«, und er und Clement hätten sich gefühlt, als würden sie »in einer leeren Halle singen«.

Er war länger bei Mercury als bei Sun Records, und in den vier Jahren bis 1991 erschienen fünf Alben. Nicht ganz grundlos hat sie das Schicksal erwischt, in diesem riesigen Gesamtwerk ein schwarzes Loch zu sein – und sind doch besser als ihr Ruf. Auf *Boom Chicka Boom* und *Mystery Of Life* hat er sich bei einigen Songs die Energie der alten Rockabilly-Tage zurückerobert, und es war Inspiration, keine Wiederholung. ›Hey Porter‹ klang anders, aber nicht weniger umwerfend als auf der ersten Single, und es gab weitere Songs, die die Knaller auf dem gefeierten zweiten Comeback-Album *Unchained* ankündigten. Er machte Witze über alte Countrystars, Gebete sowieso, gab den enthusiastischen Biker und hatte im Duett mit Tom T. Hall mal wieder eine Nachricht für die Plattenbosse: »I'll Go Somewhere And Sing My Songs Again.« Dem Sänger kann das Singen niemand nehmen, und er kann damit hingehen, wohin er will.

Vom letzten Mercury-Album, *The Mystery Of Life*, »wurden nur 500 Stück gepresst«. Man kann es nicht glauben, muss den Plattenfirmen aber wie immer alles zutrauen. Die Mercury-Jahre bekamen in der Autobiografie von '97 noch nicht mal eine ganze Seite. Es war nicht so lange her, aber so weit weg, nur ein öder Parkplatz auf einer langen, abenteuerreichen Strecke. Wichtiger zu erzählen war, was damals zur

Arbeit eines Baumwollfarmers gehörte, und zu beobachten, »wie der Falke und die Drossel ihren ewigen Kampf um Leben und Tod austragen«.

Es schien ihm »das einzig Wahre« zu sein, einfach nur noch mit Freunden und Familie Konzerte zu geben, für die, die sie hören wollten – und die Countrychefs in Nashville durften sich freuen, dass sie endlich keine Zeit mehr damit verschwenden mussten, diesem Denkmal namens Man In Black die veränderten Zeiten erklären zu müssen. Sollte er doch endlich neuen Figuren wie Billy Ray  Cyrus und Garth Brooks das Feld überlassen. Sollte er doch mit dieser Ehrenstunde zufrieden sein, in der er als erster Countrysänger in die Rock'n'Roll Hall Of Fame aufgenommen wurde (in Anwesenheit von Neil Young, Keith Richards u. v. a.), er war doch jetzt 60, er musste doch nicht durch kleine Clubs tingeln wie Rose Maddox! Aus seinem Blickwinkel betrachtet: Er versuchte in den nächsten Jahren nicht, sich wieder einen dieser Countrymanager an den Hals zu hängen. Erst 13 Jahre nach dem Bruch mit CBS/Columbia, die sich inzwischen der Sony-Konzern einverleibt hatte, hörte er wieder von diesen Leuten. Sie hängten sich nicht an seinen Hals, sondern an das Comeback dran. Was nicht heißt, dass sie niemandem eine Freude damit gemacht hätten.

Das Johnny-und-Rick-Märchen

Rick Rubin rief Manager Lou Robin an, bat um ein Gespräch mit Cash, der willigte ein, und sie trafen sich nach einem Konzert in Los Angeles 1993 hinter der Bühne. Der Alte hörte sich an, dass der Junge ihn für sein Label American Recordings haben wollte. Er registrierte, dass Rubin sich mit seiner Musik auskannte, aber die Sache kam ihm doch »ziemlich merkwürdig« vor, denn der Mann hatte mit Country nichts zu tun, sondern mit der neuen Großstadtmusik, und Cash hatte den Verdacht, er könnte ihn in dieser Richtung bearbeiten wollen. Außerdem sah Rubin aus wie ein Hippie, Haare über die Schulter, Bart bis zum Bauch, und seine Kleider »hätten einem Penner alle Ehre gemacht«. Außerdem hatte er keine Lust mehr, irgendwelchen Produzenten etwas vorzuspielen. Er war sich sicher, dass das Interesse von diesem Typen nur eine Laune war, die schnell vorbei sein würde.

Er täuschte sich, Rubin war hartnäckig, ehrlich interessiert und hatte genaue und passende Vorstellungen. Cash »war damals von Leuten umgeben, die seine Kreativität nicht mehr ernst nahmen«, sagte Rubin später[4], »seine Energie war weg«, und »eine der letzten lebenden Musiklegenden des 20. Jahrhunderts« habe nur »ein würdiges Umfeld« gebraucht. Das, was Cash zu dieser Zeit nicht mehr zu sein schien, war er für Rubin immer noch: eine »geheimnisvolle Figur, die nirgends richtig hinpassen wollte«, der »ultimative Outsider«, der für ihn die Essenz des Rock'n'Roll verkörperte. Dennoch hatte er nicht vor, wie Cash befürchtete, ihn von seinen alten Fans weg zu einem jungen Publikum zu bringen, umgeben von jungen MTV-Rockern, angepriesen als die immer noch heiße Legende, die Rückkehr des Originalrebellen oder so, die Tina Turner der Countrymusik oder so.

Rick Rubin hatte gewonnen, als er erklärte, welche Aufnahmen er sich vorstellen könnte: Cash allein mit Gitarre. Damit schlug er ein Album vor, das Cash schon seit 30 Jahren machen wollte, das ihm aber von allen, denen er seine Idee erzählt hatte, ausgeredet oder abgelehnt worden war. Er hatte den Titel schon längst im Kopf: Late And Alone. Es sollte dann *American Recordings* heißen. Wie das Label. Sie trafen sich bei Rubin in Los Angeles, und es war angeblich im Wohnzimmer, wo sie etwa 100 Songs aufnahmen, nur sie beide.

Das Arbeiten sei ähnlich angenehm wie damals mit Sam Phillips gewesen, erzählte er dem *Spiegel*-Reporter, »es gab keine Studiouhr, keine Geschäftsmänner, die die Zielgruppen analysieren, und keine Schlaumeier, die den vermeintlich radiotauglichen Sound hineinmischen«.

Sie experimentierten dann ein wenig herum, fügten andere Instrumente hinzu, blieben aber bei der ersten Idee und setzten keinerlei technische Bearbeitung ein. Die Aufnahmen wurden nicht nachbearbeitet, erzählte Cash, und »ich spielte nicht einmal mit einem Plektrum. Jeder Gitarrenton auf dem Album kam von meinem Daumen.« Er spielte so, wie er's damals in der Dyess-Kolonie gelernt hatte. Er war 40 Jahre durchs Showbiz gelaufen und landete jetzt da, wo alles angefangen hatte, begleitet von einem jungen Produzenten. Dreizehn Songs wählten sie für das Album aus. Bei ›Tennessee Stud‹ und Loudon Wain-

145 / 146

JOHNNY CASH FRIENDS

UITGAVE: EUROPEAN JOHNNY CASH FANCLUB

wright III's ›The Man Who Couldn't Cry‹ nahmen sie die Aufnahmen von einem Konzert in Johnny Depps Club »The Viper Room« in Los Angeles.

Seit 1999 ist bekannt, dass der Regisseur James Mangold (*Copland*, *Identität* u. a.) für 20th Century Fox die Verfilmung von Johnny Cashs Leben in Angriff genommen hat. Anfang 2003 wird bekannt gegeben, dass die Arbeiten am Drehbuch abgeschlossen und von Johnny Cash und June Carter abgesegnet sind. Falls Gott keine Steine in den Weg legt, soll *Walk The Line* Mitte 2004 gedreht werden, mit Amerikas beliebtester echter Blondine Reese Witherspoon und Gladiator Joaquin Phoenix in den Hauptrollen. Ob man in der Rolle des Sheriff Ralph Jones Harvey »Bad Lieutenant« Keitel sehen kann, ist bei Drucklegung nicht bekannt. Als Rick Rubin würde ich mir Rick Rubin wünschen.

Nashville, 5 p.m. Eine Harley Davidson fährt langsam durch die hektischen Straßen. Der Fahrer scheint etwas zu suchen. Es ist Rick Rubin, und seine langen Haare flattern im Wind. Er hält vor einem Büroturm. Er holt aus seiner Satteltasche eine Pumpgun, zerschießt die Eingangstür und stürmt ins Haus. Eine ratlose Menschenmenge versammelt sich. Dann kommt Rubin mit dem alten Cash wieder heraus. Rubin dreht sich um und ballert auf die blinkenden Neon-Buchstaben COUNTRY über dem Eingang. Er feuert in die Luft, die Menge wirft sich zu Boden. Die beiden besteigen die Harley und rasen davon, während schon die ersten Streifenwagen um die Ecken schleudern. Einer erwischt einen jungen Straßensänger, der gerade ›I Saw The Light‹ spielt. Totale: Cash, Rubins Haare im Gesicht, singt ›Drive On‹ … Eine Fassung, die eine Menge dieser so genannten inneren Wahrheit enthält, die James Mangold jedoch im Papierkorb seines Computers versenkt hat. Allerdings könnte er – ohne den Wahrheitsgehalt des Films zu gefährden – zeigen, wie Ernest Tubb eines Nachts in die Eingangshalle der Radiobüros der Grand Ole Opry stürmte und mit einer .357-Magnum in die Decke schoss.

Das Album kam wie ein kalter Windstoß über die Countryindustrie in Nashville, es war eine Überraschung und rief durchaus die berühmte Betroffenheit hervor. Das Magazin *Country Music* nahm das Album-Cover auf den Titel, und zusätzlich zur Titelgeschichte kam eine lange Besprechung des Albums, und in der Rubrik »People« fragte jemand »Wo waren wir?« – dass Cash nach Los Angeles gehen musste, um einen neuen Plattenvertrag zu bekommen! Und weiter: »From my heart to yours, Rick Rubin, head of American Recordings, thank you, Sir, for atoning for Nashville's sin of allowing the great Johnny Cash to be silenced. Shame, shame on us for failing miserably. We've got our heads so far up in the air we can't see what's right before us. Today's hatted penguins might make some quick bucks, but when the long run comes, we will be sucking hind teat once again if we don't wake up and take a stand where the heart meets the ear, musically. I'm glad Rick Rubin saw the light, and I hope someone on the Streets of Music will take heed as well.«

In einem Genre, das wie kein anderes das Wort Tradition auf seiner Flagge hochhält, war das Album eine Peinlichkeit, denn es wies mit maximaler Presse darauf hin, wie verlogen diese Behauptung ist. Der größte lebende Vertreter von Country hatte die Verantwortlichen einen Dreck interessiert. Sie gaben Alten wie ihm keine Marktchancen; ob sie immer noch singen konnten oder gute Songs schrieben, war nicht die Frage. Die Tradition hat für diese Leute eine ähnliche Bedeutung, wie wenn einem Wall Street-Broker zu Ohren kommt, dass irgendwo draußen in Pennsylvania ein paar Arbeits-plätze gestrichen werden, wenn er so und nicht so handelt. Missachtung von Tradition könnte sympathisch sein. Aber sage einer zu ihnen »fuck your fuckin' traditions« – sie wür-den ihn übler behandeln als einen, der wie Spade Cooley seine Frau totgetreten hat. Tradition ist für sie nur ein Markenzei-chen, ein kariertes Hemd. Nashville ist nichts anderes als die Christlich-Soziale Partei in Bayern: Sie lieben ihr Heimatland über alles, und deshalb würden sie für einen Parkplatz mehr den letzten Hügel teeren, zu den Klängen eines Keyboards, das Alphörner imitiert.

American Recordings schlug total ein, wie es in der Fach-sprache heißt. Es stand in *Billboard*, dem ersten Branchen-blatt, im Mittelpunkt, es bekam die Höchstwertung im *Rolling Stone*, es wurde in Blättern besprochen, die eigentlich von Country ohne o handeln, und in Magazinen, die Holzgitarren für etwas halten, das die Axt zu erledigen vergessen hat, und vielleicht schrieb sogar *Bild*, der berühmte Man In Black (›Ring Of Fire‹) sei inzwischen so verarmt, dass er sich keine Begleit-band mehr leisten könne, wer weiß … MTV zeigte das Video des Frauenmörder-Songs ›Dehlia's Gone‹ mit Kate Moss, aber nur geschnitten, und Cash machte sich darüber lustig. ›Dehlia‹ war der Hit des Albums, der keiner wurde. Cash hatte einem uralten »camp levee holler beziehungsweise Delta-Bluessong« neue Strophen hinzugefügt und sich in seine Erfahrungen mit »menschlichen Abgründen« und »dunkleren Geheimnissen« begeben. Er verwies mit dem Song auf eine Tradition, die man vergessen haben wollte: »Viele der bekanntesten und belieb-testen Songs, mit denen ich aufgewachsen bin«, handelten von »Verbrechen und Bestrafung, Gewalt und blinder Wut, Quere-len und Kämpfen in allen grausigen Details«.

Die amerikanischen Countryradios ignorierten das Album wie erwartet. Konnte man nicht spielen. Hatte mit aktuellem

Country nichts zu tun. War nicht lustig, klang nicht jung. Der Sound war düster wie ein vom Hagel zerstörtes Weizenfeld, die Songs waren düster, late and alone. Selbst die paar komischen Songs waren nicht lustig. Ein Mann, der sein treuloses Mädchen erschießt, es tut ihm weh, sie leiden zu sehen, und erst mit dem zweiten Schuss kann er Dehlia von ihrem Leid erlösen, und am Ende fleht er den Wärter um Hilfe an, denn keine Nacht kann er schlafen, immer hört er ihre Schritte. ›Drive On‹ erzählte von einem Vietnamveteranen, der sich nicht wieder in die normale Gesellschaft einfinden kann. ›The Beast In Me‹: Ist es möglich, dass mein Dad – hätte sich ein Kind vor dem Radio fragen können – der Serienkiller ist, den sie gerade suchen, und der Song hätte ihm geantwortet: Ja. Es ging um Schuld, Buße, Beichte, letzte Gebete, Erlösung. Und seine Stimme klang wie die Stimme, die den Amerikanischen Traum für beendet und den Jüngsten Tag für angebrochen erklärt. Das Album bekam den Grammy für die Folkplatte des Jahres. Das konnte man auch gut als Bestätigung benutzen: Countryradio spielt keinen Folk. Aber war es nicht eine Country-Folk-Platte? Oder eine Folk-inspirierte Countryplatte?

Einer der alten, großen Countrysänger, der bei uns weniger bekannte Don Gibson, sagte in einem Interview: »Wenn sie schon Johnny Cash nicht spielen, dann ist für uns der Fall doch erledigt.« Sie: die das Geschäft machen. Wir: die diese Musik groß gemacht haben und sie immer noch machen. Oder wie es Kinky Friedman, der Outlaw, der es als Countrysänger nicht geschafft hat, einmal ausgedrückt hat: Er wollte eben nicht im Saloon in Disneyland spielen.

Das Album selbst war die Sensation, und nicht, dass es in der Presse diesen Platz bekam. Denn die Story war zu gut, sie hatte von Glanz und Elend, von Elvis bis Rubin zu erzählen. Die echte Überraschung war, dass Cash plötzlich wieder ein junges Publikum hatte. Er fühle sich bei Konzerten wieder wie damals, '55, sagte er. Cash war cool und in. Es war das Jahr, in dem sich Kurt Cobain erschoss, Sänger der Grunge-Band Nirvana, die in kürzester Zeit von einer Band unter  vielen bis an die Spitze gekommen war. Grunge war Post-Punk, aber für Grunge war auch typisch, dass beides seinen Platz hatte – der melancholische und der ekstatische, der ruhige und der krachende Song. Cobain hatte auch ›In The Pines‹ gesungen, eine Mörderballade aus der Country-Ursuppe, das Geheul einer gequälten Seele. *American Recordings* stellte eine Verbindung her, und es war ein Hit bei den College-Radios, in der Nashville abgewandten Country- und alt.country-Szene, bei den Musikfans, die nicht unbedingt auf eine Richtung festgelegt waren, sondern einfach immer nur auf der Suche nach dem Guten.

Rick Rubin, der Produzent von Run DMC bis Slayer, Rubin, der nicht Festgelegte und also Unberechenbare, war ein Garant, dass es sich nicht einfach um irgendeine Countryplatte handelte. Sein Beitrag zu diesem Erfolg ist nicht zu unterschätzen. Das Album bekam durch ihn einen Stil, der im Mainstream-Country nicht üblich ist. Die Covers aller vier Rubin-Produktionen sind schwarzweiß, reduziert, ungemütlich. Sie betonen, dass Cash kein netter Opa von nebenan ist. Typisch für Countryvideos, die in den Staaten tonnenweise laufen (bezeichnenderweise macht man in der Country-Off-Szene keine Videos, denn wer sollte sie zeigen?), sind Kinder, Hunde, fröhliche Konzerte mit kumpelhaftem Kontakt zum Publikum, sentimentales Sinnieren. Die Videos zum Comeback-Album zeigten Cash als alten Typen, der ein junges Mädchen killt und ins Grab wirft und Erde auf die Leiche schaufelt (mit dem schönen finalen Gag, dass Dehlia Erde ins Grab wirft). Seine Liner Notes kamen so aufs beigelegte Blatt, wie er sie geschrieben hatte: handschriftlich auf einem linierten Block, manche Worte durchgestrichen, überschrieben, manche schwer zu entziffern. Es passte zur Aura der Aufnahmen: Ihr könnt mir zuhören, ihr könnt's lassen, ich sage das, was ich will, mir ist es egal, welcher Trend gerade unterwegs ist, ich bin zu alt, um diesen oder jenen Scheiß mitzumachen. Cash gab einem eine Vorstellung davon, was Cobain hätte sein können, wenn er alt und dabei kein Blödmann geworden wäre. Und jeder hatte eine Ahnung, was es bedeutete, dass dieser Mann einen 40 Jahre langen, mit Konzertsälen und Studios und Schallplatten gepflasterten Weg hinter sich hatte. Cash hatte in einer Schlacht überlebt, in der Cobain verloren hatte: im Musikbusiness auf höchster Ebene kein Sklave zu werden.

Cash spielte auf den Festivals, wo keine Country-Radio-Band hinkam, und bekam von denen Respekt, die die Stürme noch vor sich hatten und auf den Plakaten für diese Festivals mit den größten Buchstaben angekündigt wurden. Bei Englands gigantischem Glastonbury Festival fiel Lemonheads' Evan Dando vor Manager Lou Robin auf die Knie, um Cash vorgestellt zu werden, Nick Cave hatte schon zehn Jahre zuvor ›The Folk Singer‹ gecovert. Cash behauptete, er wäre jetzt wieder unsicher, wenn er auf die Bühne ginge. Aber, wie schon immer, er respektierte alle, die zu ihm kamen, und war stolz darauf, dass Punks erschienen und alte Damen, Stetson-Träger mit Fransenjacke und Studentinnen, die von Stetson-Trägern mit Fransenjacken vielleicht zutiefst schockiert waren. Wer von den neuen Fans nicht wusste, dass Cash live als The Johnny Cash Show kam, konnte eine Überraschung erleben. Die düstere Atmosphäre des Alter-Outlaw-Albums konnte man nur eine halbe Stunde erleben. Cash wusste, dass das nicht ganz dem Geschmack seines alten Publikums entsprach, und er wollte es nicht verprellen. Die Tennessee Three und ihre Begleiter spielten nicht immer mit so brennender Leidenschaft wie in Glastonbury oder beim Festival in Montreux. In der *Süddeutschen Zeitung* schrieb ein vom Album begeisterter Karl Bruckmaier, dass das Konzert des Bad Lieutenant der Countrymusik vom nostalgischen Teil dominiert wurde, »der den begeisterten Zuhörern immer und immer wieder das gibt, was sie ohnehin schon kennen – nur in akustisch indiskutablen Versionen, dargeboten von einer Begleitcombo«, die ihren Job ohne viel Engagement verrichtete, und auch die Teile mit Sohn und Ehefrau hätten »etwas seltsam Marionettenhaftes, Abgenutztes« gehabt. Cashs zum Mitklatschen nicht geeigneter Soloteil wurde von seinen alten Fans oft dazu genutzt, um Bier zu holen oder Platz für ein neues zu schaffen. Daran änderten die 90er Jahre nichts: am Unterschied zwischen Cash-Alben und -konzerten. Und nach allem, was ich kenne, Alben und Konzertmitschnitte, finde ich, dass nur die berühmten Ausnahmekonzerte mit der Qualität der Alben mithalten können. Insofern entsprach es nicht dem renovierten Cash-Image, als er in einem Interview zum zweiten Rubin-Album sagte, er würde an traditionellen Orten vor einem überwiegend alten Publikum heftige Songs wie Soundgardens ›Rusty Cage‹ nicht spielen.

Alter Mann und neuer Aufstand

Mit dem ersten Teil der American-Trilogie hatte Cash einen neuen Raum betreten, und mit dem zweiten Teil füllte er ihn. *American Recordings* hatte etwas Unheimliches, wie ein leise gestelltes Radio in einem großen Zimmer – und für *Un-*

chained wurde in jede einzelne Ecke ein Verstärker gestellt. Aufgedreht wurden sie 1995/96.

In der Szene, die Cash erobert hatte, waren Country-Rock oder Outlaw-Country keine guten Begriffe mehr, falls sie überhaupt noch existierten. Für Grunge und Umgebung hatte man sich auf Alternative Rock geeinigt, und bald darauf wurde alt.country davon abgeleitet. Punk hatte sich in alle Bereiche fortgepflanzt – Cowpunk, Independent-Rock und Ende der 80er Grunge, der wieder näher an Punkrock war, dabei aber sozusagen die Beatles-Melodien reinholte, die die Punks rausgeworfen hatten. Den Begriff alt.country hatten Bands wie Uncle Tupelo vorbereitet, countryfizierte Alternative-Rock-Bands. Uncle Tupelos erstes Album hieß nach dem Klassiker der Carter Family *No Depression*, und das '94 gegründete und heute wichtigste Magazin der alt.country-Szene wählte ebenfalls diesen Namen. Es waren die diversen Alternative-Charts, in denen sich *American Recordings* im selben Jahr an der Spitze platzierte. Was für ein Zufall, dass sich ebenfalls '94 in Chicago Bloodshot Records gründete und den Begriff Insurgent Country (aufständischer Country) hinzufügte. Inzwischen gab es tatsächlich eine neue, junge, andere, selbstverständlich Nashville feindlich gesinnte Szene, die mindestens so sehr Country wie alt.irgendwas war. Die Punk/Grunge-Herkunft war oft weniger auffällig, als die Bandnamen und Songtitel vermuten ließen. Am verschwundenen Cowpunk, der im Grunde doch nur aus bierseligen Plattitüden bestanden hatte, die zur richtigen Zeit am richtigen Ort allerdings zu einer Honky-Tonk-Stampede führten, orientierte sich im Insurgent Country niemand mehr. Viele dieser neuen Bands konnten Krach machen, waren aber viel zu gut und zu sattelfest in Countrygeschichte, um es dabei zu belassen. Freakwater waren vielleicht die Besten, aber nicht die Einzigen, die den »hatted penguins« und dem Country-

Establishment jede Lektion in Sachen Country-Roots hätten erteilen können, während sie andererseits wussten, dass die Pixies die Vorlage für Nirvana abgegeben hatten. Man orientierte sich nicht am Country-Rock der 70er und 80er Jahre, sondern an den Klassikern wie Bob Wills, Webb Pierce, George Jones, Merle Haggard und vor allem Hank Williams.

Bis heute eine Zentrale von Insurgent Country wie Bloodshot Records ist ein Mann, der 1977 im englischen Leeds die Punkband The Mekons gegründet hatte. '90 waren Jon Langford und ein paar Mekons mehr nach Chicago übergesiedelt und hatten The Waco Brothers gegründet, nach eigener (und meiner) Ansicht »die härteste Countryband der Welt« (die trotz sinkendem Countryanteil vom ersten bis zum inzwischen fünften Album *New Deal* zu meinen Lieblingsbands gehört). Langford hatte schon 1988 die Regie über das Cash-Tribute-Album *Till Things Are Brighter* gehabt, ein Benefiz für eine Aidshilfe-Organisation; unter anderen waren Marc Almond dabei mit ›Man In Black‹, Michelle Shocked mit ›One Piece At A Time‹, und Cash gefiel am besten ›Cry, Cry, Cry‹ in einer Walzerversion, gesungen von Mekons-Mitglied Sally Timms. Dann gründete Jon Langford eine Art Historikerkapelle: The Pine Valley Cosmonauts spielten als Erstes ein Album mit Cash-Songs ein, *Misery Loves Company – The*

Dark And Lonely World Of Johnny Cash (dem ein Bob Wills-Album folgte und die Serie – die Musiker setzen sich für die Abschaffung der Todesstrafe in den USA ein – *Executioner's Last Song*).

Das sind die Orden, die Garth Brooks oder Reba McIntyre nicht bekommen können, und weil Gott gnädig ist, haben sie keine Ahnung davon. Von den großen alten Countrystars aber ist Johnny Cash derjenige, der selbst im etwas diffusen Bereich alt.country, Insurgent Country, Americana- oder Roots-Rock fast schon so etwas wie Idol und Vorbild ist. Kein Hindernis, dass er in vielen Interviews sagte, er könne es nicht leiden, als Countryikone angesehen zu werden, und er wolle die Musik auch nicht ändern, sondern einfach nur das machen, wozu er Lust habe. »Don't ask me for advice«, stand in den nächsten Liner Notes.

Das unwahrscheinliche Comeback-Album passte zum Aufblühen dieser Szene, und der Nachfolger *Unchained* gehörte eher dorthin als nach Nashville. Bei *Unchained* war er nicht mehr allein, sondern wurde von Tom Petty and The Heartbreakers begleitet, zusätzlich ergänzt durch den langjährigen Begleiter und Multiinstrumentalisten Marty Stuart. Mit den Songs wanderte er wieder durch sein ganzes Leben, vom Klassiker ›Memories Are Made Of This‹ bis zu ›Rowboat‹ von Beck und ›Rusty Cage‹ von Soundgarden, was wieder Rick Rubins Handschrift zeigte (Beck, der mit ›I'm A Loser, Baby [So Why Don't You Kill Me]‹ über Nacht zum Star geworden war und inzwischen seinen Countryeinfluss[5] oft deutlich gemacht hat, spielte bei einer Tournee das Vorprogramm). Auf das düstere, einheitliche Ihr-könnt-mich-Album folgte eins, das daran erinnerte, dass Cash die Gitarre oft wie ein Gewehr Richtung Publikum gehalten hatte. Im Wechsel mit todtraurigen Balladen eines Mannes, der mit Gedanken ans Sterben lebt, gibt es Up-Tempo-Nummern, die nicht zu erwarten waren. Der Country-Rap mit Städtenamen, ›I've Been Everywhere‹, ›Sea Of Heartbreak‹, die Moralpredigt gegen Alkohol, ›Kneeling Drunkard's Plea‹ von den Carter Sisters, und besonders die eigenen frühen Songs ›Country Boy‹ und ›Mean Eyed Cat‹ werden auf eine Art durchgebrettert, die einerseits auf die phantastische erste Phase von Rockabilly zeigt, ohne Boom-Chicka-Boom zu kopieren, und andererseits wie der Beweis funktioniert, dass Einflüsse von Punk bis Grunge zu Country passen, ihn frisch halten und für eine Spannung sorgen, die dem öden Mainstream-Country-Rock immer fehlen wird. Ich glaube, es ist mein spezielles Cash-Album.

Es mag stimmen, dass es Cash egal war, ob er Country änderte, oder was dort überhaupt ablief. Aus den Liner Notes kann man aber auch das Gegenteil folgern: »You take the sum of experience, the sum of intuition, and the emotion, and let the song flow. If it's commercial must be of absolutely no concern. Whether the radio stations play it must never enter into any consideration.« Was ein Jahr später, nach dem Erhalt eines Grammy für das beste Countryalbum des Jahres, durch die ganzseitige Anzeige in *Billboard* ergänzt wurde: ein ausgestreckter Mittelfinger für das Country-Establishment und seine Radios, zum Dank für die freundliche Unterstützung.

Was sonst sollte man als Insurgent Country bezeichnen?

Neue Krauts

In den 60er Jahren gab es in Deutschland eine Country-Schlager-Welle zum Mitklatschen. Udo Jürgens mit ›Komm, leg die Knarre weg‹ (nach Cashs Nr.-1-Hit ›Don't Take Your Guns To Town‹) war wohl die Spitze, der Rest wollte 'nen Cowboy als Mann. In den 70ern kamen Truckstop und schraubten ih-

278

ren Karneval-Country derart in die Köpfe, dass diese Spielart bis heute das Bild von Country beherrscht – in Deutschland. Das Gerücht, Country wäre der Schlager der Amerikaner, hält sich sogar noch besser als das von Johnny Cashs Indianerabstammung. Das Erträglichste in diesem Musicountrystadl sind Bands, die einfach nur Klassiker covern, ohne ein deutsches Wort. Da ist man schon dankbar. Und aus dieser knappen Zusammenfassung wird vielleicht verständlich, dass das beliebte Mitklatschen auch bei Cash-Konzerten keine guten Gedanken weckt.

Wer seine musikalische Sozialisation mit Bob Dylan, Neil Young, Roxy Music und Punk und New Wave erfahren hat und der Meinung war, dass Truckstop und Deutsch-Country eine spezielle Rache für Nazideutschland darstellte, der konnte, wie ich, Mitte der 80er einen Anhaltspunkt dafür bekommen, dass Country mehr war als die bekannte Oberfläche. Der Neo-Memphis-Rockabilly, schlagkräftiger auch Trash genannt, war einige Jahre sehr in Mode, und The Cramps, Tav Falco's Panther Burns und Alex Chilton waren das beste Angebot, um sich mit Würde langsam von Punk zu entfernen, ohne auf musikalische Intensität zu verzichten. Das hatte mit Country nicht viel zu tun, aber wenn man sich für ihren erklärten Helden Charlie Feathers interessierte, war man schon dort. Feathers (1932–1998) hatte etwa zur selben Zeit wie Johnny Cash in Memphis angefangen und war durch Elvis von Country auf Rockabilly umgestiegen. Er war bei Sun Records zwar nur zu zwei Singles gekommen, hatte aber mit Cash und den anderen Stars einige Tourneen gespielt. Durch englische Revivals bekam er im Lauf der Jahre einen legendären Ruf: der letzte unbeirrbare Original-Rockabilly. Zwei Comeback-Platten Ende der 80er waren jedoch sehr Country und sprachen einen, der Country immer noch misstrauisch gegenüberstand, viel besser an als Cashs Alben zu der Zeit –

sie waren frischer, origineller, entfernter von Klischees. Mit seinem letzten, komplett neu eingespielten Album '91 war Feathers, was die Erneuerung der Verbindung von Country und Rock betraf, teilweise an einem Punkt, den Cash erst fünf Jahre später mit *Unchained* erreichte. Charlie Feathers erzählte gern, er habe Elvis das Gitarrespielen beigebracht und in den frühen Rockabilly-Tagen bei Sun Records eine wichtige Rolle gespielt; abgesehen davon, dass er Co-Autor des Elvis-Hits ›I Forgot To Remember To Forget‹ war, gab es dafür keine Beweise und viele hielten ihn für einen notorischen Aufschneider und Lügner. Es war Johnny Cash, der für die Compilation *Tip Top Daddy* 1995 diese Aussage machte: Feathers habe auf jeden Fall Elvis' berühmte ›Baby Let's Play House‹-Session geleitet, und »Charlie Feathers is the main reason there is and was Sun Records. His Songs were recorded by all of us there, and he never has been given the credit or recognition he deserves. I will always be a Charlie Feathers fan.« Was gibt's nun mehr dazu zu sagen?

In den späten 80ern sagte in dieser Szene niemand, man müsse sich unbedingt ein neues Cash-Album anhören, er war abgehakt, er war *Live At San Quentin* und eine Sammlung mit den frühen Hits. Über diese neue Memphis-Szene und Feathers aber gelangte man, ich und viele andere, schnell zu Hank Williams und konnte dann diese riesige Basis der populären Musik entdecken und nun doch auch viel mehr von Johnny Cash. Vor diesem Hintergrund war die Wucht von *American Recordings* umso größer. Feathers war Underground geblieben, Cash war plötzlich überall, und ohne ein Zugeständnis gemacht zu haben.

Cashs Comeback ist nicht explizit mit dem Entstehen einer völlig neuen deutschen Countryszene zu verbinden. Amerikanische Bands wie Uncle Tupelo oder das Okra-Label mit Fellow Travellers und Hank McCoy and The Dead Ringers oder Lucinda Williams hatten längst Stimmung gemacht, nicht zu vergessen auch die deutschen FSK in ihrer intensiven, über die deutsch-amerikanischen Song-Beziehungen aufklärenden Phase. Aber *American Recordings* war ein Verstärker, ein knallendes Ereignis, das Interesse weckte oder vertiefte und Country viel akzeptabler machte. Wer sich bis dahin mit dieser Leidenschaft exotisch vorgekommen war und nicht leicht Gesprächspartner gefunden hatte, schleppte seine Sammlung jetzt vielleicht in einen Club, um andere mithören zu lassen. Und die Band, die damit nur im Übungsraum ihren Spaß gehabt hatte, fand vielleicht ein offenes Ohr bei Veranstaltern. Vor zehn Jahren noch hätte es dieses Kapitel hier nicht gegeben, und jetzt gibt es etwa 20 Bands, die mehr oder weniger stark countryfiziert sind: Anti-Truckstop trifft als Label auf jeden Fall.

Ein wichtiger Impuls für diesen Trend war, als Okra-Labels Hank McCoy nach einer Tournee mit den Okra-Allstars nach Köln übersiedelte. Auf dem Okra-Label, das alt.country mit entscheidend installierte und in der Independentszene auch hier bekannt war, hatte er drei Alben veröffentlicht, die im Unterschied zu den meisten anderen real country waren. 1997 kam als erste Veröffentlichung des deutschen Labels xxs-Records ein Vinylalbum, das real underground war, eine Compilation, live aufgenommen im Hamburger Traditionsclub Knust. Im Booklet von *13 Golden Kantrie Greats* wurde darauf hingewiesen, dass die Sache ohne McCoys »Nachhilfe« nicht möglich gewesen wäre, und man distanzierte sich von »Teddbär eins-vier, Autobahnraststätten und kostümierten Flachlandcowboys«. Auch der Schlachtruf »Corporate Country Still Sucks!« – gegen alles also, was im Verein Line-Dance übte oder Südstaatenflaggen strickte – war eine Verbindung zu Insurgent Country. Auf dem Album dabei war die Gruppe Fink, deren erstes Album wenig später in vielen

Musikmagazinen hoch gelobt wurde. Countryband stimmte nicht wirklich (und stimmt nach fünf Alben noch weniger), aber sie waren so stark davon beeinflusst in Songs, Sound und Instrumentierung, dass sie eben unter Country eingeordnet wurden. Die eigentliche Überraschung war, dass Sänger und Songschreiber Nils Koppruch deutsche Texte schrieb, die gegen jede deutsche Countrynorm nicht nur erträglich, sondern gut waren, jenseits der dämlichen Karneval-Ficki-Späßchen oder Cowboy-und-Indianer-Spielchen derer, die den Begriff fast unmöglich gemacht hatten.

Das Album markierte auch den Anfang für eine Band, die jetzt zum Mittelpunkt dieser neuen Szene gehört: Aus Peta Devlin & Band wurden bald Cow (Foto), an denen sich der Unterschied zwischen dem Neuen und Alten besonders gut zeigt. Ihre Musikwelt ist viel größer als nur Country und entspricht damit einer Musik, die noch nie puristisch war: Die einzelnen Mitglieder spielten oder spielen mit Die Braut Haut

Ins Auge, Die Sterne, Die Goldenen Zitronen, The Incredible Sinalco Bums und Ex-Braut Devlin jetzt wieder Punkrock mit Oma Hans. Country ist für Cow wie für viele dieser Bands kein Rückzug zur Tradition, kein Schutzwall gegen Elektronik oder welche neue Garage auch immer gerade aufgemacht wird. Cow spielen ein Bluegrass-Set und wechseln dann zu etwas, das man funky Country nennen möchte, und sie können ein Publikum auf ihre Seite ziehen, das weder Hank I oder II noch III kennt und von Dolly Parton höchstens ein Bild im Kopf hat. Ihr erstes Album *Feeding Time* erschien 2002 und zeigt das ganze Spektrum der Band, vom ›Spanish Yodel‹ bis zu einer feministisch-kämpferisch umgeschriebenen Psychedelic-Countryrock-Version des Klassikers ›Will The Circle Be Unbroken‹. Ihre umwerfende Bluegrass-Verkleidung von ›I Heard It Through The Grapevine‹ kann man bisher allerdings nur im Konzert erleben.

Die Besten dieser Bands spielen diese oder jene Countryversion mit einer Selbstverständlichkeit und ohne Karnevaleffekt, dass ein Gedanke an Truckstop gar nicht mehr aufkommt: andere Zeiten, andere Welt, andere Sprache, anderes Programm.

Der Country-Ska der Kölner Kingston Cowboys klang so überzeugend wie der Country-Reggae der Fellow Travellers, aber es war noch nicht die Zeit dafür. Und als Gerry Lee & The Wanted Men daraus entstanden, spielten sie Western-Swing weniger museal, sondern ohne ihn auseinander zu bauen – so, dass das Interesse vieler Ex-Punks an Country keine Erklärung brauchte. Der Country-Swamp-Trash von Hack Mack Jackson ist mehr honky-tonk als ein besoffenes Bierzelt, das sie im Verbund mit DM Bob & the Deficits zweifellos kleinkriegen würden (was genau auch immer das bedeuten könnte). Das erste Album von Smokestack Lightning heißt *SoulBeat*, und genau damit ist ihr Country-Rockabilly angereichert. Broken Radio benutzen statt Schlagzeug elektronische Beats, und Twang verzerren Hits von Madonna bis Jim Morrison in real country, die ebenso schwer zu erkennen sind wie Kraftwerks ›Autobahn‹ von Fink. Und auch ein Konzert von Sons Of Jim Wayne, Will Handsome, The Watzloves, 1/2 Couch, Markus Rill & The Gunslingers, Dos Hermanos, Handsome Hank & His Lonesome Boys, Danny Dziuk, Deluny, Zeno Tornado and his Boney Google Brothers und The Country Terminators dürfte diejenigen nicht kalt lassen, die mit einer gewissen Tendenz dieses Buchs etwas anfangen können.

Sie alle sind nicht näher an Seattle oder Nashville als Truckstop, aber die Entfernung macht keine Clowns aus ihnen. »Es spielt keine Rolle, woher sie kommen«, sagte Hank McCoy über Cow, Gerry Lee & The Wanted Men und Smokestack Lightning, »sie können es besser als die meisten amerikanischen Bands, die glauben, dass sie es gut können.« Und einen besseren Zeugen gibt's bis jetzt nicht.

Nachdem ich all diese Bands[6] und ein paar mehr gesehen hatte, erlebte ich den bisherigen Höhepunkt. Hank McCoy und Familie übersiedelten im Sommer '01 in die USA, und auf einem Rheindampfer kam es zum Abschiedskonzert. Mit seiner Band stellte McCoy ein neues Album vor, Cow und die Wanted Men waren Gäste. Zum Showdown standen alle Beteiligten eine halbe Stunde auf der Bühne und spielten sich durch ein gemeinsames Repertoire: Country Wall Of Sound, während man am Ufer die Stahlmonumente der Kölner Hafenanlagen bewundern konnte – alle Extreme, die diese Musik zu bieten hat, das Dunkelste der Seele und das, was sie zur Ekstase treibt. Und mit dem Anlegen des Dampfers jagten sie zu zehnt den ›Folsom Prison Blues‹ durch die Verstärker. Am Ende standen Peta Devlin und Hank McCoy allein auf der Bühne und sangen das herzergreifende Liebeslied ›Yankee Go

Home‹. Ich fragte mich, wie wir wären, wenn die Yankees nie gekommen wären.

Ein paar Monate später dann ein Erlebnis, das die riesigen Entfernungen zwischen den Countryfraktionen zeigte. Ausgerechnet bei einem Treffen des europäischen Johnny Cash-Fanclubs. Eine Veranstaltung von lähmender Müdigkeit. Trübe Stimmung in einem trüben Saal. Niemand wäre auf die Idee gekommen, dass der Sänger in den 90er Jahren eine Bedeutung hatte, die größer war als die Antrittsrede des neuen Vorsitzenden eines Briefmarkensammlerclubs. Ich hab's nicht verstanden. Aber es gibt so viel, was ich nicht verstehen kann.

Niemals aufgeben

»Nein, nein, nein«, sagte Cash.

Sein neues Album lasse einen befürchten, er bereite sich auf den Tod vor, hatte der Reporter[7] gesagt. Und Cash wies ihn darauf hin, dass alle seine Platten voller Sterben und Tod sind.

»Ich danke Gott jeden Morgen für das Leben«, sagte der bald 69-Jährige. *Solitary Man* war Teil III der *American Recordings*, im Herbst 2000 erschienen, über drei Jahre nach *Unchained* – und dazwischen war er dem Tod nahe gewesen. Die Stimme war nicht mehr dieselbe, sie war brüchig geworden. Rick Rubin erzählte, Cash sei sich seiner Stimme nicht mehr sicher gewesen, und er habe ihn immer wieder überzeugen müssen, dass seine Stimme immer noch großartig war. Das war sie auch, aber sie war nicht mehr so stark. »I don't sound as good to me, as he says I do, but I thank him anyway«, schrieb Cash auf der Rückseite. Die Arbeitszeit im Studio sei von Cashs Gesundheitszustand diktiert worden, erzählte Rubin, sie hätten nicht lange am Stück arbeiten können. Ich habe keinen Artikel gelesen, der nicht von Abschieds- oder Todesstimmung sprach. Es war vor allem der letzte Song, der einen auf solche Gedanken brachte, der uralte Spiritual ›Wayfaring Stranger‹: Der Sänger steht am Ufer des Jordan, bereit, über den Fluss zwischen Leben und Tod zu setzen, und er freut sich darauf, seine Eltern und andere geliebte Menschen wiederzusehen, die den Weg schon gegangen sind.

Das Lied wirft einen Schatten über das ganze Album, das eigentlich keiner mehr erwartet hatte. Im Oktober '97 hatte Cash während eines Konzerts einen Schwächeanfall erlitten. Er erklärte dem Publikum, er leide an Parkinson. Diese Diagnose wurde später präzisiert: Es handle sich um das seltene und unheilbare Parkinson ähnliche Shy-Drager-Syndrom, das innerhalb weniger Jahre unaufhaltsam zum Tod führe. Das stellte sich später als Fehldiagnose heraus. Erst im Sommer '01 wurde die Krankheit richtig diagnostiziert. Es handelte sich um eine Schwächung des Immunsystems, die schnell eine Lungenentzündung zur Folge hat. Ab Oktober '97 hatte die Behandlung mit starken, falschen Medikamenten zu einer Verschlechterung seines Zustands geführt, und er war mehrmals mit Lungenentzündung eingeliefert worden. Als er im Herbst '99 wieder im Krankenhaus lag, hieß es in der Presse, er habe seine ganze Familie an sein Krankenbett gerufen, um sich zu verabschieden.

Als Merle Haggard ihn auf der Intensivstation besuchte, nachdem er so viele Jahre zuvor von ihm in San Quentin besucht worden war, rieb er seine Stirn an der von Cash und sagte: »Du schaffst es, Cash.« Er sollte Recht behalten. Bald darauf nahmen sie zum ersten Mal in ihrer beider Karrieren zusammen auf, und zwar das Duett ›I'm Leaving Now‹. Haggard war inzwischen einen ähnlichen Weg gegangen wie Cash schon '93. Die Countryindustrie hatte keinen Platz mehr für ihn gehabt, und das von Country so weit wie American Recordings entfernte Label »Anti-« hatte ihm ein Angebot gemacht, weil man ihn dort – was sonst sollte interessieren? – ganz einfach für einen der Größten hielt. Seine Label-Kollegen waren jetzt Tom Waits und Tricky, und er hatte völlige Freiheit für sein Album *If I Could Only Fly*. Sein eleganter, zwischen Swing und Honky-Tonk pendelnder Stil, der ihn schon immer total von Cash unterschieden hatte (er war musikalisch viel versierter), war so gut wie seit Jahren nicht. Haggards erste Worte auf dem Album erzählten davon, wie er einigen alten Freunden beim Schnupfen einer Linie Kokain zusieht und sich wünscht, selbst auch seiner Gier nachgeben zu können – aber die Zeiten sind nun mal vorbei. Im Unterschied zu Cash, dem Storyteller, der sich in diese oder jene Haltung versetzen konnte, war Haggard schon immer ein Ich-Erzähler. Ein anderer Song handelte davon, wie er seinen Kindern eines Tages erzählen muss, dass Daddy einst in San Quentin eingesperrt war, und er bittet sie, ihn deswegen nicht zu verachten (und seine Kinder singen Background). Wieder ein alter Countrysänger mehr, dem es vollkommen egal war, ob er im Radio gespielt wurde oder nicht. Es ist diese Mirdoch-egal-Haltung, die die meisten Jüngeren des Nashville-Country dagegen so schwach und nett aussehen lässt. Sie haben diesen Mumm einfach nicht. Aber dafür haben sie noch viel Zeit.

Das Cash-Haggard-Duett ›I'm Leaving Now‹ hatte nichts mit der letzten Fahrt über den Jordan zu tun, sondern war ein gut gelaunter Tritt gegen eine Beziehungskiste. Und die beiden alten Kerle hatten mit über 60 echten Spaß – es ist das fröhlichste Lied dieser drei Alben, wie eine Erinnerung an die gute alte Drogen- und Haudegen-Zeit. »Baby, ich hau jetzt ab, denn ich hab dich satt«, sangen sie, und »I won't give a nickel for another buck«. Ab dafür mit der verdammten Mühle, was kostet die Welt!

Im Begleittext zum Album schrieb Cash, dass draußen Haggards Tourbus wartete, während sie in einem Durchgang den Song aufnahmen. Haggard hatte am Abend in Chattanooga zu spielen, und Cash bat ihn, dem Publikum Grüße zu bestellen. Er selbst war froh, nirgendwohin zu müssen. »Du wirst auch wieder da draußen sein«, sagte Haggard. »Wir werden sehen«, sagte Cash. Er hatte schon die Meldung durchgegeben, nie wieder Konzerte zu geben. Es ging nicht mehr.

Auch mit *Solitary Man* streifte Cash durch alle seine musikalischen Einflüsse. Das bitter-witzige ›Nobody‹ ist 100 Jahre alt: Ein Mann beschwert sich, dass niemals jemand für ihn irgendwas getan hat, aber er wird auch niemals für jemanden was tun, solang niemand was für ihn tut. Hatte sich, was die wesentlichen Dinge betrifft, eigentlich etwas geändert? Nein, sagte er in ›Before My Time‹: Schon vor der Erfindung des Radios habe man alle Themen besungen, die uns bis heute bewegen. ›Mary Of The Wild More‹ ist eine Mörderballade aus dieser Zeit. Und mit ›Lucky Old Sun‹ hatte er in seiner Jugend einen Talentwettbewerb gewonnen. Ein Liebeslied von

Kumpel David Allan Coe, und sein eigenes ›Field Of Diamonds‹ ist der Stern des Albums. Sein ›Country Trash‹, schon vor 20 Jahren mal aufgenommen, eine schöne Hymne auf die kleinen, unwichtigen Dinge, ist ein Huck-Finn-Song gegen alles Aufgemotzte, angeblich Bedeutende. Aus der Gegenwart kamen diesmal Neil Diamonds ›Solitary Man‹ und U2s ›One‹, und er machte sie zu Cash-Songs. Herausragend unheimlich Nick Caves Hinrichtungssong ›The Mercy Seat‹: Der Sermon des zum Tode Verurteilten, der die Tat bestreitet, endet mit einem Geständnis (und Cash gab zur selben Zeit ein Statement gegen die katastrophale Hinrichtungspolitik von George W. Bush ab). Herausragend unheimlich Will Oldhams ›I See A Darkness‹ mit Oldham selbst als Backgroundsänger: die flehentliche Bitte an einen Freund, gemeinsam den Sumpf zu verlassen und zu einer Form von Wahrhaftigkeit zu kommen, vielleicht ein Abgesang auf alle Fata Morganas des Rock'n'Roll. Will Oldham lieferte ein Jahr später als Bonnie Prince Billy mit *Ease Down The Road* ein Meisterwerk mehr ab und sagte in Konzerten, das Treffen mit Cash im Studio sei der größte Tag seines Lebens gewesen. Und das neue Album des langjährigen Cash-Fans Nick Cave war mit *Solitary Man* gleichauf oben in diversen Alternative-, Magazin- und Leser-charts.

American III wurde allgemein als die beste Platte der Trilogie eingestuft, war kommerziell die erfolgreichste und kam in den Countrycharts sogar auf Platz 11 (was nur interessiert, weil sie *trotzdem* so weit kam). Nach der Bad Lieutenant- und der Fuck You-Platte war es die Vollendung. Nach der Solo- und der Rock-Band-Platte war es die Akustische-Country-band-Platte, das Schlagzeug fehlte. Für mich klingt sie abgeklärt, weise, gelassen, religiös. Welche Bezeichnung könnte sie bekommen? Die Bye-Platte? Nach Tom Pettys Song die I-Won't-Back-Down-Platte. Nicht nachgeben, Position behalten, nicht abweichen – und wenn du vor dem Eingang zur Hölle stehst.

Letzte Fotos

»A lot of people think of country-singers as right-wing, redneck bigots, but I don't think I'm like that«, sagte er einmal.

Vor einigen Jahren war Kris Kristofferson sein Gast bei einem Konzert, und er widmete einen Song Abu Mumia-Jamal, dem afroamerikanischen Journalisten und Bürger-rechtskämpfer, der trotz einer frappierend für ihn sprechenden Beweislage bis heute kurz vor der Hinrichtung wegen Polizistenmordes steht. Die Polizisten, die bei dem Konzert waren, seien völlig ausgeflippt, erzählte Kristofferson, und hätten von ihm dann eine Entschuldigung auf der Bühne verlangt. Kristofferson hatte darauf ein schlechtes Gewissen, weil er in Cashs Konzert für Ärger gesorgt hatte, aber Cash sagte zu ihm: »Hör mal, du brauchst dich hier für gar nichts zu entschuldigen.«

Die Band The Bastard Sons of Johnny Cash führt ihren Namen mit seiner Genehmigung.

Am Ende hat ihn Inspektor Columbo als Mörder überführt. Columbo sagt zum von Cash gespielten Countrysänger die letzten Worte: »Jemand, der so singen kann wie Sie, kann kein ganz schlechter Mensch sein.«

Einen besseren Schluss kann ich nicht finden. Mein Freund Wiglaf Droste, der die Idee zu diesem Buch hatte, schrieb zu *Solitary Man*: »Beten gehört nicht zu meinen Gewohnheiten, aber dafür, dass Johnny Cash vielleicht noch eine Platte besingt, kann man ganz eigennützig auf die Knie gehen.«

ANMERKUNGEN

1 Jürgen Teipel: *Verschwende deine Jugend*. Ein Doku-Roman über den deutschen Punk und New Wave. Frankfurt, 2001.
2 Harlan Howard auf die Frage: Was ist Country Music?
3 Ed Ward.
4 Im Schweizer Magazin *Facts*, 44/1999.
5 Er ist z. B. auf neueren Tribute-Alben für Gram Parsons und Hank Williams dabei.
6 Einige von ihnen sind auf der von mir zusammengestellten Compilation *A Boy Named Sue: Johnny Cash Revisited* (Trikont) dabei.
7 Christoph Lindemann, *MusikExpress* 3/2001.

VIII

Die letzte Runde

Sehen wir uns wieder?

So geschah es also, dass wir noch eine Platte von Johnny Cash bekamen, *American IV: The Man Comes Around*, und im Winter ein Jahr später, bald nach seinem Tod am 12. September 2003, weitere vier CDs mit unveröffentlichtem Material aus seiner Zeit mit Rick Rubin.

›We'll Meet Again‹ war das letzte Stück, das auf einem Album zu Lebzeiten von Johnny Cash erschien. We'll meet again, wir wollen's hoffen. Wo immer er ist, es wäre tröstlich zu wissen, dass auch wir dereinst dort landen und ihm begegnen werden. Für jemanden, der Angst vor dem Sterben und dem Tod hat, ist das ein schöner Gedanke. Ich schlage meine Faust an die Pforte. Mir wird geöffnet, ich werde eingelassen. Ganz weit weg kann ich eine Bühne erkennen, und dann ertönt diese Stimme.

»Hello, I'm Johnny Cash.«

Das 71. Jahr, im Schatten des 9/11

Wie hat er eigentlich so einen ganz normalen Tag zu Hause in Hendersonville verbracht, einer der bekanntesten Künstler der Welt, in seinem 71. Lebensjahr? Der *Rolling Stone*-Journalist Jason Fine hat es im November 2002 recherchiert.

Meistens stand er um vier Uhr morgens auf, machte sich Kaffee und stellte die Nachrichten an. Er rasierte und duschte sich, dann zog er sich an. Die nächsten Stunden verbrachte er im großen Wohnzimmer mit Blick über den Hickory Lake und hörte Aufnahmen »von Gospel-Gruppen der 30er und 40er Jahre, die er zurzeit mehr als alles andere liebt. Dann ist es neun Uhr, und damit die Zeit gekommen, wenn der Ärger anfängt«.

»Ich sitze da mit June und ich sage, June, was soll ich jetzt machen?«, beschrieb er dem Reporter die Situation. »Was in aller Welt soll ich jetzt machen? Und sie sagt, John, du musst gar nichts machen, ruh dich einfach aus. Und ich sage, ich bin nicht müde. Und ich bin nicht krank. Ich muss was anfangen mit diesem Tag.« Sagte der Mann, der nur noch mit Mühe gehen konnte; der inzwischen so schlecht sah, dass er in seinen geliebten Büchern nicht mehr lesen konnte; dem das Asthma zu schaffen machte; dem die Diabetes schwer zusetzte; der außerdem erzählte, seine persönlichen Dämonen seien nicht verschwunden, sondern nur auf Distanz gegangen und er könnte sie jederzeit einladen, sich ihm zu nähern, »the sex demon, the drug demon«, und ganz plötzlich könnte da eine schöne Pille Percodan herumliegen »und du willst sie« nehmen.

Auf die Frage des Reporters an den alten Mann im Sun Records-T-Shirt, ob er sich nicht ein wenig ausruhen wollte, antwortete er: »No, no, no, no, no. I'd die if I retire. Like a shark – got to keep moving.« Der Journalist war »erschüttert«, als er den Star an diesem Tag traf und sah, in welcher Verfassung er war, aber wenigstens konnte er sich davon überzeugen, dass der gute alte trockene und bissige Cash-Humor immer noch da war: Wie ein Hai musste dieser angeschlagene alte Kerl also weitermachen. Und am selben Nachmittag mit seiner Frau June ins eigene Studio gehen, um gemeinsam ein paar Songs zu singen. Während er eigentlich mit dem fünften Teil der American Recordings beschäftigt war. Während man sich auch noch um ein jüngeres Familienmitglied kümmern musste, das mit Drogen erwischt worden war. Während im Haus schon die Vorbereitungen für den Abflug des Cash-Trosses nach Jamaica liefen, um dort wie üblich den Winter in einem angenehmeren Klima zu verbringen.

»Nichts kann uns aufhalten, wenn wir nach Jamaica aufbrechen«, sagte er zu Jason Fine.

Das war also der Grund, warum Johnny Cash an seinem 70. Geburtstag am 26. Februar 2002 nicht dort war, wo sie ihn besonders gern groß gefeiert hätten, in Nashville. Und er war auch nicht anwesend, als es am Tag danach zu einer speziellen Ehrung im Rahmen der Grammy-Verleihung kam, für ihn und die Mountain Music-Legende Dr. Ralph Stanley, der gerade seinen 75. gefeiert hatte. In der Kategorie Male Country Vocal Performance bekam Stanley seinen ersten Grammy für den Song ›O Death‹ vom unglaublich erfolgreichen Soundtrack-Album *O Brother, Where Art Thou?* Cash bekam seinen elften Grammy als einer der Beteiligten der Hank-Williams-Tribute-Compilation *Timeless*, die zum Best Country Album gekürt wurde. Er hatte dafür ›I Dreamed About Mama Last Night‹ beigesteuert, den letzten Song des Albums.

Es wird ihm wohl keine Probleme bereitet haben, dass er nicht dabei sein konnte. Aber es wird ihm wohl wehgetan haben, dass er zwei Wochen zuvor seinem alten Freund Waylon Jennings nicht die letzte Ehre erweisen konnte. Der Arzt hatte ihm die Reise in die Stadt verboten, die sie beide ein paar Jahre lang unsicher gemacht hatten.

Falls ihm jemand die Presseberichte vorlas, die zu seinem Geburtstag erschienen, von der *New York Times* bis zu *No Depression*, von jenem Titten- bis zu diesem Tattoo-Magazin, dann wird das etwa so lang wie der Weg zur Hölle gedauert haben. Für meine Würdigung räumte das Feuilleton der *Süddeutschen Zeitung* etwa so viel Platz frei wie sonst nur für einen neuen unsinnigen Roman von Martin Walser, und das Foto dazu war auch nicht kleiner: Der Betrachter sah direkt in den Lauf des Revolvers, den das Geburtstagskind in der Hand hielt. Ins Zentrum stellte ich die außergewöhnliche Tatsache, dass der König der Countrymusik nach seinem Comeback zugleich auch das Biest der Countrymusik war; wenn man so will, der gute und der böse Cop in einer Person. Die meiner Meinung nach stärkste Botschaft, die uns sein Alterswerk mitgibt, formulierte ich so: »Gib niemals auf und bleib niemals stehen, und wenn sie dir sagen, dass deine Songs out sind, dann bleib bei den Songs, die dein Herz dir diktiert.« Ich endete mit den Worten: »Möge das neue Album fertig werden, mögen die (längst zum Einsatz bereiten) Nachrufe veralten, verrotten und von Viren zerfressen werden. Möge der Gott, zu dem er betet, seine Gebete erhören.«

Seine Fans bekamen viele Geschenke zu seinem Geburtstag und in den darauf folgenden Monaten, und, wie das so ist mit Geschenken, manche gefielen ihnen nicht. Die Columbia/Legacy-Abteilung von Sony Music veröffentlichte – technisch renoviert, mit Bonus-Tracks und informativen Texten und Fotos – im März '02 zunächst fünf Alben, die zwischen 1958 und 1967 erschienen und lange nicht mehr erhältlich waren, im Juli folgten dann weitere fünf Neuauflagen alter Alben.

Auf dem jungen unabhängigen Nashviller Label Dualtone, das mit dem überwältigenden, so komischen wie ernsthaften *A Hillbilly Tribute To AC/DC* von Hayseed Dixie so auffällig wie erfolgreich gestartet war und später das letzte Album von June Carter veröffentlichen sollte, kam die Tribute-Compilation *Dressed In Black* (sozusagen der Bruder des Albums, das schon zu Ehren von Waylon Jennings erschienen war). In einem Artikel auf der Homepage von CMT, dem größten Country-Fernsehkanal, wurden die beteiligten Künstler unter dem Begriff »Country Renegades« zusammengefasst. Abtrünnige und Überläufer. Wohin auch immer sie übergelaufen sind, ich wäre lieber bei ihnen als mit Shania Twain auf einer einsamen … – ich übertreibe. Chuck Mead von BR5-49 und Dave Roe, Bassist der letzten Cash-Band, produzierten das

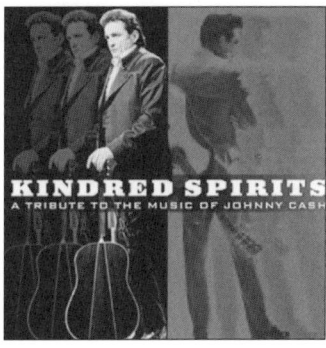

Album und gehörten zur Backing-Band, die hinter den Überläufern stand. Rosie Flores coverte ›Big River‹ und erzählte im Booklet, dass sie und ihre alte Punkband The Screamin' Sirens Cash auf einem alten 8-Spur-Gerät und bei ebendiesem Song die Lautstärke immer voll aufdrehten. Unter anderen waren dabei Redd Volkaert (der langjährige Gitarrist von Merle Haggard hielt die Erinnerung an Luther Perkins hoch), Robbie Fulks, Cashs ehemaliger Schwiegersohn Rodney Crowell, der Rev. Horton Heat und James Intveld. Dale Watson spielte ›I Walk The Line‹ und offenbarte, dass er seine jüngste Tochter sogar nach dem Helden benannt hatte – wobei mir jetzt auffällt, dass niemand ›A Boy Named Sue‹ gewählt hat – und sagte: »I'm proud to be in such good company.« Auch Hank III, der Sohn von Hank Jr. und Enkel von Hank Williams, schrieb keinen langen Kommentar: »Johnny Cash out rocks, out countrys, out folks, out does everyone else. He is the real shit.«

Cashs langjähriger Gitarrist Marty Stuart versammelte für Sony Music und die ebenfalls gelungene Tribute-Compilation *Kindred Spirits* Künstler, die bereits ein paar Platten mehr als die oben erwähnten verkauft hatten. Und denen es sicher ebenfalls gleichgültig gewesen wäre, wenn gewisse Leute sie als *Renegades* bezeichnet hätten: Rosanne Cash, Emmylou Harris im Trio mit Sheryl Crow und Mary Chapin Carpenter, Bob Dylan (mit ›Train Of Love‹), Dwight Yoakam (mit ›Understand Your Man‹), Bruce Springsteen, Little Richard (mit ›Get Rhythm‹ natürlich), Hank (II), Steve Earle (mit ›Hardin Wouldn't Run‹) und viele andere. Darunter, wir blicken einen Moment nachdenklich aus dem Fenster, die 79-jährige Janette Carter, Tochter von A. P. und Sara Carter, die gemeinsam mit den Special Guests June Carter und John R. Cash ›Meet Me In Heaven‹ sang.

Möchte jemand wissen, wie viele Best Of- und ähnliche Sammlungen in diesem Jahr erschienen? Ja, ich. Die Vorbereitungen liefen für die von Colin Linden betreute Tribute-Compilation *Johnny's Blues* auf Northern, auf der Johnnys Songs von Künstlern, deren Mütter vornehmlich dunkle Hautfarbe hatten, Richtung Blues interpretiert wurden. Unter anderem vertreten: Mavis Staples, Maria Muldaur, Clarence Gatemouth Brown (mit ›Get Rhythm‹), Sleepy LaBeef und Alvin Youngblood Hart. Den Job in Reno übernahmen Linden und Blackie & The Rode Kings.

Die Deutschen aber waren pünktlich auf den Tag genau zur Stelle mit ihren Beiträgen. Richard Weize stellte für seine Bear Family Records die abenteuerliche Compilation *The Man In Black – The International Johnny Cash* zusammen.

Darauf finden sich zunächst elf eingedeutschte Cash-Hits, gesungen von Gunter Gabriel, der beispielsweise den ›Man In Black‹ zum ›Mann hinterm Pflug‹ transformierte. Es folgt Shel Silverstein mit ›A Front Row Seat To Hear Ole Johnny Sing‹, seiner unschlagbaren Parodie auf den Rummel um die Gefängnis-Alben: über den verzweifelten Bemühungen, einen guten Platz in einem Konzert zu bekommen, landet ein Fan im Gefängnis, und dort schafft er's endlich. Als Weiteres folgen neun Cash-Originale, darunter sieben deutsche Aufnahmen und zwei spanische; und zuletzt noch einmal fünf eingedeutschte Nummern von u. a. Bruce Low und Ralf Bendix. In seinem sehr schönen Begleittext erzählt Gunter Gabriel, wie er 1980, als damals bekanntester deutscher Countrysänger, bei den Cashs zum Essen eingeladen war: »Die Southern Chicken wurden von schwarzen Bediensteten serviert ... June stand auf, rechts von mir, sie betete. Ich hatte doch Hunger, und ich war aufgeregt wegen Johnny ... June tat ihr Bestes. Sie stoppte einfach nicht. Kam von USA auf Russland, von Chruschtschow auf Kennedy, auf die Maisernte und das fehlende Wasser im Senegal, auf die hungernden Kinder der Welt und zurück zur Countrymusik ...« Zuletzt erzählt Gabriel, wie er bei einem Konzert in Deutschland von Cash auf die Bühne gebeten wurde: »Es war der Höhepunkt in meinem Leben.« Etwa zur selben Zeit sprach Will Oldham alias Bonnie Prince Billy dieselben Worte.

Für das Label Trikont stellte ich die Compilation *A Boy Named Sue – Johnny Cash Revisited* zusammen, mit hauptsächlich jüngeren deutschen Künstlern. Die etwas strengeren

Country'n'Cash-Fans werden wohl bestenfalls ein Drittel davon akzeptiert haben. Vier Besonderheiten darf ich erwähnen: der durchaus legendäre, seit Jahren in Konstanz lebende chilenische Songwriter Alvaro fordert in seinem Text den »Senor Johnny Cash« auf, an die Latino-Einwanderer in den USA zu denken, falls er mal

wieder in einem Gefängnis spielen sollte; Fred Is Dead kamen aus der alten Cash-Basis Landsberg und suchten erst nach fünf Platten und mit ihrem international renommierten Label Hausmusik friedlich das Weite, obwohl sie eigentlich doch lieber mal ihre Knarren in die Stadt getragen hätten; die so experimentierfreudige wie rockende Hamburger Songschreiberin Bernadette La Hengst wählte für ihre vollkommen Country abgewandte Song-Spiegelung den Titel ›Ein Junge namens Gerd‹; und, ich glaube, das darf ich sagen, das Traumpaar der deutschen Musikszene singt ›Jackson‹: Peta Devlin und Thomas Wenzel, mit der Band namens Cow. Auf die Rückseite des Albums schrieb ich, es handle sich bei dieser Sammlung um ein spezielles Feedback auf Cashs in Deutschland verbrachte Jahre, »womit dieses Land wenigstens eine Sache hat, auf die es stolz sein kann«.

Die Liste der Freunde und Kollegen, die ihm zum Geburtstag gratulierten, war nicht zu überbieten. Auf seiner Homepage konnte man einen Bruchteil davon lesen. Zuerst kamen die Glückwünsche der ersten Garde der großen alten Männer: Willie Nelson, Kris Kristofferson, Merle Haggard, George Jones. Dann kamen die respektvollsten Verbeugungen von Paul McCartney, Chrissie Hynde, Shelby Lynne, Keith Richards, Steve Earle, Leonard Cohen, Ray Davies, Sam Shepard und vielen anderen, die in diesem Buch schon mehrmals erwähnt wurden. »We must've looked pretty rugged – or ragged«, erzählte Elvis Costello von einem Besuch bei den Cashs, »they didn't pass any comment on it.« Für Metallicas Kirk Hammett war er »a giant, as well as a source of inspiration«. »If you can't get to Johnny Cash, well, you better check that out«, schrieb Henry Rollins und nannte dessen Konzert 1994 in Los Angeles' Viper Room »one of those great nights when you know you're lucky on the right place right time end of things«. Und Slipknots Cory Taylor hoffte, »he lives another fucking 70 years«.

Wenn ich mich nicht irre, dann habe ich in irgendeinem Interview gelesen, er habe in seinem Archiv ein Tape mit Aufnahmen der Landsberg Barbarians. Das hätte ich mir zu seinem Geburtstag gewünscht. Was er sich wohl selbst gewünscht hat?

Die tiefe Wunde, die die Anschläge vom 11. 9. 2001 in die USA geschlagen haben, war zu diesem Zeitpunkt immer noch offen. Wenige Tage danach wurde man auf seiner Homepage begrüßt mit der Bitte, man möge, wie Johnny Cash und June Carter das »von ganzem Herzen« tun, Präsident Bush, die Armee der Vereinigten Staaten und die Rettungs-Teams im Kampf gegen den internationalen Terrorismus unterstützen. Wir erinnern uns: Als er für das Album *Solitary Man* Nick Caves Song über die letzten Minuten eines zum Tode Verurteilten aufnahm, war er voller Wut auf den damaligen Gouverneur von Texas gewesen, der eine verschärft reaktionäre Haltung in Sachen Todesstrafe einnahm.

Cashs Statement für Bush – genauer gesagt: für den Präsidenten (der in diesem Moment Bush hieß) – war vergleichsweise gemäßigt, wenn man sich ansah, was sich sonst so in der Country-Szene tat. Der in solchen Angelegenheiten längst als übler Reaktionär bekannte Charlie Daniels brachte, noch bevor jemand auch nur halbwegs über bloße Verdachtsmomente hinausgehende Erkenntnisse hatte, wer für die Anschläge verantwortlich war, ein Statement in Umlauf, aus dem man schließen musste, er habe sich mit seiner Pumpgun schon auf den Weg nach Afghanistan gemacht, um Rache zu nehmen. Aber leider sind es ja nie diese großmäuligen Schwachköpfe, die in solchen Fällen dann irgendwo, ob zu Recht oder Unrecht, rein- und mitgehen und ihren Kopf hinhalten müssen. Der Teufel, den der Mann, der in seiner Zeit mit Bob Dylan offensichtlich nichts dazugelernt hat, in seinem größten Hit auf Georgia hernieder kommen ließ, sollte ihn vielleicht mal abholen – aber anscheinend will das Biest keinen Typen im Haus haben, der in gewissen Fällen die gute alte Lynchjustiz erlaubt haben will.

Ein anderer amerikanischer Künstler sagte etwas völlig anderes: Der Münchner Musikjournalist Karl Bruckmaier veröffentlichte auf seiner Homepage Le-Musterkoffer.de in der Gäste-Rubrik ein langes Gedicht des Dichters und Musikjournalisten Amiri Baraka, der unter seinem früheren Namen Leroi Jones das Standardwerk *Blues People* schrieb. ›Somebody Blew Up America‹ beginnt mit dem Statement, dass alle Menschen, die des Denkens fähig sind, jede Form von persönlichem und internationalem Terrorismus ablehnen. Es folgt die Information, die wir alle hatten: »They say it's some terrorist / A Rab, in / Afghanistan.« Und nun sieht einer der großen afroamerikanischen Autoren auf die, die es nicht waren: »It wasn't our American terrorists / It wasn't the Klan or the Skin heads / Or them that blows up nigger / Churches …« Und dann beginnt er eine schier endlose Kette mit »Who«-Fragen, mit etwa 200 »Wer«-Fragen. Er fragt nach denen, die Vergleichbares getan haben; nach denen, von denen niemand genau sagen kann, wer sie sind, aber es muss sie geben und gegeben haben; nach denen, die diesen Hass hervorgerufen haben oder haben könnten; nach denen, die in den USA und in aller Welt Elend verbreiten oder verbreitet haben. Der Autor sieht sich in seiner Umgebung um, und sein Blick schweift auch über den ganzen Planeten und seine Geschichte. Es ist sicher ein provokanter Text, und ich selbst lese einige Fragen, die ich sehr seltsam finde, und viele Fragen sind nur rhetorischer Natur. In jedem Fall darf man nicht außer Acht lassen, dass der Autor Fragen stellt.

»… Who tell the lies / Who in disguise / Who had the slaves … Who say you ugly and they the goodlookingest / Who define art / Who define science / Who made the bombs … Who killed the most Jews / Who killed the most Italiens / Who killed the most Irish … Who own television / Who own radio / Who own what aint't even known to be owned … Who make the laws / Who made Bush president / Who believe the confederate flag need to be flying … Who 666 / Who know who decide / Jesus get crucified … Who know why the terrorists / Learned to fly in Florida, San Diego / Who know why five Israelis was filming the explosion … Who made money from apartheid … Who put a price on Lenin's head / Who put the Jews in ovens / And who helped them do it … Who invented Aids, who put the germs in the Indians blankets / Who thought up ›The Trail of Tears‹ … Who got Sharon back in Power / Who backed Batista, Hitler, Bilbo … Who set the Reichstag on fire / Who knew the World Trade Center was gonna get bombed … Who want the world to be ruled by imperialism and national oppression and terror / violence and hunger and poverty …« Und wenig später stellte ein weißer Country-Singer/Songwriter ebenfalls Fragen und gab auch Antworten, die viele nicht nur nicht hören wollten, sondern die ihn allein für dieses Fragen schon am liebsten – ja, was? Fragen, Antworten. Wenn Johnny Cash in seinem 71. Lebensjahr morgens um vier die Nachrichten hörte, dann hörte er nur wenige von diesen Fragen und Antworten.

»Der 11. September brach mir das Herz«, sagte Cash – der aus gesundheitlichen Gründen bei keiner der vielen von der Country-Industrie organisierten Veranstaltungen für die Opfer des 11. 9. teilnahm – zu Anthony DeCurtis, dessen Geburtstagsartikel am 24. Februar in der *New York Times* erschien. »Ich sah es im Fernseher, und ich glaube, ich wollte selbst jemanden töten. I do love this country, and I saw somebody take a really good shot at it. It was a striking blow at our morale. Aber ich habe mich davon erholt, wie auch das Land dabei ist, sich zu erholen. Ich glaube daran, dass dieses Land die Oberhand behält.«

Seine Tochter Rosanne war eine der wenigen Countrystars, die nicht von der Hysterie und Amokstimmung angesteckt wurden und nicht bereit waren, plötzlich ihre liberale Position aufzugeben. Sie lebte seit vielen Jahren in der Nähe der Twin Towers, und für ihre Homepage schrieb sie einen genauen Bericht, wie sie das Inferno an diesem Tag erlebt hatte. Sie beendete den Bericht mit den Worten: »I cannot imagine wishing this destruction on any other person on earth, even the most hateful and coldhearted. I do not believe in further violence … in putting more holes in this precious planet, or horror of thousands more people devoting their days to searching for pieces of human bodies. I believe in justice, civilized and honorable, and in peace. Peace to all, and let the city that suffered the most, and let began with you and me.«

Der weiße Country-Singer/Songwriter Steve Earle, der auf ihrer neuen Platte ein Duett mit ihr sang und ihren Vater nicht nur verehrte, sondern ihn auch in jeder Hinsicht als Vorbild ansah, veröffentlichte sein Statement genau ein Jahr nach 9/11. Es war das neue Album *Jerusalem*, und es war speziell der Song ›John Walker's Blues‹, der Aufsehen erregte, in dem

Sinn, dass Typen wie Charlie Daniels wieder brüllend ihre Pumpgun in die Hand nähmen, anstatt ihren Verstand zu aktivieren. Und wir erinnern uns an die Frage von Baraka: Who own Radio? Wer hat die Macht, zu bestimmen, welche Songs auf welchem Sender *nicht* gespielt werden? Earle erzählte in dem Song von John Walker Lindh, einem Amerikaner, der ein Al Qaida-Kämpfer wurde, und er versuchte ganz einfach zu verstehen und aufzuzeigen, wie dieser Mann tickte – die Folgen sind bekannt. Es ist Steve Earles Version von »I shot a man in Reno«. Die *New York Post* war die erste Zeitung, die eine Schlagzeile dazu abfeuerte, sie lautete: »Twisted ballad honours Tali-rat«, auf gut Deutsch »Krumme Ballade ehrt Tali-Ratte.«

»I'm just an American boy raised on MTV«, sang Earle, und diesen Jungen interessierte das alles nicht, und das Erste, was ihm in seinem Leben einen Sinn zu ergeben schien, »was the word of Mohammed, peace be upon him«. Sein Vater jedoch kann nicht verstehen, »that sometimes a man has got to fight for what he believes«; wenn ein Amerikaner nicht verstehen kann, dass ein Mann, ein Mensch, manchmal kämpfen muss für das, woran er glaubt, dann kann er, ganz im Sinn des Präsidenten, kein guter Amerikaner sein, oder? Und auch die dritte Strophe war eigentlich absolut nachvollziehbar für Bush Junior und seine Freunde; sie erzählte vom Kampf, den der Gläubige gegen die Ungläubigen zu führen verpflichtet ist: »We came to fight the Jihad and our hearts were pure and strong as death filled the air ...« Die Frage, die Earle damit im Grunde zu stellen beabsichtigte, wollten speziell diejenigen nicht hören, für die der richtige Glaube die letztgültige Antwort auf alle Fragen ist: Könnte es sein, dass Fundamentalisten im Prinzip alle gleich sind, und verbindet uns etwas mit ihnen? »A shadu la ilaha illa Allah«, lautete der Refrain, »there is no God but God«, es gibt nur den einen Gott.

Nicht nur dieser Blues, sondern jeder Song von *Jerusalem* war ein harter Schlag gegen die Tür zu den amerikanischen Träumen und Albträumen. Ausgeführt von einem Mann, der sich im Sinn von Cash als Patriot verstand, und der zum Glück ebenfalls genug Erfahrungen gesammelt hatte, um sich von dem ihm entgegenkommenden Hass nicht umpusten zu lassen. Es gibt nicht viele bekannte Countrysänger, die sich laut und deutlich, organisiert und engagiert, seit Jahren für die Abschaffung der Todesstrafe einsetzen. Auch den 1955 geborenen Earle hätten seine persönlichen Dämonen fast besiegt, auch er stellte eine Menge schönen Rock'n'Roll-Unsinn an, auch er ließ sich von allen künstlerischen Krisen nicht den Schneid abkaufen.

In ›What's A Simple Man To Do?‹ stellte er sich vor die von vielen Amerikanern ignorierten oder mies behandelten Latino-Einwanderer. In ›Conspiracy Theory‹ stellte er so viele unheimliche und unbequeme Fragen wie Amiri Baraka, und in ›America v. 6.0 (The Best We Can Do)‹ schleuderte er den verschiedensten amerikanischen Gewinner-Gruppen so viele Antworten[1] ins Gesicht, gegen die der ›John Walker's Blues‹ völlig harmlos erschien; Angriffe, die auch die Mainstream-Country-Gemeinde ins Visier nahmen, und auch diejenigen, die aus derselben Ecke kamen wie einst Steve Earle: »I remember when we was both out on the boulevard, talkin' revolution and singin' the blues. Nowadays it's letters to the editor and cheatin' on our taxes.«

Warum eigentlich dieser Wirbel um Steve Earle? Wo er doch auch nur Eigenschaften besitzt, die wir in jedem Sportstadion, in jeder Kneipe, in jeder Müttergruppe, in jeder Skatrunde, in jeder Firma, in jeder Schule, in jedem Konzert auf und vor der Bühne so dutzendfach erleben können, dass es schon langweilig ist: Mumm, Fairness, Rückgrat, Soul, Courage und ein Herz für ein paar Leute, die nicht so viele Fürsprecher haben.

Love & Hurt

Am 5. November 2002 wurde *American IV: The Man Comes Around* veröffentlicht. Es sollte das erfolgreichste der von Rick Rubin produzierten Alben werden, stieg in den Country Charts auf Platz 14 ein, kletterte bis Platz 4 und stand nach 29 Wochen immer noch auf Platz 10. Die Billboard 200 Charts enterte es auf Platz 70 und hielt sich dort acht Monate. Es stieg in den von unabhängigen Radio-DJs bestimmten Freeform American Roots Charts auf Platz 1 ein.

Drei weitere Grammy-Nominierungen folgten. ›Bridge Over Troubled Water‹ mit Fiona Apple ging ins Rennen für Best Country Collaboration with Vocals, das Album insgesamt für Best Contemporary Folk Album, und mit ›Give My Love To Rose‹ holte sich Cash einen weiteren Grammy in der Kategorie Best Male Country Vocal Performance.

Zum Song ›Hurt‹ wurde das erste Video seit ›Rusty Cage‹ neun Jahre zuvor gedreht, es war die erste Single-Auskopplung von einem Cash-Album seit einer Zeit, in der man mit Single etwas meinte, das zwei Seiten hat. ›Hurt‹ ist ein Song von Trent Reznor von Nine Inch Nails. Der Clip von Mark Romanek, der unter anderem Videos für Janet Jackson, Nine Inch Nails und die Red Hot Chilli Peppers gedreht hatte, stieg in den Charts des MTV-Ablegers Country Music Television sofort ganz oben ein und erhielt sechs Nominierungen für die MTV Video Music Awards. Er bekam die Auszeichnung für das Video des Jahres. Im Februar '04 ging der Grammy für Best Short Form Music Video an den verstorbenen Künstler, den Regisseur und den Produzenten.

June Carter hatte ihre letzte Rolle in diesem Videoclip. Kurz nach ihrem Tod am 15. Mai 2003 erreichte er die Spitze der CMT-Charts. Knapp zwei Monate zuvor hatte der Sender, der auch die größte Netz-Zeitung der Countrymusik betreibt, Johnny Cash zum »Greatest Man in Country Music« erklärt. Und June Carter hatte nur noch zwei Wochen zu leben, als sie erfuhr, dass das neue Album ihres Mannes Gold-Status erreicht und damit eine halbe Million Exemplare verkauft hatte.

Etwas hatte sich geändert von Teil III zu Teil IV. Der Marketing- und Vertriebspartner von Rubins Label American war nicht mehr Columbia/Sony, sondern das junge und sehr erfolgreiche Nashville-Label Lost Highway, das zu Universal gehört, dem größten Musikkonzern der Welt. Durch die CD-Single (mit Video) war die Produkt-Palette, die um das Album herum aufgebaut wurde, noch größer geworden. *The Man Comes Around* konnte man kaufen als CD und als Vinyl, und ein paar Wochen später als Doppel-CD oder -Vinyl, nun mit einem langen Interview als Zusatz-Bonus sowie den Songs ›Sam Hall‹ und ›Streets Of Laredo‹. Nun gut. Diese Vielfalt erfreute die Fans, die jedes Cash-Produkt besitzen müssen, unabhängig davon, ob sie den Inhalt bereits besitzen. Je mehr, desto besser, schließlich hat auch die 665. Best-Of-CD ein anderes Cover. Ich selbst blieb extrem gelassen angesichts dieser Investitionsmöglichkeiten. Kann auch sein, dass ich eines dieser zu IV gehörenden Produkte – und ich spreche nicht von diversen Sonderanfertigungen, die die Katze ins Haus gebracht hat – nicht wahrgenommen habe. Todsicher ist lediglich: Auf den Vinylplatten befindet sich kein Video.

Was Rick Rubin und der von ihm so unvergleichlich gut betreute Sänger hier versammelten, war eine eigentlich seltsame Mischung, die jedoch durch die Hauptperson und ihre stilistische Vereinnahmung der Originale einheitlich wirkte. Einige alte Cash-Songs wie ›Give My Love To Rose‹ waren dabei; ›Tear Stained Letter‹ stammte vom 72er Album *A Thing Called Love*. Die Hymne der irischen US-Immigranten ›Danny Boy‹ war dabei und das Hank Williams-Denkmal ›I'm So Lonesome I Could Cry‹, im Duett mit Nick Cave. Etwas überraschend waren die Pop-Klassiker, die von ihm, Sohn John Carter Cash oder Rubin vorgeschlagen worden waren, wie ›In My Life‹ von den Beatles, ›Bridge Over Troubled Water‹ von Simon & Garfunkel, der Roberta Flack-Hit ›First Time Ever I Saw Your Face‹, ›Desperado‹ von den Eagles, gesungen mit deren Don Henley. Ob Stings ›I Hung My Head‹ ein Hit war oder inzwischen als Klassiker gilt, weiß ich nicht. Die Handschrift von Rick Rubin zeigte sich mit ›Personal Jesus‹ von Depeche Mode und ›Hurt‹ von den Nine Inch Nails. ›We'll Meet Again‹, den letzten Song, kannte Cash aus dem Film *Dr. Strangelove oder Wie ich lernte, die Bombe zu lieben* von Stanley Kubrick aus dem Jahr 1964. Dort hört man den Song, während ein fröhlicher Slim Pickens auf einer Atombombe Richtung Erdboden fliegt.

Den Titelsong hatte Cash neu geschrieben, und im Booklet erzählte er, keinem anderen Song habe er je so viel Zeit gewidmet. An die vier Monate habe er ihn immer wieder überarbeitet, und selbst nachts, wenn er aufstand, um sich vom Radio ablenken zu lassen, habe sein »inner playback system« nicht aufgehört, ihm immer wieder diesen Song vorzuspielen. »Ich muss wohl drei Dutzend Seiten mit Lyrics geschrieben haben«, sagte er, und der Text basiere auf dem *Book Of Revelation*.

Aus dem Buch der Offenbarung also, das auch »Geheime Offenbarung« und offiziell »Die Offenbarung des Johannes« genannt wird, besser bekannt unter dem griechischen Wort für Revelation: die Apokalypse des Johannes. Zu finden ist die Vision vom Ende der Welt durch den Sieg Jesu über das durch die Zahl 666 repräsentierte böse Wesen am Ende des Neuen Testaments. Lasst uns noch einen Blick in Wilfried Nölles *Wörterbuch der Religionen* werfen: Dies sei die bekannteste von vielen Apokalypsen, ihr Ursprung sei wie jener der anderen unklar und umstritten, aber sie wurde als einzige in den offiziellen christlichen Kanon aufgenommen. »Sekten wie Adventisten, Ernste Bibelforscher, Mormonen u. a. berufen sich mit Vorliebe auf die Johannesoffenbarung«, die auch, darf ich hinzufügen (ohne den Begriff Sekte hier zu diskutieren), von allen Fans obskurer oder Horror-Literatur beachtet wird; wer mehr darüber wissen will, möge in den zwei Millionen Büchern von Aleister Crowley über Mickey Spillane und Nick Cave bis Friedrich Schorlemmer nachschauen; und meinem Anwalt schriftlich bestätigen, dass ich für nichts verantwortlich bin.

Das Lied über diesen Mann, der durch die Welt geht und abrechnet, der die einen erlöst und die anderen verdammt, habe mit einem Traum begonnen, schrieb Cash im Booklet. Bei einem Aufenthalt in England habe er ein Buch gelesen, in dem irgendwelche Leute ihre Träume mit Königin Elisabeth II. gesammelt hatten, und dann selbst einen Traum mit ihr gehabt. »Ich träumte, dass ich in den Buckingham Palace ging, und da saß sie und war am Stricken oder Nähen«, und eine »andere Frau saß bei ihr und sie unterhielten sich und lachten.« Als er sich näherte, schaute die Königin ihn an und sagte ihm, er, Johnny Cash, sei wie ein Dornbusch in einem Wirbelwind. Und als er aufwachte, wusste er, dass er, der Enkel eines Predigers, diesen Ausdruck kannte, und später fand er ihn im Buch Hiob. Am Anfang seines letzten Albums stand also im Traum dieser »thorn tree in a whirlwind«.

Im Gegensatz zu den anderen Rubin-Alben konnte ich mit Teil IV lange Zeit nicht so viel anfangen. Ich würde das vielleicht nicht erwähnen, wenn nicht fast alle, mit denen ich mich darüber unterhielt, etwa dasselbe gesagt hätten – schon groß, natürlich, großer Mann, großes Finale wahrscheinlich, aber irgendwie, also die Vorgänger ... Allen schien es wie mir auch zu gehen: ›The Man Comes Around‹, ›Personal Jesus‹ und ›Tear Stained Letter‹ sind mitreißend toll. Das Hank-Cover und ›Hurt‹ und ›Danny Boy‹ (aufgenommen in einer Kirche und nur von Benmont Tench an der Kirchenorgel begleitet) sind große und zu Tränen rührende Momente. Der Schlusstrack ›We'll Meet Again‹, mit seiner unerwarteten Komik und dem Sound alter New-Orleans-Jazzbands und »The Whole Cash Gang« inklusive Rick Rubin an den backing-Vocals und Jack Clement an der Dobro, ist ein schöner Gruß, ein Leute-lasst-den-Kopf-nicht-hängen, wir sehen uns!

Aber insgesamt – hatte sich da etwa so was wie eine Recordings-Routine eingeschlichen? Es waren die Songs von den Beatles, Simon & Garfunkel, Sting und den Eagles, die das Album irgendwie störten. In einigen Artikeln wurde das erwähnt, und für manche war es ein Signal, dass diese Art der American Recordings sich abgenutzt hätte; anderen war es ein Zeichen dafür, dass Cash von aktuellen musikalischen Entwicklungen nichts mitbekommen hatte; andere akzeptierten, dass es mal wieder die letzte Platte zu sein schien und gewisse Songs eben eine gewisse Bedeutung für Cash hätten. Aber, das dachte ich auch, hatten sie nichts anderes gefunden? Warum, zur Hölle, musste ich hier auf Sting und die Eagles treffen? So, wie andere eben sagten, was, um Christi willen, will er denn mit diesem Nick Cave und Nine Inch Nails? So, wie wieder andere sagten, was soll das alles, warum nicht mehr Songs von Hank, Lefty, Jimmie, George, Willie und Waylon, wenn ihnen schon nichts mehr einfällt? Es dauerte Monate bei mir, bis IV zur Gruppe I-III aufschloss, und heute kann ich Cashs ›Desperado‹ hören, ohne dass die Eagles im Weg stehen. Ist das nichts? Das ist viel.

Und für ihn selbst war es das jedenfalls, erzählte er der Journalistin Sylvie Simmons: »Ich nehme vor allem Songs, die ich selbst gerne geschrieben hätte … ›Desperado‹ von den Eagles – das singe ich vor allem für mich.« Ihrer Einschätzung, das zentrale Thema des Albums sei »Schmerz und Tod« mochte er nicht zustimmen. »Das hat sich einfach so ergeben«, sagte er, und »wenn das Album ein Thema hat, dann ist es die Kraft des menschlichen Geistes.« Die eben manchmal dazu führt, dass sich ein Thema einfach so ergibt.

Es war das amerikanische, für Roots-Country-Alt.Country-Rock zuständige Magazin *No Depression*, das im November 2002 – im Rahmen einer langen Reportage, die sich nicht mehr als nötig mit den alten Geschichten aufhielt – den besten Artikel zur neuen Platte abdruckte, geschrieben von Bill Friskics-Warren. Der vor allem die interessante Frage stellte, ob das Bild des Johnny Cash, das durch die American-Serie entstanden ist (durch die Covers, die offiziellen Fotos, die Videos, die Songauswahl), inzwischen nicht stark reduziert war, wenn man sich die komplexe Persönlichkeit ansieht, die im Gesamtwerk zu erkennen ist. Cash stimmte ihm zu. Zum Beispiel könnte man die Tatsache, dass er auch ein lebensfroher Mensch sei, kaum noch entdecken. (June Carters letztes Album *Wildwood Flower* kann man insofern auch als Reise zu einer anderen Seite von Johnny Cash hören, der bei sieben Songs mitsingt und -spielt.) Es war auch ein Verweis darauf, dass die verschiedenen Aspekte, Interessen und Widersprüche des Künstlers viele Fans überfordern. Weshalb die einen dann eben den Gläubigen nehmen, die anderen den Sänger großer Country-Hits, diese den sein Land liebenden Amerikaner, jene den mutigen Protestsänger. Den einen reicht der Sun Records-Mann vollauf, den ich und meine Freunde so lieben wie

314

den von Drogen angetriebenen Rock'n'Roller und, wie die Jüngsten (im Schulterschluss mit den Country-Hassern), den eigentlichen Großvater von Kurt Cobain, den von Kid Rock so verehrten, von Rick Rubin produzierten und von LL Cool J als »Godfather of Gangsta Rap« gewürdigten Bad Lieutenant. Einen hätten wir fast vergessen. Der da draußen irgendwo herumsitzt und seinen Kindern so ein guter Vater ist. Sagen die Nachbarn. Der Irre, der davon träumt, einmal in seinem Leben das zu tun, was dieser Cash getan hat: Einen Mann erschießen, nur um ihn sterben zu sehen – Mann, das muss doch garantiert besser sein als Sex mit den unerreichbaren Dixie Chicks!

Der Journalist und Cash waren sich einig: So schwer es ist, es für alle Beteiligten verständlich zu erklären – aus diesen Teilen setzt sich das Konstrukt namens Johnny Cash nun mal zusammen, und wer glaubt, sich nur ein Teil nehmen zu können und damit ein richtiges Bild zu haben, liegt eben falsch und kann sich nur bei seiner eigenen Beschränktheit beschweren, wenn er sich eine Platte kauft, die ihn nicht zufrieden stellt ... *American IV* kommentierte Friskics-Warren folgendermaßen: Das Album zeige die »dialektische Sensibilität«, die Vielfältigkeit von Cash besser als die drei Vorgänger. »Damit soll nicht gesagt sein, dass die Platte besser ist als *American Recordings* oder *Unchained* (ist sie nicht: unter anderem baut sie zu stark auf Covers von sattsam bekanntem Rock- und Pop-Material auf), aber sie bietet ein wesentlich vollständigeres Bild des Mannes«, in ein stimmiges Verhältnis gesetzt also »Liebe, Gott und Mord«. Und damit hatte der Autor dankenswerterweise etwas gesagt, das ich selbst nur fühlte, nicht aber hätte ausdrücken können. Mit seinem ganzen Artikel bewies Friskics-Warren, was ich für sehr unwahrscheinlich gehalten hatte: mir irgendwas noch nicht Abgehaktes und endlos Wiederholtes mitzuteilen. Und glaubt mir, der Mann, der sich acht Monate mit dem Stoff beschäftigt und sich dann versprochen hat, nie wieder etwas über Johnny Cash zu schreiben, und dieses Versprechen dann mehrmals gebrochen hat, und nicht ohne gelegentlich die Freude der Herausforderung zu spüren, weiß, wovon er spricht.

Zehn Monate später, am 25. Juli 2003, führte Lev Grossmann, soweit ich weiß, das letzte Interview mit Cash. Auf die Frage, ob er Rock und Country für zwei verschiedene Dinge halte, antwortete er: »No. No, I could never let myself think of that ...« Auf die Frage, ob er sich als »Christian Artist« sehe, antwortete er: »Ich bin ein Künstler, der ein Christ ist. I'm not a christian artist.«

Hat sich durch *American IV* meine persönliche Hitparade der Cash-Alben verändert? Noch nicht. 1: *Unchained.* 2: *Johnny Cash And His Hot And Blue Guitar.* 3: *At San Quentin.* 4: *Silver.*

Als Rick Rubin Cash eine Aufnahme von ›Hurt‹ mit dem Vorschlag schickte, den Song aufzunehmen, verstand Cash nicht, was das sollte. Er konnte mit der Originalversion der Nine Inch Nails nichts anfangen, er hörte nichts, er hörte nicht zu. Es ist ein Beispiel dafür, dass Rubin nicht einfach nur sein einfühlsamer Produzent war, sondern jemand, der mit ihm dachte und nicht bereit war, das, was er für ihn passend hielt, so schnell aufzugeben. Rubins Einfluss auf Cashs letzte Jahre wird unterschätzt. ›Hurt‹ war passend – und Rubin nahm den Song selbst auf, ein lärmfreies, nacktes Demo für Cash, das ihm nur den Inhalt des Songs nahe bringen sollte.

Das Lied von Trent Reznor erinnere ihn an seine sechziger Jahre und einige Songs aus der Zeit, sagte Cash später, und er wünschte, er selbst hätte ihn geschrieben, den besten Anti-

Drogen-Song, den er je gehört hätte. Über die Verletzungen, die die Drogen und der Drogenkonsument sich selbst und anderen zugefügt haben. Über die Sehnsucht nach Erlösung und Wiedergutmachung. Mehr als jeden anderen Song des Albums machte er ihn zu seinem eigenen Song.

Aber es war das Video von Mark Romanek, das den Durchbruch brachte und vielleicht bis zu Teenagerherzen vorstieß, die sonst jede Musik ignorierten, die sich unter der Charts-Position 13 rumtrieb. Vielleicht entdeckten sie den Clip wie ich. Ich schaute planlos MTV. Einer von den Red Hot Chilli Peppers wurde interviewt – anscheinend war es ein Special über die Peppers –, und er erzählte was über ein Peppers-Video, das vermutlich gerade zu sehen war. Der Interviewer lobte das Video, und der Peppers-Mann lobte Mark Romanek, und dann grinste er und wischte mit einer Handbewegung alles weg und sagte so ungefähr, vergiss es, das ist ganz netter Kleinkram, denn wenn du das neue Video von Johnny Cash gesehen hast, dann kannst du alles andere vergessen.

Romanek war der erste Regisseur, heißt es, dem das private Cash-Museum, das Archiv, zur freien Verfügung überlassen wurde und der alles tun konnte, was er wollte. Und er nutzte diese Möglichkeit. Vielleicht hat er geahnt, dass es sein letztes Video sein würde. Er drehte einen 3:50 Minuten langen Film über das Leben einer amerikanischen Ikone.

Richard Corliss schrieb in seinem Nachruf etwas, das ebenfalls auf die Kluft zwischen Image und Cashs komplexer Persönlichkeit verwies. Regisseur Romanek erzählte ihm, dass Cash bei den Dreharbeiten viel »aktiver und spritziger« gewesen sei, als es dann im Video den Anschein hatte. Als er June fragte, ob sie nicht für einen kurzen Auftritt dabei sein wolle, habe Cash sofort »puckishly«, auf koboldhafte Art, eingeworfen: »Yeah, honey, warum tanzt du nicht nackt auf dem Klavier, während ich spiele?«

Wir sehen Cash zum Zeitpunkt der Aufnahmen, und dazwischen geschnitten Aufnahmen und Fotos aus seinem Leben – ohne chronologische Ordnung. Die Dyess-Kolonie, das Kind, die berühmte Überschwemmung. Der junge Mann, Sun Records. Der Alte sieht aus dem Fenster. Plattencovers, Sekunden aus Filmszenen. Eine Bibel in der Hand, eine Kanone. Der Tourbus, die Straße. Konzerte, Gefängnisse. June Carter tritt auf. Momente der Liebe, Momente der Verzweiflung. Ein Hochzeitsfoto. Die junge Schönheit, die alte Frau. Freude, Trauer. Inszeniert und dokumentiert. Jesus am Kreuz. Der alte Mann am Klavier, schaut sich sein Leben an – okay, okay, hey, du alter Sack, willst du mir vielleicht erzählen, dass du auch mal ein junger wilder Hund warst!? Der irgend 'ne Tante flachgelegt hat, ohne ihren Namen zu kennen? Der was eingeworfen hat, um auch die zweite Nacht zum Tag zu machen? Erzähl mir kein Scheiß, schau dich doch an, an deinem bescheuerten Klavier, du bist das Einzige, was du noch flachlegen kannst. Alter. Wer glaubt uns irgendwas, wenn wir nur noch ein Hauch von Schatten unserer guten starken Tage sind? Nobody. Sollten wir darauf vertrauen, dass jemand unseren Erzählungen über die guten wilden Tage lauscht? Tu's nicht. Aber hier ist es zu sehen – was es heißt, wenn jemand am Ende zurückblickt. Und ich weiß nicht, was es bedeutet, wenn jemand bei diesem Anblick nicht versteht, was das bedeutet, und nicht versteht, dass er sich selbst dabei ansieht und seine Gefühle, die irgendwo in der Zukunft noch verborgen sind. Manchmal hilft es, wenn so ein Kid Rock daherkommt und sagt: Vergiss meine Scheißvideos, die sind im Vergleich zu dem hier nur wie die Erinnerung an einen Fick im Vergleich zu einem echten.

Am Ende klappt der alte Mann den Klavierdeckel runter und streicht zuletzt mit der Hand über den Klavierdeckel. Wie zum letzten Mal gespielt.

Schöne mutige Chicks und andere Probleme

Schon seit Monaten lautete die Frage nur noch, wann? Am 20. März 2003 begann der Angriff der USA gegen den Irak, genauer gesagt, gegen Saddam Hussein und seine Gefolgsleute und gegen die Massenvernichtungswaffen, die dann nicht gefunden wurden. Genauer gesagt, gegen den Diktator und sein Regime, das neben anderen so viele Kurden ermordet hatte und das von vielen speziell bewundert wurde für das, was sie »Mut« nennen: im ersten Irak-Krieg Raketen auf Israel abgefeuert zu haben. Genauer gesagt wurde und wird Saddam Hussein dafür bewundert, seinen Antisemitismus durch Taten bewiesen zu haben.

Zu diesem Zeitpunkt hatte sich in den USA längst eine Intellektuellen-Front gegen George W. Bush und seine reaktionäre Politik und insbesondere gegen diesen Krieg, der auch als eine Folge der 9/11-Anschläge gesehen werden muss, gebildet, deren bekanntestes Sprachrohr der Dokumentarfilmer und Buchautor Michael Moore ist. Es ist tragisch, dass Typen wie Saddam Hussein und seine Gang aus dem Weg geräumt wurden und dass zugleich Israel beschützt werden musste von einem US-Amerika unter der Führung von Typen wie Bush Jr. und seiner Gang.

Die europäische Front gegen den Angriff der USA ohne UN-Mandat wurde von Frankreich und Deutschland angeführt. In Deutschland gab es durchaus nicht wenige Stimmen, denen eine gewisse Zufriedenheit mehr oder weniger deutlich anzumerken war, die etwa diesen Inhalt hatte: Endlich gibt es wieder eine breite Protestwelle gegen die Amerikaner, die es schließlich einst gewagt haben, als Besatzungsmacht unser Land zu beherrschen (vorsichtshalber will ich hinzufügen, dass ich damit keineswegs dem deutschen Protest pauschal diese schwachsinnige Ansicht unterstellen will). Andere waren gegen die Amerikaner, weil sie für die Palästinenser waren, oder weil sie gegen Bush waren, oder weil sie endlich den Zeitpunkt der Vergeltung für Nicaragua gekommen sahen, oder weil sie eigentlich nur gegen die Vorherrschaft des Hollywood-Kinos waren, oder weil sie grundsätzlich gegen die totale militärische Übermacht waren. Andere waren, was respektvoll anzuerkennen ist, ganz einfach gegen diesen und jeden anderen Krieg. Ich selbst stellte mir schon damals grundsätzlich die Frage, ob ich an einer Demonstration teilnehmen möchte, die von einer Sozialdemokratie angeführt wird, die von mir aus getrost wenn nicht zur Hölle, dann an einen extrem verkehrsberuhigten Ort in Sibirien fahren könnte; was nicht heißt, dass es nicht auch Mitglieder gibt, die in diesem Fall hier bleiben sollten. Aber was heißt das schon? Es heißt in jedem Fall, dass ich Pauschalurteile ablehne.

Im ersten Irak-Krieg hatte Johnny Cash, wie immer wissend um seine exponierte Position und diese nutzend, dem Präsidenten Bush Sr. eine Botschaft zukommen lassen, die sinngemäß lautete: was, Mr. President, machen Sie mit unseren Jungs, was machen unsere Jungs dort unten? Sie haben dort nichts verloren, holen Sie sie unverzüglich heim. Im Sog von 9/11 wurde von der Bush-Front schon als Nestbeschmutzer beschimpft, wer so was nur laut dachte.

In sicherer Erwartung des US-Angriffs sagte Natalie Maines von den Dixie Chicks, eine der erfolgreichsten jungen Bands der Gegenwart, bei einem Konzert in London am 10. 3. 2003 zum Publikum: »Just so you know, we're ashamed the president of the United States is from Texas.« Vier Tage später, nachdem ihr und den Band-Kolleginnen Martie Maguire und Emily Robison unterschiedliche Arten von Protest entgegenkamen, entschuldigte sie sich öffentlich bei Bush. Ihre Äußerung sei »disrespectful« gewesen und jeder Amerikaner sollte dem Amtsinhaber »the utmost respect« entgegenbringen. Am Ende des kurzen Statements sagte sie: »I just want to see every possible alternative exhausted before children and American soldiers' lives are lost. I love my country. I am a proud American.«

Am 24. 3. 2003 kam postwendend die Antwort aus der Chefetage von Country Music Television, auf der Homepage in der wöchentlichen Kolumne »Nashville Skyline«, wie (fast) immer verfasst von Chet Flippo persönlich. Er beendete sein Werk mit den Worten: »Memo to Natalie Maines: You're an artist? And you have a mes-  sage? Hey, put it in a song. We'll listen to that. But, otherwise – shut up and sing.« Maul halten und singen also (nicht schlecht: er benutzte dieselben Worte, mit denen Cash einst die Freiheit der Kunst bzw. Bob Dylans eingefordert hatte). Einer der führenden Country-Schreiber war damit nur einen Schritt von dem entfernt, den viele von der rechten Seite grölend machten – hey, ihr süßen Chicks, packt eure Titten aus und macht die Beine breit und sonst gar nichts, hieß das in etwa. Beliebt im dichten Dschungel des World Wide Web waren auch Fotomontagen mit einer bis drei der Frauen und Saddam in der Pose eines Liebespaars; eine CD mit dem fiktiven Titel *Songs of Peace & Love* wurde gezeigt, von einer neuen Band namens Dixie Duo, mit Saddam versteht sich.

Flippo ist einen weiten Weg gegangen seit den Tagen des die Country-Outlaws begleitenden jungen Journalisten bis hin zum vielleicht mächtigsten Meinungsführer, der auch eine solche vertritt: Maines habe genauso wenig Recht über die US-Außenpolitik zu sprechen wie etwa ein Sean Penn, Martin

Sheen, Madonna oder Charlie Daniels. Das heißt: »No qualifications at all.« Wer einen Bush Jr. zum Präsidenten hat, sollte mit solchen Urteilen besonders vorsichtig sein. Natalie Maines und ihre Tat nannte Flippo schon in der ersten Zeile »a big mess«, eine große Sauerei. Und ihre Entschuldigung wertlos und halbherzig, weil erst nach vier Tagen angesichts von Protest, Radio-Boykott und sinkenden Verkaufszahlen geäußert. Von A-Z eine der üblichen, peinlichen Showbiz-Aktionen eben: es sah in diesem Moment so aus, aber Flippo sollte sich täuschen. Anhand der letzten Ereignisse wagte er sich zu der Analyse vor, ihre Attacke gegen Bush sei »in effect a direct attack on the country music audience. And its values. And its patriotism.« Diese pauschale Betrachtungsweise des Country-Publikums bewies ohnehin, dass er gewissen Vorgängen keine Bedeutung zugestand oder sie nicht bemerkt hatte, weil die Sicht von CMT aus eben etwas begrenzt ist. Aber auch in seiner eigenen Denke sollte er schwer danebenliegen. Er war auch mies genug, nun plötzlich dieser so populären wie traditionsbewussten Band ihre Bedeutung abzusprechen ... ach, eigentlich hat sich doch eh niemand für die Chicks interessiert, außer ein paar Teenagern, die keine Ahnung haben und sie süß finden. Er interpretierte das Verhalten der Band, ihres Labels und Managements als totale Unwissenheit gegenüber dem Denken und Fühlen der Country-Fanmasse, und die abstürzenden Verkaufszahlen des neuen Albums und der neuen Single und der Crash in den Video- und Radio-Charts brachten ihn zu dieser großartigen Fragestellung: Warum nur schossen die Dixie Chicks ihre Karriere und Reputation in den Wind? Er fand keine Antwort. Chet Flippo kam nicht auf die Idee, Natalie Maines könnte für die Band einfach nur das gesagt haben, was sie dachten, ohne an Charts und Mäuse zu denken – Chet Flippo, was für ein Zeugnis geistiger und seelischer Armut, Arroganz und Intoleranz. Was für eine Fehleinschätzung. Und die Rechnung wurde ihm prompt serviert: Sie hätte höher nicht ausfallen können. Man muss ihm immerhin Respekt dafür zollen, dass er in seiner nächsten Kolumne den Mut hatte, einen Antworttext zu veröffentlichen, und seine Leser sogar dazu aufforderte, ihn zu lesen. Aber er hatte auch keine Wahl. Denn vermutlich jede große Zeitung hätte die Antwort von Bill C. Malone in voller Länge gedruckt.

»Listen to the Chicks!« war der Titel des Texts von Malone, der von Flippo unvermeidlich als »Vorstand aller Country-Historiker« vorgestellt werden musste, der 1968 mit seinem Buch *Country Music USA* den Standard für jede ernsthafte Art über Country zu schreiben gesetzt und diesen Maßstab bis heute eingehalten habe; fürwahr, hierin täuschte sich der hohe CMT-Angestellte nicht. Bill C. Malone ist der unwahrscheinliche »Doktor« (im Sinn von Hunter S. Thompson), der sowohl an den Universitäten als auch in den Honky-Tonk-Bars den allerbesten Ruf hat, die Art großer alter Mann, den es bei uns im Bereich Populärkultur nicht gibt.

Dr. Malone also nimmt den CMT-Sermon nach allen Regeln der Kunst und in jedem Punkt auseinander. Flippos Ansichten und »Analysen« nennt er »dead wrong«. Er kämpft für Maines' Recht auf freie Rede, er verteidigt die Musik der Band. Er macht deutlich, dass Flippo zu erwähnen vergaß, dass die Anti-Chicks-Kampagne von den Rechten kam und er kein Wort über diese Gefahr verlor. Der alte Doktor verteidigte die »Teenage Girls« gegen den durchgedrehten Flippo – ja Jesus, warum sollte denn ihr Lieblingshobby die Country-Geschichte sein, warum durften sie denn nicht Acoustic String Music mögen und nur den O Brother-Film kennen?! Und er fand »profoundly disappointing«, dass der CMT-Oberschreiber vorgegeben habe »to know what the true views of the country music audience are, and who is and who isn't qualified to speak on public issues«. Die dumme, pseudo-liberale Ansicht, Maines solle das Maul halten und bei Bedarf ihren Kram eben in einen Song packen, schlägt er mit nur einem Haken um: Flippo wisse doch genau, dass »corporate sponsors, marketing ›specialists‹ and other censors would never permit the song to see the light of day«. ... drei – zwo – eins – zero – Ende. K. o. in der zweiten Runde. Im Boxsport hätte dieser Chet nur noch eine Chance, ganz unten im Süden, in den Sümpfen des Cajun Country. Dort müsste er in einer Blockhütte bei null wieder anfangen. Im Musikgeschäft aber ist ja eigentlich alles egal.

Im August 2002 war das neue Album *Home* der Dixie Chicks erschienen. Im Song ›Long Time Gone‹ verpassten sie auch dem Country-Mainstream-Pop eine kleine Abreibung: »They got money but they don't have Cash«, genauer gesagt, Johnny Cash. Das nennt man Chuzpe: denn die Damen haben schließlich beides. Die Band und das Album waren auch nach diesem ersten Sturm nicht aufzuhalten. Ihre Tournee war ausverkauft. Keine Überraschung. Viele Radio-Stationen verteidigten und spielten sie. Kleine Überraschung. Die öffentlichen CD-Vernichtungen mittels Traktor und scheinbar bodenständigen Jeans-Hut-Männern erwiesen sich als von den Medien aufgeblasener Schwachsinn. Und dann legten die Frauen richtig los. Sie posierten nackt auf dem Cover von *Entertainment Weekly*, wobei sie jedoch mit Händen, Armen und Beinen die speziell weiblichen Stellen bedeckten. Wie tätowiert hatten sie Worte auf ihre Haut geschrieben: Dixie Sluts, Boycott, Hero, Traitors, Proud Americans, Saddams Angels, Peace, Shut Up, Brave, Hero, Free Speech. Sie wussten, dass sie gewissen Leuten damit neues Futter gaben. Und dass sie stärker waren.

Am 8. 2. 2004 bekamen sie in Hollywood den Preis der »Rock The Vote«-Organisation, die sich dafür einsetzt, dass mehr Amerikaner zur Wahl gehen. Zu einem CMT-Reporter sagte Natalie Maines: »We'll also be involved in politics, like it or not.« Und die Menschen forderte sie auf, sich ins Wahlregister eintragen zu lassen, um wählen zu können, »but be sure you vote for the right person. There's a wrong person and a right person.«

Ich möchte an dieser Stelle etwas vergleichsweise Belangloses hinzufügen. Aber ich dachte, wenn jemand nicht ungern seine Klappe sehr weit aufreißt über Dinge, die für den Fortgang der Welt etwa so wichtig sind wie eine New Yorker Band, die immer nur schlecht Garth Brooks nachspielt, dann sollte er an dieser Stelle besser nicht die Klappe halten. Ich war und bin nicht der Meinung, die die Dixie Chicks und andere vertreten, was den Krieg im Irak betrifft; der Meinung von Chet Flippo, was die Klappen der Dixie Chicks und anderer betrifft, bin ich allerdings überhaupt nicht, niemals, nie. Ich bin jedoch, obwohl ich überhaupt nicht und niemals der Meinung von Bush und seinen Freunden bin, für die Amerikaner im Irak, mit einem weinenden Auge und mir der Problematik durchaus bewusst. Wie ich auch mit einem weinenden Auge für Israel bin, und das heißt nicht, auch wenn das paradox klingen mag, dass ich damit *gegen* die Palästinenser bin. Ich weiß, das ist viel zu kurz hier und womöglich unverständlich, aber ich dachte, ich sollte es gesagt haben, während es heute, an Johnny Cashs 72. Geburtstag am 26. 2. 2004 mehr denn je so aussieht, als würde die US-Armee im Irak ein zweites Vietnam-Debakel erleben können.

Am 13. September 2002 verlieh die junge Americana Music Association erstmals ihre Preise im Hilton Suites Hotel in downtown Nashville. Es handelt sich dabei um einen Berufsverband, der sich explizit gegen den Country-Mainstream und seine vielfältigen Auswüchse stellt, der sich dem engstirnigen Musik-Schubladendenken verweigert und dessen Relevanz und Macht bislang vergleichsweise gering ist, jedoch immer größer wird.

»The notion that something has gone wrong with country music got heavyweight support this weekend from Johnny Cash and Emmylou Harris«, kommentierte der AP-Reporter. Die wundervolle Mrs. Harris bekam den Preis für ihr Lebenswerk, Cash bekam den »Spirit of Americana Free Speech Award«. Beide betonten, dass sie sich am Rand der Country-Industrie zu Hause fühlten, »where they feel its real heart is«. Jim Lauderdale war Artist Of The Year, Buddy und Julie Miller bekamen die Auszeichnung für das Album des Jahres. Billy Joe Shaver erhielt in der Kategorie Songwriter den Preis für sein Lebenswerk. Der verstorbene Doug Sahm erhielt posthum den President's Award, der von seinem alten Freund Chet Flippo entgegengenommen wurde, der ein halbes Jahr später so eine traurige Vorstellung abgeben sollte. Und folglich an diesem Abend so taub war wie das Skelett von Abraham Lincoln.

Der Gründer des First Amendment Center, einer Organisation zum Schutz der Freien Rede und Meinungsäußerung, John Seigenthaler, hielt die Rede auf Cash: »At a time of tragedy and terror and civil strife and danger, he knows that we must reach beyond the bombs and the barriers to embrace Christian, Jew and Muslim as one. This ›Man In Black‹ is a symbol of rebellion against those whose minds are closed to other ideas.«

Cash nahm den Preis entgegen und sagte: »After all this flag waving the last few days, I'm glad to see ... we're still down here waving the flag tonight.« Und wie üblich verstand er unter Unsere-Flagge-schwingen etwas, was viele nicht damit meinen, weil ihnen die besten Teile der amerikanischen Verfassung wenig bedeuten.

Cash verlas dann den Text von ›Ragged Old Flag‹ (und ihn damit so interpretierte, wie ihn die rechten Fans des Songs nicht interpretieren) und fügte ihm neue Strophen hinzu, mit Kommentaren zum ersten Irak-Krieg und dem Afghanistan-Krieg. (Trotz mehrmaliger Anfragen bei denen, die es wissen müssten, ist es mir nicht gelungen, eine Antwort auf die Frage zu bekommen, was er genau gesagt hat.)

Der musikalische Teil des Abends wurde von June Carter abgerundet. Begleitet wurde sie von Tochter Carlene, Nichte Lorrie und Enkelin Tiffany Anastasia Lowe. Über ihren Ehemann, der erst mal nur zuschaute, sagte sie: »He's always encouraged me to do what I do – and he's always wanted to be a Carter Brother.«

Eine Woche später, beim Carter Family-Treffen in Virginias Poor Valley, gaben sie ihr letztes gemeinsames Konzert.

Der Tod bei der Arbeit

Am fünfzehnten Mai Nulldrei starb June Carter Cash. Am dreißigsten Juli Nulldrei starb Sam Phillips. Am zwölften September Nulldrei starb Johnny Cash. Am vierundzwanzigsten Oktober Nulldrei starben June Carters Tochter Rosie Nix Adams und ihr Ehemann bei einem Autounfall.

Am letzten Fluss

Auf dem Arbeitsamt des Showgeschäfts herrscht in der Abteilung *Die ältere Frau* normalerweise tote Stimmung. Im Keller hat die letzte Halbtagskraft ihr Büro. Gestern hat sie ein Plakat von Debbie Harry (58) aufgehängt, denn lässt frau sich vielleicht unterkriegen? Niemals! Selbst wenn sogar in traditionell geeigneten Problemzonen wie Schlager oder Brecht/Weill praktisch nichts mehr geht für *Die ältere Frau.* Während *Der alte Sack* gefragt ist in der Rolle des Zynikers, Weisen, seriösen Entertainers oder unverwüstlichen Altrockers. Ist das vielleicht in Ordnung? Niemals! Da kann Mutti oder Omi singen, dass selbst der Mutter Gottes ganz anders wird, meint die letzte Halbtagskraft und fügt hinzu, nichts geht.

Immerhin gibt's in der Sektion Country mit dem Berechtigungsschein *Lebende Legende* noch 'ne Chance. Im Mai 2003 geschah ein Märchen, als Loretta Lynn (68) von dem zu Recht gefeierten jungen Rock-Pärchen The White Stripes bei einem Konzert im New Yorker Hammerstein Ballroom wie eine Göttin präsentiert wurde. Yeah Yeah Yeah: »Don't Come Home A Drinkin With Lovin On Your Mind«, und wenn du als Frau mal explizit in einem Song sagst, was besser funktioniert, wenn der Alte, falls er's noch kann, nicht betrunken ist, dann ist der Song gleich »Rated-X«, schrieb und sang Loretta Lynn, und wir dürfen uns einmal mehr fragen, fuck, was glauben gewisse Radio-Menschen eigentlich? Dass wir glauben, dass ein Storch ihre Mami gefickt hat!? Loretta Lynn hat mit ihren Liedern mehr bewirkt als alle Dylan-Fans, die irgendwann mal ein Schild mit der Aufschrift Frieden hochgehalten haben.

Auch beim Album, das June Carter (73) im Jahr davor aufnahm, kann man dieses Phänomen beobachten: Der gemeinsame Hass auf den Mainstream schafft im US-Country immer mehr Verbindungen zwischen Jung und Alt. So erschien *Wild-*

wood Flower auf dem unabhängigen Nashville-Label Dualtone und steht im Katalog neben Daniel Johnston oder Jim Lauderdale. In Deutschland ist die CD bei Blue Rose Records ähnlich gut aufgehoben, behütet von den Waco Brothers oder Chuck Prophet. Was nicht heißt, dass dieses Country-Folk-Album moderne Zutaten hätte, abgesehen von den vier Videos auf der CD. Da zeigt uns die alte Frau, wo sie aufgewachsen ist, ein Blockhaus in Maces Springs, Virginia, am Fuß der Clinch Mountains, sie erinnert sich, sie erzählt. Auch ein gutes Beispiel dafür, wie sich das Leben am Übergang vom singenden Arbeiter zum Musiker änderte: Als sie zehn war, zog die Familie nach Texas, um für ein Radio mit erheblich größerer Reichweite eine tägliche Show einzuspielen. Sie schleudert ihre langen dunklen Haare nach hinten, sitzt im Kreis der Musiker im zum Museum umfunktionierten Musikzimmer ihrer Mutter. An der Gitarre ein gebrechlicher Johnny Cash. An den Aufnahmegeräten Sohn John Carter Cash. Eine schwarze Hausangestellte fächelt ihr Luft zu, sie singt, lacht, bricht Songs ab, frägt um Rat.

Sie hat das Ergebnis nicht mehr hören und sehen können. Nach einer Herzoperation am 7. Mai kam es zu Komplikationen. Drei Tage später, nachdem sie das Bewusstsein verloren hatte, verbreitete ihr Mann die Bitte an alle Fans, für seine Frau zu beten. Sie hatte vor Jahren dasselbe für ihn getan, als er im Koma lag, und als es ihm am nächsten Morgen besser ging, hatten die Ärzte keine Erklärung dafür. June Carter Cash starb am 15. Mai 2003 im General Baptist Hospital in Nashville.

Neun Monate nach ihrem Tod wurde das Album mit zwei Grammys ausgezeichnet, als Best Traditional Folk Album und die Best Female Country Vocal Performance für ›Keep On The Sunny Side‹.

Unter den Frauen-Legenden wirkt die von June Carter etwas schwach, weil sie selber darin nur eine Nebenrolle spielte. Sie war die Tochter von »Mother« Maybelle Carter und sang schon als Kind mit der bis heute berühmten Carter Family, die 1927 bei den Anfängen der Country-Industrie dabei war. Nach deren Auflösung 1943 ging es erfolgreich weiter mit Mother Maybelle & The Carter Sisters. Die schöne June hatte aber auch eigene Hits, bezauberte das Publikum bei den ersten Elvis-Tourneen, und ab 1961 bereicherten sie und die Sisters die bestbestückte Country-Live-Show ihrer Zeit. Ihre Rolle im Cash-Tross war jedoch unter ihren Möglichkeiten; sie war (im historischen Carter-Teil) Betschwester, freundlich-brave Landschönheit, dann auch Duett singende Ehefrau. Für ihren herrlich trockenen Humor und einen gewissen Drall Richtung Las Vegas bekam die bei Lee Strasberg ausgebildete Schauspielerin – die Jim Marshall eine Frau nannte, »für die ich mich vor einen Zug stürzen würde« – nicht viel Platz. Ihre zweite gemeinsame LP, nach *Carryin On* von 1967, hieß 1973 ganz einfach *Johnny Cash and his Woman*.

June Carter Cash selbst sah sich nie als Frau im Schatten. Ihr Mann sah das später aber anders und bedauerte es in seinem letzten Buch *Cash*. Es war so, wie er es sagte, er hatte ungewollt, unvermeidlich, ihre Karriere behindert. Im langen Nachruf in der *New York Times* konnte er dann seinen Namen öfter lesen als ihren. Ihre erste Solo-LP *Appalachian Pride*, 1975 nach 35 Jahren im Showgeschäft erschienen, wurde in dem Artikel nicht einmal erwähnt – dabei ist sie besser als alles, was Cash zu der Zeit herausbrachte.

Es sieht so aus, als sei der zweite Teil ihrer eigenen Karriere dadurch gefördert worden, dass sie auf seinen Comeback-Alben nur noch eine viel kleinere Rolle als früher hatte. Wie auch immer, *Wildwood Flower* sollte nach dem ebenfalls schönen und 1999 ebenfalls mit einem Grammy bedachten Album *Press On* nur das nächste von einer Reihe weiterer Solo-Alben werden. Und klingt jetzt wie ihr geplantes Vermächtnis. Sie sang hauptsächlich die Family-Songs ihrer Kindheit, darunter ›Will You Miss Me When I'm Gone‹ und der ›Cannonball Blues‹, und einige werden mit historischen Aufnahmen eingeleitet. Fast alle Beteiligten gehörten zur Familie. Die Musik, mit Gitarrist Norman Blake im Mittelpunkt, ist so schön klar wie ein Gebirgsbach 1492, und wenn man doch mal an das Gemälde *Blumenwiese vor Alpenglühen* denken muss, werden diese Assoziationen gleich verjagt von einer bizarren Lee Marvin-Anekdote oder einer blutigen Moritat, und von ihrem Gesang vor allem, der alt und rau und nach viel Leben klingt, nicht immer mit totaler Präzision einsetzte oder jeden Ton traf und bei dem man die Anstrengung spürt, wenn das Tempo anzieht. Dazu sang der Chor nicht nur schön Gospel, sondern klang oftmals wie eine Bande von Strolchen, die feiern, dass sie das verdammte Arbeitsamt endlich abgefackelt haben.

Im Booklet erzählt Tochter Rosanne Cash vom Blues am Ende. Sie und ihr Vater hörten sich im Krankenhaus zum ersten Mal das neue Album an, während die Mutter schon nicht mehr bei Bewusstsein war. Dies war also der Zeitpunkt, der für June Carter Cash bestimmt worden war. Und dann sagten die Trauernden zu ihr, sie hätte ein brillantes Werk geschaffen. »I hope she heard us«, schrieb Rosanne, hoffentlich hat die im Sterben liegende das irgendwie vernommen. Falls sie nicht zu laut Elvis ›I Forgot To Remember To Forget‹ singen hörte, ganz sicher.

The Carter Family
Memorial Music Center, Inc.
(Carter Fold)
invites you to hear
the best of oldtime & bluegrass music.
Saturday evenings at 7:30 p.m.
Hiltons, Virginia

Der Eintritt kostet Erwachsene fünf, Kinder einen, Kinder unter sechs keinen Dollar; bei Gruppen ab zehn Personen kostet ein Ticket 50 Cents weniger. Am Samstag, dem 21. Juni 2003 spielte dort jemand, der nicht angekündigt worden war.

»We got a surprise tonight«, sagte Junes Cousine Janette Carter.

»Hello, I'm Johnny Cash.«

Dann steigt aus dem Applaus der ›Folsom Prison Blues‹ auf. Danach sagte Cash: »As June said about me, he don't sing too good, but he's a good old boy.« Dann spielten sie ›I Walk The Line‹. Danach sagte Cash ein paar Worte, die ich nicht verstehen kann. Dann sagte er: »Allright, I'm sorry about that.« Dann hört man aus dem Publikum einen Mann rufen »no problem« und eine Frau »that's okay«. Dann spielten sie ›Sunday Mornin' Comin' Down‹. Danach sagte Cash: »The spirit of June Carter overshadows me tonight.« Dann sprach er, während ein Kind zu weinen anfängt, weiter, aber ich kann nur wenig verstehen, und dann dankte er Gott, dass er ihm June geschenkt hat. Dann spielten sie ›Ring Of Fire‹. Danach sagte er etwas, von dem ich nur Teile verstehen kann, und dann sagte er, dass sich June den nächsten Song für ihre Beerdigung gewünscht hatte. Dann spielten sie ›Angel Band‹. Danach sagte er: »I wanna thank Bobby for doin' a good job on the bass«, und dann dankte er dem Gitarristen, dessen Namen ich nicht verstehen kann. Dann spielten sie ›Big River‹. Danach erzählte er, dass June ihn, als er sie damals das erste Mal zum Treffen der Carter Family und ihren Fans und Freunden begleitete, mit den Worten vorstellte, sie wüsste natürlich schon, dass es hier keinem Musiker erlaubt sei, plugged-in zu spielen, aber Johnny Cash wäre eben schon eingestöpselt gewesen, als sie ihn traf. Dann spielten sie ›Understand Your Man‹. Dann klatschten die Leute wie verrückt, und die Band spielte dazu ohne den Sänger ›I Walk The Line‹.

Dann hörten sie langsam zu klatschen und zu spielen auf, und es wurde ruhig. Dann brüllte ein Mann »Johnny Cash«, und es wurde wieder laut. Als es wieder ruhig geworden war, schrie eine Frau »we love you, Johnny«, und es wurde wieder laut. Dann wurde es wieder leiser, und manche fingen an sich zu unterhalten, und andere waren still.

Dies war das letzte Konzert von Johnny Cash.

Eine der letzten offiziell veröffentlichten Aufnahmen war der von ihr und Ehemann John Leventhal geschriebene Song ›September When It Comes‹, ein Duett mit Tochter Rosanne für ihr Album *Rules of Travel*. Der Vater sang und sprach die letzte Strophe:

> *When the shadows lengthen*
> *And burn away the past*
> *They will fly me like an angel to*
> *A place where I can rest*
> *When this begins I'll let you in*
> *September when it comes.*

Er saß im Rollstuhl, als ihn die Musikjournalistin Sylvie Simmons im Juli für ein paar Tage besuchte, um sich die Grundlage für den Begleittext zur geplanten CD-Box *Unearthed* zu holen. Er sah elend aus. Er konnte kaum noch gehen. Der Geschichtsprofessor der Countrymusik konnte zwar wieder ein wenig in seinen geliebten Büchern lesen, aber nur mit Hilfe eines speziellen Geräts, das ihm die Buchstaben auf einem Bildschirm sehr hoch vergrößert zeigte. Er konnte kaum noch sehen. Seit fast zehn Jahren kämpfte er nun gegen schwere Krankheiten. Und es war passiert, womit niemand gerechnet hatte – seine über alles geliebte Frau June war vor ihm gestorben.

Und doch war der Mann nicht schlecht gelaunt. Auf Simmons' Frage, wie seine Situation innerhalb der Countrymusik Mitte der 90er Jahre ausgesehen habe, antwortete er mit der Imitation des berühmten Fotos. Er zeigte ihr »lachend und mit den Augen eines jungen Mannes« den ausgestreckten Mittelfinger. Und auf die Frage, ob er nun mit Gott hadere, antwortete er mit einem knurrigen »Never, never!«. Um dann lächelnd hinzuzufügen, seine Arme wären schließlich zu kurz, um mit Gott zu boxen. Der Mann war am Ende, aber nur sein Körper, der Geist war noch wach.

Und dennoch war er in seinem letzten Sommer nicht bereit aufzugeben. Der Weg musste bis zum Ende gegangen werden, und bis dahin musste getan werden, was noch getan werden konnte. Vormittags sprach der 71-Jährige mit der Journalistin, am Nachmittag ließ er sich in sein Studio bringen, um Aufnahmen für den fünften Teil seiner American Recordings-Serie zu machen. Sein langjähriger Gitarrist und Nachbar Marty Stuart erzählte Richard Corliss, er habe etwa drei Tage nach dem Tod von June einen Anruf von Sohn John Carter bekommen, der gesagt habe: »Daddy möchte aufnehmen.« Und Stuart sagte: »Es war die beste Neuigkeit, die ich seit langem gehört hatte.« Als die beiden in diesen Tagen einmal allein waren, »he broke down and started crying and said, ›Man, I miss her so bad‹. I didn't know what to say, so I held his hand.«

Im August nahm Gunter Gabriel im Cash-Studio sein neues Album *Gabriel singt Cash – Das Tennessee Projekt* auf. Der Deutsche und Cashs Sohn hatten beschlossen, mit ihren in Arbeit befindlichen neuen Platten gemeinsam auf Tour zu gehen, und als Cash davon hörte, stellte er ihnen sein Studio zur Verfügung. Einzige Bedingung: Sie mussten es ihm jeden Nachmittag für drei Stunden selbst überlassen. »Die Dorfstraße ist dort so breit wie bei uns die Autobahn«, und wenn man den Pförtner und den Streifenwagen vor Cashs Anwesen passiert hatte, konnte man auf dem Pfad zum Studio, das aussehe »wie ein kleines Blockhaus aus einem Wildwestfilm«, Hirsche, Rehe und Ziegen sehen, berichtete Gabriel in einem langen Gespräch mit Tino Hanekamp vom Interview-Magazin *Alert*, in dem er sich einmal mehr als guter Erzähler erwies. An einem dieser Nach-

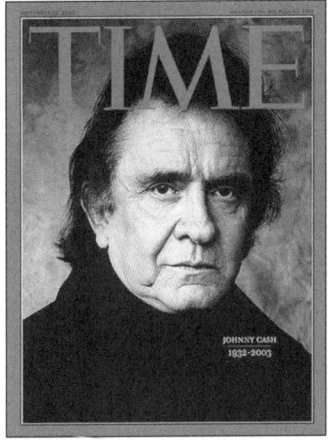

mittage begegneten sich die beiden ein letztes Mal. Zuerst wurde im Studio alles speziell für Cash aufgebaut und »dann kamen die Musiker mit ihren Cadillacs«. Auf dem Weg zum Hotel »kam uns die Karawane entgegen: ein Security-Wagen vorneweg, einer hinten, und dazwischen fuhr ein 560er Benz. In dem saß Cash, vorne rechts. Sein Sohn fuhr. Auf dem Rücksitz saß eine Krankenschwester. Sie hieß Bernadette und war zwanzig, das werde ich nie vergessen.« Alle Fahrzeuge hielten. Cash wollte den Gast aus Deutschland begrüßen. Gabriel war »erschüttert«, als er Cashs Zustand sah, und dass der ihn erst erkannte, als er sich vorstellte. Gabriel half, den Alten aus dem Wagen zu hieven, und als er spürte, wie dünn seine Oberschenkel waren, »schossen« ihm »die Tränen in die Augen«. Sie konnten nur ein wenig plaudern, dann war Cash müde und wurde wieder ins Auto gehoben.

Zwei Wochen vor seinem Tod besuchten ihn George Jones und seine Frau Nancy, schreibt Richard Corliss im Nachruf für das *Time Magazine* vom 22. 9. 2003. Auf dem Cover fanden sich neben einem Foto von ihm lediglich 19 Buchstaben zu seinem Tod, sonst nichts. Der so genannte Rolls-Royce unter den Country-Sängern, der sich auch den Spitznamen »No-Show Jones« erarbeitet hatte, war sogar ein wenig länger auf Tour als Cash, der nach einer Zahnoperation in einem üblen Zustand war, ihnen aber versicherte, er habe sich fest vorgenommen, den Rollstuhl in die Ecke zu werfen und wieder an die Arbeit zu gehen.

Sein Priester, Reverend Wilson, habe ihn zuletzt im General Baptist Hospital in Nashville besucht und darüber berichtet: »Er war sich darüber im Klaren, dass es mit ihm bergab ging, und er hatte seinen Frieden damit gemacht. Er war bereit, heim zu Gott zu gehen.«

»Mein Vater wollte bis zum Ende seiner Tage weiter aufnehmen«, erzählte John Carter Cash dem *Alert*-Redakteur. »Er hatte mehr Kraft und Willen als jeder, den ich kenne. Ich glaube nicht, dass es viele Leute gibt, die weitergemacht hätten, als er weitergemacht hat.« Und auch der Sohn bestätigte, was wir nach dem Tod von June Carter vermuten mussten. Mit ihrem Tod habe ihr Mann einen großen Teil seiner Seele verloren. »Ich glaube, dass er wegen ihr von uns gegangen ist. Er vermisste sie zu sehr.«

Etwa 50 neue Songs hatte Johnny Cash eingespielt, als er am Freitag, dem 12. September 2003, in Nashvilles General Baptist Hospital starb. Am selben Tag, berichtet sein Freund und Produzent Rick Rubin, der sich sicher war, Cash würde es nochmal aus dem Krankenhaus schaffen, habe er in seinem Studio in Los Angeles wie angekündigt die Arbeiten an der Sammlung *Unearthed* abgeschlossen und wollte sie ihm schicken. Dies war also der Zeitpunkt, der für John R. Cash bestimmt worden war.

Ursache und Wirkung

Am Abend desselben Tages sang Jerry Lee Lewis bei seinem Konzert in Jacksonville, Florida, zu Ehren des alten Freundes das Kirchenlied ›Vacation In Heaven‹. Der Killer hatte auch in seinen kritischen Killer-Phasen jede Hilfe von ihm bekommen. Der Killer war jetzt der letzte der alten Bande auf Erden.

Stellt euch nun die Ströme von Nachrufen vor. Stellt euch diesen Strom vor, in allen möglichen Medien. Schreibe nun selbst einen Nachruf. Und vergiss dabei nicht: »Du kannst Baumwolle nicht mit Handschuhen pflücken, du musst die Baumwolle fühlen.«[2]

Am 26. September wurde dies von Bob Dylan veröffentlicht: »I was asked to give a statement on Johnny's passing and thought about writing a piece instead called ›Cash Is King‹, because that is the way I really feel. Ganz einfach gesagt, Johnny war und ist der Polarstern; mit ihm kannst du den Kurs deines Schiffes bestimmen – der Größte der Großen, damals wie heute.« Oben bei den hellen Sternen, der leuchtende Polarstern, der letzte rechts oben im Sternbild des kleinen Bären, der sich auch ohne Fernrohr als Orientierung eignet. »Listen to him, and he always brings you to your senses.«

Einen »großen Tröster in dieser an Tröstern so raren Welt«, nannte ihn Wiglaf Droste in seinem Nachruf für die *junge Welt*.

Im *Übersteiger*, dem Fanmagazin des deutschen Fußball-
clubs FC St. Pauli, stand einer der soulvollsten Artikel nach
seinem Tod, geschrieben von »Gerd« vom Büro Berlin: »John
R. Cash ist tot. Als klar war, dass der *Übersteiger* dies aufs
Cover nimmt, reagierte ich verärgert. Was bildeten wir uns eigentlich ein? Musste an all die yuppieesken Spießer in den
Agenturen von Berlin-Mitte denken, die sich berufen sahen,
direkt nach Cashs Tod etwas über ihn zu schreiben, ein T-
Shirt zu drucken, rumzuposaunen, etc. – Hört ein für alle Mal
her, Johnnys berühmter Stinkefinger ist auch gegen euch ...«
Und »genau so sahen die ersten Tickermeldungen auch aus.
Bei (der Nachrichtenagentur) Reuters war zwischendurch
mal von ›Johnny Nash‹ die Rede ...«

Auf der Homepage der in Frankfurt ansässigen Bellaphon
Records wurde vier Tage nach seinem Tod, am 16. 9. verkündet, dass am 22. 9. *In Memory Of Johnny Cash* im Handel erhältlich sein werde. »Auf dieser Doppel-CD sind die ersten
Aufnahmen aus den legendären Sun-Studios in Memphis, wo
auch Elvis Presley und Sam Phillips ihre ersten Platten aufnahmen.« Der das schrieb, hat keine Ahnung, dass die Behauptung, Sam Phillips habe dort seine ersten Platten aufgenommen, in doppelter Hinsicht falsch ist. Und über den
Mann, mit dem sie etwas Geld einzuschieben gedachten, heißt
es: »450 Singles, 1500 LPs und 300 CDs hat Johnny Cash in
26 Ländern aufgenommen.« Wenn ich, anstelle eines gewissen
Norbert Jahn, inhaltlicher Verantwortlicher gemäß §10 Absatz 3 MDStV wäre, dann würde ich diesen Job ganz schnell
an einen anderen Dummen abschieben. Kann schon sein, dass
Bellaphon die größte Independent-Firma weit und breit ist;
todsicher jedoch wurde dort der Begriff »Kraut und Rüben«
erfunden. Es gibt nichts, was man zwischen indischer Medita-
tionsmusik, Karaoke-Tracks und den 20 Superhits des Killers

nicht finden könnte. Auch im Country-Bereich gibt es ein großes Repertoire: sehr viel von Wolfgang Ambros, und sehr viel von einer der talentiertesten deutschen Country-Bands. Sie heißt Böhse Onkelz. Eines ihrer Alben heißt *Fahrt zur Hölle!* Wie soll ich sagen: fahrt ihr schon mal vor. Und nehmt die Leute mit, die unser Land stärker verschmutzen als alle albanischen Heroindealer zusammen.

Am 10. 11. fand im Ryman Auditorium in Nashville, wo früher die Grand Ole Opry untergebracht war, das »Johnny Cash Memorial Tribute« statt. Nach Junes Tod hatte eine öffentliche Beerdigung stattgefunden, aber nach Johnnys Tod hatte die Familie keine Kraft mehr dafür, sagte Rosanne. Der Abend an dem Ort, wo Cash einst seiner Frau zum ersten Mal begegnete, dann Auftrittsverbot hatte und wo später seine Fernsehshow aufgezeichnet wurde, war vor allem dafür gedacht, seinen Fans via TV eine Art Teilnahme und Abschied zu ermöglichen.

Vor 2000 Gästen führte Tim Robbins durch die Zeremonie. Der Hollywood-Star wurde vom konservativen Amerika gehasst für seine Statements gegen Präsident Bush und den US-Einsatz in Afghanistan und im Irak, aber die Familie hatte sich ihn als MC gewünscht, und Rosanne sagte, ihrem Vater hätte diese Wahl gefallen.

Der größte Teil des Kartenkontingents war offensichtlich unter den nicht geladenen Gästen verlost worden, aber der Berichterstatter von Associated Press nennt keine genaue Zahl. Rosanne Cash eröffnete den Abend mit ›I Still Miss Someone‹. Ein Fan schickte mir das vierseitige Programmheft für diesen Abend, und auf einem beigelegten Blatt sind als Redner Bruder Tommy Cash, Al Gore und Marshall Grant angeführt, aber in verschiedenen Presseberichten ist keiner von ihnen erwähnt. Ich weiß nicht, was uns das sagen könnte.

Anfragen beim Büro House of Cash wurden nicht beantwortet, deshalb wähle ich das Wort *angeblich*. Angeblich sagte Kid Rock, er habe es schriftlich, dass Cash ein Fan von ihm war. Angeblich war von Bono »a recorded message« zu hören, auf der er sagte, Cash habe bei jedem seiner Besuche in Irland zuallererst ein Guinness getrunken. Angeblich war im Ryman Theater Johnny Western dabei. Angeblich spielte Steve Earle den ›Folsom Prison Blues‹.

Ich persönlich kann jedoch bezeugen, dass auf der Rückseite des Programmhefts, unter einem Jim Marshall-Foto von June und Johnny, eine Strophe aus einem Gedicht von Robert Browning zitiert ist:

This I believe – of this I am certain;
from this life I shall pass to another better
where that lady lives of whom
my very soul is enamoured.

Am 17. 11. 2003 erschien bei BMG/Ariola die neue Maxi-CD des deutschen Countrysängers Tom Astor mit dem Titel *Danke, Johnny Cash*. Das ist geboten: 1) Tom Astor über Johnny Cash. 2) Danke, Johnny Cash. 3) Folsom Prison Blues.

Am Tag darauf konnte ich meinem mal wieder 39. Geburtstag nicht entgehen. Ich nagelte ein riesiges Schild an die Wand meines Arbeitszimmers, das mir mein Therapeut geschenkt hatte: »Übe dich täglich in Zurückhaltung. Wenn du schlechte Laune hast, übe dich besonders in Zurückhaltung. Urteile nie über Maxi-CDs, deren Inhalt zu kennen du dich weigerst. Wenn die Versuchung übermächtig zu werden droht, übe dich in Zurückhaltung. Übe dich täglich in Zurückhaltung.«

Ende November erschien *Cash Unearthed*, eine 5-CD-Box bei Lost Highway/Universal.

»Wir sind mit allen Abmischungen fertig, wir schicken sie dir noch dieses Wochenende«, sagte Rubin zu Cash. Es war das letzte Telefonat, das letzte Gespräch. »Er hat sich total gefreut«, erzählte Rubin dem *Rolling Stone*-Reporter. Wie gewohnt, hatten sie alles gemeinsam bestimmt – Auswahl, Titel, Aufmachung. Dies sei »genau das, was John und ich geplant haben«, um die zehnjährige Zusammenarbeit zu feiern. Es war ein Geschenk für alle Fans, denen mit Best-Of-Platten einfach nicht mehr geholfen war; geboten wurden drei Stunden unveröffentlichtes Material und viele Ausgrabungen.

Damit ist auch die Frage beantwortet, die nach dem Tod des nun größten und berühmtesten Countrysängers aller Zeiten unvermeidlich auftauchen musste: ob es sich bei diesem edel aufgemachten Box-Set mit fünf CDs und einem gebundenen Buch mit dem schönen Simmons-Text, Kommentaren zu jedem Song und großartigen Fotos, so bald nach seinem Tod, nur um eine schnelle Abzocke der Fans handelte. Zumal eine der CDs nur ein Best-Of der letzten zehn Jahre und damit für die Fans eigentlich überflüssig ist. Die Erfahrungen und Informationen über die großen Musikkonzerne der Welt – man lese nur Fredric Dannens unglaubliches Buch *Hit Men* (1990), in dessen Zentrum auch der langjährige Columbia-Boss Clive Davis steht – legen es nahe, dem Musikgeschäft in solchen Fällen grundsätzlich zu misstrauen. Da war es geradezu beruhigend festzustellen, dass man bei Universal, dem zurzeit größten Musikkonzern der Welt, unübersehbar logistische Probleme mit diesem außergewöhnlichen Produkt hatte. Wobei der Preis von 90 bis 100 Euro, verglichen mit den Preisen für eine einzelne CD, angesichts der Aufmachung und des Inhalts völlig in Ordnung geht. Die Abzocker waren diejenigen, die einem beim Internet-Auktionshaus Ebay und ähnlichen Einrichtungen auf die Eier gehen, in die sie selbst mal einen Tritt bekommen sollten: Leute, die Konzert- und

Sport-Tickets oder ähnliche Spezialprodukte aufkaufen, allein mit dem Interesse, im richtigen Moment diejenigen zu erwischen, die diese Dinge benötigen, aber etwas zu langsam waren. Als sich abzeichnete, dass man bei Universal das Interesse an der Box unterschätzt hatte und unklar war, ob und wann die nächste Auflage kommen würde, konnte sie schon im Netz ersteigert werden; der Einstiegspreis lag deutlich über den (ebenfalls erstaunlich variablen) Händlerpreisen. That's Showbiz? That's miese Manieren.

Dies aber war die brutale Wahrheit für alle Künstler, ob sie malen oder dichten oder singen, und die gute Nachricht für alle Fans: Allein mit den Aufnahmen, die nicht für die vier Original-Alben ausgewählt wurden, hätten andere eine zu Recht gefeierte Karriere einfahren können. Was mit der vierten CD der Box jedoch keinem gelungen wäre. Es war das längst angekündigte, in seinem letzten Winter vollendete Gospel-Album *My Mother's Hymn Book*. Cash sang aus dem alten Gesangbuch seiner Mutter. Und seine starke religiöse Seite war, wie ich finde, schon immer seine musikalisch schwächere. Dennoch, hier, am Ende, strahlte er, der nie ein Frömmler war, mit seiner gebrochenen Stimme eine Würde aus, die auch beim Ungläubigen nur Respekt und Ehrfurcht hervorruft. Und den Wunsch nach einem Glauben, der einem solche Kraft gibt.

Lediglich zehn Jahre einer 50 Jahre langen und erfolgreichen Karriere derart zu feiern, das klingt auch ein wenig seltsam. Tatsächlich aber gilt die Künstler/Produzent-Kombination Cash/Rubin in jeder Hinsicht und quer durch die unterschiedlichsten Musikszenen als absolutes Traumpaar der populären Musik. Als der junge Mann 1992 in sein Leben trat, wusste er um die unglaubliche Tatsache, dass dieser Sänger keinen Plattenvertrag mehr hatte, und er wusste, was das bedeutete. Nichts Gutes. Es war, sagte Rosanne Cash zu Sylvie

Simmons, »as if somebody sent a guardian angel down«. Und dieser langhaarige Schutzengel aus einer Country-fernen Galaxie tat mehr als nur seine Pflicht, nachdem er verblüfft festgestellt hatte, dass Cash, was die Arbeit und Überlegungen für Aufnahmen betraf, nicht mehr viel Selbstvertrauen besaß. Rubin dachte nach, nahm sich viel Zeit und Freiheit und gab Cash neuen Mut, inspirierte, verbesserte. Einige Songs nahm er selbst als Demo für Cash auf. Und Rubin hatte großen Einfluss auf dieses neue, faszinierende, dunkle Image fern jeglichen Kinderkrams. Allein schon die Covers und Fotos funktionierten wie eine Waffe gegen die Frage, ob es sich vielleicht um dummen Country handelte. Rubin wurde der Regisseur, Betreuer, Ratgeber, Beschützer und Freund von Johnny Cash.

Ohne die einzigartige Hauptperson und ihre Songs aus dem Blick zu verlieren, ist doch auffällig, dass Cash in allen Phasen seiner Karriere dann am besten war, wenn er große Produzenten zur Seite hatte – Sam Phillips, Jack Clement, Bob Johnston, Rick Rubin. Er wurde von vielen Fans immer als dieser besonders authentische Naturbursche gesehen, der irgendwie so instinktiv aus dem Bauch spielte – eine falsche Sichtweise, die er selbst nie verbreitete. Auch darin bestand seine Größe, dass er den Einfluss dieser Produzenten nie herunterspielte. Wie er eben auch, erzählte Rubin Neil Strauss, »looked at everyone and everything equally«. Er habe die Songs, die er ihm vorschlug, unabhängig von Person oder Ansehen, als Kunstwerke betrachtet und als solche ihren Wert einzig danach eingeschätzt, ob sie für ihn passen könnten. Nicht nur in der Musik, sondern im ganzen Leben habe es für ihn keine Barrieren oder Klassenunterschiede zwischen den Menschen gegeben, »he just loved people«.

Das Box-Set hat Momente, die einen auf die Knie gehen lassen. ›You'll Never Walk Alone‹, mit Benmont Tench in einer Kirche aufgenommen (das Zwillingsstück zum bereits vorher veröffentlichten ›Danny Boy‹); oder die unverstaubten Rockabilly-Duelle mit dem alten Freund Carl Perkins, der unter allen Großen vom Publikum am meisten unterschätzte (mit dem alle Musiker um Tom Petty ihren Berichten aus dem Booklet zufolge einen unvergesslichen Rockabilly-Trainings-Tag erlebten, auf den sie einst als einen der größten ihres Musikerlebens zurückblicken werden). Vor allem aber gewährt das Box-Set einen großzügigen Einblick in Cashs Künstlerwerkstatt. In einem kurzen Stück erzählt Cash rein privat, warum ihm ein gewisses Buch so gut gefiel. Er habe einen Eindruck geben wollen, wie Cash sprach, sagte der Regisseur Rubin – sehen wir ihm über die Schulter. Wir hören die erste, fallen gelassene Version von ›Drive On‹, Cashs bittere Ballade von einem Vietnam-Veteran, dem es in 25 Jahren nicht gelungen ist, in der Zivilgesellschaft wieder Fuß zu fassen, und obendrein versteht keiner mehr, warum nicht; immerhin, einen Lichtblick gibt es, »my children understand«, singt er. Nachdem Rubin eine Diskussion über den Inhalt angezettelt hatte, sang Cash auf der veröffentlichten Version »my children don't understand«. Genau das war's. Denn niemand sollte sagen können, nun gut, was will der Typ, seine Kinder wenigstens verstehen ihn doch, dem geht's doch besser als mir; Rubin erkannte und vollendete das, was Cash hatte sagen wollen und in dem einen Punkt nicht genau traf.

Und wenn Rubin falsch lag, dann lag Cash richtig. Aufgefordert, doch besser falsches Englisch zu korrigieren, sagte Cash: »Bob Marley wrote that. I can't change that.« Die Vorarbeit hierzu hatte wiederum Rubin geleistet: Joe Strummer, ehemals The Clash, der eigentlich nur auf Urlaub in Los Angeles war, kam täglich ins Studio, um Cash zuzusehen. Er kam nicht, um zu quatschen oder zu trinken oder einen Deal zu machen. Er lag oder saß bloß da und beobachtete den Alten durch die Glasscheibe. Nach zehn Tagen zog Rubin – einer der großen Strippenzieher im Hintergrund, auf gleicher Höhe mit James Luther Dickinson, möchte ich behaupten – den Faden, und die Reggae-Fans Joe und Johnny sangen den ›Redemption Song‹. Warum blieb das ein Outtake? Weil Cash glaubte, sie wären dem Song nicht vollkommen gerecht geworden. Jesus. Ich habe keine Ahnung, was er damit gemeint haben könnte. Schon eher würde ich verstehen, wenn sie gesagt hätten, der Song passte nicht auf das dritte Album. Ich habe nicht nah am Wasser gebaut, aber wenn ich die beiden höre, Joe Strummer und Johnny Cash ... Und wenn ich das Foto sehe ... Der auf gute Art ein halbes Jahrhundert alt gewordene Punk, der Denker von The Clash, der mit seiner tollen neuen Band The Mescaleros wieder zu großer Form aufgelaufen war. Sein Kopf liegt an der Schulter des so alt und krank aussehenden alten Sängers, und dann starb Joe Strummer vor ihm, vor dem, der schon lange nicht mehr so aussah wie das, was er für all diese, selbst von vielen verehrten Besucher oder Mitarbeiter im Studio war: »The essence of Rock'n'Roll.« Ja, es sind nicht nur musikalische Momente, die einem hier zu schaffen machen, es sind auch die ängstlichen Fragen, die man in den Augen von Nick Cave, der Cash am Mikrofon beobachtete, erkennt. Was habe ich selbst in diesem Leben getan, hat es Bestand vor mir und der Welt, wie wird es mir gehen in dreißig Jahren, wie wird es sein an meinem Ende, und wie wird es sein bis dahin?

So großartig diese Outtakes auch sind, das Traumpaar hat eigentlich doch alles richtig gemacht bei der Ausmusterung von Songs. Der eine war einfach zu nett für den Bad Lieutenant der Countrymusik, der andere wäre eine Dopplung gewesen. Bei diesem hätte jeder nur an George Jones gedacht, jener hatte keine Verbindung zum restlichen Album. ›The Man Comes Around‹ in der Boom-Chicka-Boom-Version ist wunderbar, hat aber nicht die emotionale, bedrohliche Wucht der

Album-Version. Ein anderer war ein interessantes Experiment, das man hätte weiterführen müssen. (Und bei ›No Earthly Good‹, wo der einst extrem lebensfrohe Christ diejenigen unter den Christen kritisiert, deren »Geist so sehr im Himmel ist, dass sie der Erde nicht gut tun«, könnte ihn vielleicht doch ein wenig der Mut verl... – o nein! Ich habe nichts gesagt!) Einige tolle Songs aber gerieten erst einmal – man kann es nur fast glauben, wenn man weiß, dass sie pro Album 40 bis 80 Songs aufnahmen – in Vergessenheit. Ich wiederhole: Vergessenheit.

Zwei Neil Young-Covers sind hier enthalten, und ganz zuletzt wurden die Aufnahmen zu ›Heart Of Gold‹ wieder entdeckt, sowie die Tatsache, dass immer noch eine Gitarre fehlte. Und so kam es, dass hinter Cash nun alle Musiker der Red Hot Chilli Peppers spielten. Als ich das zum ersten Mal hörte und dabei aus dem Fenster sah, hätte ich vermutlich nicht bemerkt, wenn auf der Wiese gegenüber ein Schwarm Flugsaurier gelandet wäre.

Haben sie nicht auch Fehler gemacht, die nun offensichtlich wurden? Viele! Am Beginn der Phase, als Tom Petty and The Heartbreakers eher zufällig zu Cashs Backing-Band wurden (zu der Zeit, als sie *Wildflowers* aufnahmen und Petty sozusagen auf den Knien auf Rubin einredete, nachdem der ihm verkündet hatte, er könnte einen gewissen Mr. Cash unter Vertrag nehmen), was mit *Unchained* zu einem der besten Country-Rock-Alben aller Zeiten führte (und laut Petty zum besten Heartbreakers-Album), hätten sie noch viel mehr aufnehmen müssen! Und überhaupt, wer, wenn nicht Petty, wäre würdig gewesen, Cashs letzte Backing-Band zu leiten: Ende 2002 diktierte er nach seinem Album *The Last DJ* dem *Rolling Stone* einen angemessen harten Rundumschlag gegen alle Teile der Medienpest, vom Formatradio und die ihn aufgrund dieser Haltung boykottierenden Sender über dämliche Plattenfirmen, die keine Ahnung haben, warum so viele CDs schwarz gebrannt werden, bis zu den VIP-Bereichen bei Rock'n'Roll-Konzerten für Leute, die sich einen Dreck für Musik interessieren, und turbokapitalistischen Veranstaltern, denen er nicht erlaubt, seine Ticketpreise zu erhöhen. Tom Petty, immer auf der Seite derer, die ihre Musik zum Leben so brauchen wie Essen, und immer gegen diejenigen, denen das Leben dort draußen und die Lebensbedingungen der Menschen vollkommen scheißegal sind.

Aus einer Experimentierlaune heraus kam es zu zwei Songs mit der harten, schnörkellos stampfenden Bluesband The Red Devils, Jimmie Rodgers' ›T For Texas‹ und Steve Earles ›Devils Right Hand‹. Die Songs wurden als nicht Cash-gerecht eingestuft! Wo man diese Devils doch für ein ganzes Album im Studio hätte festnageln müssen! Ja, Rubin hat Cash zu viel durchgehen lassen! Aufnahmen wurden von Hundegebell zerstört! Rubin seine Hunde! Und hätte er zuletzt keinen Wunderheiler holen können?!

Dies waren also die musikalischen Versuche, Unzulänglichkeiten und Vollendungen, die John R. Cash in seinen letzten Lebensjahren auferlegt und gegeben waren. Und es werden nicht die letzten sein, die wir zu hören bekommen.

Als Johnny Cash starb, hatten sie etwa 50 Songs für *American V* aufgenommen (darunter Bruce Springsteens ›Further On [Up The Road]‹ oder den steinalten Gospel ›There Ain't No Grave Hold My Body Down‹). »They are in various states of being done«, sagte Rubin bei Erscheinen von *Cash Unearthed.* »It was going to be ›The Black Gospel Album‹, but along the way, we recorded a lot of other stuff. In my last conversations with Johnny, the songs that we continued picking and working on were not gospel songs.« Er fügte hinzu, er wüsste einfach nicht, wie das Album letztendlich ausgesehen haben könnte. Einige Pläne blieben für immer ein Traum, zum Beispiel Stevie Wonders ›A Place In The Sun‹ und ein Song, den Chris Martin von Coldplay speziell für Cash geschrieben hatte.

In diesem November des Jahres 2003 erzählte Rick Rubin etwas Unglaubliches. Dass er immer noch Songs höre, von denen er wolle, Johnny Cash würde sie covern. »Das passiert die ganze Zeit«, sagte er, »and I still write them down, and I still get copies of them. I can't bring myself to not continue that process. It was so fullfilling.«

Auf der Grabsteinplatte steht unter dem Namen John R. Cash und dem Geburts- und Sterbedatum, und über der Signatur *Johnny Cash*, der Psalm 19:14:

> *Let the words of my mouth, and the meditation*
> *of my heart, be acceptable in the sight,*
> *O Lord, my strength, and my redeemer.*

»Die Worte meines Mundes mögen dir gefallen; was ich in meinem Herzen erwäge, stehe dir vor Augen, Herr, mein Fels und mein Erlöser.«[3]

Es war einmal in Amerika

Im Januar nach seinem Tod schaute ich mir die DVD *Johnny Cash At Town Hall Party* an. Die Fernsehshow, erzählt Peter Lewry im Booklet, wurde in einem Theater in Compton, einem Vorort von Los Angeles, vor bis zu 2000 Menschen aufgenommen und jeden Samstagabend live ausgestrahlt.

Der erste Teil zeigt das Konzert vom 15. November 1958. Auf seinem neuen Label Columbia Records war kurz zuvor die erste Single erschienen. In diesem November kamen auf seinem alten Label Sun Records die EP *Sings Hank Williams* und die LP *Songs That Made Him Famous* heraus. Die erste LP für Columbia »kommt nächste Woche, glaube ich«, sagte er zu den Leuten. »Sie heißt ...«, er hielt nun das Mikrofon dem links neben ihm stehenden Luther Perkins hin, und der sagte – mit einem wirklich

cool-cool-coolen Gesichtsausdruck und einer Stimme, die klang, als würde er verkünden: Wir bedauern das von ganzem Herzen, Leute, aber ihr seid alle gefeuert: »... The Fabulous Johnny Cash«, welcher daraufhin komisch herumhüpfte und eine Geste machte, als wollte er sagen, ich weiß, das klingt ein wenig so la-la, aber ihr wisst ja, wie es ist.

Marshall Grant * Johnny Cash * Luther Perkins

Der zweite Teil dokumentiert ihr Konzert vom 8. August 1959, und inzwischen waren ein paar Menschen mehr der Meinung, dass das nicht so la-la klang, sondern völlig in Ordnung. Wenn sie zur Arbeit gingen, sangen sie seinen neuesten Hit ›Don't Take Your Guns To Town‹, und wenn sie von der Arbeit kamen, sangen sie den allerneuesten, ›I Got Stripes‹. Und wenn sie zu Hause Gitarre spielten, dann dachten sie an Luther Perkins – beneidenswert, dieser Johnny C. hatte jetzt sogar ein Lied über ihn geschrieben, ›Luther Played The Boogie‹, aber auf der Bühne steht er immer so rum wie'n Beerdigungsunternehmer in seinem Büro. Und dieser Marshall Grant, verdammt! Also, was der da an seinem Stehbass treibt, das sieht aus, als könnte man ein paar nette Takte am Tresen mit ihm reden, und es sieht außerdem so aus, als sollte man sich besser nicht mit ihm anlegen, echt, glaub ich sofort, dass sie ihn den Bombenleger nennen. Was sie spielen, nennen sie Boom-Chicka-Boom und das passt genau … Und dann kommt Track 25, er heißt ›Heartbreak Hotel (Impersonation)‹.

Schon nach wenigen Sekunden fielen wir aus den Wolken und lagen am Boden. Vor Lachen. Cash parodiert Elvis. Er erklärt dem Publikum, dass er jemanden parodiert, der Elvis parodiert. Marshall Grant reicht ihm einen Kamm, und er richtet sich die Haare. Glückliches Lachen. Grant hält ihm seine Gitarre hin, und wie wild geworden reißt er sie ihm aus der Hand. Irres Lachen. Er schreit, er wackelt mit den Hüften, er singt ein paar Worte. Glückliches Lachen, ›Heartbreak Hotel‹. Er mag den Elvis und er macht den Elvis. Der zu June sagte, da, der John, das ist einer.

John R. Cash machte und macht viele Menschen glücklich, und das wird auch so sein, wenn wir, die wir diese Worte schreiben oder lesen, längst nicht mehr hier sind, sondern nur, wir wollen's hoffen, ein paar Menschen, die über uns das sagen, was so viele über ihn sagten, sagen und sagen werden.

Schön, dass er da war.

Schön, dass er da ist.

ANMERKUNGEN

1 »Earle legt Wert auf die Feststellung, dass Stücke wie ›The Truth‹ und ›America v. 6.0‹ schon vor 9/11 entstanden« (Jörg Feyer, in: Rolling Stone Nr. 12/2002).

2 Interview von Michael Tschernek, 1996, in: *alert* #13, November 2003.

3 Der Psalm, der auf dem Grabstein mit 19:14 angegeben ist, findet sich in der hier zitierten ökumenischen Einheitsübersetzung von 1980 und auch in der Luther-Übersetzung der Bibel bzw. ihren Überarbeitungen als Psalm 19:15. Der Unterschied erklärt sich durch die unterschiedlichen Zählweisen der Psalmen in den von unterschiedlichen christlichen Gemeinschaften bevorzugten Fassungen der Hl. Schrift.

IX

Rhythm and Cocaine Blues

Es war kurz vor Mitternacht, es regnete leicht, es war März. Ich saß fröstelnd im Auto und beobachtete seit drei Stunden den Eingang der Discothek, in die das verschwundene Mädchen, so hatten uns ihre Eltern erzählt, vier Abende pro Woche zu gehen pflegte. Mindestens. Zwei Freundinnen und ein Freund bestätigten das. Ob sie dort was Spezielles liebte, wussten wir noch nicht.

»Sag das deinem Scheißchef. Der kann seinen Scheißclub dichtmachen. Geh und sag's ihm. Ich werde dafür sorgen, dass er seinen Scheißclub dichtmachen kann. Dicht. Du verstehn dicht, ja? Ende. Finito. The end. The end of his fuckin' club. Und sag ihm, dass er sich bei dir bedanken kann.«

Sie war 15 und kam nie vor Mitternacht nach Hause, und das reichte, um den Laden zu beobachten. Am Tag zuvor hatte ich während meiner ersten Schicht mit zehn von 13 Angestellten gesprochen. Vier von ihnen sagte das Gesicht auf dem Foto nichts. Die anderen sechs meinten, sie hätten sie schon mal gesehen. Noch bevor ich mich schlafen legte, sprach ich meinem Chef auf die Mailbox. Ich sagte, dass wir den Laden und seine Besatzung schon mal so schnell wie möglich komplett auseinander nehmen sollten.

Ich hatte den Eingang so nah vor Augen, und er war so gleißend hell angestrahlt, dass ich einen gelblichen Fleck auf einem weißen Slip hätte erkennen können. Ziemlich sicher war das Gehalt der Disco-Security nicht sehr weit unter meinem. Als Bonus bekamen sie jedoch hunderte von Brustspitzen zu sehen, die sich durch dünnen Stoff abzeichneten.

»Sometimes it tries to kid me, that it's just a teddy bear, and even somehow manage to vanish in the air.«

Was die männlichen Besucher betraf, war der Bonus nicht so verlockend. Ich schätzte, dass mindestens 50 Prozent der Männer 40 aufwärts waren. Bei etwa 90 Prozent der Frauen hätte ich gern nachgesehen, ob sie einen Slip anhatten. Kein heterosexueller Mann hätte bei ihnen ein Problem mit einem gelblichen Fleck gehabt, egal wie alt.

Ich erinnerte mich an einen schönen Satz, den ich dieser Tage gelesen hatte. Beim Anblick eines gelungenen Exemplars Mann sagt die eine zur anderen: »Dacht ich mir's doch, dass ich hier überall die Höschen fallen höre.« Ich hatte beim ersten Lesen laut gelacht und dann sofort meine Freundin eingeweiht. Sie meinte, das könnte nur eine sehr süße Schlampe geschrieben haben. Ich fragte mich, ob wir hier vielleicht des Teufels Küche gefunden hatten. Dacht ich mir's doch schon im Entrée, dass hier überall die Scheine knisterten. Diejenigen, die viele Höschen runterholen.

»Sorry, aber ich war schon mindestens fünfzigmal hier. Ich bin Stammgast. Die andere Lady, die hat mich letzte Woche reingelassen. Fragen Sie sie, es stimmt. Der Barmann heißt Ronald, Ronny, richtig? Ich weiß, dass er heute nicht arbeitet. Ronny arbeitet am Freitag, richtig?«

Es sah gut aus, wie sich die Figuren in der Dunkelheit näherten, und dann standen sie plötzlich in den Strahlen. Sie knallten ihnen richtig ins Gesicht. Als würde sie jemand anbrüllen, vorsichtig die Hände hinter den Kopf zu tun. Als würde man hinter der Tür gleich einen Knüppel in den After gerammt bekommen. Aber nur wenige hatten so einen Gesichtsausdruck. Für die meisten schien es ein alltägliches Ritual zu sein, und nicht wenige der weiblichen Gäste machten einen Kussmund und hielten ihn nah an das Guckloch.

Der Club war sehr in Mode, wie lang schon, das konnte ich nicht beurteilen. Der Eingang wurde ständig von einer Gruppe belagert, die nicht ins Reich eingelassen wurde. Trotz der Kälte warteten die meisten. Es war wie auch sonst im Leben, je kleiner die Chance, desto größer die Hoffnung. Aber ich hatte hier noch keine Seele gesehen, die so aussah, als hätte sie eine Ahnung, wie es sich im richtigen Leben anfühlt, wenn du nicht mal mehr eine Karte in der Hand hast.

Passend zur Klientel des Clubs war auch das, was sie Türpolitik zu nennen pflegen, und falls ich mich nicht zu oft aufs Ohr gehauen hatte, herrschten hier die ältesten Spielregeln der Welt. Mädchen allein, zehn Mädchen allein – alle rein. Pärchen, wenn sie nach Küssen aussehen, die wie Ficken aussehen. Junge allein, drei Jungs allein – vielleicht, kommt auf die schon reingekommene Mischung an, und auf die Jungs natürlich.

»They seen him out dressed in my clothes, patently unclear if it's New York or New Year.« Ich berührte sanft Repeat.

Kanakster, Tschuschn und Zigeuner – vielleicht, wenn sie kriechen, weil ihre Taschen so voll von knisternden Ficki-ficki- und Cocktailscheinen sind. Eine oder paar Damen, deren Lippen schon viele Jahre viele Abenteuer erlebt haben müssen, nicht ausgeschlossen, wenn sie nach eifrigen Schnallen aussehen, wenn schon Kanakster reingekommen sind, oder paar alte Jungs. Nigger, sie hatten hier echt gute Chancen. Drei gepflegte Bleichgesichter mittleren Alters, aber bitte. Zwei alte Jungs, die fast abspritzen, wenn die Bardame sagt, was kann ich für Sie tun? Gern, aber gib ihnen das Gefühl, wenn du oben nicht hörst, dass sie unten Trinkgeld gegeben haben, dann müssen sie sich bei ihrem nächsten Ausflug ein Lokal suchen, wo man keine Putzfrau bezahlen muss, wenn die Bedienungen keine Büstenhalter tragen, und der Ronny, der ihnen auf die Finger sieht, ihn bei ihnen nur reinsteckt, wenn er richtig scharf besoffen ist.

»Restless by day and by night rants and rages at the stars, God help the beast in me.« Ich sang es leise mit, ohne genau hinzuhören. Ich habe immer nur zwei bis drei CDs im Auto. Die meisten müssen zurück in die Wohnung, wenn ich mitsingen kann.

Es war angenehm zu beobachten, dass die Welt nicht so verkommen war, wie sie einem immer erzählten. Besonders die Jungs mit weiblicher Begleitung hatten Courage. Ich hätte keine Bedenken gehabt, '70 morgens um drei mit ihnen durch Saigon zu spazieren. Ich war zehn damals, und diese harten Typen waren mein Vorbild. Einige von ihnen gaben es der Metalltür sogar mit der Faust.

Andere ließen sich nicht vertreiben und bestätigten meine Theorie, dass es noch keinem Mann geschadet hat, Brecht gelesen zu haben. Andere gingen gleich weg, aber auf eine Art, dass sie wie ein Fluch zurückkommen würden. »Du Scheißfotze«, brüllte einer, »wenn ich dich mal irgendwo treffe!«

Die zwei trainierten Jungs, die, so vermutete ich, immer nur am Ende des Eingangsbereichs an einem Tisch saßen, sie waren die wahre und die Reserve-Security zugleich. Sie waren wirklich kalt. Wahrscheinlich musste man die Security handfest angreifen, damit sie sich in Marsch setzten. Zum Glück waren meine Saigon-Kameraden nicht dumm und hatten genug Erfahrungen im Leben gemacht. Fass keinen Polizisten an, fass keine Disco-Security an. Außer du kannst sie platt machen.

»I spoke not a word, thou it meant my life, for I'd been in the arms of my best friend's wife.«

Die ärmsten der Mädchen taten das, was Frauen in so einem Fall eben tun. Sie fragten sich, was mit ihnen nicht stimmte. Die Harten unter ihnen taten das natürlich erst später im Bett. Die Härteren verheimlichten nicht, dass nur was mit ihrem Begleiter nicht stimmen konnte. Die meisten Mädchen in Begleitung blieben treu, erst später würden einige von ihnen die Rechnung sprechen: So kannst du deine Ex ficken, und die freut sich, aber bei mir reicht das nicht, wo hast'n den Führerschein gewonnen?

Nur wenige vollzogen sofort die Trennung und gingen durch die Tür, kleine, blutende, aus ihrer Umlaufbahn gefeuerte Herzen hinter sich lassend und mich faszinierend mit ihrer Härte, die es mit einer Einheit Marines aufgenommen hätte, die seit einer Woche keinen ungefährlichen Spaß mehr gehabt hatten. Gegen diese Frauen gibt es nur einen Sieger: die Zeit. Die wird sie in der 15. Runde so brutal totgeschlagen haben wie Spade Cooley seine Frau.

Wir hatten zwei ehemalige Marines in unserer Firma. Wenn sie sich begrüßten, dann lief es immer gleich ab.

»Was für ein guter Tag, um zu sterben«, sagte der eine, und der andere brüllte: »Sir! Yessir!«

Ich hasste es, wenn ich mit ihnen arbeiten musste, denn sie waren so hart und perfekt, dass es wehtat. Sie sahen auf mich herab wie auf eine betrunkene Saigon-Hure. Ich war nicht bei Militär oder Polizei gewesen, und selbst wenn ich zu gefährlichen Einsätzen eingeteilt wurde, dann ging ich erst durch die Tür, wenn sie schon zersplittert war und die Wohnung aufgeräumt. Es gab nur zwei Dinge, die mich für sie von einer lästigen Fliege unterschieden, na ja, und sie manchmal zu einer gewissen Gutmütigkeit mir gegenüber verführten, etwa so, wie man bei guter Laune einer verachteten Hure begegnet, bevor's losgeht. Ich hatte bei einem Einsatz einen minderjährigen türkischen Dealer erschossen; und wenn sie eine schlechte Stunde hatten und ich eine gute, dann war ich ihnen am Schießstand ebenbürtig. Der Chef meinte, mehr Respekt könnte keiner von ihnen erwarten. Ich war einer, den sie nicht in ihrem Rücken haben wollten.

»Das lass ich mir nicht bieten von dieser dummen Schlampe«, schrie der Junge, »meine Mutter iss'n Filmstar, die spielt Tennis mit'm Bürgermeister, du Scheißkuh, die macht euren Laden dicht.« »Ach, komm schon«, sagte sein Mädchen, »wir gehen woanders hin.« Sie hatte Angst, vor ihm, seiner Mutter und der Zukunft. Er hatte nur Angst davor, jemand könnte zu ihm sagen, was meinst 'n mit Mutter?

Die Marines konnten mich auch deshalb nicht leiden, weil ihr Chef mein Bruder war und noch härter als sie. Bei einer Party in seinem Haus für die Firma sah ich die beiden zum ersten Mal mit ihren Frauen. Die attraktive von Hank entsprach auch seinem Körper, aber die von Jack war so zierlich, dass es in der Kombination nur noch obszön aussah. Das hätte ich mir gern mal angesehn. Oder hatte er vielleicht ein Problem, von dem keiner was wusste? Die hatten sogar gelernt, wie man sich auf Partys verhält, während ich nur neben der Musikanlage hockte und einer Gesellschaft beim Feiern zusah, die die Fähigkeit hatte, eine Kleinstadt auseinander zu nehmen, ehe der erste Polizeibeamte einen Schuss abgab; mein Bruder war auch viele Jahre in der Truppe gewesen, und dass der Polizeichef anwesend war, gab der Party einen gewissen Reiz.

Ich hatte es nicht geschafft, meine Freundin von hier fern zu halten, und als sie anfing, mit dem amüsanten Jack höchst amüsant zu plaudern, glaubte ich, ein ernsthaftes Problem zu haben. Aber es passierte nichts. Sie erfuhr weder, dass er bei den Marines gewesen war, noch dass ich diesen unbewaffneten Jungen erschossen hatte. Erst am nächsten Tag wusste ich, dass ich doch ein ernsthaftes Problem hatte.

»Oh Boy«, sagte der nette Jack zu mir und freute sich etwa so wie Clinton, als Monica etwas mit ihm machte, das für ihn kein Geschlechtsverkehr war, »du solltest vorsichtig sein mit deiner süßen Kommunistentussi, denn wenn sie eines Tages von ein paar Dingen erfährt, wird sie dir mit der Sichel was abschneiden.«

»Sir! Yessir!«, brüllte ich ihn an.

»But jailer, oh jailer, jailer I can't sleep, 'cuz all around my bedside I hear the patter of Delia's feet.«

Ich war nicht schlaflos wegen dem Jungen, und nur selten kam er in meine Träume, aber fast jeden Tag hörte ich irgendwann und manchmal nur für Sekunden seine Stimme, nachdem ich ihn erwischt hatte. Sein beschissenes Geheul nach seiner Mutter. Am Ende ist es wieder die Mutter, und ihre verdammten Mütter erzählen dir am Ende, dass ihre Raubtiere die nettesten Jungs waren, alle Heiligen ihre Zeugen! Wahrscheinlich hatte ich ihn am ersten Tag, seit er gehen konnte und keine Schusswaffe in Reichweite hatte, erschossen. Es war dunkel, und er griff in die Jackentasche.

Mein Bruder hat in seinem Leben viele unvergessliche Sätze zu mir gesagt. Als unser Vater starb, sagte er nach der Beerdigung auf der Toilette der Wirtschaft zu mir: »Ich preise den Herrn, dass er uns endlich von diesem Dreckskerl befreit hat.« Und während der Junge noch zuckte, sein Kopf in meiner Hand, sagte er: »Hätte ich dir gar nicht zugetraut, Respekt, Bruder, und denk dran, du hattest keine andere Wahl.« Dann wischte er mir mit einem Taschentuch übers Gesicht.

Es war der beste Film, den ich seit langem gesehen hatte. Aber jetzt bei der zweiten Schicht wurde es langsam langweilig. Ich hatte so viel Zeit in Discotheken, Clubs und Lokalen verbracht. Würde mich interessieren, all das Geld mal auf einem Haufen zu sehen. Es hatte mich fast umgebracht, aber ohne diese Zeit wäre ich längst tot. Vielleicht war das auch der Grund, warum unser Mädchen seit einem halben Jahr so häufig und fast nur in diesem Club verkehrte. Ihr Foto lag auf dem Armaturenbrett. Das Schlimme war, dass ich mir ihr Gesicht einfach nicht merken konnte, und das war nicht ihre Schuld. Als ich an diesem Morgen aufgewacht war, konnte ich mich nur an kurze schwarze Haare erinnern. Wenn ich das Foto paar Minuten nicht ansah, dann war ihr Gesicht weg.

»Lass mich aus der Sache draußen«, hatte ich zu meinem Bruder gesagt, »ich brauch noch eine Woche.« Ich hatte diese schwere depressive Phase hinter mir, die mich ein-, zweimal pro Jahr niederschlägt. Ich war zwei Wochen an der Tür zur

Hölle angenagelt gewesen, und jeder, der reinkam, hatte mich angespuckt und mir eine reingeschlagen.

Ich war in diesen Phasen nicht selbstmordgefährdet – ich war in Gefahr, Menschen, die ich liebte, ohne ein Gefühl über die Klinge springen zu lassen. Ich war jetzt zwei Jahre mit meiner Freundin zusammen und wollte sie immer noch bis in die Ewigkeit behalten. Wir wohnten nicht zusammen, allein deshalb hatten wir meine Phasen überstanden.

Am Ende meiner letzten Phase hatte ihre 15-jährige Tochter eine Stunde lang gegen meine Tür gehämmert, und als ich endlich öffnete, kniete sie am Boden. Sie sagte, ich sollte endlich aufhören mit dem Scheiß, sie hätte Angst um ihre Mutter, sie könnte ihre unglückliche Mutter nicht länger ertragen, und ich sollte ihr helfen. Sie schaute mich an und sagte: »Bitte.«

»Let me be easy on the man that's down, let me be square and generous with all, I'm careless sometimes, Lord, when I'm in town.«

Deshalb war ich noch nicht gut für den Job, ich war nicht total bei der Sache. Ich registrierte plötzlich, dass die Menschenansammlung vor dem Eingang so groß war, dass mein Beobachtungsposten keinen Sinn mehr hatte, und ich hatte keine Ahnung, wie lang das schon so war.

Die Menge teilte sich, die Menge schloss sich wieder, und sie teilte sich wieder, und ich sah eine der beiden Frauen herauskommen, die die Vorhut der Club-Security bildeten und für die Auswahl des Publikums zuständig waren. Viele der Wartenden hatten sie angeknurrt, und alle hassten sie, und während sie durch die sich teilende Menge ging, streifte sie viele, aber niemand fasste sie an.

Ich kannte bisher nur ihren Frontnamen, Ramona. Sie war eine der Personen, die das Mädchen, das seit Monaten viermal pro Woche vor der Tür stand, »schon mal« gesehen hatten. Sie mochte 27 sein, etwa eins achtzig groß, trug einen weinroten Hosenanzug aus Leder und weiße Stiefel und eine blonde Dusty-Springfield-Perücke.

Was meinen kleinen linken Finger unerträglich jucken ließ, war der harte und scharfe und geschäftstüchtige Instinkt der beiden Besitzer der Discothek, der vielleicht sogar mit hoher Intelligenz verbunden war. Gestern beim Gespräch mit mir waren die beiden jungen Männer so freundlich und behilflich gewesen; einer von ihnen hatte mich dann zu jedem der Angestellten begleitet, und als die Frau, die die Musikanlage bediente, das Foto keine Sekunde lang ansah, hatte er sie angebrüllt, sie hätte jetzt gleich ihren letzten Track aufgelegt.

Diese kleinen Könige des Nachtlebens ließen sich das, was man strenge Tür nennt, von zwei schwarzen Frauen besorgen, die so aussahen, als hätten sie gerade die Hauptrollen in einem Blaxploitation-Film gespielt. Sie waren die Auferstehung von Coffin Ed und Grave Digger, sie waren zweimal Foxy Brown, und Ramona machte jetzt die Beifahrertür auf, setzte sich neben mich, zog die Tür zu und reichte mir ein Glas mit heißem Kaffee.

»I've seen 'em come and go and I've seen them die, and long ago I stopped askin' why.«

»Morgen, Officer«, sagte sie, »ich dachte, Sie könnten ein' Kaffee mit Schuss vertragen.« Sie grinste, wegen Officer.

»Großartig«, sagte ich, »Sie sind die freundlichste Türsteherin aller Zeiten.« Sie hatte mir gestern erzählt, dass sie den Ausdruck Türsteherin mehr als alles hasste, weil das klingen würde wie Stehpisser.

»Absolut. Das sagen mir die Leute da draußen auch jeden Abend. Wenn der Laden in New Orleans steht, dann bin ich schon lange tot. Aber so was gibt's ja da auch nicht.« Deswegen war sie nach Europa gekommen, und inzwischen wollte sie hier für immer hängen bleiben.

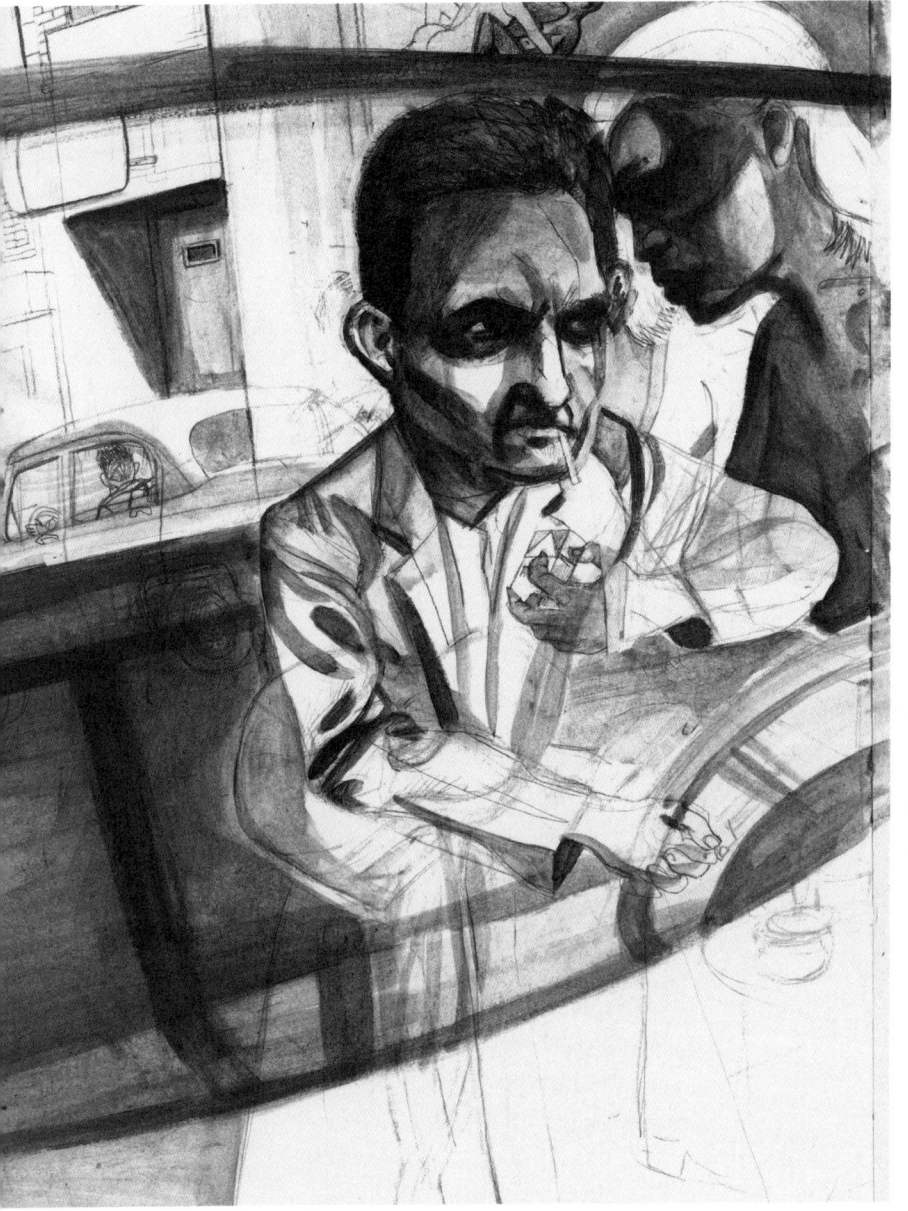

»Dann gehen Sie mal in' Osten.«

»Mach ich aber nicht. Ich bin immer nur im Süden. Kein schlechter Job, im Auto sitzen und Johnny Cash hören.«

Sie schaltete um auf die Stimme des hysterischen Ansagers: »Johnny Cash. Johnny Cash and The Tennessee Three. The Carter Family. The Statler Brothers. The Fabulous Johnny Cash!« Und dann schaltete sie um auf die tiefe Stimme: »Hello, I'm Johnny Cash.« Sie kicherte, sie hatte echt viel Spaß.

Ich war verblüfft und fragte, warum sie das kannte.

»Weil mein Niggerpapa im Knast war, und wenn er nicht James Brown oder Miles gehört hat, dann hat er die Knastplatte von Johnny gehört. Der Sonofabitch ist einer von uns, hat er immer gesagt. Er hat sich die Platte angehört, wie einer sein Fotoalbum anguckt. Kein Arschloch war so groß, dass Johnny nicht für ihn gespielt hätte, stimmt's?«

»Keine Ahnung«, sagte ich.

Ihr Hosenanzug aus Leder machte bei jeder Bewegung dieses Geräusch.

»Die alten Nigger auf dem Land hören alle Country, wenn sie nicht grade Ray Charles oder Al Green hören. Dolly Parton, weil sie große Titten hat, und Johnny, weil er den Mann in Reno gekillt hat, just to watch him die, und Carl Perkins, weil er den ganzen Tag praise the Lord singt. Und jetzt sitz ich bei dir im Auto, und der ganze Scheiß ist immer noch da.«

»Cash hat niemanden gekillt«, sagte ich, »und Perkins ist tot.«

»Gibt's was Neues mit dem Mädchen?«

»Nein, nichts.«

»Glauben Sie, sie ist tot?«

»Keine Ahnung. Aber ich hab mir heute eine Statistik angesehn. Verschwundene minderjährige Mädchen, die sich intensiv im Umfeld von solchen Lokalen aufgehalten haben, also keine Teenie-Discos und so, da ist die Erfolgsquote dann nicht mehr besonders hoch. Sagt die Statistik, ein Hinweis, mehr nicht.«

»Und wenn Drogen im Spiel sind?«

»Bei der Konstellation sind die immer im Spiel.«

»Aber bei uns läuft nichts mit Drogen, ich meine, klar, der eine oder andere nimmt natürlich irgendwas, aber da sind keine Dealer, das bekommst du mit, das dürfen Sie mir glauben.«

»Ich weiß. Ich hab auch ein Gerücht gehört, dass auch Dealer Plätze brauchen, an denen nicht gedealt wird. Ich hab auch nichts behauptet.«

»Sie kam fast jeden Abend.«

»Haben Sie mal mit ihr geredet?«

»Nein, nie ein Wort. Sie war sehr, sie war sehr shy.«

»Hat sie den Club mit Begleitern verlassen?«

»Ich glaube, manchmal, aber ich könnte nicht sagen, das war der oder der, also keine Stammgäste, sonst könnte ich das sagen. Und wenn ich gesehen hätte, fuck, das dumme Mädchen baut jetzt aber Scheiße, dann könnte ich das auch sagen. Wenn einer besoffen rauskommt, dann passen wir auf, dass er ins Taxi steigt.«

»Sie ist 15, wieso habt ihr sie reingelassen?«

»Die sieht aus wie 18, wie soll ich das wissen? Und wenn sie 16 ist, darf sie bis zwölf rein. Wir haben nie deswegen Ärger, deswegen waren wir nicht so vorsichtig. Okay, das ändert sich jetzt, hat der Boss gesagt. Sie sollen ihm ein Foto geben, hat er auch gesagt. Die wollen helfen, es soll keinen Ärger geben.«

Ich war fast so gerührt wie damals, als ich den Kopf des sterbenden Jungen gehalten hatte, der eine Menge Leute mit seinem verdammten Dreckszeug umgebracht hatte, und ein paar andere mit seinen Waffen, und als er so da lag, war er doch nur noch ein beschissenes kleines Kind für mich.

»Ich muss meine Mutter«, waren seine letzten Worte gewesen.

Mein Bruder hatte geantwortet: »Junge, du musst zum Glück gar nichts mehr.«

»He drank his first strong liquor then to calm his shaking hand, and tried to tell himself at last he had become a man.«

»Hey«, rief sie, als sie meine zweite CD entdeckte. »Leroy Sibbles, wow! Norma Fraser, wow! The Heptones, wow! Richard Ace, wow! The Eternals, wow! Jackie Mittoo, wowowow! Oh Brother, lass uns den Job tauschen! Glaub mir, viele Männer würden ihr ganzes Geld geben, wenn sie so viele Nächte mit Erica verbringen dürften!«

»Hinter dieser Tür wär's mir nicht so viel wert«, sagte ich und trank den letzten Schluck.

»Maybe, maybe«, sagte sie und stieg aus.

Ich sah zu, wie sie ging, und ich erinnerte mich, wie überrascht ich gewesen war, als in *Jackie Brown* plötzlich Tennessee Stud zu hören war, und ich sah, wie sie die Menge teilte, und wie die Menge sich hinter ihr wieder schloss wie Wasser. Ihr Körper verschwand wie ein Piratenschiff im Nebel.

Es war jetzt zwei Uhr, und aus meinem Telefon kam das stündliche Signal. Wenn ich in den nächsten fünf Minuten nicht das Antwortsignal drückte, das »Alles in Ordnung« bedeutete, dann hätten genau 36 Männer und Frauen ein Kommando bekommen, mir zu helfen, und ziemlich bald wäre hier Saigon-Stimmung aufgekommen. Meine Freunde, die Ex-Marines, hatten sich eines Nachts einen Spaß erlaubt, und alle, die wir an den Ort kamen, hatten es sehr lustig gefunden. Ich weiß nicht, was ihnen der Chef dann erzählte, aber es war das erste und letzte Mal, dass ich diesen Wahnsinn erleben durfte nur zum Spaß.

Was ich hier machte, da war ich mir sicher, war vollkommen sinnlos. Ich wählte die Nummer meines Bruders und gab ihm das Signal, dass ich ihn sofort sprechen musste, egal, in welche Art Schlaf er versunken war. Ich erklärte ihm alles und wiederholte, dass wir sofort diese lächerliche Ein-Mann-Beobachtungstaktik in einen richtigen Angriff umwandeln sollten. Aber ich konnte ihn nicht überzeugen, er wollte diese Schicht abwarten, und wenn die beiden Discokönige morgen einen neuen Tag anfingen, dann würde jeder von ihnen zwei Aufpasser haben, und selbst dieser Mehraufwand, sagte er, käme ihm sehr unsinnig vor.

Die Eltern des Mädchens hatten Geld. Jeder, der unsere Firma in Gang setzt, hat Geld. Ab morgen würde es etwas teurer werden. Viele Menschen, die man in einem normalen Supermarkt trifft, würden die Kosten allein für den morgigen Tag nur mühsam zusammenkratzen können. Wenn ihre Töchter scheinbar spurlos verschwanden, mussten sie dennoch nicht alle Hoffnung fahren lassen. Wenn sie nur genug beteten.

»The judge said son, what is your alibi? If you were somewhere else, then you won't have to die.«

Um meinem Bruder, dem ehemals besonders karrieregeilen Polizisten, etwas Arbeit abzunehmen, sprach ich auf die Mailbox des Büros, dass sie so schnell wie möglich die ganz große Suchmaschine anwerfen sollten. Das bedeutete harte Arbeit für drei Personen, und dass wir vielleicht schon am Nachmittag wussten, ob der Sohn der Putzfrau mit 13 einen Walkman geklaut hatte, oder ob der Mann von Bardame Susie jemals gegen das Betäubungsmittelgesetz verstoßen hatte. Falls wir wissen wollten, warum Ramonas Vater im Gefängnis gesessen hatte, würde es länger dauern. Ich wollte es wissen.

Vorstellen konnte ich mir das zwar nicht, aber ich wusste, dass es dort draußen immer noch Professionelle gab, die solche Arbeiten allein oder zu zweit zu erledigen versuchten. Und die Legende sagt, dass es da ein ernsthaftes Problem gibt:

Niemand bekommt die Garantie dafür, dass diese Comic-Detektive nicht besser und schneller sind als wir. Für mich waren das Märchen, eins zu zehntausend, vielleicht. Es sei denn, einer dieser Helden hätte mir ein Foto vorgelegt, das ihn als ehemaligen Marine auswies, mit der Bemerkung, er wäre dann aus Langeweile zu den Navy Seals gegangen und hätte dann auch noch einen Stapel an erforderlichen Studien absolviert. Dennoch, ich hatte keine Ahnung von diesen Einzelkämpfern, und auch das erinnerte mich an einen Film. Eine Horde bestens ausgebildeter Nahkämpfer nähert sich einem einzelnen Mann. Der grinst und zieht ein schimmerndes Metallteil aus der Tasche. Als ich ein derartiges Kaliber das erste Mal ausprobierte, hätte es mir fast die Schulter ausgerissen. Mein Chef grinste. »Nichts für jeden«, sagte er, »aber was ist das schon.«

Dann gaben die armen Seelen vor der Pforte endlich auf. Einigen wurde doch noch Einlass gewährt, aber die Qualität dieses Drecksladens zeigte sich darin, dass die strenge Tür keineswegs aufgegeben wurde. Ich hatte mich entschlossen, mich jetzt auf gut Glück an einen der Angestellten dranzuhängen. Ich setzte auf meine Vorurteile und wählte den Chef-Barkeeper aus – Bruder, dachte ich, jede Wette, wir machen jetzt einen Ausflug ins Hochgebirge.

Ich hatte gerade mein Okay-Signal durchgegeben, als Jackie Springfield herauskam. Ohne eine Tasche, was ich sehr sympathisch fand. Ich fragte mich, was an ihr fieser war, die blonde Perücke oder dieser Hosenanzug aus weinrotem Leder. Sie steuerte auf mein Auto zu, und ich ließ die Scheibe runter.

Sie legte ihre Ellenbogen auf die Kante und streckte den Kopf herein.

»Wie sieht's aus«, sagte sie.

Es konnte in diesem Moment nicht besser aussehn, und ich sagte: »Unverändert.«

»Ich meine, könnten Sie auch noch 'nen Kaffee vertragen?«

»Warum nicht? Steigen Sie ein«, sagte ich.

Und eine Stimme in meinem Kopf sagte, ja, ja, ja, und eine andere sagte, sei vorsichtig, und die andere sagte, ja klar.

»So ist das einfach, wenn du im Nachtleben arbeitest, egal wie spät, du willst auch noch etwas Freizeit.« Sie klappte den Spiegel runter und holte einen Lippenstift aus der Brusttasche. »Na ja, vielleicht noch zehn Jahre, länger als 40 will ich's nicht machen.«

Ich nahm nochmal das Telefon. Diesmal gab ich das Ende-Signal, und das hieß, bin jetzt zu Hause in Sicherheit, brauche die stündliche Okay-Anfrage nicht mehr. Ich fuhr langsam in die leere Straße hinein und dann ohne viel Tempo weiter.

»I can't forget the day I shot that bad bitch down, so com' on you hops and listen onto me: lay off at whiskey and let that cocaine be«, sang Johnny Cash, und die Knackis tobten.

»Natürlich, weiße Jungs lieben es, bitch zu sagen, alle lieben es«, sagte sie genervt.

»Bei der Aufnahme singt er bitch, aber als er's ein paar Jahre später für eine Studioplatte aufnahm, sang er woman.«

»Weiße Jungs sind eben nicht so mutig«, sagte sie und schnippte mit dem Zeigefinger auf Open.

»Studio One Soul, wow«, sagte sie und legte die CD ein.

»Good mornin', Ladies and Gentlemen«, rief sie, »this is a song from a lady I love so much, what you get is Mrs. Norma Fraser, and what she needs is: Respect!«

Sie legte ihre weißen Stiefel aufs Armaturenbrett, neben das Foto des Mädchens, und mit den Händen hielt sie sich an der Kopfstütze fest.

»Ich mag's gerne, wenn jemand cool fährt«, sagte sie, »und am schönsten ist es nachts und die Straßen sind leer.«

X

Anhang

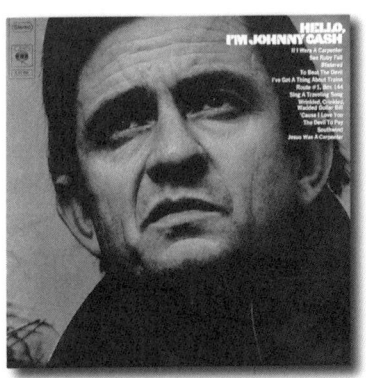

A. Zeittafel

Mitarbeit: Annette Voß, Thomas Patsch

1922 Die Fiddler A.C. Robertson und Henry Gilliland wissen nicht, dass ihre Aufnahmen in New York später als der Beginn der Countrymusik-Industrie angesehen werden.

1923 In Fort Worth, Texas, wird die erste Radio-Jamboree (Party) mit Hillbilly-Musik gestartet. Hank Williams geboren.

1926 Die Sendung *Barn Dance* von Radio WSM/Nashville wird in *Grand Ole Opry* umbenannt, die seit den 50ern Mittelpunkt des Countrybiz ist.

1927 Anfang August finden in Bristol, Tennessee, die, so Cash, wichtigsten Aufnahmesessions der Countrymusik statt: Entdeckt werden The Carter Family und Jimmie Rodgers.

1928 Mister Boom-Chicka-Boom Luther Perkins in Memphis geboren.

1929 Der Börsenkrach in New York im Oktober löst die Great Depression aus. June Carter kommt am 23.6. auf die Welt.

1931 Wegen Steuervergehen wird Alphonse Capone zu elf Jahren verurteilt (acht sitzt er ab).

1932 Am 26. Februar wird John R. Cash in Kingsland, Arkansas, geboren. Woody Guthrie formiert seine erste Combo. Die Große Depression erreicht ihre schlimmste Phase: Ein Viertel der zuvor Beschäftigten ist jetzt arbeitslos.

1933 Der »Vater der Countrymusik«, Jimmie Rodgers, stirbt mit 35 an Tuberkulose. Ende der Prohibition, des seit 1920 herrschenden Verbots von Herstellung, Verkauf und Konsum alkoholischer Getränke.

1935 Durch das Hilfsprogramm New Deal Umzug der Cash-Familie an den Mississippi, in die Dyess Colony.

1936 Ein Batterieradio kommt ins Haus. Roosevelt bleibt Präsident.

1937 Aufgrund einer Überschwemmung müssen die Dyess-Bewohner evakuiert werden (Cash schreibt später darüber den Song ›Five Feet High And Rising‹, aus dem in deutscher Version dann ›Wo Ist Zuhause, Mama‹ wird).

1939 Hitler und Stalin unterzeichnen einen Nichtangriffspakt, einen Monat später beginnt der Zweite Weltkrieg mit dem deutschen Überfall auf Polen.

1940 Die Radio-Show *Grand Ole Opry* wird von 150 US-Sendern ausgestrahlt und erreicht jeden Samstagabend zehn Millionen Menschen. Im September wird die allgemeine Wehrpflicht in den USA eingeführt, und Roosevelt bietet allen Nationen Hilfe gegen Aggressoren von außen an.

1941 Am 7.12. greifen japanische Bomber in der Hawaii-Inselgruppe den US-Stützpunkt Pearl Harbor an, damit sind die USA direkt in den Zweiten Weltkrieg involviert.

1942 Mutter schenkt ihm zum zehnten Geburtstag eine Gitarre.

1943 The Original Carter Family verabschiedet sich aus dem Showbusiness. Ein Ableger: Mother Maybelle And The Carter Sisters, mit Cashs späterer Ehefrau June Carter.

1944 Im Mai kommt Cashs älterer Bruder Jack bei einem Unfall ums Leben. Ein eisernes Gesetz wird in der Grand Ole Opry gebrochen: ein Schlagzeuger auf offener Bühne! Zur Strafe dürfen Bob Wills And His Texas Playboys nicht die vehement geforderte Zugabe spielen. Die kommunistische Partei in den USA löst sich selbst auf.

1945 Am 8.5. Kapitulation Deutschlands. Im Juni werden die Vereinten Nationen gegründet. Anfang August US-Atombomben auf Hiroshima und Nagasaki.

1946 Der oberste US-Gerichtshof erklärt die Rassentrennung in Bussen für verfassungswidrig.

1947 Cashs Konzerterlebnis: die Louvin Brothers in der Dyess High School. Hank Williams' erste Singles erscheinen.

1948 Am 15. Mai wird der Staat Israel gegründet.

1949 Hank Williams' Durchbruch mit ›Lovesick Blues‹. June Carter hat mit dem Komikerduo Homer And Jethro den Hit ›Baby It's Cold Outside‹. Mao Tse-tung proklamiert die Volksrepublik China. Gründung der BRD.

1950 Schulabschluss, diverse Jobs, dann freiwillig zur Army, wo er Funkabhörspezialist wird. Im Juli treffen US-Bodentruppen in Korea ein. Mother Maybelle & The Carter Sisters debütieren an der Grand Ole Opry.

1951 Am 7. Juni sorgt die US-Army im oberbayerischen Landsberg am Lech dafür, dass einige Naziverbrecher ihrer gerechten Strafe zugeführt werden. Einen Monat später kommt der auf Russisch spezialisierte Funker Cash in die Stadt und ist bald Mitglied der Band The Landsberg Barbarians.

1952 Rocky Marciano neuer Boxweltmeister aller Klassen, Eisenhower neuer Präsident.

1953 Am 1. Januar stirbt Hank Williams mit 29 in seinem Cadillac. Cash hört am Funkgerät von Stalins Tod. Präsident Eisenhower verhindert eine von Senator McCarthy geforderte Bücherverbrennung.

1954 Am 4. Juli Entlassung aus der Army »in Ehren«. Heirat mit Vivian Liberto. Umzug nach Memphis, wo schon das Elvis-Fieber beginnt. Arbeit als Vertreter, Kurs zum Radio-DJ. Lernt Marshall Grant und Luther Perkins kennen. Wahrscheinlich Ende des Jahres macht Cash allein Probeaufnahmen bei Sun Records. Der Oberste Gerichtshof hebt die Rassentrennung in Schulen auf.

1955 Am 22.3. erste Sun-Session mit Luther und Grant. Im Juni die erste Single ›Hey Porter‹ und ›Cry, Cry, Cry‹. Zu Gast in der Elvis Presley Show. Im Sommer kommt es ungeplant zu den Aufnahmen des später sog. One Million Dollar Quartetts: Cash, Elvis, Carl Perkins, Jerry Lee Lewis. Zu Weihnachten Perkins' ›Blue Suede Shoes‹. Die sozialistischen Ostblockstaaten gründen den Warschauer Pakt.

1956 Festes Mitglied der berühmten Radioshow *Louisiana Hayride*. Am 7.7. erster Auftritt in der berühmteren Grand Ole Opry. Erster Superhit ›I Walk The Line‹. Mrs. Rosa Parks löst in Montgomery, Alabama, den einjährigen Busstreik aus, durch ihre Weigerung, einen für Weiße reservierten Sitzplatz frei zu machen.

1957 Sun Records' erste LP *Johnny Cash With His Hot And Blue Guitar* im September. Da hat Cash schon den Wechsel zu Columbia zugesagt. ›Ballad Of A Teenage Queen‹ erschließt neue

Märkte. Die Sowjetunion schießt im Oktober den ersten (mit der Hündin Leika besetzten) Sputnik in den Weltraum.

1958 Am Neujahrstag gastiert die Cash-Show zum ersten Mal im Gefängnis von San Quentin, im Publikum sitzt Merle Haggard. Cash wechselt zu Columbia Records. Umzug mit Frau und drei Töchtern nach Nashville.

1959 Hit ›Don't Take Your Guns To Town‹. Erste Konzerte in England und (auf US-Stützpunkten) in Deutschland. Billie Holiday stirbt, ebenfalls Buddy Holly, Richie Valens und The Big Bopper bei einem Flugzeugabsturz.

1960 Sein Filmdebüt in *Five Minutes To Go* (später umbenannt in *Door To Door Maniac*). Das erste Konzeptalbum *Ride This Train*. Mit Carl Perkins' Schlagzeuger W. S. »Fluke« Holland werden aus zwei The Tennessee Three. Die erste Antibabypille wird in den USA auf den Markt gebracht. John F. Kennedy neuer Präsident.

1961 Nach schweren Rassenkrawallen, ausgelöst durch weiße Fanatiker, die eine Veranstaltung mit Martin Luther King stören wollten, wird in Alabama das Kriegsrecht verhängt.

1962 Viele Konzerte für GIs im Fernen Osten. Das Album *The Sound Of Johnny Cash* bezeichnet er heute als sein schlechtestes. Erste Blockade der USA gegen Kuba auf Grund der sowjetischen Waffenlieferungen.

1963 ›Ring Of Fire‹, der für Jahrzehnte der einzige Hit, der in die deutschen Charts kommt (Nr. 27). Patsy Cline stirbt bei einem Flugzeugabsturz. In Washington beteiligen sich 200 000 Menschen an einem Protestmarsch gegen Rassendiskriminierung. Im November wird John F. Kennedy bei einem Attentat ermordet.

1964 *Billboard* veröffentlicht erstmals eine Hitliste für Countryalben: Nr. 1 ist die *Ring Of Fire*-Compilation. Cash und Dylan lernen sich beim Newport Folk Festival kennen. Im August erscheint die Protestanzeige zum *Bitter Tears*-Album. Das June/Johnny-Duett ›It Ain't Me Babe‹ (Dylan) stürmt die US-Country- und Popcharts (und Cash allein hat damit '65 seinen ersten GB-Hit). The Statler Brothers kommen fest zur Cash-Show. Cassius Clay (später Muhammad Ali) neuer Boxweltmeister aller Klassen. Im März werden die ersten fünf Plätze der US-Hitparade von den Beatles belegt.

1965 Zwei Grammy-Nominierungen, die beide von Roger Miller geschlagen werden. Und Tom Jones schlägt ihn bei der Bewerbung um den Titelsong zum neuen James Bond, *Thunderball*. Cash zerschlägt die Bodenbeleuchtung der Grand Ole Opry-Bühne. Die Drogen arbeiten immer schlechter: im Oktober Cash »lassoed in El Paso«. Dylan stürmt von Folk nach Rock. Im Februar Beginn der zweiten Phase des Vietnamkriegs: Die USA lassen über Nordvietnam drei Millionen Flugblätter abwerfen, in denen sie die Gründe für die Bombardierung des Landes erklären. Malcolm X bei einem Attentat ermordet.

1966 Aus dem Doppelalbum *Ballads Of The True West* wird das einfache *Mean As Hell* ausgekoppelt. Carl Perkins wird festes Showmitglied. Loretta Lynn hat ihren ersten Hit mit ›Don't Come Home A Drinkin‹ (›Wenn du an Liebe denkst‹). Bobby Seale und Huey P. Newton gründen die Black Panther Party.

1967 Das June/Johnny-Duett ›Jackson‹ wird ein Hit. Cash Ende des Jahres frei von Drogen. Muhammad Ali wird der Boxweltmeistertitel wegen Wehrdienstverweigerung aberkannt, und er wird zu fünf Jahren Gefängnis verurteilt (drei muss er absitzen). Che Guevara bei einem Feuergefecht zwischen Regierungstruppen und Guerillakämpfern im bolivianischen Dschungel erschossen.

1968 Am 13. Januar Aufnahme im Folsom Prison mit dem neuen Columbia-Produzenten Bob Johnston. Johnny Cash Homecoming Days in Memphis und Dyess. June und Johnny heiraten am 1. März. Im August stirbt Luther Perkins bei einem Zimmerbrand. Rock betritt Country: Mit Gram Parsons in der Hauptrolle kommt von The Byrds *Sweetheart Of The Rodeo*. In Vietnam bahnt sich die Niederlage der US-Armee an. Martin Luther King wird in Memphis bei einem Attentat ermordet. Richard Nixon US-Präsident. Die Yippies versuchen den demokratischen Parteikonvent in Chicago zu sprengen.

1969 Die Show besucht US-Militärbasen in Vietnam etc. Mit ›A Boy Named Sue‹, erstmals gespielt bei der Live-Aufnahme im

San Quentin-Gefängnis am 24.2., hat er seinen einzigen Top-10-US-Pophit. Die TV-Showphase beginnt. Er verkauft in diesem Jahr mehr Platten als die Beatles. Der neue Sun Records-Besitzer S. Singleton startet seine Cash-Wiederveröffentlichungsmaschine. Merle Haggards Hit ›Proud To Be an Okie From Muskogee‹ protestiert gegen die Protestbewegung. Am 21. Juli um 3.56 MEZ betritt Neil Armstrong als erster Mensch den Mond. In Los Angeles werden die Schauspielerin Sharon Tate u. a. von Anhängern Charles Mansons ermordet.

1970 Film *Johnny Cash – The Man, His World, His Music*. ›I Walk The Line‹ ist Titelsong des gleichnamigen Spielfilms mit Gregory Peck. Hauptrolle im TV-Film *Trail Of Tears*. Dreharbeiten zum von Jicarilla-Apachen finanzierten Western *A Gunfight* (zweite Hauptrolle Kirk Douglas). Das Nixon-Konzert. Kris Kristoffersons Debütalbum. Im Mai werden in Ohio bei Demonstrationen gegen den Vietnamkrieg vier Studenten getötet. Muhammad Alis Comeback.

1971 Die 56. TV-Show ist die letzte. *Man In Black*-Single und -Album werden Hits. Das Gardner-Webb-College ernennt ihn zum Doctor Of Humanities ehrenhalber. Beginn der Dreharbeiten zu *The Gospel Road* in Israel. Das erste Portrait in der ARD. Schlagersänger Howard Carpendale bringt eine »deutsche Originalaufnahme« von ›Ring Of Fire‹ auf den Markt: ›Heiß wie Feuer‹.

1972 Ende Februar die ersten drei Konzerte in Deutschland. Lou Robin übernimmt den Managerposten von Saul Holiff. Eröffnung des Studios im House Of Cash in Hendersonville bei Nashville. Die Bürgerrechtlerin Angela Davis wird von der Anklage wegen Mordes und Verschwörung freigesprochen, Nixon als Präsident bestätigt. In Washington protestieren Indianer gegen die Nichteinhaltung von Verträgen und die diskriminierende Behandlung durch die Regierung.

1973 Waylon Jennings' entscheidendes, selbstbestimmtes Album *Honky Tonk Heroes*. Gram Parsons stirbt mit 27. Um gegen die Zustände in den Indianerreservaten zu protestieren, besetzen einige hundert Sioux-Indianer den Ort Wounded Knee, wo 1890 die letzten Indianermassaker stattfanden. Marlon Brando verweigert seinen Oscar für *Der Pate* aus Protest gegen die Behandlung der Indianer. Im Watergate-Skandal verdichten sich die Verdachtsmomente gegen Nixon.

1974 Die dritte und letzte Gefängnis-Platte erscheint nur in Europa, aufgenommen in Osteraker, Schweden. Hauptrolle in der *Columbo*-Folge ›Swan Song‹. Das erste Album mit ausschließlich eigenen Songs, *Ragged Old Flag*. Dreharbeiten zum neuen Musikfilm *Ridin' The Rails*. Präsident Nixon tritt zwei Jahre nach dem Watergate-Skandal zurück, sein Nachfolger ist Gerald Ford.

1975 Die Autobiografie *Man In Black* erscheint. June Carters erstes Soloalbum *Appalachian Pride*. Cashs alter Sun-Kollege Charlie Rich zündet das Papier an, das John Denver zum Country-Entertainer des Jahres erklärt. Nächster Sieg von The Outlaws: Willie Nelsons Album *Red Headed Stranger*. Lefty Frizzell stirbt. Am 28.4. ordnet Präsident Ford die Evakuierung der amerikanischen Botschaft in Saigon an; die US-Army hat am Ende des Kriegs 46 000 Tote und 300 000 Verwundete zu verzeichnen.

1976 Bis heute der letzte Nr.-1-Hit: ›One Piece At A Time‹. Carl Perkins verlässt Cashs Showtruppe, Bruder Tommy Cash wird Mitglied. Cash bekommt einen Stern auf dem Hollywood Boulevard. Die Compilation seiner Freunde, *Wanted! The Outlaws* wird Countryalbum des Jahres. In England starten andere Outlaws eine Musik, die alles ändern wird: Punk. Jimmy Carter wird 39. Präsident der USA.

1977 Im August stirbt Elvis Presley. »He was the king of us all in country, rock, folk and rhythm and blues«, heißt es im Pressetext von Cash. Hauptrolle im TV-Film *Thaddeus Rose and Eddie*. Nach zehn Jahren wird in den USA erstmals wieder ein zum Tode Verurteilter hingerichtet.

1978 Das Album *Unissued Johnny Cash* ist die erste Produktion der heute weltweit bekannten deutschen Bear Family Records. 44 000 besuchen in Prag vier Konzerte, von denen fünf Jahre später ein Live-Album erscheint. Mother Maybelle Carter stirbt.

1979 Zum 25-jährigen Musikerjubiläum das Album *Silver*. Bei einem Konzert in einer Kirche in Belfast sitzen Katholiken auf der einen, Protestanten auf der anderen Seite. Eine von vielen Auszeichnungen: der United Nations Humanitarian Award, u.a. für die langjährige Unterstützung zweier Kinderheime auf Jamaika. Aufnahmen in Nick Lowes Londoner Studio. In Teheran stürmen iranische Studenten die amerikanische Botschaft, um die Auslieferung des ehemaligen Schahs von Persien zu erzwingen.

1980 Marshall Grant verlässt die Tennessee Three nach 26 Jahren, und es gibt einen neuen Bandnamen: Johnny Cash and The Great Eighties Eight, mit neuem Mitglied Marty Stuart. Cash ist der Jüngste, der je in die Country Hall Of Fame aufgenommen wurde. In Miami werden vier Polizisten freigesprochen, die einen Afroamerikaner zu Tode geprügelt haben, das Urteil löst schwere Rassenunruhen aus. Ronald Reagan neuer Präsident.

1981 Gast in der *Muppet Show*. Hauptrolle und einige Songs im TV-Film *The Pride Of Jesse Hallam*. Völlig überraschend tauchen Carl Perkins und Jerry Lee Lewis bei einem Konzert in Deutschland auf: So entsteht das Album *The Survivors*. Weihnachten wird die Familie in ihrem Haus auf Jamaika Opfer eines Raubüberfalls.

1982 Hauptrolle im TV-Spielfilm *Murder In Coweta County*. Cash spielt einen Sheriff, der gegen einen allmächtigen Landbesitzer vorgeht. Der Stoff basiert auf realen Ereignissen von 1948. Vermutlich um die Dreharbeiten zu stoppen, wird auf Cash ein Mordanschlag verübt: Die gekappten Bremskabel des 48er Ford wurden jedoch rechtzeitig entdeckt. Im November Cashs längste von vielen Deutschlandtourneen: elf Tage.

1983 Sein »Skandalauftritt« in Frank Elstners *Wetten, daß ...* ist Headline der montäglichen *Bild*, dabei war das betrunken vorgetragene ›Ghostriders In The Sky‹ ein selten wahrhaftiger

Moment im deutschen TV. Zwei Konzerte in der UdSSR werden im letzten Moment abgesagt. Die US-Invasion in Grenada wird von der UN-Vollversammlung einhellig verurteilt.

1984 Die Trennung von Columbia/CBS bahnt sich an: Im Juni erscheint die ›Chicken In Black‹-Single. Flankiert vom ebenso wunderbar kruden Video (»Cash dressed in an outrageous blue and yellow mock superman outfit«) kommt der Song in den Charts auf Nr. 45, und er präsentiert ihn auch zur Geburtstagsgala des 81-jährigen Bob Hope. Bei den Filmaufnahmen im schweizerischen Montreux für das alljährliche Christmas Special der Johnny Cash Show sind Waylon Jennings, Willie Nelson und Kris Kristofferson dabei, und sie haben die Idee zur All-Star-Band The Highwaymen. Punk betritt Country: Blood On The Saddle, Rank And File (L. A.), Jason and the Scorchers (Nashville) und Los Nirvana Devils (Berlin-West) werden unter Cowpunk subsummiert; Williams, Cash und die Country-Outlaws der 70er gelangen zu erstem subkulturellen Ruhm außerhalb der C&W-Szene. Präsident Reagan sorgt für weltweite Empörung, als er bei einer Mikrophonprobe über die Bombardierung Russlands spricht, wird aber wiedergewählt.

1985 Die alte Boygroup The Highwaymen hat einen Nr.-1-Hit mit ›Highwayman‹. Das Album hält sich fünf Monate in den Top Ten. Cash spielt die Hauptrolle in der TV-Miniserie *North And South* (neben Robert Mitchum). Im TV-Spielfilm *The Last Days Of Frank And Jesse James* spielt Cash Frank und Kris Kristofferson Jesse. Nach 27 Jahren ist er wieder im Sun-Studio in Memphis, um mit alten Freunden ein Album aufzunehmen. Michail Gorbatschow neuer Generalsekretär der KPdSU. Die Ausbreitung des Aidsvirus nimmt rapide zu; erste prominente Opfer führen zu einer verstärkten Wahrnehmung in der Öffentlichkeit.

1986 CBS hält ihn für ein totgerittenes Pferd und kündigt den Vertrag nach 28 Jahren (während die Firma im Zentrum eines nie dagewesenen Radiobestechungsskandals mit Mafiabeteiligung steht, der durch eine sensationelle Kette von Zufall und Versagen seitens der Ermittler so gut wie folgenlos bleiben wird; vgl. *Hit Men* von Fredric Dannen). In diesem Jahr erscheinen vom nicht mehr gefragten Star das Soloalbum *Believe In Him*, *Heroes* (mit Waylon Jennings), auf seinem neuen Label Mercury *Class Of '55* (mit Perkins, Orbison, Lewis) und der Roman *Man In White* (über das Leben des Apostel Paulus). Die Gefängnis-Live-Alben und eine Greatest Hits-Sammlung werden mit Doppelplatin ausgezeichnet. Dreharbeiten zum Remake des John Ford-Klassikers *Stage Coach*, in den Hauptrollen die kompletten Highwaymen; Cash spielt in Kleidung aus dem Besitz von John Wayne. Zu den vielen Auszeichnungen kommt der Shalom Peace Award des Jewish National Fund. Amerikanische Kampfflugzeuge bombardieren die libyschen Städte Tripolis und Bengasi.

1987 Die Tournee Johnny Cash Freedom Train (mit u. a. Waylon Jennings) sammelt Geld für Kriegsveteranen. Statement Cash: »It's good to be able to wave the flag again.« Bei einer anderen Show in New York singt er mit Kris Kristofferson ein anderes Lied, Bob Dylans ›Masters Of War‹. Für die Interviews, die zum *Class Of '55*-Album gemacht wurden, gibt es den Grammy für Best Spoken Word Or Non-Musical Recording. *Johnny Cash Is Coming To Town* ist die erste Produktion für Mercury. Ein (folgenloser) Bericht des Kongresses schreibt Reagan die Verantwortung für die so genannte Iran-Contra-Affäre zu.

1988 Die größte Karriere der Countrymusik wird von der Country Music Hall Of Fame mit der größten Ausstellung aller Zeiten gewürdigt und in zwei Jahren von einer Million Menschen besucht. Eine Würdigung von ganz anderer Seite: Im wichtigsten deutschen Musikmagazin *Spex* erscheint anlässlich einer Tournee eine vier Seiten lange Hymne, in der Autor Michael Ruff Cash als Herz des Rock'n'Roll und »unser aller Lieblingspfaffe« beschreibt. Ende des Jahres liegt Cash im Nashviller General Baptist Hospital: Mit Lungenentzündung unterzieht er sich einer »double bypass operation«. Zur selben Zeit liegt dort sein alter Freund Waylon Jennings aus denselben Gründen. Tochter Rosanne hat mit seinem Song ›Tennessee Flat-Top Box‹ einen Nr.-1-Hit. Der Kongress verweigert Präsident Reagan Mittel zur Unterstützung der Contras in Nicaragua. Sein Nachfolger George Bush verspricht auf Reagan-Kurs zu bleiben.

1989 Johnny Cash »crosses over – the lines of race, religion and ethnicity that are used too often to keep us apart, to separate us«, heißt es in der Laudatio zum Johnny Cash Americanism Award, den die B'nai B'rith's Anti-Defamation League eingerichtet hat. Guy Clark formulierte es so: »Johnny Cash cares. Johnny Cash dares. Johnny Cash gives a damn.« Ende des Jahres ist der Gefeierte ohne Plattenvertrag. Und Deutschland wird wieder größer.

1990 Das Solo-Album *Boom Chicka Boom* wird begleitet von *Highwayman II*, das zur ersten US-Tour der vier alten Helden führt. Bear Family Records beginnt mit der Veröffentlichung des Gesamtwerks. In den USA erscheint ein Set mit 14 Kassetten: Cash liest das Neue Testament. Highwayman Willie Nelson busted: Wegen Steuerschulden wird sein ganzer Besitz beschlagnahmt. Eine alt.country-Szene bahnt sich an, und mit Garth Brooks' zweiter Platte *No Fences* beginnt eine neue Countryära.

1991 Mit *The Mystery Of Life* ist die Mercury/Polygram-Phase auch offiziell beendet. Bei den Grammy-Verleihungen bekommt er den Living Legends Award. Seine Mutter stirbt mit 86 Jahren. Am 16.1. Beginn des so genannten ersten Golfkriegs (bis 28.2.), um die irakische Armee unter Führung Saddam Husseins aus dem annektierten Kuwait wieder zu vertreiben (und die Ölversorgung zu sichern). Landsberg, Oberbayern, 40 Jahre nach Cash: Dort wird mit Hausmusik eines der besten deutschen Independent-Labels gegründet.

1992 Aufnahme in die Rock And Roll Hall Of Fame, wo er neben Elvis der einzige Country-Rockabilly ist. Mit Tochter Rosanne und Enkelin Carrie gastiert er in der *Sesamstraße,* und mit June in New York bei der Gala zu Dylans 30-jährigem Plattenjubiläum.

1993 Er singt für das *Zooropa*-Album der irischen Band U2. Am 27. 2. trifft er nach einem Konzert in Kalifornien zum ersten Mal den Produzenten Rick Rubin, im Juni unterschreibt er bei American Recordings und beginnt mit Aufnahmen in Rubins Wohnzimmer – während 2800 unveröffentlichte Aufnahmen von 1953–1971 von ihm und anderen Country-Stars bei einer Auktion in Nashville auftauchen, die von Sony Music sofort als ihr Eigentum reklamiert werden. Sein Bruder Roy, der ihn damals mit Marshall Grant und Luther Perkins bekannt machte, stirbt. Bill Clinton heißt der neue Präsident.

1994 »Whatever I've got to offer as an artist, it's here«: Die erste Rubin-Produktion *American Recordings* erscheint im April, führt zu einem riesigen Comeback und bekommt den Grammy für die beste Folkplatte des Jahres. Das Video zu ›Dehlia's Gone‹ ruft die wahren Gegner von Gewaltverherrlichung auf den Plan: TV-Bosse protestierten gegen die Mordszenen, und MTV »ordered the scenes to be axed«. Quer durch alle Szenen ist die Presse vom Album begeistert. Er spielt die Festivals von South By Southwest über Glastonbury bis zum Montreux Jazz Festival. Nirvana-Sänger Kurt Cobain begeht Selbstmord. Die USA beenden ihr 30-jähriges Handelsembargo gegen Vietnam.

1995 Das dritte Highwaymen-Album *The Road Goes On Forever*. Für das alt.country-Tribute-Album *Twisted Willie* (Nelson) spielt Cash einen Song, bei dem er u. a. von Nirvanas Chris Novoselic begleitet wird.

1996 Ein Jahr mit 90 Konzerten (falls ich in der Chronik von Peter Lewry richtig gezählt habe). Im November die zweite Rubin-Produktion *Unchained*, hauptsächlich begleitet von Tom Petty & The Heartbreakers. Nicht nur Covers von Beck und Soundgarden zeigen ihn auf der Höhe eines Anti-Mainstream-Country. Die höchste Staats-Auszeichnung: Kennedy Center Honors für Lifetime Contribution To American Culture. Rap-Star Tupac Shakur wird ermordet, wenig später aus dem feindlichen Lager The Notorious B.I.G. (beide Taten sind bis heute nicht aufgeklärt).

1997 Die zweite Autobiografie *Cash*. Die letzte Europa-Tournee. Bei einem Konzert in Michigan am 25.10. erklärt er nach einem Schwächeanfall auf der Bühne, er leide an der Parkinson'schen Krankheit; eine Fehldiagnose, wie der folgende Verdacht auf Shy-Drager-Syndrom; tatsächlich hat er Diabetes und Neuropathie, eine Nervenkrankheit, die den Ausbruch von Lungenentzündung begünstigt.

1998 Die CD des im Juni '97 gesendeten TV-Konzerts mit Willie Nelson erscheint, *VH1 Storytellers*. *Unchained* erhält den Grammy für die beste Countryplatte des Jahres und Cash/Rubin bedanken sich mit einer Anzeige in *Billboard* beim »Nashville Establishment und seinen Countryradios für die freundliche Unterstützung«: Fuck You! Er bekommt (neben Brian Wilson) den Lifetime Award der National Academy of Songwriters. Carl Perkins stirbt, ebenso The Carter Sisters' Helen, langjähriges Mitglied der Cash-Show. Mit dem neuen Bundeskanzler Gerhard Schröder endet in Deutschland die Ära Helmut Kohl, auch mit gewissen Geldgeschichten.

1999 Im April kommt es in New York zu einem All-Star Tribute To Johnny Cash, mit seinem ersten Auftritt von Cash in einem Jahr: er singt ›Folsom Prison Blues‹ und ›I Walk The Line‹ (nach 20 Jahren begleitet ihn Bassist Marshall Grant wieder). *At Folsom Prison* erscheint erstmals in voller Länge. Nach 50 Jahren im Showbusiness ist *Press On* June Carters zweites Solo-Album und erhält einen Grammy für Best Traditional Folk Album. Im Juli stirbt The Carter Sisters' Anita. Im Oktober wird Cash zum vierten Mal in zwei Jahren mit Lungenentzündung ins Krankenhaus eingeliefert, und er ruft die ganze Familie zu sich, um sich zu verabschieden.

2000 Im Oktober erscheint *American III: Solitary Man*. Das Songspektrum zeigt das ganze letzte Jahrhundert bis hin zu Songs von Nick Cave und Will Oldham. Von Columbia/Sony kommen die Compilations *Love God Murder*, deren Zusammenstellung er kontrollieren konnte, und *At San Quentin* erstmals in voller Länge. Merle Haggard gelingt mit *If I Could Only*

Fly und dem Country-fernen Label Anti- ein zwar weniger spektakuläres, aber ebenfalls großartiges Comeback.

2001 Im Februar, nach einer weiteren Lungenentzündung aus dem Krankenhaus, erhält er den Grammy für Best Country Male Vocal. Columbia-Pictures kündigen an, dass James Mangold Cashs Leben verfilmen wird. Das Soundtrack-Album *O Brother Where Art Thou?* hinterlässt bei den Preisen der Country Music Association tiefe Spuren. Der legendäre Produzent Chester Atkins stirbt. Anfang Oktober kommt Cash mit schwerer Bronchitis ins Krankenhaus und wird Anfang November erneut eingeliefert. Sicher auch eine Folge der Flugzeug-Attentate in den USA vom 11. September: Das Columbia-Label Legacy bringt zu Weihnachten die Alben *Ragged Old Flag* und *America* wieder auf den Markt.

2002 Zwei Wochen vor Cashs 70. stirbt Waylon Jennings. Ein Grammy mehr, als Teilnehmer des Hank-Williams-Tribute-Albums *Timeless*. Im August erklärt Kanzler Schröder, unter seiner Führung werde es keine deutsche Beteiligung an einer militärischen Intervention im Irak geben. Einen Monat später gewinnen SPD/Grüne die Bundestagswahl. Im September erscheint Steve Earles Album *Jerusalem*, ein Diskussionsbeitrag zum 9/11. Im selben Monat erhält Cash den Free Speech Award der Americana Music Association, und es kommt zum letzten gemeinsamen Konzert mit June & Johnny. Im November *American IV: The Man Comes Around*, die kommerziell erfolgreichste Rubin-Produktion. Video/Single ›Hurt‹ wird ein Hit.

2003 Am 20.3. beginnt der zweite USA-Irak-Krieg. Die populäre Country-Girlgroup Dixie Chicks gehört neben dem Filmemacher Michael Moore zu den wichtigsten amerikanischen Bush-Gegnern. Bei der Oscar-Verleihung verkündet Moore dem Präsidenten, wer den Papst und die Dixie Chicks gegen sich habe, dessen Zeit sei abgelaufen. Am 15. Mai stirbt June Carter Cash, wenig später erscheint ihr letztes Solo-Album. Am 21. Juni kommt es beim Carter Family-Treffen zum letzten Cash-Konzert. Im Juli stirbt Sun Records-Gründer Sam

Phillips. Am 12. September stirbt Johnny Cash. Ende des Jahres erscheint sein Vermächtnis, die 5-CD-Box *Unearthed*, ein intimer Einblick in die Arbeit mit Rick Rubin.

2004 Am 8.3. hat der irakische Regierungsrat eine provisorische Verfassung in Kraft gesetzt. »Das Dokument garantiert Meinungsfreiheit, erklärt den Islam zur Staatsreligion und spricht anderen Glaubensgemeinschaften Freiheit zu« (*Süddeutsche Zeitung*, 9.3.). Während in Deutschland die SPD unverdrossen ihrer Arbeit nachgeht, d.h. »für eine wachsende Kluft zwischen Arm und Reich verantwortlich ist«, sagte ein Sprecher der Nationalen Armutskonferenz (*junge Welt*, 5.3.). Dieses Lied werden sie wohl nicht kennen, und wenn doch, dann haben sie es nicht verstanden: »I wear the black for the poor and the beaten down, livin' in the hopeless hungry side of town ... I wear it for the sick and lonely old«, singt Johnny Cash. Für immer.

2005 US-Start des Biopics *Walk The Line*. Vivian Cash stirbt, ihre schon vollendete Autobiografie *I Walked The Line* erscheint zwei Jahre später; Cash hatte kurz vor seinem Tod dem Abdruck seiner Briefe zugestimmt. Von The-Tennessee-Two-Bassist Marshall Grant gibt es die Autobiografie *I Was There When It Happened – My Life With Johnny Cash* und in der BRD mit Angela Merkel die erste Bundeskanzlerin.

2006 *American V: A Hundred Highways* wird Nr. 1 in den Pop- und Country-Charts. Das Album *Personal File* mit Privataufnahmen von 1973–82 wird veröffentlicht. Die Graphic Novel *Johnny Cash – I See a Darkness* von Reinhard Kleist kommt auf den Markt. Die folgenreichen sogenannten Mohammed-Karikaturen wirbeln um die Welt.

2007 Rick Rubin wird Co-Chef von Columbia Records, ein Teil von Sony Music. Columbia Records veröffentlicht mit *Ultimate Gospel* eine Sammlung der besten Gospelaufnahmen von Johnny Cash.

2008 Ein Salut auf Cash ist der Song »My Medicine« von US-Rapper Snoop Dogg, im Video begleitet ihn der ebenfalls Marihuana verehrende Willie Nelson.

2009 Veröffentlichung des Buchs *A Heartbeat and a Guitar – Johnny Cash and the Making of Bitter Tears* von Antonio D'Ambrosio. Und es war auch ein blutiger langer Weg bis zum ersten afroamerikanischen Präsidenten der USA: Barack Obama.

2010 Sieben Jahre nach seinem Tod landet Johnny Cash mit seinem Album *American VI: Ain't No Grave* auf Platz 3 der deutschen Albumcharts. Ende des Jahres beginnt in Tunesien der *Arabische Frühling*, auf den kein Sommer folgen wird.

2011 Marshall Grant stirbt. John Carter Cash veröffentlicht die Biografie *Mein Vater Johnny Cash*. Nur durch zwei Selbstmorde wird die deutsche Nazi-Terrorgruppe NSU enttarnt.

2012 Rick Rubin verlässt Columbia, um sich wieder auf seine Firma American Recordings zu konzentrieren und verbindet sich mit Republic Records, die zur Sony-Konkurrenz Universal gehören.

2013 An Deutschlands extrem rechtem Rand wird die Partei AfD gegründet, im Jahr darauf unterstützt von der Pegida-Bewegung.

2014 Mit *Out Amongst The Stars* erscheint auf Legacy Recordings posthum ein Studioalbum mit Aufnahmen aus den Jahren 1981–84, das weltweit die Top 10 der Charts erreicht. Ein wichtiges Tribute-Album: *Look Again To The Wind – Johnny Cash's Bitter Tears Revisited* mit Emmylou Harris, Gillian Welch, Steve Earle u. a.

2015 Comeback der Landsberg Barbarians, wenigstens in der Ausstellung *Don't Take Your Guns to Town – Johnny Cash und die Amerikaner in Landsberg 1951–54*, die drei Jahre später auch im Münchner Amerikahaus zu sehen ist. Mehr Heartbreak wird's nicht mehr geben: »Missing ol' Johnny Cash« singen Willie Nelson und Merle Haggard auf ihrem Album *Django and Jimmie*.

2016 Merle Haggard stirbt. Bob Dylan erhält den Nobelpreis für Literatur.

2017 Und es wird noch übler als befürchtet: Donald Trump wird neuer US-Präsident.

2018 *At Folsom Prison* wird 50 Jahre nach seinem Erscheinen mit einem Grammy Hall of Fame ausgezeichnet. Das Buch *Forever Words – The Unknown Poems* mit Gedichten und Songtexten aus dem Cash-Nachlass erscheint, flankiert vom Album *The Music Forever Words* mit Vertonungen von Rosanne Cash, Nelson & Kristofferson, Alison Krauss, Chris Cornell u. a. Und die garantiert nicht letzte Biografie ist *Johnny Cash: The Life and Legacy of the Man in Black* von Alan Light. Neues Album des unverwüstlichen Willie Nelson: *Last Man Standing*.

2019 Mit *The Gift: The Journey of Johnny Cash* gibt es eine 90-minütige und sehr sehenswerte YouTube-Originals-Documentary. Vol. 15 der offiziellen *Bob Dylan Bootleg Series* ist seiner Zeit in Nashville gewidmet und präsentiert hauptsächlich Aufnahmen der Cash-Dylan-Sessions vom 18.2.1969, von denen zuvor nur »Girl from the North Country« offiziell veröffentlicht wurde. Am 31.12. offizielle Meldung vom Ausbruch der neuen Infektionskrankheit Covid-19.

2020 Der Sun-Records- und The-Tennessee-Three-Schlagzeuger W.S. »Fluke« Holland stirbt. Der Afroamerikaner George Floyd wird bei seiner Verhaftung von einem Polizisten ermordet; es folgen weltweite Proteste, die die bereits 2013 gegründete Bewegung gegen Polizeigewalt, Racial Profiling und Rassismus #BlackLivesMatter weltweit bekannt machen. Charley Pride, mit 29 Nummer-1-Hits der einzige afroamerikanische Countrystar, stirbt an Covid-19.

2021 Die Johnny-Cash-Maschine liefert ein weiteres neues altes Album, ein Konzert von 1968. Lou Robin, Manager von June & Johnny seit 1973, stirbt. Highwayman Kris Kristofferson (84) verabschiedet sich offiziell aus dem Musikgeschäft. Trump-Anhänger versuchen mit einem Sturm auf das Kapitol die Amtsübergabe an den neuen Präsidenten Joe Biden zu verhindern. Als erste Afroamerikanerin ist

Mickey Guyton mit dem Song »Black Like Me« für einen Country-Grammy nominiert. Mehr als nur eine Geste? Dafür würde ich meine Hand nicht ins Feuer legen.

B. Diskografie

Aus einer kaum überschaubaren Flut von Singles, Alben und Compilations sind hier nur die Original-Alben ausgewählt, dazu einige Duo- und Band-Alben und solche, die Neues und Altes enthalten wie z. B. *Ring Of Fire*.

1957 Johnny Cash and His Hot and Blue Guitar.
1958 Johnny Cash Sings the Songs That Made Him Famous. The Fabulous Johnny Cash. Johnny Cash Sings Hank Williams.
1959 Hymns by Johnny Cash. Songs of Our Soil.
1960 Ride This Train. Now There Was A Song.
1961 Now Here's Johnny Cash.
1962 Hymns From The Heart. The Sound Of Johnny Cash. All Aboard The Blue Train.
1963 Blood, Sweat And Tears. Ring Of Fire. The Christmas Spirit.
1964 Keep On The Sunny Side (mit The Carter Family). I Walk The Line. Bitter Tears.
1965 Orange Blossom Special. Johnny Cash Sings Ballads Of The True West. The Sons Of Katie Elder (Soundtrack).
1966 Everybody Loves a Nut. Happiness is You.
1967 Carryin' On (mit June Carter). From Sea to Shining Sea.
1968 At Folsom Prison. The Holy Land.
1969 At San Quentin.
1970 Hello, I'm Johnny Cash. The Johnny Cash Show. I Walk The Line (Soundtrack). Little Fauss And Big Halsy (Soundtrack).
1971 Man In Black.

1972 A Thing Called Love. America – A 200-Year-Salute In Story And Song. Christmas And The Cash Family.

1973 The Gospel Road. Any Old Wind That Blows. Johnny Cash And His Woman.

1974 Ragged Old Flag. The Junkie And The Juicehead Minus Me. Johnny Cash At Osteraker Prison.

1975 Johnny Cash Sings Precious Memories. The Children's Album. John R. Cash. Look At Them Beans.

1976 Strawberry Cake. One Piece at a Time.

1977 The Last Gunfighter Ballad. The Rambler.

1978 I Would Like to See You Again. Gone Girl. The Unissued Johnny Cash.

1979 Silver. A Believer Sings The Truth.

1980 Rockabilly Blues.

1981 The Baron.

1982 The Survivors (mit Perkins, Orbison, Lewis). The Adventures Of Johnny Cash.

1985 Highwayman (mit Jennings, Nelson, Kristofferson). Rainbow.

1986 Class Of '55 (mit Perkins, Orbison, Lewis). Heroes (mit Waylon Jennings). Believe In Him.

1987 Classic Cash. Johnny Cash Is Coming To Town.

1988 Water From The Wells Of Home.

1990 Boom Chicka Boom. Highway II (mit J, N, K).

1991 The Mystery Of Life.

1994 American Recordings.

1995 The Road Goes On Forever (Highwaymen III).

1996 Unchained.

1997 VH-1 Storytellers (mit Willie Nelson).

2000 American III: Solitary Man.

2002 American IV: The Man Comes Around. At Madison Square Garden (live 1969).

2003 Unearthed.

2004 My Mother's Hymn Book

2006 American V: A Hundred Highways. Personal File (rec. 1973–1982)

2007 Live From Austin, TX (rec. 1987). The Great Lost Performance (rec. 1990)

2010 American VI: Ain't No Grave

2014 Out Among The Stars (rec. 1981/1984)

2015 Man In Black: Live in Denmark 1971

2016 The Highwaymen Live: American Outlaws (rec. 1990–1993)

2021 Johnny Cash At The Carousel Ballrom April 24, 1968

C. Bibliografie

Zitierte und benutzte Bücher und Artikel. O: Originalausgabe. Falls Cash nicht das Thema ist, folgt eine Angabe in Klammern, falls der Titel nicht offensichtlich darauf verweist

ARNOLD, Frank/BERG, Ulrich von: Sam Peckinpah. Berlin/ Frankfurt a. M. 1987

BANGS, Lester: Wie die Eagles mit dem Wilden Westen aufräumten (mit James Dean, Tequilla und diversen anderen seltenen Gewächsen …). In: Rock Session 1, Reinbek 1977

BEAUVOIR, Simone de: Amerika Tag und Nacht. Reisetagebuch 1947. Hamburg 1988

BENZNER, Knut: Soziale und musiksoziologische Relevanz der Countrymusik in den USA seit 1900. Magisterarbeit, Hannover 1984/85 (unveröffentlicht)

BIEGERT, Claus: Den Colt im Gürtel, die Bibel im Arm. In: Die Abendzeitung, 29. 2. 1972

BOOTH, Pat: Nashville (Roman). London 2001

BRUCKMAIER, Karl: Soundcheck. Die 101 wichtigsten Platten der Popgeschichte. München 1999

–: Rote Lippen soll man küssen (Cash u. a.). In: Süddeutsche Zeitung, 5. 8. 1994

BUKOWSKI, Charles: Das Schlimmste kommt noch oder Fast eine Jugend (Roman). München/Wien 1983

BURK, Heinrich: Elvis in der Wetterau. Der King in Deutschland 1958–1960. Frankfurt 1995

BURKHARDT, Werner: Alle lieben Willie (The Highwaymen). In: Süddeutsche Zeitung, 23. 4. 1992

BÜSSER, Martin: Ich ist eine Text-Maschine. In: Testcard #6: Pop-Texte. Mainz 1998

CARTER CASH, June: From The Heart. New York 1987

CASH, Johnny: Man In Black. Grand Rapids 1975

–: Der Mann in Schwarz. Wetzlar 1975 (4. Aufl.: Asslar 1984)

–/mit Patrick Carr: Cash. Die Autobiographie. Heidelberg 1999

CASH, Rosanne: 1-800-Try-Cash (Interview). In: Interview, 12/1996

CAVE, Nick: Und die Eselin sah den Engel (Roman). München 1993

CONSTANTINE, Alex: Tötet den Rock'n'Roll. Strange Verlag, o. O. 2002

CORLISS, Richard: The Man In Black. In: Time, 22. 9. 2003

COUPLAND, Douglas: Amerikanische Polaroids. Hamburg 1998

CREAMER, Colleen: Hollywood Finds Cash. In: Nashville City Paper, 19. 11. 2003

DALLACH, Christoph: Das Gewehr Gottes. In: Die Woche, 7. 7. 1994

DANNEN, Fredric: Hit Men. (O: 1990). Frankfurt 1998

DAVIS, Mike: Casino Zombies und andere Fabeln aus dem Neon-Westen der USA. Hamburg 1999

DeCURTIS, Anthony: Lohn der Angst. In: Rolling Stone 11/2000

DIEHL, Vanessa: Was Gott nicht macht (Frauen in der Country-musik). Internet: sdisk.sempex.org

DOBLER, Franz: Auf des toten Mannes Kiste – Get Country & Rhythm! Hamburg 1999

–: Gott. Liebe. Mord. Und Marketing. In: Süddeutsche Zeitung, 19. 7. 2000

–: Zurück vom Jordan. In: junge Welt, 6.–9. 2. 2001

–: Der Gesetzlose im Anzug (Waylon Jennings). In: Süddeutsche Zeitung, 5. 1. 2000

–: Der Sonne entgegen, dem Licht (June Carter). In: Süddeutsche Zeitung, 8. 10. 2003

–: Der Teufel soll uns holen, wenn das alles war. In: Frankfurter Allgemeine, 10.1.2004

DOEBELING, Wolfgang: The Tape's Rolling (Bob Johnston). In: Rolling Stone 4/1998

DOLAN, Sean: Johnny Cash. New York/Philadelphia 1995

DROSTE, Wiglaf: Liebe, Gott und Dignität. In: Die Tageszeitung, 10.11.2000

–: Wo ist zuhause, Mama? In: junge Welt, 13.9.2003

EARLE, Steve: My Hero Johnny Cash. In: Men's Journal, Nr. 5/2001

ELSENER, Marcel: Gesund leben und viel beten. In: St. Gallen Tagblatt, 13.9.2003

ESCOTT, Colin: Hank Williams. St. Andrä-Wördern 1996

–: Johnny Cash. Hefte zu drei CD-Boxes Johnny Cash 1954–1969. Bear Family Rec. 1990 ff.

–: Carl Perkins. Heft zur CD-Box Back On Top (1968–1975), Bear Family Rec. 2000

FARLEY, Christopher John: Dream Album. In: Time, 13.6.1994

FEYER, Jörg: Prophetisches vom Ur-Patrioten (Steve Earle). In: Rolling Stone, Nr. 12/2002

FINE, Jason: A Day In The Life Of Johnny Cash. In: Rolling Stone, Nr. 12/2002

FISCHER, Jonathan: Hinterwäldler in der Vorstadt. (Garth Brooks und O Brother Where Art Thou?). In: Süddeutsche Zeitung, 17.11.2000

–: Black Cowboys And The Nashville Blues. In: Auf des toten Mannes Kiste. Hamburg 1990

FLIPPO, Chet: Bad Boys & Wild Women (The 70s Outlaws). In: Country Music, April/May 2001

–: Shut Up And Sing? Internet: CMT.com/Nashville Skyline, 24.3.2003

FOXNEWS.COM: Stars Honor Johnny Cash. 10.11.2003

FRANCIA, Luisa: Nichts in New York. Löhrbach 1997

FRICKE, David: Liner Notes zur CD The Byrds/Dr. Byrds & Mr. Hyde, Columbia/Legacy/Sony Rec. 1997

FRISKICS-WARREN, Bill: The Man In Black And White, And Every Shade In Between. In: No Depression, 11–12/2003

FROOK, John: Hard-Times King Of Song. In: Life, No. 12/1969

FUCHS, Walter: Johnny Cash. Rastatt 1989

GASSER, Christian: Mein erster Sanyo. Bekenntnisse eines Pop-Besessenen. Berlin 2000

GATES, Henry Louis: Farbige Zeiten. Eine Jugend in Amerika. Zürich 1997

GRANT, Richard: Ghost Riders. Reisen mit amerikanischen Nomaden. Berlin 2003

GURALNICK, Peter: Lost Highway. Journeys and Arrivals of American Musicians. (O: 1979). New York 1989

GUTHRIE, Woody: Dies Land ist mein Land. Hamburg 2001

HANEKAMP, Tino: Gunter Gabriel (Interview). In: Alert, Nr. 5/2003

–: John Carter Cash (Interview). In: Alert, Nr. 5/2003

HAWKINS, Martin/ESCOTT, Colin: A Shot In The Dark. Country Music on Nashville's Independent Labels 1945–1955. Buch zur CD-Box, Bear Family Records 2001

Dieselben: Sun Records. New York/London 1980 (überarbeitete Ausgabe des Buchs »Catalyst«, 1975)

HEER, Frank: Guru der Rockstars (Rick Rubin, Interview). In: Facts, 44/1999

HEMPHILL, Paul: The Nashville Sound: Bright Lights And Country Music. New York 1970

HOHMANN, Silke: Beruf: Fan (Interview, Rick Rubin). In: Frankfurter Rundschau, 8.1.2004

HÜETLIN, Thomas: Zurück in der Spur. In: Der Spiegel, 27/1994

JONES, LeRoi (heute: Amiri Baraka): Blues People. (O: 1963). Wiesbaden (o.J.)

–: Schwarze Musik. Augsburg 1994 (O: 1967)

–: Somebody Blew Up America (Gedicht). Internet: Le-Musterkoffer.de, September 2001

JONG, Erica: Der Schwanz des Präsidenten. In: Der Buddha im Schoß. Über Sex, Macht und Literatur. Hamburg 2000

KAYE, Lenny: Waylon Jennings. Bücher zu CD-Boxes 1958–1972, Bear Family Rec. 1999ff.

KREYE, Andrian: Die Rebellion vergisst ihre Künder. In: Süddeutsche Zeitung, 12.10.2000

LANG, Dave (Hrsg., u. a.): Folksong. (O: 1975). Reinbek 1985

LÄNGSFELD, Wolfgang: Die Hände der Bauern bei Augsburg. In: Süddeutsche Zeitung, 2. 3. 1972

LARKIN, Colin: The Virgin Encyclopedia Of Country Music. London 1998

LASERMAN, Larry: Johnny Cash (Interview). In: Penthouse, 6/1975

LEAMER, Lawrence: Three Chords And The Truth. Hope, Heartbreak, and Changing Fortunes in Nashville. New York 1997

LEWRY, Peter: I've Been Everywhere. A Johnny Cash Chronicle. London 2001

LINDEMANN, Christoph: Ich fühle mich großartig (Interview). In: musikexpress 3/2001.

MALONE, Bill C./McCULLOH, Judith (Hrsg.): The Stars Of Country Music. New York 1976

MALONE, Bill C.: Country Music U.S.A. Austin 1985 (O: 1968)

– Listen To The Dixie Chicks! Internet: CMT.com/Nashville Skyline, 27. 3. 2003

MARCUS, Greil: Basement Blues. Bob Dylan und das alte unheimliche Amerika. Hamburg 1998

–: Dead Elvis. St. Andrä–Wördern 1997

MATHEJA, Bernd: 1000 Nadelstiche. Amerikaner und Briten singen deutsch 1955–1975. Hambergen 2000

McLUHAN, T. C.: Dream Tracks. The Railroad and the American Indian 1890–1930. New York 1985

MILLER, Jim (Hrsg.): The Rolling Stone Illustrated History Of Rock & Roll. New York 1980

MORTHLAND, John: Unplugged. In: Country Music 7/8-1994

NASH, Alanna: Lipstick Rogues (Female Country Rebels). In: Country Music, 4-5/2001

NIEDERMANN, Andreas: I Walk The Line. In: Ziegelbrennen 3/1991

NÖLLE, Wilfried: Wörterbuch der Religionen. München 1960

OBERPICHLER, Zepp/TONK, Tom: Die Stones sind wir selber (Roman). Bottrop 2002

ORTEGA, Teresa: My Name Is Sue! How Do You Do? (Johnny Cash as Lesbian Icon). In: Readin Country Music, Durham 1995

PIERCY, Marge: Menschen im Krieg (Roman). Hamburg 1996

PLOOG, Jürgen: Motel USA. Basel 1979

RATLIFF, Ben: A Fixture In Country Music (June Carter). In: New York Times, 16.5.2003

REITMAN, Ben L.: Boxcar Bertha – Eine Autobiographie. (O: 1937/1988). Reinbek 1996

RICHTER, Ralf: Fan Fair 2001 in Nashville. In: Country Circle 9/2001

RIESE, Randall: Nashville Babylon. New York/Chicago 1988

ROBBINS, Tim: Mach' es immer auf deine eigene Art (Interview). In: Frankfurter Rundschau, 2.12.2000. (Auszüge des Gesprächs, das mit *Solitary Man* veröffentlicht wurde)

ROCKAWAY, Robert A.: Meyer Lansky, Bugsy Siegel & Co. Lebensgeschichten jüdischer Gangster in den USA. Hamburg 1998

ROLLINGSTONE.COM: Rick Rubin On Cash's Legacy. September 2003

ROVIN, Jeff: Country Music Babylon. New York 1993

RUFF, Michael: Der Linie treu. In: Spex 6/1988

SAILER, Christian: Ziemlich hartes Zeug (Interview). In: Profil 17/1997

SAUTTER, Udo: Lexikon der amerikanischen Geschichte. München 1997

SAVAGE, John: England's Dreaming. Anarchie, Sex Pistols, Punk Rock. (O: 1992). Berlin 2001

SIMMONS, Sylvie: The Mercy Seat. In: Rolling Stone, Nr. 12/2002

Dies.: Cash Unearthed. Text und Interviews zur CD-Box. Lost Highway Records 2003

SPIEGEL, Paul: Was ist koscher? Jüdischer Glaube – jüdisches Leben. München 2003

SPOO, Eckart (Hrsg.): Die Amerikaner in der Bundesrepublik. Köln 1989

STILLER, Michael: Vom Kleingeist überwuchert (Landsberg am Lech). In: Süddeutsche Zeitung, 1.6.2001

STRAUSS, Neil: Johnny Cash's Legacy Of Emotions. In: New York Times, 27.12.2003

TEIPEL, Jürgen: Verschwende deine Jugend. Ein Doku-Roman über den deutschen Punk und New Wave. Frankfurt 2001

TICHI, Cecelia (Hrsg.): Readin' Country Music. Steel Guitars, Opry Stars, and Honky Tonk Bars. Durham 1995

THOMPSON, Jim: Der Mörder in mir (Roman). (O: 1952). Zürich 1992

TOSCHES, Nick: Hellfire. Die Jerry Lee Lewis-Story. (O: 1982). Frankfurt/Berlin 1989.

–: Country. The twisted roots of rock'n'roll. (O: 1977). Neuausgabe, New York 1996.

–: Unsung Heroes Of Rock'n'Roll. The birth of rock in the wild years before Elvis. (O: 1984). Überarbeitete Neuausgabe, New York 1999.

TSCHERNEK, Michael: Johnny Cash (Interview). In: Alert, Nr. 5/2003

ÜBERSTEIGER (Fanmagazin des FC St. Pauli): Freiheit am Horizont. Querpässe mit Johnny Cash. In: Nr. 65/2003

WALTER, Klaus: Extremist der Mitte. In: Frankfurter Rundschau, 20. 12. 2003

WARD, Ed: The Death Of Country Music (Essay). In: Auf des toten Mannes Kiste. Hamburg 1999

WIENAND, Frank: Wildwood Flower (June Carter Cash). In: Roadtracks, Nr. 13/2003

WILD, David: Petty wird pampig (Interview). In: Rolling Stone, Nr. 12/2002

WINKLER, Willi: Bob Dylan. Berlin 2001

WOLFE, Charles: Liner Notes zu *Bitter Tears* (Revised Edition), Bear Family Rec. 1984.

–: The Carter Family. In: Buch zur CD-Box, Bear Family Rec. 2000

X, Malcolm: Wahl oder Waffe. Hamburg 1996

D. Internet

Ausgewählt wurden ausschließlich umfangreiche Homepages mit großem Link-Angebot, über das sich das meiste des im Buch Erwähnten erschließen lässt.

#Johnnycash.com (die offizielle Homepage, mit Chronologie, Fotogalerie, Artikeln, Chatroom und Laden für seltene Stücke)

#Maninblack.net (Fanpage)

#Insurgentcountry.com (viel über alt.country, Americana, Roots-Rock und Country; mit Links zu allen erwähnten neuen deutschen Countrybands)

#CMT.com (Schwerpunkt Classic- und aktueller Mainstream-Country, schnellste Quelle für Neuigkeiten)

#Bear-family.de (Label und Mailorder, spezialisiert auf Country und Traditionspflege verschiedener Musik)

#Findagrave.com (hier kann man viele Gräber und Grabsteine besichtigen)

#Glitterhouse.com (Label und Mailorder, auch mit großem Angebot Americana/Rootsrock/alt.country)

#Roughstock.com mit Tausenden, auch aktuellen, Country-Songtexten

#jimmarshallphotographyllc.com (Homepage des Fotografen Jim Marshall)

#Franzdobler.de (falls Sie mir Fehler melden möchten, aber siehe Vorwort)

E. Nachweise der Fotos/Abbildungen

Seite 17: Cover LP American Recordings, American Recordings 1994

20: Cover LP Johnny Cash. Amiga/VEB Deutsche Schallplatten Berlin DDR 1980

26: Postkarte Nashville, 1999. Sammlung Ralf Richter

30: Dale Watson, Rückseite CD Every Song I Write Is For You, Continental Song City 2001; Garth Brooks, Rückseite CD Seven, Capitol Nashville 1997; Merle Haggard, Booklet Rückseite CD Roots Volume I, Anti-Rec. 2001

34: Billboard Magazine 14. 3. 1998 (unter Verwendung eines Fotos von Jim Marshall 1969)

41: Cover LP I Walk The Line, CBS/Columbia Records 1964

46: LP-Covers: Ride This Train, CBS/Columbia 1960; Orange Blossom Special, CBS/Columbia 1965; The Rough Cut King Of Country Music, Sun Records 1970; Story Songs Of Trains And Rivers, Sun Records 1969

52: Rückseite LP Johnny Cash Sings Precious Memories, CBS/Columbia 1975

54: Cover CD Heroes (mit Waylon Jennings), CBS/Columbia 1986

56: Quelle Buch zur CD-Box The Carter Family, Bear Family Records 2001

60: Cover CD O Brother Where Art Thou?, Mercury 2000

65: wie Seite 56

69: Quelle Heft zur CD-Box Johnny Cash 1954–1958, Bear Family Records 1991

75: Cover LP Johnny Cash With His Hot And Blue Guitar, Sun Records 1957

78: Sammlung Ralf Richter

83: Cover einer CD der Box Johnny Cash 1954–1958, Bear Family Records 1991

84: Rückseite LP Rockabilly Blues, CBS 1980

86: Cover LP The Tennessee Three/The Sound Behind Johnny Cash, CBS/Columbia 1970

87: Cover LP Boom Chicka Boom, Mercury 1989

91: Cover EP Hank Williams Memorial Album, MGM Records 1953, Sammlung Hias Schaschko; Cover LP Johnny Cash & Jerry Lee Lewis Sing Hank Williams, Sun Records 1971

98: Cover LP Class Of '55 (Carl Perkins, Jerry Lee Lewis, Roy Orbison, Johnny Cash), PolyGram 1986

102: Cover LP The Last Gunfighter Ballad, CBS 1977; Cover LP Mean As Hell, CBS/Columbia 1966

103: mit erster Ehefrau Vivian Liberto in New York ca. 1958, Quelle Heft zur CD-Box Johnny Cash 1954–1958, Bear Family Records 1991

105: Cover LP Rock Island Line, Charly Records 1988; Cover LP Johnny Cash Sings The Songs That Made Him Famous, Sun Records 1958; Cover LP Get Rhythm, Sun Records 1969; Cover LP Now Here's Johnny Cash, Sun Records 1961

107: Quelle wie Seite 103

111: Cover LP Blood, Sweat and Tears, CBS/Columbia 1962

119: LP-Covers: The Unissued Johnny Cash, Bear Family 1978; The Fabulous Johnny Cash, CBS/Columbia 1958; Now, There Was A Song, CBS/Columbia 1960; Hymns From The Heart, Columbia/CBS 1961

121: Quelle Heft zur CD-Box Johnny Cash 1959–1962, Bear Family 1991 (Foto, mit Pamela Mason, aus dem Film Five Minutes To Live, 1961).

122: Quelle wie Seite 121 (Foto, mit Johnny Western).

124: Cover Do-LP Johnny Cash Sings Ballads Of The True West, CBS/Columbia 1966

130: Cover CD It's All In The Family, Bear Family 1999; Cover LP Ring Of Fire, CBS/Columbia 1963

138: Covers: LP Folk/Country, RCA 1966; LP The One And Only Waylon Jennings, Camden 1967; LP Happiness Is You, CBS/Columbia 1967; Single Orange Blossom Special, CBS 1965

141: Quelle wie Seite 121 (Foto, Management-Promotion, 1960).

143: Foto Peter LaFarge, Quelle Rückseite LP Bitter Tears (Revised Edition), Bear Family 1984

148: Cover LP Bitter Tears (Revised Edition), Bear Family 1984 (Motiv identisch mit Original, CBS/Columbia 1964); Cover LP

Trail Of Tears, Historic Landmarks Association 1971 (Sammlung Ralf Richter)

152: Cover einer Bootleg-CD (unter Verwendung eines Fotos aus Cashs TV-Show); Cover LP Nashville Skyline, CBS/Columbia 1969

159: Cover LP Carryin' On With Johnny Cash & June Carter, CBS/Columbia 1967

167: Filmplakat Quelle Booklet CD I Walk The Line/Little Fauss and Big Halsy (zwei Soundtracks), Bear Family 1999; Cover Do-LP Honeysuckle Rose, CBS/Columbia 1980

173: Cover Autobiographie Man In Black, Zondervan Publishing House 1975

180: Foto Copyright AP/Wide World

183: Foto Copyright Deutsche Presse-Agentur GmbH (Jörg Schmitt, 4.4.1991, Flughafen Frankfurt)

187: Cover LP Johnny Cash At Folsom Prison, CBS/Columbia 1968

197: Quelle Booklet CD Johnny Cash At Folsom Prison (Neuausgabe), Sony Music/Columbia/Legacy 1999

201: Cover LP Johnny Cash At San Quentin, CBS/Columbia 1969

209: Covers: LP The Johnny Cash Show, CBS/Columbia 1970; LP Man In Black, CBS/Columbia 1971

218: Covers: Do-LP The Gospel Road, CBS/Columbia 1973; LP A Believer Sings The Truth, CBS 1979; LP The Holy Land, CBS/Columbia 1968 (Original-Ausgabe mit 3-D-Foto); LP The Christmas Spirit, CBS 1963

220: alle Angaben wie Seite 141

231: Covers: LP It's Only Rock & Roll, RCA 1983; LP Red Headed Stranger, CBS/Columbia 1975; LP Wanted! The Outlaws, RCA 1976; LP John R. Cash, CBS/Columbia 1975

239: Covers: LP Ragged Old Flag, CBS/Columbia 1974; LP America – A 200-Year-Salute In Story And Song, CBS 1972

246: Covers: LP Silver, CBS/Columbia 1979; LP The Rambler, CBS 1977

248: Cover Single The Chicken In Black, CBS/Columbia 1984 (Sammlung Hartmuth Malorny)

253: Cover LP American III: Solitary Man, American Recordings 2000

259: Cover Buch From The Heart, Prentice Hall Press/Simon & Schuster, New York 1987

260: Cover LP Rosanne Cash, Ariola 1978

263: Foto Copyright Deutsche Presse-Agentur GmbH (Lehtikuva Oy M. Ojala, 12.4.1992, Pressekonferenz in Helsinki zu Beginn der Europa-Tournee)

265: Cover LP The Mystery Of Live, Mercury 1991

267: Titelbild des Fanmagazins des Europäischen Johnny Cash Fanclubs, Nr. 145/146

272: Cover LP Unchained, American Recordings 1996

276: Covers: Do-CD Down To The Promised Land/5 Years Of Bloodshot Records, Bloodshot Records 2000; LP 'til Things Are Brighter ..., Red Rhino Records 1988 (die Gemälde, die für beide Covers verwendet wurden, stammen von Jon Langford)

282: Foto/Copyright: Perl, Hamburg, 2001 (Cow, v.l.n.r.: Ecki Heins, Peta Devlin, Thomas Wenzel, Thomas Butteweg)

285: Foto/Copyright: Perl, Hamburg (beim Fantreffen des Europäischen Johnny Cash Fanclubs in Holland, 5.11.2001)

289: Foto Copyright AP/Süddeutscher Verlag Bilderdienst (Mark Lennihan, 18.4.1999, New York, während seines bisher letzten öffentlichen Auftritts anlässlich der Gala »An All-Star Tribute To Johnny Cash«, rechts neben Cash Bob Wootton und Marshall Grant)

293: Cover CD-Boxset Unearthed, Lost Highway/Universal 2003

299: Covers: CD A Hillbilly Tribute to AC/DC/Hayseed Dixie, Dualtone 2001; Dressed in Black – A Tribute to Johnny Cash/Diverse, Dualtone 2002; Kindred Spirits/Diverse, Sony 2002; Northern Blues/Diverse 2003

301: Cover CD The Man In Black – The International Johnny Cash, Bear Family 2002

302: Cover CD A Boy Named Sue – Johnny Cash Revisited/Diverse, Trikont 2002

309: Cover CD American IV: The Man Comes Around, American Recordings/Universal 2002

321: Fiktives CD-Cover Songs of Peace & Love, eine Fotomontage, die im Internet kursierte

F. Credits

Herzlichen Dank für freundliche und wertvolle Hilfe verschiedener Art, um mit dem Biest fertig zu werden:
Carsten Baumann, BCW, Bear Family (Richard Weize, Tom Redeker), Pastorin Beiderbeck-Haus, Rolf Bergdolt, Karl Bruckmaier, Cafe Hektor, Siegfried A. »Ziggy« Christmann, Cindy/Illustrella, Club Pavian, Club 2 Veterans, Colleen Creamer, Christos Davidopoulos, Steff Decker, Clemens Draws, Yvo Egger, Colin Escott, Jonathan Fischer, Luisa Francia, Andreas Gefe, Hartmann Eins, Guy Helminger, Armin Hennemann, Eva Holmes, Thomas Kaiser, Norbert Knaape, Koopa@gmx.ch, Franz Kotteder, Ulla Kurz, Lost Highway Germany, Christian Lyra, Bert Masius, Hartmuth Malorny, Barbara Mürdter, Patrick Niemeyer, Thomas Patsch, Herbert Perl, Manfred Prescher, Rattelschneck, Edo Reents, Ralf Richter, Carsten Schiller, Gerd Stassen, Harald Swada, Tomprodukt Booking Hamburg, Trikont/Unsere Stimme, Annette Voß, Bernd Wolf, Dionys Zink.
Besonderer Dank an Jefferson Chase, Wiglaf Droste, Tilman Göhler, Hubl Greiner, Antje Kunstmann, Andreas Schäfler, Hias Schaschko und Markus »Don Marco« Naegele/Heyne Verlag für das letzte Lektorat; und an meine Familie.

G. Index

»Ein Prachtband feiert die Geschichte des Musik- und Buchverlags Trikont als Geschichte von 50 Jahren linkem Kulturkampf und Widerstandsgeist.« *Spiegel Online*

Von Che Guevara bis Karl Valentin, von Hans Söllner bis Kofelgschroa. Die Bandbreite des Trikont-Universums ist unermesslich. Höchste Zeit, dass ein Buch die Geschichte und Geschichten des Münchner Traditionslabels festhält. Zahlreiche Dokumente und Bilder ergänzen die Biografie.

Leseprobe unter heyne-hardcore.de

»Franz Dobler schreibt wie einst Raymond Chandler – hart, präzise, zärtlich und poetisch.« *stern*

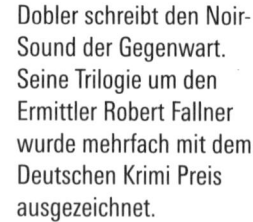

Dobler schreibt den Noir-Sound der Gegenwart. Seine Trilogie um den Ermittler Robert Fallner wurde mehrfach mit dem Deutschen Krimi Preis ausgezeichnet.